图书馆立法决策服务工作调研报告

国家图书馆立法决策服务部　编写

國家圖書館出版社
National Library of China Publishing House

图书在版编目(CIP)数据

图书馆立法决策服务工作调研报告/国家图书馆立法决策服务部编写. --北京:国家图书馆出版社,2014.12

ISBN 978-7-5013-5507-5

Ⅰ.①图… Ⅱ.①国… Ⅲ.①图书馆法—立法—研究报告—世界 Ⅳ.①D912.164

中国版本图书馆CIP数据核字(2014)第282334号

书　　名　图书馆立法决策服务工作调研报告
著　　者　国家图书馆立法决策服务部　编写
责任编辑　高　爽　王炳乾

出　　版　国家图书馆出版社(100034　北京市西城区文津街7号)
（原书目文献出版社　北京图书馆出版社）
发　　行　010-66114536　66126153　66151313　66175620
66121706(传真),66126156(门市部)
E-mail　btsfxb@nlc.gov.cn(邮购)
Website　www.nlcpress.com ——→投稿中心
经　　销　新华书店
印　　装　北京科信印刷有限公司
版　　次　2014年12月第1版　2014年12月第1次印刷

开　　本　787×1092(毫米)　1/16
印　　张　19.75
字　　数　320千字

书　　号　ISBN 978-7-5013-5507-5
定　　价　80.00元

《图书馆立法决策服务工作调研报告》编委会

主　编：卢海燕

编　委：刘冰雪　廖　迅

撰稿人员（按姓氏笔画排序）：

马　谊　马　超　马　韬　王　琳　王　磊
白云峰　田贺龙　卢海燕　朱宇凡　刘冰雪
刘英赫　乔　菲　李　凡　李吉子　张　丽
张　洁　肖珂诗　苏荣城　张　维　陈颖艳
李　嘉　张曙光　谢德智　廖　迅

目　录

前　言……………………………………………………………………………………………………（1）

国外篇

美国国会图书馆的立法决策服务……………………………………………………田贺龙(3)
加拿大议会图书馆调研报告………………………………………………张　维　马　超(21)
英国议会信息服务调查报告………………………………………………李　嘉　卢海燕(46)
法国议会立法决策服务有关情况综述…………………………………肖珂诗　马　韬(62)
德国联邦议院信息咨询服务机构调研报告……………………………张　丽　廖　迅(78)
澳大利亚议会图书馆调研报告……………………………………………白云峰　苏荣城(93)
日本国立国会图书馆立法决策服务调研报告………………………张曙光　陈颖艳(108)
韩国国会图书馆及其立法决策服务调研报告………………………李吉子　刘冰雪(141)
附录:议会图书馆指南(2009 年修订版) …… [英]基思·卡宁厄姆著;王琳　刘英赫译(162)

国内篇

全国人民代表大会立法决策信息保障与服务…………………………………乔　菲(217)
国家图书馆立法决策服务的探索与实践(1998—2013) ……………李　凡　张曙光(237)
数字图书馆技术在我国公共图书馆决策咨询服务中的应用…………谢德智　马　谊(249)
我国公共图书馆决策咨询服务的探索与实践…………………………王　磊　张　洁(267)
国内法律图书馆调研报告……………………………………………………刘英赫　白云峰(282)
香港立法会文献信息保障体系及其服务………………………………………朱宇凡(295)

前 言

《图书馆立法决策服务工作调研报告》(简称《报告》)的编写出版,缘起于国家图书馆2010年编制《国家图书馆“十二五”规划纲要》的部署。当时,国家图书馆专门成立了馆领导牵头负责、相关部处人员参加的“提高国家图书馆立法决策服务能力”专题调研组。调研组对国外部分国家图书馆、议会图书馆,国内外部分政府决策咨询服务机构、中国学研究机构,以及国内部分高校法律图书馆进行了调研。内容涉及相关上述机构的服务宗旨、政策制定、机制保障、机构设置、人员配备、服务产品、新技术应用、发展战略等八个方面,形成12万余字的《提高国家图书馆立法决策服务能力调研报告》,为制定《国家图书馆“十二五”规划纲要》提供了参考。另外一个原因则是国家图书馆在2010年6月先后召开“国家图书馆国情咨询顾问委员会”“国家图书馆国情咨询专家委员会”成立大会,以及由国务院法制办主办、国家图书馆承办的“政府立法咨询服务座谈会”,同时推出“国家图书馆立法决策服务成就展”。这一系列会议和活动的举行,大大扩大了国家图书馆立法决策服务在中央国家机关的影响,来自国家立法机关和政府机构的文献信息需求快速增长。如何满足需求,创新拓展立法决策服务,进一步发挥国家图书馆职能,全面提高立法决策服务能力,成为摆在我们面前的重要课题。因此,全面、客观了解国内外相关信息服务机构为国家立法和政府决策服务的情况,有效借鉴服务经验,是国家图书馆为解决这一课题所进行的积极努力。自2012年7月起,我们开始对原有《提高国家图书馆立法决策服务能力调研报告》的内容重新进行梳理,重点关注世界主要发达国家为国家立法和决策服务的图书馆,以及我国相关图书馆信息服务机构的立法决策服务工作,同时将香港特别行政区相关服务机构的调研报告也纳入其中,使得《报告》在地域覆盖性、内容丰富性和经验可借鉴性方面都具有了超出原调研报告的优势,质量也有了较大幅度的提升。

《报告》主要采取文献调研、实地走访、问卷发放三种方式综合进行,以尽量确保报告内容全面客观,数据引用适时准确。《报告》由国外篇和国内篇两个部分构成。国外篇主要包括英国、法国、德国、美国、加拿大、澳大利亚、日本以及韩国八个国家的议会(国会)图书馆的调研报告,地域范围覆盖欧洲、美洲、澳洲和亚洲。国内篇由全国人民代表大会信息服务机构、国家图书馆、国内公共图书馆(副省级以上)、国内部分高校法律图书馆、香港特别行政区立法会图书馆,以及《数字图书馆技术在我国公共图书馆决策咨询服务中的应用》六篇报告组成。为使《报告》主题内容更为全面丰富,《报告》还将国际图联《议会图书馆指南》(第二版)作为附件,纳入国外篇,供读者阅读参考。

在《报告》形成过程中,我们也碰到了一些问题。首先是调研的切入点。调研工作伊始,我们将调研对象范围确定在“图书馆”,也就是专门对设置在立法决策服务机构内部的图书馆进行调研。但是随着调研工作的不断深入，我们发现，在国外议会图书馆和我国的全国人大图书馆，开展立法或决策咨询服务虽然是图书馆的主要职责，但这一职责的发挥并非是单兵作战，而是立法机关整个信息服务系统在分工明确的基础上进行协同合作、综合运行，共同发挥着作用。唯有研究清楚整个信息服务系统的运行和作用，才能客观判断该图书馆立法决策服务的综合能力和水平。因此，在相关调研报告中，我们将调研重点从图书馆这一单一的信息服务机构扩展到立法机构的整体信息服务保障系统，以使该机构的立法决策服务工作立体地、全面地展现出来。其次是外文文献翻译。在相关国外议会图书馆调研报告撰写中，少有现成研究成果参考，很多专有机构和专有名词并没有约定俗成的中文译文。对于这些专有机构和专有名词，我们不揣浅陋将之进行翻译整理，谨慎起见，部分译文后附原文。再次是版权问题的解决。相关国际图联《议会图书馆指南》中译文和《香港立法会文献信息保障体系及其服务》所用香港立法会网站的资料和香港立法会管理委员会年报，均获得国际图联和香港立法会的授权。

今天最终呈现给读者的《报告》，其调研领域和研究范围在目前国内图书馆学界和业界的研究成果中并不多见，因而《报告》的编辑出版确有补白填空之心，但最主要的是为国内图书馆界提供借鉴和学习、反思和改进的依据。首先，我们从国外篇的调研报告可以得出这样的结论，即国外议会（国会）图书馆之所以能够为国家立法和决策提供优质的服务，其核心在于其具有良好的立法决策服务能力。什么是立法决策服务能力？或者说立法决策服务能力包括哪些要素？纵观国外议会（国会）图书馆的立法决策服务工作，可以将构成立法决策服务能力的要素细分为法律制度、组织机构、馆藏资源、人才队伍、用户服务、信息产品、技术手段等。我们从英国议会图书馆的信息服务工作中看到服务议会的整个信息服务体系的有机协调和运转；从法国议会立法决策服务机构的变革与现状中，可以把握法国议会立法决策信息服务的特色；从德国联邦议院信息咨询服务体系的完备，可以认识到其公开透明的文献信息服务的核心理念；从美国国会图书馆的立法决策服务中感受到法律支撑的力量；从加拿大议会图书馆的议会预算官办公室的作用，看其对政府监督职能的履行；从日本国立国会图书馆可以领略到作为服务载体的丰富的信息服务产品在国会立法中的作用；从澳大利亚议会图书馆对服务绩效的考量做法，看到绩效评估在有效科学管理立法决策服务工作中的作用；从英国下议院图书馆、威尔士议会图书馆和韩国国会图书馆面向公众开展的服务中，可以看出议会走向民众所带来的国家立法工作日益民主化的发展趋势。因此，我们在立足自身放眼世界的同时，应学会因不同而借鉴，因差异而创新发展。

从国内篇来看，通过调研，我们对我国图书馆开展立法决策服务的状况有了一个基本的把握。全国人民代表大会作为最高立法机构，其信息保障服务体系既包括其内部各信息服务机构横向有序的合作与运转，也包括自上而下的由全国人民代表大会到省、市、县、区级人民代表大会的纵向信息支撑体系，这种纵横交织的信息保障体系为我国的立法工作提供了有效的支持。国家图书馆与全国副省级以上公共图书馆开展的立法决策服务工作，基本形成了以国家图书馆为总服务基地，以各副省级以上公共图书馆为服务节点的全国性的、分级制的立法决策服务工作网络。这一特点是我们中国独有。对国内部分法律图书馆的调研，则使我们对于构成我国立法体系建设的重要组成部分——法律信息服务体系的发展水平有了较为全面的了解，为国内图书馆界开展相关立法决策服务的横向联合提供了深化基础。《数字图书馆技术在我国公共图书馆决策咨询服务中的应用》则以数字图书馆技术应用图书馆决策咨询服务为主线，立意在于通过图书馆界的立法决策服务实践，说明以信息网络和数字图书馆技术为代表的新技术对于图书馆开展立法决策服务工作的引领和促进作用。

《报告》特点如上所述，但撰写报告过程中存在遗憾也是事实。首先，《报告》所调研的绝大部分信息服务机构都不同程度地有信息保密要求，故在保证相关数据更新到2013年年底这一基本条件下，只能从被调研机构的官方网站或少量的研究论文等公开发布渠道获得（国外议会图书馆基本如此）。其次，《报告》对国内图书馆系统中开展国家立法和政府决策服务的机构的调研主要涉及国家立法机关、国家图书馆和副省级以上公共图书馆及部分高校法律图书馆，中共中央系统、国务院系统的图书馆信息服务机构和部分专业图书馆开展的立法决策服务工作，未能纳入调研报告中。最后，《报告》中的各部分内容，虽力争全面客观展示所调研机构开展立法决策文献信息服务的情况，但对相关内容的深度研究和揭示受限于相关参考文献的不足，难以在本书现有规划中完成。如，完备的法律保障体系是美国国会图书馆开展服务的重要基础，但关于这套法律体系之间的内在逻辑关系，促成该法律体系形成的社会经济动因等需要我们进一步研究。我们通过调研不仅仅是要了解美国国会图书馆的立法决策服务最新发展情况，更要对其发展的深层次动因全面把握，如此在与最新发展趋势保持同步跟踪的同时，才能分析清楚哪些东西能为我所用和借鉴。看到先进的经验还不够，重要的是找到适合中国国情的有益做法。再如，对于立法决策服务工作的绩效评估一直是困扰我们的问题，澳大利亚议会图书馆对服务绩效的考量有些具体实践，但对其相关服务指标制定的根据、具体考量后的服务成效评估，通过目前我们所能够掌握的文献信息，还不能够很好地分析与归纳。此外，在服务产品深度揭示方面，许多议会图书馆服务议员的调研报告、服务产品成系列有规模，如若在此基础上进行系统梳理和编辑，为我所用，其参考作用则更具有实证的意义。上述有待继续深化完成的工作，应在未来规划中实现和完善。

《报告》的编辑和出版首先要感谢国家图书馆领导班子，特别是孙一钢馆长助理的大力支持，其次要感谢所有参加此项工作的同仁所付出的积极努力。《报告》成书过程中，卢海燕主要负责全书整体框架策划、实施方案制定、统筹协调管理、人员责任分工和全部书稿的终审，刘冰雪、廖迅除负责相关国家议会图书馆的调研报告的撰写工作，还全面负责本书的庶务，包括辅助完成工作计划的组织落实、部分稿件的初审和二审、编辑体例制定、全书稿件汇总、资料整理备档，以及联络出版等工作。在此，还要特别感谢国家图书馆参考咨询部王磊主任，为本书部分书稿的修改、审定提出宝贵意见。国家图书馆出版社高爽、王炳乾两位责任编辑，对本书的全部内容及文字方面的严格审核，确保了本书的质量和品质，在此一并感谢。

由于本书所涉调研机构的工作内容带有保密性的特点,《报告》在对资料的搜集和整理方面带有一定的局限性和不完整性,难免有纰漏和错误之处,敬请读者批评指正。

编者

2014年6月

国外篇

美国国会图书馆的立法决策服务

田贺龙

美国国会图书馆成立于1800年,是美国历史最悠久的联邦文化机构,也是世界上最大的图书馆。2012财政年度,美国国会图书馆馆藏总量达1.55亿册(件)①,获拨款总额629 207 000美元,永久编制人员3312人②。

美国国会图书馆下设7个部门,分别是国会研究服务部(Congressional Research Service,CRS)、版权办公室(Copyright Office)、馆长办公室(Office of the Librarian)、法律图书馆(Law Library)、图书馆服务部(Library Services)、运营支持部(Office of Support Operations)、战略项目部(Office of Strategic Initiatives)③。

美国国会图书馆既是美国的议会图书馆又是国家图书馆。为国会提供研究和信息服务的国会研究服务部,是履行议会图书馆职责的主要部门。法律图书馆也承担部分为国会服务的职责,主要提供与外国法律、国际法相关的研究和信息服务;法律图书馆还为联邦行政、司法机构提供法律相关的研究和信息服务。此外,图书馆服务部是履行国家图书馆职责的主要部门,其下设的联邦研究部(Federal Research Division),也为联邦行政、司法机构提供研究和信息服务。

一、国会研究服务部

国会研究服务部成立于1914年,最初称立法参考服务部(Legislative Reference Service),1970年改为现名。国会研究服务部的服务对象是国会议员、国会的各个委员会和国会工作人员,主要职责是在国会的整个立法过程中,提供全面可信的分析、研究和服务。这些服务应体现及时、客观、无党派和保密性的特点。2012财政年度,国会研究服务部获拨款总额为106 790 000美元④。

1. 历史

自1800年成立后,为国会服务一直是国会图书馆最重要的职能。然而,在美国图书馆界,最早设立立法参考部门的却不是国会图书馆。1890年,著名图书馆学家麦尔威·杜威(Melvil Dewey)在纽约州立图书馆内设立了立法参考组(Legislative Reference Section),这可

① General Information[EB/OL].[2014-01-20]. http://www.loc.gov/about/generalinfo.html

②③ Annual Report of the Librarian of Congress for the fiscal year ending September 30,2012[R/OL].[2014-01-20]. http://www.loc.gov/about/reports/annualreports/fy2012.pdf

④ Annual Report of the Congressional Research Service of the Library of Congress for Fiscal Year 2012[R/OL].[2014-01-20]. http://www.loc.gov/crsinfo/about/crs12_annrpt.pdf

能是美国乃至世界上图书馆最早设立的立法参考部门。立法参考组主要从事州法律文献索引的编纂,并不评价其所提供的信息。1901 年,经州长、参议员罗伯特·拉福莱特(Robert LaFollette)批准,查尔斯·麦卡锡(Charles McCarthy)在威斯康星州建立法参考部,不仅提供议员需要的信息,还帮助议员评价信息的价值。查尔斯·麦卡锡赢得立法机构的尊重和支持,图书馆界也把他的成功作为其他州设立立法参考部的主要依据。他的工作理念也成为被仿效的模式,被称为“威斯康星理念”(Wisconsin Idea)。这种理念强调完善的立法和行政管理最终依赖于可靠的知识和专家建议。到 1913 年,至少有 32 个州在不同程度上开展了这项工作,这在美国图书馆发展史上被称为是一场“立法参考运动”(Legislative Reference Movement)。

不久以后,“威斯康星理念”被介绍到国会。国会最终于 1914 年通过了由参议员罗伯特·拉福莱特和另一位众议员提出的法案,设立了立法参考服务部(Legislative Reference Service)。1935 年,国会授权立法参考服务部定期制作和出版参众两院的议案摘要。

1939 年二战爆发后,立法参考服务部的业务迅速发展。每年的咨询总量从 1920 年的 1604 件增至 1946 年的 16 444 件。作为 1940 年行政管理改革的一部分,立法参考服务部并入新成立的参考部(Reference Department),但工作职责没有变化,时有员工 68 人。由于战争中信息需求大量增加,1941 年在立法参考服务部内设立国防组(Defense Section),1942 年重新命名为战争服务组(War Service Section)。这个机构的员工人数最终达到了 38 人,负责为应急规划办公室(Office of Emergency Planning)服务。工作内容包括制作一些战争必需品的相关资料目录、精选外语出版物并编译或编写摘要、制作和发行与战争相关的国会听证会记录摘要等。一些国会议员对二战期间立法参考服务部的优异表现印象深刻,并呼吁扩大它的规模和服务。在这一点上,他们与美国政策科学学会(American Political Science Association)国会研究委员会的意见一致。这个委员会在 1945 年公布的报告主张,为国会提供“与政府行政机构、特殊利益团体同等的独立研究机构和研究人员”。委员会还认为,从事立法参考工作的人员的工资,与其在行政部门工作的同行相差悬殊。

1946 年,作为国会机构联合委员会(罗伯特·拉福莱特担任联合主席之一)的工作成果,立法机构重组法案(Legislative Reorganization Act of 1946)在国会获得通过。法案规定了立法参考服务部的职责和专家工资待遇;从法律上给予其作为国会图书馆永久的独立部门的地位;增加了对立法参考服务部的拨款,大致按照新一届国会各个委员会的工作职责,聘请国内 19 个学科领域的杰出专家。

在接下来的 20 年里,由于美国面临着如何保持在国际上的地位、环境领域的新问题、日渐严重的种族冲突和城市贫困问题,国会议员的政策和研究需要继续扩大并日趋复杂。1965 年,一个新的国会机构联合委员会成立。经过 5 个月的听证后公布了一份最终报告,共有 100 条建议,内容包括:更换机构名称、与国会图书馆的关系、服务部的主任如何任命等。报告对国会研究服务部为什么仍需作为国会图书馆的一个部门也做了说明:“正如国会机构联合委员会所考虑的一样,我们也不赞成把国会研究服务部完全从国会图书馆中分离出来的主张。根据我们的判断,国会图书馆应当成为保护这个部门的屏障,使之免遭党派偏见的压力。此外,国会研究服务部如能及时利用国会图书馆的藏书并获得行政管理方面的支持,其工作效率自然会大大提高。”

1970 年 10 月 26 日,立法机构重组法案(Legislative Reorganization Act of 1970)在国会获

得通过，立法参考服务部更名为国会研究服务部，机构名称也不再含有图书馆界常用的"参考"一词。法案扩大了国会研究服务部的职责，重点强调政策研究与分析服务和直接对国会各个委员会、国会议员的服务。为了支持国会研究服务部履行新的职责，这项法案扩大了可以聘请的专家的学科范围，并规定其可以利用馆外其他专家、顾问和研究机构提供的服务。法案规定，国会图书馆馆长应赋予国会研究服务部最充分的研究自主权和最大限度的行政自主权，保证该机构有效地完成职责，国会研究服务部每年还要单独提交年度报告；国会研究服务部的主管的工资高于其他国会图书馆部门负责人；国会图书馆馆长在与图书馆联合委员会协商后任命国会研究服务部主任，这是1897年以来第一次对国会图书馆馆长的职权加以规定。法案实施后，国会研究服务部的规模迅速扩大，预算（Budgeted position）员工总数由1970年的323人增至1975的703人[①]。

2. 组织机构

国会研究服务部由一位主任领导，主任一职由国会图书馆馆长与图书馆联合委员会（Joint Committee of the Library）协商确定。现任主任是玛丽·马扎内茨（Mary B. Mazanec）。

国会研究服务部下设5个研究部门（Research Division）、1个研究支持部门、6个管理部门。研究部门有美国法律部（American Law Division）、国内社会政策部（Domestic Social Policy Division），外交、国防和贸易部（Foreign Affairs, Defense, and Trade Division），政府和财政部（Government and Finance Division），资源、科学和产业部（Resources, Science, and Industry Division）。研究支持部门是知识服务组（Knowledge Services Group）。管理部门有联络办公室（Office of Communications）、主任顾问办公室（Office of the Counselor to the Director）、财务和管理办公室（Office of Finance and Administration）、信息管理和技术办公室（Office of Information Management and Technology）、人力资源管理和发展办公室（Office of Workforce Management and Development）[②]。

3. 人员和经费

国会研究服务部的工作人员，由各种学科的专家组成，其中包括法律、经济、外交事务、公共行政、信息、社会、政治科学及自然科学等各领域的专业人员，能针对各种复杂立法问题，迅速提出分析报告，供国会议员参考。

表1 2008—2012财政年度国会研究服务部员工总数[③]

财政年度	2008	2009	2010	2011	2012
人数	656	661	653	640	606

---

① John Y. Cole, Jane Aikin. Encyclopedia of the Library of Congress: for Congress, the nation & the world [M]. Washington, D. C.: Library of Congress; Lanham, MD: Bernan Press, 2004

② Annual Report of the Congressional Research Service of the Library of Congress for Fiscal Year 2012 [R/OL]. [2014-01-20]. http://www.loc.gov/crsinfo/about/crs12_annrpt.pdf

③ Annual Reports of the Librarian of Congress [R/OL]. [2014-01-20]. http://www.loc.gov/about/reports/annualreports/

表 2 2008—2012 财政年度国会研究服务部获得的拨款情况①

财政年度	2008	2009	2010	2011	2012
总额	102 344 497	107 323 000	112 490 000	111 017 520	106 790 000

4. 产品和服务

近年,国会研究服务部提供的产品和服务主要有:

(1)为国会提供的研究报告

为国会提供的研究报告包括两种:一种是国会研究服务部报告(CRS Report),是指应大量国会用户提出的需求而制作、针对与立法相关问题的研究报告,随着新情况的出现,国会研究服务部还会应需进行更新。另一种是备忘录(Congressional Distribution Memoranda),是根据相对较少的国会用户的需求制作的研究报告,或者是时效性较短的政策研究报告,每一份都有国会机密备忘录的标志,随着报告涉及的政策问题重要性的提高,备忘录可能被重新制作成国会研究服务部报告。

(2)根据用户需求,提供个性化服务

主要是指根据国会议员、国会各个委员会及其工作人员主动提出的需求,为他们提供个性化的服务。主要形式有:以备忘录(Memoranda)的方式提供保密的立法和政策分析服务;与用户面谈或电话沟通,解答咨询问题;具体针对单个立法或政策问题的简报(Briefings)等。

(3)电子信息服务

指国会研究服务部网站及相关服务。主要包括:在线提供国会研究服务部产品和检索服务、年度拨款法案的分析和跟踪服务、立法信息系统(Legislative Information System)以及其他一些通过电子邮件进行信息服务等。

(4)研讨会、培训班及相关服务

专家讨论会(Seminars)是指为国会议员、各委员会及其工作人员举办各种关于公共政策问题的专家讨论会。由国会研究服务部的专家和从外部邀请的专家与用户一起探讨各种公共政策问题。

培训班主要指立法和预算程序培训班(Legislative and Budget Process Institutes)。这种培训班按照相对固定的周期,为用户提供关于立法和预算程序的短期培训。

此外,国会研究服务部还参与了一些美国国会组织的支援外国立法机关的项目,为这些国家立法机关的相关人员提供培训或者解答立法制度方面的咨询。

(5)立法资料的摘要、分类和汇编

从 1935 年起,这项工作就已经成为国会研究服务部的法定义务。主要出版物有《公共法案与决议汇编》等。

(6)其他服务

主要指多媒体产品与服务,将国会研究服务部的一些服务和产品以网络、录像带、DVD、CD、闭路电视等方式提供给用户。

---

① Annual Reports of the Librarian of Congress[R/OL].[2014 - 01 - 20]. http://www.loc.gov/about/reports/annualreports/

表3　2012财政年度国会研究服务部完成的主要服务指标①

完成的用户需求和提供的服务总数	698 179
分析、信息提供和调查请求	71 204
研讨会、学会、培训会议参与人次	9335
CRS网站访问量	617 640
为国会提供的研究报告和服务	
新制作的CRS报告	534
新制作的立法工具栏②相关产品	216
更新的CRS报告	2702
年终可获取的CRS报告总数	8154
CRS报告浏览总量	1 112 233
举办研讨会、学会、培训会议总次数	364
立法信息系统相关服务	
制作法案摘要总数	8045
CRS服务覆盖率	
国会议员办公室	100%
委员会	96%

二、法律图书馆

19世纪的最初30年里，一些国会议员曾数次提议建立一个服务于国会和最高法院的法律图书馆，但都没有成功。直至1832年才终于有了结果。曾任纽约最高法院陪审法官的纽约参议员威廉姆·马尔西(William Marcy)提出了一个"增强和改进国会图书馆法律部"的法案，并在国会两院获得通过。1832年7月14日，美国总统安德鲁·杰克逊(Andrew Jackson)签署该法案，国会图书馆随即成立了法律图书馆。此后，国会图书馆法律图书馆不断发展壮大，逐渐成为世界上馆藏最丰富、最全面的法律文献收藏机构。目前，馆藏法律文献总量约为265万册(件)③。2012财政年度净支出(Net Costs)为2537.7万美元，有员工86人④。

---

① Annual Report of the Congressional Research Service of the Library of Congress for Fiscal Year 2012 [R/OL]. [2014-01-20]. http://www.loc.gov/crsinfo/about/crs12_annrpt.pdf

② 立法工具栏是CRS于2012年6月开发的新型在线产品。

③ About the Law Collections[EB/OL]. [2014-01-20]. http://www.loc.gov/law/about/collections.php

④ Annual Report of the Congressional Research Service of the Library of Congress for Fiscal Year 2012 [R/OL]. [2014-01-20]. http://www.loc.gov/crsinfo/about/crs12_annrpt.pdf(相关内容参考国家图书馆2013年访问美国、加拿大和巴西代表团的《关于访问美国、加拿大和巴西三国的情况报告》，主笔人王磊)

1. 历史

(1)国会图书馆的早期法律馆藏

国会图书馆建立于1800年,设在国会大厦内,作为参考图书馆服务于国会。同年联邦政府由费城迁至华盛顿。法律图书占最初馆藏总量的20%,其中大部分是英国法律和国际法相关的出版物。

1814年,英国军队焚烧了国会大厦,国会图书馆也被焚毁。1815年,国会图书馆通过购买托马斯·杰斐逊(Thomas Jefferson)的私人藏书得以重建。这批藏书包括475种法律图书,其中318种出版于英格兰。这批藏书包括了弗吉尼亚州的法律和法庭判决,但其他州的相关资料(杰斐逊将其分类为"外国法律")十分有限。尽管当时国会图书馆接收所有联邦法律和最高法院判决,但在随后的几十年间获取各州的法律和法庭判决仍然存在困难。

(2)最高法院和国会图书馆

当时,曾经有人数次倡议以国会图书馆的馆藏为其他联邦机构提供服务,尤其是联邦司法机构。1801年至1935年,最高法院的办公地点一直在国会大厦。在19世纪的第一个10年里,法官们不能直接使用国会图书馆的藏书,需要凭借国会议员的介绍信才能查阅图书。1812年3月2日,国会两院的一个联合决议决定授权最高法院的法官使用国会图书馆的馆藏,时任最高法院首席法官的约翰·马歇尔(John Marshall)为此专门致函国会表示感谢。

(3)法律图书馆的建立

19世纪的前30年间,曾经有人数次倡议建立专门为国会和最高法院服务的法律图书馆。这些倡议都来自有着显赫法律或司法职业背景的国会议员。1832年2月20日,曾经担任纽约州最高法院法官的纽约州参议员威廉姆·马尔西,提出了一个"增强和改进国会图书馆法律部门"的法案。法案后来被国会两院通过,经安德鲁·杰克逊总统签署后于1832年7月14日生效。

法案规定,国会图书馆馆长应专门划出一个房间,作为法律图书馆,存放国会图书馆的法律图书。法案授权最高法院的法官们制定法律图书馆的使用规则。但法律图书馆仍然是国会图书馆的一部分,国会图书馆负责法律图书馆的日常开销。

法案规定当年拨付5000美元作为购书经费,以后的五年每年1000美元。图书的采选由最高法院最高法官负责。大约2011册法律图书(其中693册属于托马斯·杰斐逊藏书)移转至法律图书馆,成为法律图书馆最初的主要馆藏。法律图书馆从此有了独立的拨款和预算,并与最高法院保持着法定关系,直到1935年。

(4)为国会和最高法院提供法律信息

19世纪的大部分时间里,法律图书馆位于国会大厦最高法院会议厅。一个旋转楼梯将其与上面最高法院的房间连接,法律图书馆馆员爬上楼梯,为法官们提供所需的资料。法律图书馆的规章制度,由最高法院最高法官制定,允许最高法院的法官、国会议员、与卷宗中案件相关的法律人士签名后借阅三本图书。法律图书馆馆员帮助读者查找图书并交付读者。一些重要的法律文本和法庭判决只能提供给法官们使用。

墨西哥战争后,国会命令国会图书馆收集所有能得到的墨西哥法律,这是国会图书馆首次系统地收集外国法律。在19世纪下半叶，主要欧洲国家的法律被纳入国会图书馆的馆藏。

(5)19世纪末期的公共服务

尽管国会图书馆是由国会建立并服务于国会，但从其建立之初，就不断有人呼吁国会图书馆的馆藏应对公众开放。最终于19世纪末，公众可以免费地使用法律图书馆的馆藏，但只有国会议员和少数官员可以借阅图书。当时的法律图书馆仅有几张桌子，经常被地方法律学校的学生占用。

1898年的法律图书馆年度报告中这样描述当时的法律图书馆的一个房间："大约50平方英尺，空间狭小、光线昏暗、不便利用……却要容纳法官、办案律师、法律界人士和法律专业的学生。场地拥挤、开馆时间短、人员少却要优先为国会和最高法院服务，限制了法律图书馆的服务。1897年，存放部分馆藏的法律阅览室在新开放的国会图书馆建筑内投入使用，整个法律图书馆的馆藏和人员也都同时迁入新馆。"

(6)馆藏的发展和人员的增加

20世纪见证了法律图书馆的迅速发展。20世纪的最初10年法律图书馆开始启动收集美国和世界主要国家官方法律文献的项目。此后，法律图书馆一直由具有高级专业资格并在法律、对外服务、法律院校有从业经验的人担任图书馆长。他们重视法律索引的编制工作，首先对美国法律进行编制，然后再对外国法律进行编制。

1899年，法律图书馆的馆藏达到了10.3万册(包括1.5万册复本)，其中外国语言的馆藏约1万册。到1950年时，馆藏达到75万册，其中外国语言的馆藏为15万册。外国语言馆藏的增加主要发生在第二次世界大战之后，这主要是因为世界上法域总数的增加、美国在世界事务中地位的改变以及力求收集所有法域的法律资料的馆藏所采取的采选政策。

1900年美国联邦成文法索引的出版，成为法律图书馆领域的标准参考工具书，标志着法律图书馆从纯粹的本地参考图书馆转变为重要的法律研究中心。法律图书馆馆长埃德温·鲍查德博士(Dr. Edwin Borchard)在1912年开始编制外国法律书目指南，并出版了一部德国法律指南。随后，在1913年出版了有关国际法和大陆法系的书目。在接下来的几十年里，西班牙、法国、拉丁美洲国家、东欧国家和东亚国家的法律指南在各种基金会和政府机构的资助下也相继出版。最初这些工作由临时雇员或外部专家完成，但在20世纪30年代中期以后，法律图书馆的馆员开始参与其中，他们的最初专业资格都与外国法律相关而不是美国法律。

法律图书馆的馆员总数，在1901年时是5人，1910年时是6人，1911年至1921年时一直是7人，1924年时增加到10人。1946年时馆员总数增加至30人，但法律图书馆仍需要增加30位馆员，才能缓解当时馆员过重的工作压力。

第二次世界大战之后，外部机构的资助为法律图书馆外国法律研究能力的提高提供了条件。从1949年至1960年，在争取自由欧洲全国委员会(National Committee for a Free Europe)资助下，一些东欧和波罗的海国家的律师成为法律图书馆员工，后来还包括一些来自其他社会主义国家的律师，总共有12人。1951年，美国国务院启动远东法律项目，一些来自中国的学者收集和翻译了刚刚成立的新中国的法律资料。

20世纪50年代，法律图书馆通过聘用在外国接受法律教育或从事法律实务的，并能以英语对外国法律资料做出准确解释的人员，解决了在外国法律信息查找和揭示中产生的问题。这些人员曾担任过法官、执业律师、外交官和立法工作人员。实际上,他们在馆藏文献的采选方面也发挥着重要作用,负责选择合适的法律文本和期刊资料。

到1960年时,法律图书馆阅览室已经具备提供美国联邦及各州法律咨询和外国法律咨询的能力。

(7)制度上的划分

1900年以后,随着馆藏的不断发展、外国法律资料占馆藏比例的提高以及最高法院工作量的增加,法律图书馆馆藏采选中最高法院法官的作用逐渐削弱。1935年,最高法院迁入新址,建立了独立的最高法院英美法图书馆,结束了法律图书馆和最高法院之间的紧密联系。但法律图书馆仍然服务于最高法院有关外国法和国际法的需求。

1914年,国会建立了立法参考服务部(国会研究服务部的前身),但在最初的10年里立法参考服务部的领导是由法律图书馆馆长兼任的,其主要职责是编制美国和外国法律的索引,为国会解答相关法律问题。

20世纪20年代末,两个机构之间的分工得以明确,并延续至今。立法参考服务部下设美国法律部,依托法律图书馆的馆藏,负责专门为国会提供美国法律相关的研究服务。法律图书馆运营阅览室,负责为国会提供美国法律相关的参考服务以及外国法、比较法、国际法相关的参考服务和研究服务①。

2. 组织机构

法律图书馆是国会图书馆所属的一个独立单位,法律图书馆的馆长由国会图书馆馆长任命,并直接对国会图书馆馆长负责。现任馆长大卫·毛(David S. Mao)。

法律图书馆下设馆长办公室(Office of the Law Librarian)、馆藏、发展与服务办公室(Office of Collections, Outreach and Services)、运营和计划办公室(Office of Operations and Planning)和虚拟服务办公室(Office of Virtual Services)②。

3. 人员和经费

法律图书馆一直尽可能培养和聘用那些在其他国家学习过该国法律,并能用英语对其他国家法律做出权威性解释的人才。

表4 2008—2012财政年度法律图书馆员工总数③

年份	2008	2009	2010	2011	2012
人数	89	92	88	90	86

① Law Library of Congress[EB/OL]. [2014-01-20]. http://en.wikipedia.org/wiki/Law_Library_of_Congress

② Annual Report of the Congressional Research Service of the Library of Congress for Fiscal Year 2012 [R/OL]. [2014-01-20]. http://www.loc.gov/crsinfo/about/crs12_annrpt.pdf

③ Annual Reports of the Librarian of Congress[R/OL]. [2014-01-20]. http://www.loc.gov/about/reports/annualreports/

表 5 2008—2012 财政年度法律图书馆净支出(Net Costs)①

年份	2008	2009	2010	2011	2012
支出(万美元)	2345.0	2496.6	2546.2	2513.0	2537.7

4. 产品和服务

(1)为国会服务

①与国会研究服务部之间分工

1914 年,国会图书馆成立了专职为国会服务的立法参考服务部(后称国会研究服务部)。但在最初的 10 年间,立法参考服务部的主任由法律图书馆馆长担任。当时的立法参考服务部从事了大量制作美国法律和外国法律索引的工作,并回答国会关于美国法律、外国法律和国际法的咨询。19 世纪 20 年代末,两个机构间为国会服务的分工得以明确,并延续至今。当时的立法参考服务部下设美国法律组(American Law Section,后称 American Law Division),利用法律图书馆的馆藏专职为国会服务。法律图书馆负责阅览室的运营,优先为国会提出的美国法律问题提供图书馆参考服务,并负责所有外国法律问题、国际法问题相关的参考服务和研究服务。也就是说,法律图书馆和国会研究服务部共同为国会服务,并与国会研究服务部保持紧密的联系。许多咨询需求通过国会研究服务部转交给法律图书馆,而法律图书馆的出版物也列入每月的《国会研究服务部产品指南》当中。

②服务内容

自 1832 年建立以来,法律图书馆的第一职责就是为国会服务。法律图书馆的员工,由在国外接受训练的律师和精通外语或有区域研究经历的研究分析人员组成,解答国会关于外国法律和国际法的咨询。除了直接的电话咨询,每年撰写几百篇研究报告。

表 6 2008—2012 财政年度法律图书馆提供国会研究报告总数②

年份	2008	2009	2010	2011	2012
总数(件)	596	611	473	373	305

法律图书馆还每月出版一期《世界法律简报》(World Law Bulletin),介绍世界各国的法律发展。

此外,法律图书馆还通过阅览室为国会服务,具体包括回答咨询问题、文献提供服务、在国会会议期间延长阅览室开放时间、设置专门为国会开放阅览室的时段等。

(2)为联邦行政、司法机构和公众服务

法律图书馆也接受联邦行政、司法机构和公众委托,提供专门的法律研究报告和参考服务。

①② Annual Reports of the Librarian of Congress[R/OL].[2014-01-20]. http://www.loc.gov/about/reports/annualreports/

表7 2008—2012 财政年度为联邦政府、司法机构和公众提供研究报告和参考服务总数

年份	2008	2009	2010	2011	2012
总数(件)	933	880	932	955	1298

三、联邦研究部

国会图书馆联邦研究部为联邦政府机构、哥伦比亚特区的政府机构、经授权的联邦合同人(Authorized Federal Contractor)提供关于国内和国际问题的定制的(Directed)研究和分析服务。联邦研究部的工作人员利用世界上最大图书馆的多种语言的宏富馆藏和其他信息资源,按照成本补偿(Cost Recovery)的原则,为用户提供无偏见的、内容广泛的研究服务。

1. 历史

联邦研究部的前身是隶属国会图书馆的航空部(Aeronautics Division)内设立的航空研究组(Air Research Unit)。航空部的主要馆藏是航空技术领域的期刊、技术报告,以及收集到的德国和日本的航空资料,目的是满足冷战前美国的国防形势的需要。整个冷战期间,对这些馆藏的开发和分析有着重要的国家安全价值。为了对这些馆藏进行全面和持续的开发,以服务于美国政府,时任美国国会图书馆馆长路德. H. 埃文斯(Luther H. Evans)于 1948 年 3 月 5 日做出决定,在航空部内成立一个新的机构,即航空研究组,为美国空军提供与馆藏资料或者图书馆可以获取的其他资料相关的研究服务。

1948 年 7 月 22 日,航空研究组重组为航空研究部(Air Research Division),下设 4 个部门,分别是城市区域报告组、专门报告组、技术分析组、研究与摘要组,有 60 名员工。

航空研究部的第一份年度报告(1949 财政年度)指出了航空研究部建立和初期成功的几个原因,包括:国会图书馆的服务理念——通过不断扩大服务面让所有人都能使用其馆藏和技术或从中受益;国会图书馆管理部门基于这种理念所给予的支持;促进国会图书馆为政府服务的合作项目的发展。报告还指出,贯穿整个航空研究部历史的服务宗旨就是"量体裁衣",即根据用户需求提供服务。

除了向联邦行政部门提供的服务外,航空研究部还开展了一些重要的图书馆基础业务。航空研究部负责为 8—13 名主题与描述编目员支付工资,他们的工作重点是对空军相关的资料进行编目。航空研究部的另一个重要贡献是对斯拉夫语联合目录进行整合,该目录的工作原由联合编目部承担。至 1949 年 10 月,航空研究部剔除了约 5 万张冗余的编目卡片,并补充了约 1 万个条目。

1949 年 1 月 17 日,航空研究部的英文名称更名为 Air Studies Division,部门也得以扩大。1949 财政年度总支出为 62. 1 万美元。9 月 30 日,员工总数增至 98 人,第二年增至 130 多人。

由于部门的发展壮大,1951 年 5 月 1 日,航空研究部(Air Studies Division)切分为航空研究部(Air Research Division)和航空信息部(Air Information Division)。航空信息部(Air Information Division)后改称为航空技术部(Aerospace Technology Division),主要工作是制作馆藏

科技期刊文章的摘要和目录。两个机构后来都接受美国空军部的资助。切分后的航空研究部(Air Research Division)有员工70人。

1963年9月10日,随着美国空军部的研究需求和经费转至国防信息局(Defense Intelligence Agency),航空研究部更名为国防研究部(Defense Research Division)。并开始服务于美国陆海空三军。新的工作职责包括对国防信息局的"危机时期需求"做出"快速反应"。

在20世纪60年代,国防研究部和航空技术部的业务迅速发展。1968财政年度,国防研究部有员工229人,预算总额为2 883 000美元。1969—1970年,由于政府范围内的预算削减,航空技术部被撤销,国防研究部得以保留。1970年4月8日,国会图书馆决定扩大国防研究部的服务范围,并将国防研究部更名为联邦研究部(Federal Research Division),以对应新的服务范围。这一时期,部门员工总数由1970财政年度开始时的279人缩减至113人。随后,联邦研究部为国家航空航天局、国家卫生研究院、海军科学技术情报中心、环境保护局建立了新的研究项目。

20世纪80年代初期和中期,联邦研究部与国防部下属的几家机构签订了新的机构间合作协议,包括1986年开始的为陆军部制作的国家研究丛书。

80年代末期,联邦研究部受到国防情报局预算大幅削减的影响,业务规模进一步缩小。1989年,员工总数降至35人。因此,联邦研究部开始积极拓展市场,将用户群体从几家大型的国防机构,拓展到中小型政府机构用户,既包括教育部、能源部、卫生和公众服务部、内政部、司法部、交通部、财政部、退伍军人事务部等内阁部门,也包括社会保障管理局、邮政署、和平研究所、美洲国家基金会、陆军工程兵团、国防人力资料中心、美国国防大学等机构。也曾为美国退伍军人上诉法院、美国法院行政管理局提供服务。1991财政年度,联邦研究部为之前已分类的国防部和中央情报局有关美国越南战争期间战斗中失踪人员的文件建立可通过计算机检索的数据库。经过分类的索引首先在国会图书馆的阅览室提供使用,随后在互联网上提供使用。联邦研究部还通过复制服务处、缩微胶卷阅览室和外借部提供这些文献。

1994年,联邦研究部开始对国家研究丛书进行数字化,并通过国会图书馆的网站发布。此外,东南亚战俘与战争失踪人员数据库与美俄战俘与战争失踪人员联合委员会档案资料数据库合作,提供二战以来前苏联档案中有关下落不明的美国人员的全文文献。1996年,联邦研究部员工总数为40人。此后,经过两年的缩减,永久编制员工(permanent staff)总数降为历史上最低的14人,提供服务所需的人力主要以合同或加班方式从国会图书馆其他部门补充。1999财政年度之初,寒冷地区科技资料目录项目(Cold Regions Bibliography Project)及人员从科学技术和商业部划归联邦研究部。在19世纪90年代末和20世纪初,联邦研究部每年都要向30—40家联邦机构用户和联邦合同人提供服务,包括联邦应急管理局、陆军装备司令部、国际贸易局、美国人口普查局、农业部,以及国会图书馆的各管理部门和涉及反恐战争的机构。

2001年10月1日,2000年国会图书馆财政运营改进法案(Library of Congress Fiscal Operations Improvement Act of 2000)正式生效。法案规定在国库建立供联邦研究部使用的周转基金(revolving fund)账户,用于储存为其他联邦机构服务所带来的收入,并且不受财政年度结束的限制,可以用于支持下一财政年度的研究工作。这为联邦研究部的发展提供可靠的财务制度保障。

2005财政年度，随着与美国住房和城市发展部达成一项机构间协议，联邦研究部为所有美国内阁部级机构都提供了服务。

2007年，联邦研究部为内阁13个部的34个机构的43个用户提供服务，此外还有独立联邦机构用户和4个国会图书馆内的用户。其中当年新拓展的用户有8个，包括国家农业图书馆、国民警卫队与预备役委员会、司法部环境和自然资源司等。

近年来，联邦研究部有两种服务发展较快。一种是为联邦机构编写机构历史或者立法历史；另一种是翻译服务，例如为人口调查局提供将英语翻译为西班牙语的服务。除了翻译外文文献，这种服务有时也需要对文献进行研究和分析①。

2. 相关规定

按照2000年国会图书馆财政运营改进法案（Library of Congress Fiscal Operations Improvement Act of 2000）的规定，在美国国库为国会图书馆的联邦研究项目（Federal Research Program）设立周转基金，并为这一基金建立一个独立的账户，不受财政年度的限制。联邦研究项目，是指国会图书馆为联邦政府机构和哥伦比亚特区的政府机构提供研究、分析和翻译服务。联邦研究部作为国会图书馆内的研究和分析服务机构，负责联邦研究项目的运营。另外，按照联邦采购规则（Federal Acquisition Regulations，FAR 51.1）的规定，当基于政府利益的考虑且履行政府合同中所需要的物品或服务属于政府可以提供的资源时，负责订立合同的政府官员（contracting officers）可以授权政府合同另一方使用这些资源。

此外，按照与美国国家技术信息局（National Technical Information Service）全面服务协议，联邦研究部也可以为私人机构、州和地方政府、国际组织、其他机构和个人提供定制的研究服务②。

3. 组织机构

联邦研究部隶属于图书馆服务部（Library Services）下属的馆藏与服务委员会（Collections and Services Directorate）。这一委员会的前身是参考部（Reference Department），其下属的机构还有非洲和中东部（African and Middle Eastern Division）、亚洲部（Asian Division）、馆藏获取、外借和管理部（Collections Access，Loan and Management Division）、欧洲部（European Division）、西班牙语部（Hispanic Division）、人文和社会科学部（Humanities and Social Sciences Division）以及科学、技术和商业部（Science，Technology and Business Division）③。

联邦研究部的机构设置情况如下：主任办公室（Office of the Chief）下设研究部（Research Section）和产品与管理支持部（Production and Management Support Section）；研究部下设若干研究项目组（Research Project Teams）；产品与管理支持部下设业务办公室（Business Office）、

---

① History of the Federal Research Division[EB/OL].[2014-01-20].http://www.loc.gov/rr/frd/history.html

② What is FRD and the Federal Research Program?[EB/OL].[2014-01-20].http://www.loc.gov/rr/frd/what-FRD.html

③ Annual Report of the Congressional Research Service of the Library of Congress for Fiscal Year 2012[R/OL].[2014-01-20].http://www.loc.gov/crsinfo/about/crs12_annrpt.pdf

市场办公室(Marketing Office)、编辑办公室(Editorial Office)[①]。

目前,桑德拉·梅迪茨(Sandra W. Meditz)担任联邦研究部代理主任。

4. 人员和经费

联邦研究部的大部分员工都拥有硕士或博士学位,并有不同的职业背景,如学者、私营部门的情报分析人员和咨询人员。所有的研究人员都能够使用一到两门外语进行研究。他们都受到过多学科的培训,如区域研究、外语、社会科学、自然科学、信息科学和法律。研究人员平均拥有10年以上的利用国会图书馆馆藏资源提供分析服务的经验。部分员工拥有机密工作许可(Security Clearance),能够与委托机构的工作人员充分沟通,必要时可以到委托机构所在地点工作[②]。2008年,联邦研究部员工总数为60人。其中永久编制员工20人,其他为合同制员工或临时性员工[③]。

2003财政年度开始时,联邦研究部账户资金余额1 048 745美元,年度预算为2 614 460美元。2004财政年度,联邦研究部接受国防部250万美元的资助,重新启动国家研究丛书项目,并且以后每年的国防拨款法案中都会有一笔资金用于支持国家研究丛书项目。2005财政年度开始时,账户余额2 589 213美元,新到账资金3 321 692美元,总额5 910 905美元。财政年度结束时,账户余额2 806 650美元。2006财政年度开始时,账户余额3 320 015美元。上年度返还资金142 000美元。新到账资金4 161 621美元,年度可用资金总额7 623 636美元。财政年度结束时,账户余额4 114 574美元。2007财政年度,联邦研究部总收入约为600万美元,其中约一半列入当年的预算支出。这样,约300万美元资金可以用于支持2008财政年度的工作[④]。

5. 产品和服务

(1)产品和服务类型

从提供原始研究资料到详细的分析研究论文和报告,联邦研究部服务和产品范围十分广泛,具体包括文献调查报告、外文摘要和翻译、附说明的资料目录、机构和立法的历史、图书、制作网页等。

①研究报告

1953年至1998年,在美国陆军部的资金支持下,联邦研究部开展国情研究丛书(Country Studies Series)项目,提供世界各国的历史背景和社会、经济、政治、国家安全等领域体制和机构的介绍和分析,并侧重对各个体制间关系及其中文化因素的研究和分析,用于海外军事人员的训练工作。后来,这套丛书由美国政府出版局(Government Printing Office)出版后,成为第一批进入公共流通的联邦研究部出版物。这套国情研究丛书到现在依然非常受欢

---

① Library of Congress, Federal Research Division Organization Chart[EB/OL]. [2014-01-20]. http://www.loc.gov/rr/frd/pdf-files/FRD_chart.pdf

② Work Force Profile[EB/OL]. [2014-01-20]. http://www.loc.gov/rr/frd/work_force.html

③ Federal Research Division At 60[EB/OL]. [2014-01-20]. http://www.loc.gov/rr/frd/pdf-files/FRD-at-60_article.pdf

④ Annual Reports of the Librarian of Congress[R/OL]. [2014-01-20]. http://www.loc.gov/about/reports/annualreports/

迎。截至2010年9月,共有103个国家和地区的国情研究资料可以通过联邦研究部的网站免费获取。

国情概况(Country Profiles)项目是国情研究丛书项目的一部分,曾被称为陆军区域研究手册项目(Army Area Handbook Program)。该项目提供某一国家的历史、地理、社会、经济、运输、通讯、政府和政治以及国家安全领域的简要介绍。截至2010年9月,共有49个国家和地区的国情概况资料可以通过联邦研究部的网站免费获取。

除了国情研究和国情概况两个研究报告,联邦研究部还为政府用户提供了许多不同领域的研究报告,其中有两个报告影响较大。

1991年,联邦研究部的8位专家完成了一项重要研究报告,报告名称是《预测美国:2015年之前的国内趋势》(Domestic Trends to the Year 2015:Forecasts for the United States)。报告分析了美国在人口、经济、自然资源、教育、技术、地缘政治等领域的发展趋势和原因。报告中的很多预测成为事实,并经常被许多研究者引用。

1999年,联邦研究部一份名为《恐怖主义的社会学和心理学分析:谁会成为恐怖分子及其原因?》(The Sociology and Psychology of Terrorism:Who Becomes a Terrorist and Why?)的报告,预测恐怖分子可能用携带高爆炸药的飞机袭击五角大楼、中央情报局总部或者白宫。2001年"9·11"事件后,在征得委托方的同意后,联邦研究部将此报告公布在网站上,受到众多媒体和社会公众的广泛关注。

②数据库和网站制作

为用户梳理相关文献,并将文献数字化后构建数据库,并以网站的形式发布在互联网上,也是联邦研究部重要服务形式之一。在这方面比较有影响的两个项目是战俘与战争失踪人员数据库(POW/MIA Database)和军事法律资源(Military Legal Resources)网站。

20世纪90年代初,按照与国防部战俘与战争失踪人员办公室的机构间协议,联邦研究部开始制作战俘与战争失踪人员数据库。目的是标引未分类的越战时期失踪军事人员的相关文献,并将其拍成缩微胶卷。后来,这个数据库被上传至国会图书馆网站,成为在线数据库,并持续更新。目前,每月检索量约为30 000次。

2003年,根据美国陆军律师法律中心和学院图书馆(Army's Judge Advocate General's Legal Center and School Library)的需求,联邦研究部制作并维护的军事法律资源网站正式上线。这个网站很快受到军事法律律师、法律编辑、法学教授、法学院学生的欢迎,2008年2月的网站访问量达到60万人次,比一年前增加了一倍。

③文献调查报告

这一类型的服务与传统图书馆参考咨询服务基本相同,充分发挥图书馆文献资源丰富和图书馆员熟悉各种文献资源的优势,为政府用户提供了许多有价值的文献调查报告。比较典型的有:1999年,受美国陆军部委托,制作《寒冷地区科技资料目录》和《寒冷地区研究与工程实验室相关技术出版物:补充本》(1997年10月—1999年9月);2003年11月,受国家司法研究所委托,制作《恐怖主义相关的社会科学数据库目录和评估》;2004年9月,受美国宇航局监察长办公室委托,制作《保护敏感非加密信息相关法律法规汇编》等。

④外文摘要和翻译服务

这一类型的服务充分利用图书馆文献资源丰富和联邦研究部工作人员在外语能力上的优势,为政府用户提供外文摘要和翻译服务。例如,2000年,联邦研究部曾为美国能源部提供中译英服务、为美国国防部的机器翻译项目提供中文语言支持、为美国人口调查局提供英语到西班牙的翻译服务、为国防技术情报中心提供德语到英语的翻译服务、为俄罗斯领导项目(Russian Leadership Program)编写俄文文献摘要等①。

(2)获取服务的流程

①与委托机构讨论将要完成的工作任务的目标和框架;

②由委托机构提交工作说明书(statement of work),概述相关需求,如需要研究的问题、交付产品的时间表、最终产品的形式等;

③依据工作说明书,联邦研究部提交工作建议书和成本估算,包括不同工作方案的复杂程度和成本花费的说明,提交工作建议书本身并不收取费用;

④委托机构接受联邦研究部工作建议书,并开具用于支付费用的转账财务文件;

⑤联邦研究部签署财务文件,并将副本返还委托机构②。

(3)收费原则

在收费上,联邦研究部采取成本补偿(Cost Recovery)的原则,按照法律规定,不获取任何利润。只收取直接的劳动工资和奖金、非劳动花费(如差旅费、在线收费服务、专项订购费等)以及管理费用③。

(4)用户情况

一般来说,联邦研究部大多通过与联邦机构(federal agencies)下属的办事机构(offices)签署机构间协议来开展服务,所以联邦研究部的用户数量按照联邦机构及其下属的办事机构两个层次进行统计。

表 8 1999—2006 年联邦研究部用户情况表④

年份	1999	2000	2001	2002	2003	2004	2005	2006
联邦机构数	31	27	22	17	31	—	15	14
办事机构数	41	37	37	46	45	—	47	46

四、对中国国家图书馆开展立法决策服务的借鉴与启示

从上述美国国会图书馆为国会和政府机构的服务情况可以看出,国会研究服务部、法律图书馆和联邦研究部作为主要服务美国国会参众两院和政府部门的服务机构,值得我们研究和学习的地方很多。现结合中国国家图书馆开展立法决策服务的实际情况,重点对美国

① Federal Research Division At 60[EB/OL].[2014-01-20]. http://www.loc.gov/rr/frd/pdf-files/FRD-at-60_article pdf

② Obtaining FRD Services[EB/OL].[2014-01-20]. http://www.loc.gov/rr/frd/services.html

③ FRD Brochure[EB/OL].[2014-01-20]. http://www.loc.gov/rr/frd/pdf-files/FRD_broch.pdf

④ Annual Reports of the Librarian of Congress[R/OL].[2014-01-20]. http://www.loc.gov/about/reports/annualreports/

因 2007 财政年度之后的美国国会图书馆年度报告未提及 FRD 的用户情况,2007 年之后的相关内容欠奉。

国会图书馆开展立法决策服务的法律支撑、机制保障和战略规划三个方面的情况再做深入分析，以资借鉴和启示。

1. 法律支撑与立法决策服务

国会图书馆直接隶属于美国国会，并服务于参众两院和政府机构与社会公众，其服务职责的履行是在完备的法律体系保护下完成的。

美国国会图书馆法长达113个条款，其中不仅仅对国会图书馆的服务职责、国会图书馆馆长人事任免、薪金待遇和国家财政拨款做出明确规定，而且更重要的是通过一个互为关联的体系化的法律制度为国会图书馆的职责履行提供了强有力的法律支撑。如在美国国会图书馆法中，美国广播电视档案馆法、国会图书馆数字馆藏和教育课程法案、国会图书馆监察长法、年度拨款法、补充拨款法、外交事务法案、立法机构拨款法、国家电影保护法、监察长法即是对国会图书馆设立运行中所涉各方利益关系综合协调与制衡的一个法律体系。另外一方面，国会图书馆法的制定不仅是在法律制度上为国会图书馆开展包括立法决策服务的各项业务活动提供支撑，更重要的是其“法”具体可依，如在图书馆业务规定方面就包括对《法令汇编》的复本、国会议事录和文件的复本、委员会听证记录的定期装订，参议院和众议院议事录的收藏，编纂各州立法索引和摘要，编制《宪法注释》，国会图书馆国家电影名录，立法信息检索系统，众议院历史，众议院口述历史等具体业务的规定。同时还对图书馆联合委员会、参议院规则和行政委员会、众议院监督委员会、法律图书馆、国会研究服务部、美国广播电视档案馆、图书阅读中心等20多个组织或机构的相关职责做出明确规定。2001年国会图书馆财政运营改进法案也以立法的方式规定了联邦研究部的经费来源。正是这些相互关联的法律支持，使得美国国会图书馆在为国会和政府机构用户服务过程中，获得充足的人力和财力支持，这不仅仅是法律上的明确规定，而且也是国会和政府机构必须执法、依法所为的严格约束和要求，这种执法不是应该，而是必须，具有法律的强制力。毋庸讳言，这是做好立法决策服务的坚实基础。

因此，从法律法规层面对目前中国国家图书馆立法决策服务工作进行有计划有步骤的制度化建设，不仅仅是我国社会经济快速发展，提高立法工作的科学性和民主性，提高各级政府执政能力所必需，而且也是中国国家图书馆立法决策服务获得法律制度保障的必要条件。

2. 服务机制与服务体系建设

相对图书馆而言，服务机制包括业务机构设置和业务运行关系的建立等，从机构设置上看，作为专职立法决策机构的国会研究服务部、法律图书馆、联邦研究部均隶属国会，与国会同属一体，因而在体制、机制以及物理空间上都具有内在不可分割的关系。具体设置上，国会研究部和法律图书馆的下属部门在设置上突出的共同特点是以学科或专题领域研究为主线，如国会研究服务部下属的5个研究部门又按照主题细分为30个研究组，有针对性地开展研究工作，形成了大量报告形式的研究成果。法律图书馆也按照大类设置了东方法律部和西方法律部，分别开展有针对性的研究工作。联邦研究部与前两者有所不同，按照委托方的研究需求，配备适合的人员，成立专职的研究项目组，开展研究工作。而在具体运行中，国会研究服务部、法律图书馆和联邦研究部则依照国会图书馆法和国会图书馆财政运营改进法案的相关条款规定，各自独立且又相互协调，共同为国会、议员、政府机构和社会公众提供服务。

如上的服务机制，势必使国会图书馆的服务形成完整的体系化的特点。美国国会图书馆有国会、服务空间（如议员阅览室）和计算机系统网络等三种不同形式的服务界面，相互配合、相辅相成，共同提供不同形式和内容的服务，在不同的服务界面又形成了不同的服务产品。特别是国会研究服务部、法律图书馆和联邦研究部三个服务机构数量众多、质量优良的各种研究报告，在服务过程中发挥了重要而积极的作用。这些研究报告的价值就在于突破传统图书馆参考服务的限制，由研究人员充分利用馆藏文献资源撰写研究报告，直接满足了用户的信息需要。或者说，国会图书馆为立法决策服务的核心能力之一在于研究人员的研究能力与宏富馆藏文献资源的结合。正是由于有这样完整、科学的服务体系，在最大限度上发挥了国会图书馆的服务职能。

由此可见，立法决策服务的开展实际上是综合服务能力的培养、形成的过程。对于中国国家图书馆来说，为国家立法和大政方针决策提供服务是其重要职责。近年来，相关立法决策服务业务工作发展迅速，但在强化立法决策单项服务能力的同时，应借鉴美国国会图书馆的立法决策服务经验，注重立法决策服务整个体系化的建设，充分利用中国国家图书馆立法决策服务的各种服务界面，根据用户特点，有针对性地进行服务设计，通过丰富的不同层次的服务产品、多种形式的用户教育与培训，不断提高立法决策服务综合能力和服务水平。

3. 战略规划与科学规范管理

国会图书馆高度重视其为国会提供的立法决策服务，并将其作为国会图书馆整体战略规划的一部分，以保证服务质量的不断提高。在《国会图书馆 2011—2016 财政年度战略规划》（Library of Congress Strategic Plan Fiscal Years 2011 –2016，以下简称“战略规划”）中，国会图书馆共有五大战略目标，其中第一位的战略目标就是“为国会提供权威的调查、分析和信息服务”。为保证国会拥有做出知情决策（informed decisions）的服务和资源，战略规划提出国会图书馆为国会服务的效果和目标如下。

（1）服务和产品应与国会议程相一致，具体包括：

①国会图书馆的网站、服务推广以及培训服务应优化设计，致力于提高用户获取与国会议程相关的研究产品、专业知识和服务的能力；

②国会图书馆应收集、组织与国会议程相关的更广泛领域的信息，并提高这些信息的可获取性。

（2）服务和产品以及时、高效的方式提供，具体包括：

①国会图书馆应推出新一代立法信息系统平台和服务；

②国会图书馆管理信息系统、用户关系维护系统需满足改进后的时效性、广度和深度的要求，并确保相互间的合作；

③从 2010 财政年度起，国会能够更高效地通过移动通讯设备获取国会图书馆的产品和服务；

④参与研究、参考服务和产品相关介绍、培训的国会议员和职员总量应增加。

为保障上述具体目标的实现，战略规划还具体提出如下战略措施：

①发展高效的服务和资源获取方式；

②提高国会图书馆提供可信赖的信息资源的能力；

③为员工提供机会，使其熟知和掌握各主题领域以及新技术的最新发展情况；

④加深员工对国会各方面工作的认识；

⑤预测国会的关注点和需求；

⑥为在日益变化的环境中提供权威的专业知识、调查和信息服务，应使图书馆员工能够获取各种研究工具和资源；

⑦就国会图书馆所提供的各种资源、服务及服务效果等问题，与国会充分沟通；

⑧加强研究合作，拓展国会图书馆全方位满足国会需要的能力；

⑨对服务进行评估，并就国会对服务的认知进行评估①。

国会图书馆的战略规划不仅对其决策服务发展的总体目标做出准确定位，还对不同阶段的具体目标及实施措施做出了详细规定，这就保证了其决策服务发展的科学规划性、阶段性与连续性。借鉴美国国会图书馆的经验，加强对中国国家图书馆立法决策服务工作的顶层设计，制定战略规划，确定发展总目标和阶段性目标，并对保障这些目标实现的制度、机制、措施、评价方式等予以详尽描述，使立法决策工作达到整体上的协同一致并完成科学的、体系化的建设，促进立法决策服务的快速、高效发展，亦是我们在研究美国国会图书馆的立法决策服务工作时，借鉴其经验所应采取的行动。

参考文献

1. Annual Reports of the Librarian of Congress FY 2000 - 2008[R/OL]. [2014 - 01 - 20]. http://www.loc.gov/about/reports/annualreports/index.html

2. The Library of Congress Financial Statements for FY 1996 - 2008[EB/OL]. [2014 - 01 - 20]. http://www.loc.gov/about/reports/financials/loc.html

3. Library of Congress Fiscal 2007 - 2010 Budget Justification[EB/OL]. [2014 - 01 - 20]. http://www.loc.gov/about/reports/budget/index.html

4. Congressional Research Service Employment Home Page[EB/OL]. [2014 - 01 - 20]. http://www.loc.gov/crsinfo/

5. Congressional Research Service Annual Report FY 2004 - 2009[EB/OL]. [2014 - 01 - 20]. http://www.loc.gov/crsinfo/

6. Law Library of Congress(Library of Congress)[EB/OL]. [2014 - 01 - 20]. http://www.loc.gov/law/

7. Federal Research Division(Customized Research and Analytical Services, Library of Congress)[EB/OL]. [2014 - 01 - 20]. http://www.loc.gov/rr/frd/

8. 卢海燕. 拓展业务发展空间 强化立法决策服务职能——访问美国国会图书馆的启示与思考[J]. 国家图书馆学刊, 2008(3):65 - 68

① Library of Congress Strategic Plan Fiscal Years 2011 - 2016[EB/OL]. [2014 - 01 - 20]. http://www.loc.gov/about/strategicplan/strategicplan2011-2016.pdf

加拿大议会图书馆调研报告

张 维 马 超

一、加拿大议会图书馆概述

加拿大议会图书馆起源于18世纪90年代创建的加拿大参议院(The Senate)和众议院(The House of Commons)的法律图书馆。这两个图书馆于1841年参议院和众议院统一时合并,1876年正式对议员开放。

1. 历史沿革

加拿大议会图书馆从最初的英属殖民地立法机构图书馆到现在成为加拿大议会重要的决策咨询服务机构,其馆舍曾于金士顿、蒙特利尔、多伦多和魁北克之间几经辗转。1857年,维多利亚女王选择渥太华作为首都,议会及其图书馆也随之从多伦多搬迁至渥太华。新修的议会图书馆由托马斯·富勒(Thomas Fuller)和基连·琼斯(Chilion Jones)设计,整座建筑物呈现出哥特式建筑风格。

在历史上,加拿大议会图书馆曾多次遭遇火灾的威胁。1849年,加拿大民众抗议"叛乱损失议案"(Rebellion Losses Bill),火烧议会大厦,致使设在议会大厦之中的议会图书馆损失惨重,最后仅残存了200册图书。

1916年2月3日,议会图书馆再次遭遇火灾威胁。这场大火几乎烧毁了议会中央大楼,但所幸图书馆的铁门挡住了火焰,才使得珍贵的藏书没有被焚毁。此后,1952年,议会图书馆再次遭受火灾,造成重大损失。

在经历了数次火灾之后,加拿大议会图书馆于2006年5月30日重新开放。现在,"新"的议会图书馆主楼设有议员阅览室、参考咨询台、参观游览区,并且改善了书库的储藏设备,利用现代化信息技术手段为议会及议员的工作提供支持。

加拿大议会图书馆分为三个馆舍。除设置于中央大楼内的馆舍外,还拥有另外两个馆舍。中央大楼仅承担议会图书馆的一部分工作;另外的两个馆舍中,一个馆舍主要提供不常用的书籍;另一馆舍提供音像等资料,同时为图书馆工作人员提供办公空间。此外,议会图书馆还设有一个阅览室,向议员开放,室内收藏英文和法文文献各一半。

议会图书馆通过馆藏、出版物,以及时事评论、背景资料、资料汇编、立法综述、书目信息、检索工具等形式为议会议员、其他工作人员及各委员会、专业协会、两院的高级官员提供信息、参考咨询和研究等方面的服务。图书馆员每天处理数以百计的信息和参考咨询请求,并在规定时间内进行答复。同时,议会图书馆还可以向议员提供法律、经济等领域专家的有关法律和公共政策问题的研究和分析服务,相关领域专家的研究论文选集可在加拿大议会的网站获取。

2. 机构设置

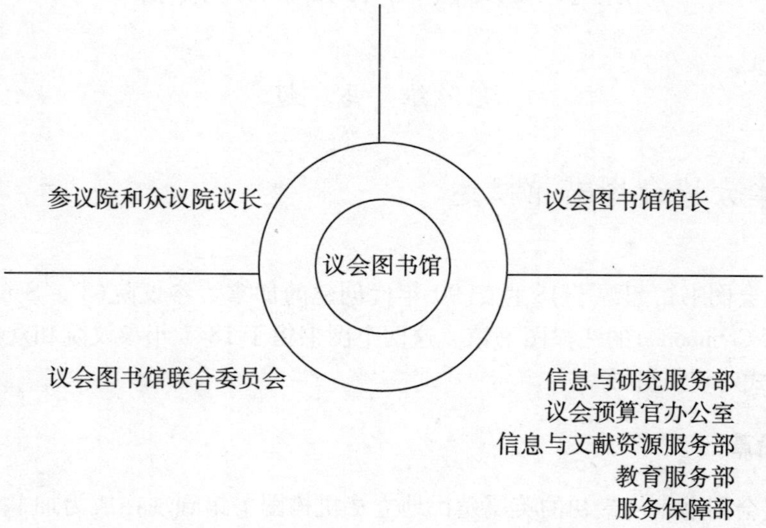

图1　议会图书馆组织机构①

(1)组织结构

加拿大议会图书馆主要包括以下几个主要组成部分:

①参议院和众议院议长(Speakers of the Senate and House of Commons)

加拿大议会图书馆作为加拿大议会的附属机构,受参议院和众议院监督,并对两院负责,两院议长有权依据《加拿大议会法案》(Parliament of Canada Act)的相关规定领导和管理议会图书馆。

②议会图书馆联合委员会(Standing Joint Committee on the Library of Parliament)

议会图书馆联合委员会由参议员和众议员组成,负责对议会图书馆的管理及运行进行监督。

③议会图书馆馆长(Parliamentary Librarian)

议会图书馆馆长对议会图书馆进行实际的领导和管理,对两院议长负责。

④议会图书馆副馆长(Associate Parliamentary Librarian)

议会图书馆副馆长协助馆长的工作,在议会图书馆馆长职位空缺期间,代理履行议会图书馆馆长的职责和职能。

⑤议会信息与研究服务部(Parliamentary Information and Research Service)

议会信息与研究服务部向议员提供新闻、参考、分析和研究服务;同时,根据服务对象所提出的具体需求提供相关信息服务。

⑥议会预算官办公室(Parliamentary Budget Officer)

议会预算官办公室作为议会图书馆附属机构,向议会提供有关国家财政状况、政府评估以及国家经济发展形势等内容的独立的分析报告。

---

① Library of Parliament 2011 - 2012 Performance Report[R/OL].[2013 - 08 - 25]. http://www.parl.gc.ca/About/Library/VirtualLibrary/AnnualReport/2012/ar2012_contents-e.htm

⑦信息和文献资源服务部(Information and Document Resource Service)

信息和文献资源服务部对议会图书馆的资源和馆藏进行建设、管理、保存及优化,并向加拿大公众宣传有关议会和议员的历史、现状等相关情况。

⑧教育服务部(Learning and Access Services)

教育服务部提供学习机会,负责向议会用户集中推广服务;通过多样化的方式和产品鼓励公众了解议会;并通过议会图书馆桂冠诗人提升加拿大公众的文化素质。

⑨服务保障部(Corporate Services)

为议会图书馆提供业务支持和服务保障。

3. 人员配置

加拿大议会图书馆针对议会两院对各学科文献信息的需求,配备了各领域的专业人才。议会图书馆具有专业知识的员工涉及的领域包括经济、法律、社会科学、科学和技术等。至2008年,加拿大议会图书馆拥有员工322人(不包括议会向导和学生),其中参考咨询馆员83人,图书馆员36人,图书馆技术员47人①。

其中,研究分析专家基本都具备硕士或同等学力,有些还取得了博士学位。所聘请的律师都是省级律师行业协会的成员。参考咨询馆员基本都具备学士学位,同时又进修获得图书馆学或图书馆与信息学专业的硕士学位。

4. 馆藏资源

加拿大议会图书馆拥有排架长度超过17公里的馆藏②,包括图书、期刊、政府文件及音像资料等。至2008年,议会图书馆馆藏约有2 000 000册(件)。其中图书465 000册,期刊1700册,政府期刊4000册,现报171种,缩微胶片1 200 000件,音像资料3300件,文稿466册,光盘374件,电子图书5138册,电子版论文全文目录32 220条,议会电子报纸71种③。

5. 财政状况

议会图书馆2011—2012财政年度预算支出如下:

表2 议会图书馆2011—2012财政年度预算④ (单位:加元)

开支项目	计划支出	审批	实际支出
薪金及工资	34 427 680	34 113 897	34 458 843
运转资金	8 320 080	8 320 080	6 849 061
总计	42 747 760	42 433 977	41 307 604

---

①③ Library of Parliament 2007 - 2008 Performance Report[R/OL]. [2013 - 08 - 25]. http://www.parl.gc.ca/About/Library/VirtualLibrary/Documents/PerformanceReport2007-2008-e.pdf

② 此为国外有关图书馆馆藏的一种计算方法,即以书架的总长度标示。

④ Library of Parliament 2011 - 2012 Annual Report[R/OL]. [2013 - 08 - 25]. http://www.parl.gc.ca/About/Library/VirtualLibrary/AnnualReport/2012/ar2012_contents-e.htm

表3 2007—2012 年各财政年度议会图书馆实际支出 （单位:加元）

年度 / 开支项目	2007—2008	2008—2009	2009—2010	2010—2011	2011—2012
薪金及工资	30 194 157	30 741 656	33 120 190	34 509 493	34 458 843
运转资金	4 123 400	8 627 817	7 080 617	7 412 078	6 849 061
总额	34 317 557	39 369 473	40 200 807	41 921 571	41 307 604

从表2可以看出，议会图书馆每年财政拨款金额的80%以上都用于员工的薪金及奖励。从表3可以看出，议会图书馆2011—2012财政年度所实际支出的运转资金虽然少于前两个财政年度，但员工薪金却依然处于增长趋势。原因是议会图书馆从2012年开始，通过严格控制文献采购等重点资源建设的成本费用，提高电子资源的利用效率，减少打印纸张等节省财政成本。根据议会图书馆的战略规划，将于2014—2015财政年度结束时，在2012年财年度的基础上继续减少2.5%（约100万加元）的预算。

二、加拿大议会图书馆文献信息服务

1. 文献信息服务

（1）主要信息服务机构

在加拿大议会图书馆各个机构中，信息服务的职责主要由议会信息与研究服务部（The Parliamentary Information and Research Service，PIRS）和信息与文献资源服务部（The Information and Document Resource Service，IDRS）履行。

议会信息与研究服务部，主要为议员提供有关法律、经济、自然科学、社会科学等领域的文献咨询服务。研究人员应两院议员请求，获取并分析资料，撰写报告、简报或者较长的研究论文。

议会图书馆信息与研究服务所涉及的研究领域：

①工业、基础设施和资源，提供科学和技术、工业、基础设施以及自然资源和环境相关的信息和分析；

②国际事务、贸易和财政，提供宏观层面的经济问题、国际关系、贸易和投资、国防与安全、政府财政与监督相关的分析；

③法律和立法事务，提供法律、宪法、议会、立法和监督（包括刑事司法、人权、官方语言、议会程序、选举法及监督程序）相关的信息与分析；

④社会事务，提供广泛的公共政策问题（包括健康、就业、移民、原住民事务和文化）相关研究与分析；

⑤参考与战略分析，根据用户的信息与研究需求，关注当前新出现的热点问题，提供服务产品的出版方案。

信息与文献资源服务部，提供全方位的参考咨询服务。利用图书、文章、微缩资料、音像资料和电子文档等各种信息源，针对议员关注的问题的文献和信息需求提供全方位的参考咨询服务。同时，该部门负责对图书馆大量有价值的收藏品进行遴选、维护并提供访问路径。

议会图书馆作为参议院和众议院的重要信息来源，为两院提供客观、有效的信息资源，是两院议员日常工作的重要支持保障。

（2）服务职责

加拿大议会图书馆为议会提供具有权威性、时效性、代表性的信息参考，致力于成为议员首选并且值得信赖的信息和知识来源。其主要职责如下：

①向服务对象提供其所需求的相关研究和分析报告；

②针对立法会议员和各委员会委员的需求，进行舆情跟踪；

③保存议会的文献遗产，使之成为议会图书馆的馆藏，并保证议员能够方便使用这些文献；

④向议员提供其所需的最新的新闻及文献信息；

⑤帮助议员向加拿大公众告知议会的相关信息以及议会目前所面临的问题。

（3）服务准则

议会图书馆为议会提供服务时必须遵循以下准则：

①政治中立性

加拿大议会议员主要来自自由党与保守党两大党派，除这两大政党之外，在议会中占有一定席位的其他政党，也代表着各政党的不同利益。所以，作为服务议会的机构，议会图书馆应当超然于政党政治和个人政治理念之外，不偏袒某一政党、政治团体或利益集团，无党派偏见地为议会提供信息咨询服务，这样才能使服务对象相信所接受的信息和建议是客观、公正的。

②权威性

议会图书馆为议会所提供的文献信息资料，如法律文本、政府统计数字等必须出自官方的、可靠的来源，援引文献的作者必须是相关领域的专家或具有适格资质的人，组织机构要提供可核查的信息，要保证所选择资料的准确性及有效性，所提供的信息能经得起证实。

③时效性

社会生活和国际形势时刻在变，新事物、新情况不断出现。而能否对不断变化的客观环境做出迅速反映，关键在于能否获取及时有效的信息。所以，议会图书馆所提供文献信息的品质与时效，直接影响到两院议员及委员会决策的效率。议会图书馆应当增强文献信息的时效性，以便两院议员及各委员会能够及时掌握所关注热点的最新动态，高效地做出决策。

（4）服务范围

议会图书馆为两院提供客观、有效的咨询服务，是两院议员日常工作的重要文献信息支持和保障。

①为立法提供服务

议会议员对立法建议和法律形成起着决定性作用，但是想要及时跟踪这些法律议案的进展具有一定的难度。议会图书馆会对一项法律议案审议的整个过程进行定期跟踪，并将法案每个阶段的文本、现状以及相关辩论、新闻发布、背景资料、评论文章等上传至议会图书馆立法信息数据库（LEGISinfo）。议员可以通过立法信息数据库检索到所需求的相关资料。

议会图书馆人员根据两院议员所提出的信息或分析需求，向议会议员提供无党派偏见的、具有时效性的客观的信息资料及相关分析。

在2011—2012年，议会图书馆的工作人员承担了来自议会议员及包括加拿大公众在内的其他用户的参考信息咨询66 694件。这些参考信息咨询服务包括事实核查、信息检索、新闻提供、官方出版物提供和其他文件的复制以及分析研究报告等服务。

在2011—2012年,议会图书馆的经济、法律、图书馆、自然科学、政治和社会政策等领域的专家共回复了来自议会及议员的4609件专项咨询,其中提供的内容包括具体政策问题的简报、演讲的相关研究、各委员会听证会的统计分析和搜集选区的相关信息等。

表4 2011—2012年研究、参考及信息服务需求① (单位:件)

用户	研究咨询	参考和信息咨询
参议院议员	254	134
参议院委员会	520	112
众议院议员	1545	1405
众议院委员会	832	358
联合委员会	637	6
协会和代表团	361	213
参议院办公室	—	2087
众议院办公室	—	10 435
参议院雇员	—	829
众议院雇员	—	2067
议会图书馆雇员	—	6280
总理办公室/枢密院办公室	—	154
议会工作人员	—	76
议会新闻记者团	—	1325
大使馆	—	11
政府机构	—	919
图书馆	—	484
普通公众	—	39 666
其他	460	133
总计	4609	66 694

注:个人简报、委托研究记录、简短的论文或独立的研究论文均应议会议员、各委员会、专业协会和代表团的请求提供。"议会工作人员"包括审计长、利益冲突和道德专员、个人资料隐私专员和其他议会工作人员。"其他"用户包括翻译局、议会中心、国际组织、加拿大联邦法院、前议会议员及其他机构的客户。

②为议会各委员会提供服务

立法建议的研究、财政支出的监督和公共政策应对的分析都是通过议会各委员会来完成的。议会图书馆的分析研究人员根据其所涉及的专业领域,协助委员会的所有成员完成他们的日常工作。这些研究分析人员遵循各委员会的优先原则,向委员会提供简报,提出潜

① Library of Parliament 2011 - 2012 Annual Report[R/OL].[2013 - 08 - 25]. http://www.parl.gc.ca/About/Library/VirtualLibrary/AnnualReport/2012/ar2012_contents-e.htm

在研究议题以及由综合委员会讨论和提出建议的草案报告。

议会图书馆在议会会议期间,通过每周提交一期简报,分析需要提交审查的立法和预算问题,协助47个委员会完成相关工作。议会图书馆的研究分析人员还可以在常委会主任和委员的监督下,以提交草案报告的方式支持各委员会的工作。

2011—2012年,议会图书馆就条例和已出版的39件政府议案摘要的审议,向各联合委员会提供了文献资料636件。

当议会议员的工作涉及国际间、议会间合作事务时,议会图书馆的研究人员可以就在国际上广泛讨论的问题向议会委员会提供简报、国情概况、谈话要点以及其他文献资料。

2. 信息服务产品

议会图书馆根据当前热点和紧急重大问题,以及立法、重大公共决策等事项向议会议员、议会各委员会和协会提供内容广泛、形式多样的研究分析报告。这些报告紧密围绕议会及其所开展的有关工作,提供无党派偏见的、具有时效性的信息。

(1)出版物(Current Publications)

为了能对当前发生的公共政策问题进行透彻的了解,议员往往需要深度挖掘事实,寻求可靠的信息来源,并希望能获得对这些信息进行研究和分析的意见。因此,议会图书馆的相关研究人员就承担了提供形式简洁、无党派偏见的分析意见的职责,定期向议会及议员提供具有深度信息的研究产品和服务。

议会图书馆当前所出版的一些报告,提供的是包含历史背景、现状以及参考分析等内容的对当前政策问题所做的深度分析。部分报告还会对当前所发生的重大紧急政策问题提供一些预测分析,并且就当前问题向读者提供具有实质性来源以及参考价值的简报。

议会图书馆出版物,针对议会的日常工作有如下分类:

①原住民事务(Aboriginal Affairs)

所有与第一民族[①]、因纽特人和梅蒂斯人相关的专题,诸如,宪法和条约权利、自治、土地诉求、印第安人法和其他相关立法以及社会政策和方案。

②农业、环境和自然资源(Agriculture,Environment and Natural Resources)

所有与主要经济部门相关的专题,诸如,矿产资源、森林、水资源、自然保护(包括气候变化)和可再生能源。

③商业、工业和贸易(Business,Industry and Trade)

所有与第二产业、第三产业相关的专题,诸如,商品和服务的生产及销售、金融服务、制造业、运输、基础设施和国际贸易。

④经济与财政(Economics and Finance)

所有与宏观经济、货币政策、公共财政、税收、投资、金融市场、国际金融、个人理财和养老金相关的专题。

⑤教育与培训(Education and Training)

所有与初级和中等教育、学前教育、读写能力、中学后教育、职业培训和成人教育相关的

① 第一民族(First Nations),是加拿大的一个种族名称,与印第安人(Indian)同义,指的是现今加拿大境内的北美洲原住民及其子孙,但是不包括因纽特人和梅蒂斯人。

专题。

⑥就业和劳动(Employment and Labour)

所有与劳动市场、平等就业、人力资源发展、技术发展、在职培训、工会和失业相关的专题。

⑦政府、议会和政治(Government,Parliament and Politics)

所有与宪法、议会事务、政府行政与立法部门、政党、选举程序、公共管理和政治学说相关的专题。

⑧卫生(Health)

所有与公共卫生、疾病、医院、专业医疗保健、长期护理、心理健康、卫生政策、安全和卫生相关的专题。

⑨信息和通信(Information and Communications)

所有与大众传媒、电信、电子信息网络、知识管理、隐私和知识产权相关的专题。

⑩国际事务与国防(International Affairs and Defence)

所有与国际组织、外交、武装冲突、国际联盟、发展援助、军队及国防相关的专题。

⑪法律、司法和权利(Law,Justice and Rights)

所有与法律相关的专题,诸如,行为准则、判例法、诉讼程序、法院体系、犯罪、治安、人权、枪支管控、非常时期的权力、监狱和国家安全。

⑫科技(Science and Technology)

所有与科学理论、应用科学和研究相关的专题。

⑬社会事务和人口(Social affairs and Population)

所有与社会团体和协会、公民和移民、社区、志愿服务、生活习俗、药物成瘾以及社会政策和方案相关的专题。

议会图书馆相关领域的专家所涉领域达 100 多个,包括经济、法律、图书馆、科技、政治和社会政策等领域,可以就任何当前所发生的热点问题,为议会及其议员提供高品质的综合信息研究成果。

(2)立法综述(Legislative Summary)

立法综述是对已提交议会的有关审议修改现行法律的政府议案的概述。一般包括立法背景、分析和评论三部分。但目前并不包括拨款和借款授权法案、预算执行法案等财政法案或紧急法案。立法综述客观公正地阐释立法目的和议案历史等相关背景资料,分析当前需要修改的重要条款,媒体的反应以及主要利益团体的意见,并根据需要对立法审议过程中的各项修正案进行更新。同时,立法综述中会特别提示其所述的载于议案的立法建议是否已被采纳或该法案是否已获得议会两院的通过而生效。

(3)热点追踪(HillNotes)

热点追踪每周定期提供对热点问题和紧急性突发事件进行的简要的概述和分析,以及能够进一步阅读的相关资源和有关主题最近的新闻报道。

以下是部分热点追踪的内容简介:

①原住民:术语和身份(Aboriginal Peoples:Terminology and Identity)

几个世纪以来,北美洲的原住民大部分已被定义为印第安人,这个词一开始是由克里斯托弗·哥伦布(Christopher Columbus)用来描述美洲各族人民的。今天,虽然对原住民的态度有了变化和发展，但依然用此术语来形容这部分人口。如何使用此术语，分辨原住民之间的法律区别以及确定适用对象往往具有挑战性。

②电子书：消费者与图书馆的数字困境（Ebooks：Digital Dilemmas for Consumers and Libraries）

电子书越来越受加拿大消费者的欢迎，截止到2012年年底，电子书占所有图书消费的16%。对于许多读者来说，电子书方便购买和便携等优点，使其能很好地替代纸质书籍。

③野生渔业捕捞生态认证（Eco-certification in Wild-Capture Fisheries）

世界许多鱼类资源被耗尽或过度开发，海洋生物多样性受到威胁。一些组织正在创建“生态认证”计划，寻求建立他们认为可持续发展的鱼产品市场。

④加拿大第二次普遍定期审议[①]（Canada's Second Universal Periodic Review Before the UN Human Rights Council）

2013年4月26日，加拿大接受联合国人权理事会（UNHRC）第二次普遍定期审议。

⑤联邦预算和评估：它们的区别是什么（The Federal Budget and the Estimates：How They Compare）

在加拿大议会系统，联邦政府调整税收和财政支出必须获得议会的批准。联邦政府通过财政部长向议会介绍联邦预算和评估情况。两者均包括计划开支，议员可能会问：两者在议案中的作用是什么？为什么两者的数目会有不同？

（4）贸易与投资专题（Trade and Investment Series）

贸易与投资专题系列出版物提供加拿大与其他国家贸易与投资的相关信息。其中重点内容为双边货物贸易、服务贸易和对外投资。该专题是由议会图书馆向两院各委员会和议会各协会提供的信息服务产品。

（5）特别报告和授权论文（Occasional Papers and Commissioned Papers）

特别报告和授权论文是根据议会议员的临时委托请求或是与议会图书馆合作，就议员所关注的主题提供的信息文献资料或分析研究报告。特别报告的相关议题，例如，“庆祝各国议会联盟100周年”“青年与民主：一个对话会议”“我们所希望的议会：议员对议会改革的意见”“全球化与治理：关注地球村”等。授权论文的相关议题，例如，“议会2020：议会的未来愿景”“民主和公民的发展趋势”等。

3. 在线资源

为了适应目前信息化发展的要求，提高议会图书馆的信息技术基础设施和检索功能，议会图书馆进一步加强在议会网站上的信息资源建设。2010年，议会图书馆与议会参众两院合作加强两个重点在线资源的建设。一是由议会资源支持的所有立法信息需求的立法信息数据库（LEGISinfo）。二是为自1867年以来有关议会当前和历史的人物及事件信息所建的交互式数据库，即议会信息数据库（PARLinfo）。

---

① 普遍定期审议制度是伴随联合国大会于2006年3月15日通过的建立人权理事会的第60/251号决议而建立的。该决议授权人权理事会“在尊重所有国家的基础上，采取能够确保普遍和平等对待的方式，根据客观和可靠的信息，定期普遍审议每个国家履行人权义务和承诺的情况”。加拿大于2009年接受了第一次普遍定期审查，并与2013年接受了第二次普遍定期审查。

(1)立法信息数据库

立法信息数据库是议员在议会举行之前查找立法信息的重要研究工具。该数据库以电子方式提供自2001年第37届议会以来有关各议案的相关信息。立法信息数据库包含以下内容:

①议案文本

可以直接访问所有议案在一读程序、参议院修订、众议院通过以及御批阶段所印刷的版本。立法信息数据库只提供已印刷的议案文本。

②议案的状况

提供议案当前立法阶段的概况,以及该议案其他立法阶段完成的日期。提供参议院和众议院在审议议案的辩论阶段的主要发言及表决记录。此部分的数据会及时更新,以反映出参议院和众议院前一天所进行的活动。

③提案人及其政治背景

若议案的提案人是两院议员,立法信息数据库会提供其姓名、当前政治背景及其他相关信息;若是政府议案,则仅提供部长的名字及相关信息。

④议长的裁决和声明

在议案合议程序,或是在众议院选择修正案的辩论阶段两院议长的裁决和声明。

⑤议会的重要发言

在二读程序时,两院提案人就所提交的议案所做的重要发言,以及反对意见或者来自其他任何政党的重要发言。

⑥历届议会相似议案的介绍

在议会休会期间,有些议案并没有完成立法程序的所有阶段,这些议案有时会在新一届议会重新提出,立法信息数据库会提供这些议案之前版本的相关信息,如议案编号、标题以及在立法程序中所达到的阶段等。

⑦表决的记录

提供议案在两院辩论程序中表决的结果。

⑧生效

并非所有议案或一项议案的所有部分都会在通过御批之后强制执行。立法信息数据库提供每项议案生效的详细信息。

⑨出版物及背景信息

包括联邦政府部门议案相关新闻的发布和背景资料、立法综述,以及其他相关信息。

(2)议会数据库

议会数据库提供自1867年议会成立以来有关议会机构、人物和事件的当前及历史信息资料。该数据库设置了11个主题,用户可以根据不同的主题获得所需要的信息。

①议会(Parliament)

该主题涉及议会的历史和现状,可以检索获得1—41届议会的会期、会议持续的时间、会议的关键日期、多数党政府和少数党政府持续的时间等议会信息;可以对姓名、职业、省份和党派进行组合检索来创建所需要的名单,可以通过姓名、党籍、地区检索有关联的议员,可以通过议会的界别、服务年限、姓名等条件检索相关议员并获得相关信息。此外,还可获取议会官员和高级官员、议会报告和预算程序、议会花絮、议员联席会议等信息。

②加拿大总督(Governor General of Canada)

该主题包括历任加拿大总督的姓名、任命、宣誓就职和《加拿大政府公报》登载日期;1869年至今确定加拿大总督薪金的法令和金额,薪金“御批”和生效的时间;以及由加拿大总督或是其与其他人合作撰写的书籍、书中的文章、期刊文章等作品。

③参议院(Senate)

该主题包括参议院议员的姓名、政党、省份或地区、获委任的意见、委任的时间、议员履历等议员相关信息,参议院官员及高级官员、参议院相关程序以及参议院议员和其他成员简况等信息。

④众议院(The House of Commons)

该主题包括众议院议员的姓名、政党、省份或地区、获委任的意见、委任的时间、议员履历等议员相关信息,众议院官员及高级官员、官方反对党领袖、众议院相关程序以及众议院议员和其他成员简况等信息。

⑤联邦政府(The Federal Government)

该主题包括加拿大总理和加拿大副总理的履历、政治状况及其任职期间各部部长、议会秘书、内阁大臣、政府文件等相关信息。

⑥宪法(Constitution)

该主题包括自1982年拥有修宪权以来的修宪情况、宪法会议以及英联邦国家权利宪章等。通过该主题可以了解宪法呼吁的重大问题,宪法是何时以及如何修订的,并可知晓宪法的历史。

⑦立法(Legislation)

通过该专题可获取自1909年以来加拿大立法相关历史资料和当前议案的相关信息。

⑧选举和选区(Elections and Ridings)

通过该专题可获取加拿大选举制度、选举活动以及选举权的演变的相关信息。

⑨政党(Political Parties)

通过该专题可获取加拿大政党、政党领导人以及过去和现在的选举结果等相关信息。

⑩各省和地区(Provinces and Territories)

通过该专题可获取加拿大各省和地区、地方立法、地方行政长官、及其他官员的相关信息。

⑪加拿大最高法院(Supreme Court of Canada)

通过该专题可获取加拿大最高法院及当前首席法官、陪审法官的相关信息。

(3)其他在线资源

互联网和手持电子设备的普及,使得人们更加期望获得与共享信息。而议会议员也希望在任何时间、以任何形式在线访问议会图书馆的信息资源。近年来,加拿大议会图书馆为了向议会和议员提供更迅速、有效的服务,推出了每周快报、热点追踪、贸易和投资活动系列等在线服务,拓展了新的服务渠道。

①每周快报(Pass(e)port),每周四提供,从国际在线新闻资源中遴选有关加拿大和议员感兴趣的当前事件的相关文章。

②热点追踪(HillNotes),每周出版,旨在为议员提供对当前及紧急事件的简要概述。

③贸易和投资专题(Trade and Investment Series),提供加拿大同其他国家贸易和投资活

动的概况。

④每日电讯(Quorum),加拿大有关当前热点问题的新闻报道的每日汇编。

⑤电子媒体监测系统(NewsDesk),议会内部的具有移动功能的电子媒体监测系统。该系统提供近三个月以来的,超过70种加拿大与国际的报纸和新闻电讯(Newswire)的全文阅读以及部分已播出的加拿大电视广播节目的文字稿(Transcripts),并且保存近两年档案的目录。

⑥信息扫描(Radar),通过扫描所遴选出的近期期刊文章、报告、最新出版的图书以及其他文献,使议员可随时掌握所关注问题的最新发展态势。

⑦热点问题(Hot Topics),议会议员及工作人员感兴趣的文件和报告的电子目录。可以通过设置RSS提要源(RSS Feed)来获得每天更新的提示。

除了以上在线资源之外,议会图书馆还与加拿大图书与档案馆合作,将加拿大议会1901—1993年的有关两院辩论程序中的文献资料进行数字化,这些资料在议会的网站上均可以浏览。

三、议会预算官办公室

1. 概述

面对公众对政府财政和经济发展透明度需求的不断增长,政府无计划预算盈余的大量出现,大规模政府重大超支项目的上马,一系列提高政府财政和预算透明度国际标准的出台,以及加拿大政府与议会之间关系的转变,加拿大议会于2006年修订《加拿大议会法案》(Parliament of Canada Act),设立加拿大议会预算官办公室,隶属加拿大议会图书馆。2008年3月14日任命凯文·佩奇(Kevin Page)为第一任加拿大议会预算官。现任临时预算官为议会图书馆馆长索尼娅·勒赫(Sonia L'Heureux),于2013年3月25日上任。

根据法律规定,作为政治中立性的部门,议会预算官办公室的主要任务包括:向议会提供有关国家财政、政府评估和加拿大经济发展趋势等方面的独立分析报告;根据议会委员会和议员的需求,提供议会有管辖权事项的财政成本评估。同时,议会预算官办公室会将其根据用户需求所提供的各种形式的报告上传至议会的公共网页上,以方便加拿大议员及公众随时访问。

到目前为止,加拿大议会预算官办公室已向议会委员会以及议员个人提供了《加拿大参与阿富汗战争成本》《原住民教育基础设施的资本预算模型和财政成本》等20余份研究分析报告和大量相关咨询结果,为加拿大国家财政和经济发展做出了积极的贡献。

2. 机构及人员设置

(1)机构设置

加拿大议会预算官办公室由财经分析部门和收支分析部门两个部门组成,受相应预算官助理领导。两个部门共同承担预算官办公室的职责,为议会议员、相应委员会提供相关信息,提高政府预算透明度。

财经分析部门向议会提供的服务内容主要包括财政、经济分析,以及相关前景和风险评估。财经分析部门所提供的分析报告主要是利用计量经济模型和统计学模型,对宏观经济和财政政策进行的广泛研究。

收支分析部门的主要工作是分析和预测计划成本，评估预算系统，并为议会议案提供相关成本评估。收支分析部门的工作往往会涉及财政分析和“尽职审查”，同时还会涉及业务案例评估以及成本计算方法开发等。其中“尽职审查”主要是指分析、验证经济、金融、商业和运营假设；在决策之前考证重要事实，同时根据专业人士经验对既成评估和财务报表、商业计划等相关配套文件进行管理、分析，形成对未来的展望。

(2)人员构成

加拿大议会预算官办公室工作人员除议会预算官、副预算官、行政助理、行政协调员之外，还包括经济分析师和金融分析师等 14 名员工。同时为了业务发展需要，还招聘了 3 名实习生。

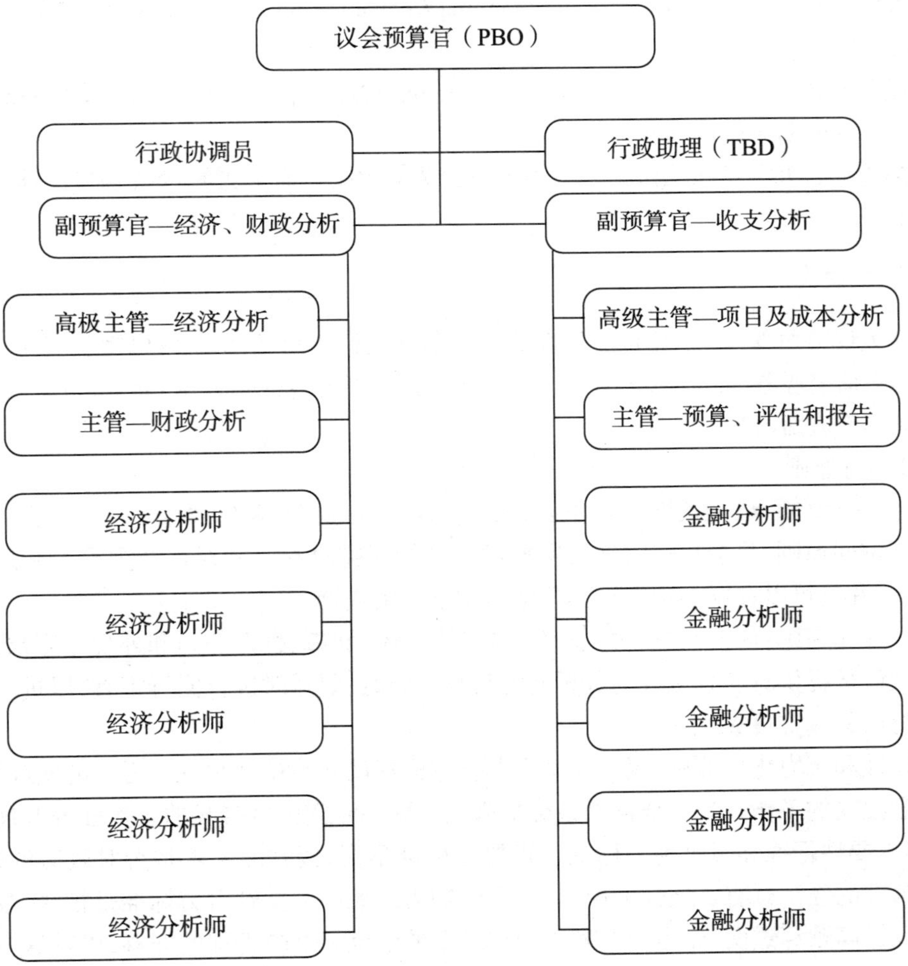

图 2 加拿大议会预算官办公室人员结构图

3. 服务职责

根据《加拿大议会法案》的相关规定，议会预算官办公室的职责主要是：

(1)向加拿大议会参议院和众议院提供有关国家财政、政府预算和经济发展趋势的独立客观的分析报告。

(2)为议会委员会提供信息研究服务,并为议会提供财政成本评估。

(3)通过促进预算透明和提高公众知情权以实现经济财政良性发展,促进议会对政府公共资金管理工作监督职能的完善。

4. 服务对象

加拿大议会预算官办公室除了为加拿大参议院和众议院以及议员提供服务之外,还为以下机构提供服务:

参议院国家财政常务委员会(Standing Committee on National Finance of the Senate)

众议院财政常务委员会(Standing Committee on Finance of the House of Commons)

众议院决算审核常务委员会(The Standing Committee on Public Accounts of the House of Commons)

众议院政府运行与概算委员会(the Standing Committee on Government Operations and Estimates of the House of Commons)

议会预算官办公室按照法律规定为上述服务对象提供有关国家经济、财政、预算等方面的信息服务。

5. 运行模式

加拿大议会预算官办公室的运行模式主要包括运行原则、信息获取机制及其与议会图书馆议会信息研究服务部门(PIRS of the LOP)和审计长办公室(Office of the Auditor General)的运行关系等三方面内容。

(1)运行原则

政治中立原则:议会预算官办公室提供的材料必须独立、客观、中立。

公开透明原则:议会预算官办公室提供的分析研究材料必须对议会委员会和所有议员公开透明,并且可以在议会预算官办公室网站上自由查询。

协同合作原则:议会预算官办公室要与学术专家、智库、咨询公司和外部专家精诚合作,为议会及议员提供具有权威性的分析研究材料。同时,要适时进行同行审查,以进一步确保所提供材料的真实可靠性。

重要性和潜力优先原则:议会预算官办公室根据议会委员会和议员需求的实际情况,制订了一套独立的工作计划。根据两条标准来确定同一时间内所接收的工作任务开展的先后顺序,即重要性标准和贡献潜力标准。重要性标准是指,接收的需求是否对政府的财政、评估和加拿大的经济具有实质性的影响,以及影响力的大小。贡献潜力标准是指,接收的需求是否可以提高预算透明度,是否有利于预算政策的健全和财政管理的完善,以及这方面贡献程度的大小。在以上两个标准中重要性标准是预算官办公室工作中首要考虑的标准。在确认了需求重要程度之后,继而才会评估预算官办公室针对需求所做的分析研究成果将对健全预算政策和财政管理贡献力的大小。

预算官办公室在处理来自议会委员会的需求和来自议员个人的需求时,除参照上述两条标准之外,还会对来自不同需求方的任务进行排序。在几单需求的重要性和贡献潜力相同的情况下,预算官办公室会把议会委员会的需求放在首位,其次才是议员个人的需求。

(2)信息获取机制

根据《加拿大议会法案》规定,加拿大议会预算官办公室通过为加拿大参议院和众议院提供有关国家财政、政府预算和国家经济发展趋势等方面的独立分析研究,促进议会对全国财政资金的监督与管理。为达到工作目标,议会预算官办公室应有权自由、及时获取政府其他部门关于财政、经济等方面的信息资源。因此,议会预算官办公室与政府各部门之间签署了一份信息协议,即《议会预算官办公室与各部门信息获取协议》(PBO Information Protocol with Departments,以下简称《信息协议》)。

制定《信息协议》的目的是在处理来自议会预算官办公室的信息需求时,从政府层面明确一套具有一致性、高效率、高透明度的信息获取规则。而这样的一套协议则成为议会预算官办公室与政府其他各部门长期合作的基础。

《信息协议》中所规定的信息获取原则和准则包括:

公开透明:按照法律规定,议会预算官办公室的信息需求将直接提交给相关部门的第二负责人,或者提交给相关部门指定的专门负责人。信息需求中应包括预算官办公室所需信息的具体要求、需求理由以及需求信息与议会预算官办公室工作职责的关系。同时,还需明确预算官办公室需求联系人、需求答复时限等相关内容。

对于如经济数据、预算等需要以月份、季度或年度为周期提供信息的常规信息需求,议会预算官办公室将提前向相关部门提供所需信息需求的大致时间,以便相关部门能提前做好准备工作。

根据枢密院办公室的要求,相关部门在接到议会预算官办公室的相关信息需求后,应向议会预算官办公室发送回执,并记录相应需求编号、议会预算官办公室联系人、提供信息部门名称和提供信息访问时间等相关信息。

议会预算官办公室以公开透明的方式提交其分析研究结果为运行模式,因此议会预算官办公室会公开其所做的报告或分析研究结果,或提交给议会委员会,或在其网站上公开发布。此外,为达到公开透明的目的,议会预算官办公室同时还会将其工作计划和向相关部门提供的信息需求在其网站上公开发布。

权限范围:为了完成工作任务,议会预算官办公室可以向相关部门提出各种经济或财政等方面的信息需求。但以下信息除外:

第一,个人信息除外。根据《加拿大信息获取法案》(Access to Information Act)第19条,个人信息不应在议会预算官办公室信息需求范围内。

第二,《加拿大议会法案》第79条第3款第2项所规定的信息除外。

时效级别:根据实际情况,议会及议员的信息需求被分为特急、紧急、一般三个时效级别。议会预算官办公室根据信息需求的规模和信息提供部门的信息资源情况,设定每单需求的时效级别。根据预算官办公室设定的时效级别,类似预算等方面的信息需求属于特急时效级别,需要在24至48小时内得到回复;对于比较容易获取的信息等紧急时效级别的信息需求,需要在五个工作日内得到回复;而属于一般时效级别的信息需求,则在三十天内得到回复即可。

如果信息提供部门不能提供议会预算官办公室所需信息时,必须在信息需求规定的答复日期之内以书面形式尽早通知议会预算官办公室和枢密院办公室宏观经济政策秘书处。书面通知中须注明信息需求拒绝理由,并提出相应信息需求的补救建议。

免费获取：按照法律规定，议会预算官办公室可以无偿获取其所需的相关部门提供的信息。

信息追索：按照法律规定，如果议会预算官办公室的信息需求被拒绝，或者是信息需求答复时间无故被延误，按照惯例，议会预算官办公室须将具体情况报告加拿大议会，并要求枢密院大臣以书面形式澄清情况。如果情况无法得到解决，那么议会预算官办公室便可行使其在加拿大联邦法院寻求法律援助的权利。

表4　议会预算官办公室信息需求单样例

信息需求编号	001
议会预算官办公室联系人	Jane Doe(613－555－1234 或者 doej@ parl. gc. ca)
需求类型	周期性或临时性
议会预算官办公室工作任务	众议院财务委员会需要一份关于某法律引介成本的分析报告
与工作目标的关系	分析经济发展趋势，和\或政府财政，和\或政府预算
信息数据要求	需要具体的数据或信息
时效级别	特急、紧急或者一般
需求发送时间	2008 年 12 月 1 日
需求答复时间	2008 年 12 月 8 日之前
感谢您的关注与合作，如有不明之处请告之。	

（3）与议会图书馆议会信息研究服务部门（PIRS of the LOP）和审计长办公室（Office of the Auditor General）的运行关系

①议会预算官办公室与议会图书馆议会信息研究服务部门

加拿大议会预算官办公室与议会图书馆议会信息研究服务部门分别提供不同的，但具有互补性的文献信息服务来共同支持议会的工作。

议会图书馆议会信息研究服务部门在保密的基础上根据议员个人的需求为其提供必要的分析研究信息支持，并为各议会委员会起草报告和开展不定期研究项目提供文献信息服务。

议会预算官办公室为议会、议员及各议会委员会提供经济、财政、金融等方面的独立分析研究报告。同时，议会预算官办公室将其信息产品通过公共网络向议员及加拿大民众公开。在信息获取方面，议会预算官办公室通过《信息协议》确保其所做的分析与研究能够得到联邦政府和相关机构提供的可靠而充分的信息支持。

②议会预算官办公室与审计长办公室

议会预算官办公室与审计长办公室同样以具有差异性且互补的模式共同为议会提供服务。

在为议会提供服务方面，议会预算官办公室主要扮演预测、评估和决策支持的角色；而审计长办公室则主要扮演回顾、梳理和审查公共财政的角色。

6. 资源配置

根据《加拿大联邦问责法》（Federal Accountability Act）规定，加拿大议会预算官办公室有责任向议会提供经济、财政等方面问题的分析、研究报告。议会预算官办公室责任重大、工作繁重,要想完成既定任务,良好的信息资源保障必不可少。其中,有限的资源配置是制约预算官办公室工作效率和水平的关键因素之一。近年来随着经济的发展,有关经济和财政方面的信息需求以及积压的成本分析项目的不断增加,使预算官办公室面临着以下三个亟待解决的问题:

第一,财政支持优先机制。根据《加拿大议会法案》规定,议会的任一委员会都可以向议会预算官办公室提出信息需求,同时议员个人也有相应的权利。由于受到信息需求的增加、单笔咨询信息量大,以及可用资源的限制等方面因素的影响,可能会造成大量咨询结果延误,对经济和财政的发展造成不利的影响。因此,议会预算官办公室急需一种财政支持优先机制来保障其工作任务能够按时完成。

第二,高素质人才的招募及培养。议会预算官办公室的主要工作任务是针对议会、委员会以及议员个人需求,以公开透明的方式,向其提供独立的研究分析。这就决定了预算官办公室人才需求的标准。

根据预算官办公室承担的经济、财政信息分析研究工作的性质,预算官办公室要求其工作人员必须具有高级学位(硕士或者博士),并且具有经济、计量、会计、金融、财政等方面的相关工作经验。因此,议会预算官办公室需要招募并保留高素质的专业人才,来保证其高质量地完成工作任务。

第三,保证经费支持,充分利用外部专家,弥补自身不足。根据《加拿大议会法案》的规定,由于工作量的不断增加,以及自身在专业能力和人员数量等方面的限制,议会预算官办公室可以根据实际情况聘请外部专家,使议会预算官办公室有效吸收第三方意见,为相应需求提供更全面的分析。

综上所述,财政资源压力在影响加拿大议会预算官办公室亟待解决的三个问题中居于首要地位。根据预算官办公室的发展趋势,未来其主要面临两个方面的财政压力:

首先,随着议会委员会的全面运行,为了达到公开透明的目的,其必将引进大批先进的信息出版技术以及通信资源,以保证利益相关者能够方便地访问、搜索其提供给议会、议会委员会以及议员个人的信息咨询结果,而这些需要大量的资金支持。

其次,由于议会预算官办公室现实条件的限制,涉及精算科学、经济建模、环境政策等方面的信息咨询,预算官办公室需要和外部的专家、咨询服务机构、智库等合作才能按照需求,全面分析,达到预期效果。来自第三方的支持,对预算官办公室顺利完成工作任务至关重要。而关于这方面的费用,却没有涵盖在议会预算官办公室自身的财政预算之中,这也是造成预算官办公室财政压力的一个重要原因。

此外,由于预算官办公室工作人员的专业知识和工作能力直接影响整个部门的工作业绩和服务水平,进而影响国家的经济发展及财政状况,所以,为提高工作人员的工作能力,议会预算官办公室会定期举办一些培训和学术会议,以促进员工工作能力的提高。而这方面的经费也挤占了部门整体财政的空间,造成预算官办公室财政压力不断加大。

7. 信息产品

(1)主要信息产品类型

加拿大议会预算官办公室的信息产品主要包括三种基本类型:议会委员会信息需求产

品、常规信息产品和独立研究报告。

议会委员会信息需求产品:根据议会委员会和议员个人的信息需求,预算官办公室可为其提供重要政策问题的简要式或深入式分析信息产品。

常规信息产品:预算官办公室的常规信息产品主要包括三种基本形式。分别如下:

①实况说明书:主要指简短的背景概要,一般不超过两页纸;

②简报:较为详细的分析报告,一般不超过五页纸;

③独立、深入的财经分析报告和研究论文:这些报告或论文有时包含技术分析,可能会聘请外部专家,运用同行评审进行外部审校,以确保所使用的方法和获得的结果的严谨性。

针对以上几种基本类型的信息产品,预算官办公室的财经分析部门按季度更新发布经济、财政方面的数据信息;并对一些重要的问题做长期的跟踪报告。例如经济动荡时期的先期预算评估报告和后期预算评估报告等就属于需要长期跟踪报告的类型。

收支分析部门对议会拨款和政府预算、决策等事宜定期提供分析报告,并对政策最优实践、预算透明度、收支管理、财政报告和政府运行等方面做长期跟踪报告。

独立研究报告:根据议会预算官办公室的规划,预算官办公室将针对议会存在的一些焦点问题为议员提供独立、中立、严谨的分析报告,以期未来几年内在经济、财政和预算等方面为国家做出实质性的贡献。

(2)独立研究项目指南

为了进一步做好本职工作,为国家的财政、经济等方面做出贡献,议会预算官办公室制定了一系列的独立研究项目指南:

①财经最优实践预测。包括:加拿大国际范围内预测能力分析;开发先进的财政预测模型和技术;评估加拿大财政政策目标,并进行国际比较、分析;研究不同立法预算部门的职责和性能。

②财经分析和风险评估。包括:深入了解商品价格变化中经济、财政的敏感性和加拿大货币价值;研究个人和区域收入差距及其对政府税收的影响和平衡收支等相关问题;评估加拿大财政政策立场,分析周期性调整的预算平衡;深入了解主要收入弹性变化。

③经济性能和生产力研究。包括:经济发展及政策研究;国际案例研究;税收类别比较研究(主要针对基础广泛并有针对性的税收措施进行研究);基础设施建设对经济的影响;人口老龄化以及人口总量对经济增长、政府税收管理的影响。

④环境和经济研究。如限额交易与碳排放税等国际经济经验研究。

⑤政府预算惯例研究。包括:为政府预算支出管理体系提供国际视野;分析研究政府预算惯例和基本准则;研究并报告采购最佳模式;研究公共服务补偿趋势;评估年终决算与预算误差。

四、公共服务

1. 公共教育

加拿大议会图书馆在为议会提供服务的同时,还具有一定的公共服务职能,其中公共教育就是其公共服务的重要组成部分。

(1)课堂教学资源(Classroom Resources)

加拿大议会图书馆网站公共教育板块包含多种课堂教学资源,通过这些资源向读者介绍加拿大政府及议会相关信息。

“了解我们的政府和议会”板块(Explore our Government and our Parliament)。该板块通过游戏、视频等方式向7—12年级的学生,以及以英语或法语作为第二语言的学习者介绍加拿大政府和议会的相关信息。主要包括加拿大民主建设之路、加拿大政府机构、加拿大民主行动、加拿大议会事务以及相关材料词汇表等内容。通过这些资源,读者可以在娱乐中便捷地对加拿大政府及议会进行全面的了解。

同时,为了更加充分地向读者介绍加拿大政府以及议会的相关内容,议会图书馆在网站上开通了一个在线“教师指南”(Teacher's Guide),在技术和程序方面指导读者应用课堂教学资源。

模拟议会板块(Model Parliament Unit)。该板块为教师提供模拟“加拿大议会的一天”所需的材料和议会工作流程介绍。板块为教师提供的资源具有高度的灵活性,可应对各式教学情境。通过这些资源,教师和学生可以对加拿大议会一天的工作有一个整体而全面的认识。

同时,议会图书馆根据不同年级学生在能力和阅历等方面的差异,将其所提供的课堂教学资源分成不同的等级,以期能够适应不同年级学生的需求,促进其对加拿大政府和议会的了解。

(2)教学工具(Teaching Tools)

加拿大议会图书馆为教学工具板块提供了大量的关于加拿大议会历史、职责以及工作等方面内容的信息资源。该板块由教师工具包和课堂教学资源组合(Teacher Kits and Class Sets)、教育背景资源(Background Resources for Educators)和词汇表(Glossaries)三个栏目组成。

其中教师工具包包括大量议会两院的相关材料,主要为教师撰写教案提供帮助。课堂教学资源组合是一种成文的印刷品,可通过团体订购,分发给每一个学生。

教育背景资源为教师提供大量关于加拿大议会历史、机构、职责、工作流程以及议员等方面的具体信息。教师可通过在站内搜索引擎输入关键词查找并利用这些资源进行备课。

词汇表根据不同年级学生的能力及需求,按照层级提供有关加拿大政府及议会相关内容的词汇,以助其能够更加充分地理解相关介绍内容。

(3)议会民主师范学院(Teachers Institute on Canadian Parliamentary Democracy)

加拿大议会民主师范学院成立于1996年,在加拿大议会两院议长的支持下,由加拿大议会图书馆组织协调,同时受到加拿大总督府(Rideau Hall)、加拿大最高法院(The Supreme Court of Canada)、加拿大前议员协会(The Canadian Association of Former Parliamentarians)、丘吉尔议会民主进步协会(The Churchill Society for the Advancement of Parliamentary Democracy)和加拿大议会党团研究会(The Canadian Study of Parliament Group)的大力协助。

每年11月份,师范学院为来自全国各地的70名教师提供独立的专业深造机会。参加师范学院研究项目期间,教师们可以与议会两院议长和议员们直接接触,可以和相关领域专家探讨一些关键问题,可以获得政府、议会、民主等方面的相关教学材料。根据这些,教师们可以有效地开展相关内容的教学。

教师可根据个人意愿提交申请,并经全国教育工作者选拔委员会(National Selection Committee of Educators)按照一定的标准选拔参加师范学院的研修项目。

(4)学生学习资源(Student Resources)

加拿大议会图书馆为青年学生提供各种便捷的方式学习、了解加拿大议会、议会委员会、议会图书馆等各相关部门的知识。

青年学生可通过谷歌街景(Google Street View),对议会的相关部门进行虚拟游览,从立体的角度对议会的整体格局进行全面的了解。

同时,议会图书馆在其网站上提供各种关于加拿大议会、加拿大政府、议会议员、常见问题等方面信息的网站链接,以方便青年学生进一步访问学习。

除网络学习资源之外,加拿大议会图书馆以及参众两院和议会委员会等相关部门还会为青年学生提供就业和实习的机会,以便他们能够更加深入地了解议会,了解议会的工作流程等相关知识。

2. 参观游览

为了使公众对加拿大国家历史和议会系统有更加透彻的了解,同时也为了体现加拿大议会工作公开透明的特点,议会图书馆每年会接待众多社会和学生团体对加拿大议会进行实体参观。

2012 年议会图书馆共接待游客 352 000 人次,其中包括 61 000 名学生和教师。5700 人填写了意见反馈卡,其中 81% 的反馈人员对议会游览进行了积极的评价。

3. 加拿大议会桂冠诗人

(1)简介

为了提高公众对诗歌的关注程度,从而促进本国文学、文化以及语言的发展,加拿大效仿英、美等国家设立议会桂冠诗人。桂冠诗人接受议会图书馆的监督和管理,议会图书馆负责为其提供工作场所。桂冠诗人可以使用加拿大的两种官方语言中的任何一种进行创作,并可在两种官方语言之间进行翻译,其作品的知识产权归其本人所有。

根据《加拿大议会法案》的规定,桂冠诗人的主要任务包括:

①在重要会议或活动期间为议会撰写诗歌;

②倡导诗歌朗诵;

③为议会图书馆提供图书馆藏及购买方面的建议,以丰富议会图书馆馆藏文献资料;

④根据议会两院议长和议会图书馆馆长的要求,执行其他相关职责。

桂冠诗人的任期最多不超过两年,在其任期内每年可获得 20 000 美元津贴,13 000 美元差旅费以及工作项目、行政开支和作品翻译等方面的预算费用。

加拿大桂冠诗人必须具有一定的资质并符合一定的标准。为了使其能够代表加拿大两种官方语言,每一任桂冠诗人都会从两种不同的语言社区交替选拔。

加拿大议会两院的议长会根据选拔标准从推选委员会提供的桂冠诗人候选名单中选出中意人选,并最终确定加以委任。根据《加拿大议会法案》规定,桂冠诗人推选委员会由加拿大官方语言专员、加拿大议会档案馆馆长、加拿大艺术理事会主席和加拿大议会图书馆馆长组成,其中议会图书馆馆长担任推选委员会主席一职。

加拿大议会桂冠诗人的资质及委任标准如下：

①为文学发展做出过重大贡献；

②具有卓越的文学创作能力；

③可在加拿大全境范围内促进文学发展，提升文学价值；

④能够按要求参加议会活动。

（2）历任桂冠诗人

弗雷德·华（Fred Wah） 2011—2013

皮埃尔·德吕索（Pierre DesRuisseaux） 2009—2011

约翰·施特夫勒（John Steffler） 2006—2008

波利娜·米歇尔（Pauline Michel） 2004—2006

乔治·鲍林（George Bowering） 2002—2004

4. 就业和实习机会

（1）优越的工作环境

加拿大议会图书馆作为一个政治中立的信息服务机构，实行刺激性和鼓励性的工作机制。议会图书馆把员工看成其最重要的财富，为员工提供全方位的工作福利，包括每年四周的带薪年假、专业技能和职业发展培训机会以及优越的工资待遇等。

（2）"议会向导"项目

由加拿大议会图书馆公共教育部门负责管理的"议会向导"项目，有着20多年的历史传承。由于每年都会有来自加拿大及世界各地的游客到加拿大议会参观游览，因此从1988年开始，每年议会图书馆都会从全国范围内招纳大批双语大学生担任议会向导，负责向游客介绍加拿大议会的历史、机构以及职责等内容。游客在向导的带领下可以参观包括议会参议院、众议院、议会图书馆、和平塔、纪念室等在内的众多议会部门。

申请加入该项目的大学生必须是加拿大公民或永久居民、正规大学全日制学生，并且熟练应用英语和法语两种语言，可全职或兼职工作。符合条件的大学生可以向所在大学的大学生实习中心或者加拿大议会图书馆信息服务部门提交申请材料。议会图书馆将对符合条件的申请人进行遴选，并组织最终入围人员对其进行关于议会历史、立法进程、解说技巧等方面内容的培训。

五、加拿大议会图书馆服务评述

《加拿大议会法案》（Parliament of Canada Act）中明确规定了加拿大议会图书馆的职能、组织机构、服务范围等，使议会图书馆作为加拿大议会的助理机构有了法律上的保障。加拿大议会图书馆自身又进一步明确了其使命，即为议会提供权威、可靠、及时的相关文献信息咨询服务，旨在为加拿大议会民主制度的建设做出贡献。加拿大议会图书馆每年根据自身的发展及需要，制订第二年的战略规划，确定具体的战略优先政策，进一步完善服务水平，拓展服务渠道，使其为议会的服务能顺利、有效地开展。

1. 文献信息服务专业化，为议会立法和决策提供科学有效的支撑

加拿大议会图书馆直接的服务对象是加拿大议会议员、各委员会和协会的成员。议会图书馆致力于成为议员首选并且值得信赖的信息和知识来源。其服务职责是向议会议员及相关工作人员提供研究和分析报告；针对立法会议员和各委员会委员的需求进行舆情跟踪；保存议会的文献遗产，使之成为议会图书馆的馆藏，并且确保服务对象能够便捷地使用这些文献；向议员提供其所需的最新的新闻及文献信息；帮助议员了解加拿大公众议会的相关信息以及议会目前所面临的问题。议会图书馆不断加强与议会议员之间的联系，逐步掌握议会议员对文献信息需求的特点，有针对性地按照他们的需求提供参考研究服务。

随着经济发展带来社会分工的细化，议会所关注的领域在越来越广泛的同时也越来越深入。加拿大议会图书馆针对议会文献信息需求的发展态势，明确服务分工，细化专业领域，专人负责主题，使服务针对性得到加强。上述各信息服务机构的设置及服务情况，充分说明了这一点。

与此同时，议会图书馆服务也越来越呈现学科专业性和专题研究性的特点。议会图书馆向议员提供的更多的是依靠学科知识、利用大量背景资料整合加工完成的带有分析意见的研究报告。研究咨询人员围绕议会关注的专题，对可靠的信息进行遴选、整合，深入分析，撰写无党派偏见、客观、公正的研究报告；在议会审议议案时参与议案摘要的编写，提供议案审议相关情况简报等；同时结合议会需求，选择重点领域，对国内外重点问题、热点问题进行跟踪分析。

加拿大议会图书馆的服务产品形式多元、范围广、有深度且已有一定规模，集专题性、长期性、时效性为一体。这些服务产品是议会议员日常工作的重要参考资料，有助于进一步扩大议会图书馆服务的影响力，形成具有专题性、规模化、持续性的研究成果，也是拓展为议会服务的重要内容。

2. 信息公开寓于公众服务之中，彰显民主政治特色

信息公开是一个国家民主政治的重要表现之一。加拿大议会图书馆作为加拿大议会的助理机构，十分注重信息的公开性和透明度，采取多元方式让公众了解议会图书馆战略规划、年度报告、议会图书馆服务内容和服务产品、议会预算办公室相关信息、立法信息以及议会信息等有关议会和议会图书馆的各方面情况。

加拿大议会图书馆公开信息遵循以下原则：

（1）提供无党派偏见、及时、准确、客观、公正和完整的文献信息；

（2）信息提供方式多样化，包括网页浏览、在线阅读、PDF 文件下载，以及向到馆参观者介绍和发放宣传材料等；

（3）具备可追溯性，不仅发布当前信息产品，还保留一定期限内的信息服务成果或相关目录，随时向用户提供进一步了解、追踪信息的有关内容；

（4）保证用户查询信息的便捷性和有效性；

（5）尊重版权，保护公民隐私权和国家秘密；

（6）使用英语和法语同时发布。

在遵守上述原则的前提下，加拿大议会图书馆通过网站向公众提供议会图书馆简介、组织结构、服务职责、战略规划、年度报告、年度预算报告以及议会和议会图书馆相关图片信息;就业及实习信息;应议员需求提供的研究分析报告、定期产品、立法摘要、独立研究报告及舆情跟踪等服务产品;加拿大相关立法信息;有关议会机构、人物和事件的当前及历史的信息,加拿大政府系统、议会出版物,以及向公众宣传加拿大议会、民主制度等信息服务。

加拿大议会图书馆网站内嵌在加拿大议会网站之中,整合了议会图书馆相关资源,方便议会议员使用,也为公众提供了解议会以及议会立法进程等信息的平台。用户在登录议会图书馆网站便捷地获取所需信息的同时,也享受了加拿大议会民主政治的教育,民主政治素养在接受图书馆服务的过程中得到逐步提高。

3. 开展议会公共教育,图书馆社会教育职能得到具体履行

加拿大议会图书馆在为议会提供服务的同时,还具有一定的公共服务职能,其中社会公共教育服务就是一大特色服务内容。

加拿大议会图书馆所提供的社会公共教育服务主要包括网络资源教育和实体教育两种形式。其中的网络教育资源主要包括课堂教学资源、教学工具和学生学习资源等。这些资源针对学生、教师和社会人士等不同受众群体,以视频、游戏、文字等不同形式提供不同等级和内容的教育服务。这些教育资源主要向受众介绍加拿大政府、议会以及加拿大民主建设等方面的内容,并且为教师提供相关知识的教学背景,以便能够向学生更好地介绍加拿大政府相关方面的内容。

同时,议会图书馆每年也会为公众提供参观加拿大议会的服务内容,以使公众对加拿大政府、议会系统有更加深刻的了解。

加拿大议会图书馆以教育公众为己任,以介绍加拿大民主政治为目标,以公开透明为形式,以网络和实体为手段,向公众提供教育资源,是图书馆社会教育职能的集中体现。

4. 肩负预算职能,促进议会对政府监督职能的完善

与其他国家议会图书馆相比,下设议会预算官办公室是加拿大议会图书馆的一大特色。

议会预算官办公室根据政治中立、公开透明、协同合作等原则,为加拿大参议院和众议院、两院议员以及相关议会机构提供服务。主要向议会提供有关国家财政、政府评估和加拿大经济发展趋势等方面的独立分析报告,并根据议会委员会和议员的需求,提供议会有管辖权事项的财政成本评估。同时,议会预算官办公室会将其根据需求所提供的各种形式的报告上传至议会的公共网页上,以方便加拿大议员及公众随时访问,接受公众监督。如此角色定位,使加拿大议会图书馆在共有世界各国议会图书馆服务职责的同时,又突破了图书馆传统职责范围限定,其责任和作用的积极意义不言而喻。

5. 重视队伍建设,多途径、多方式开展图书馆员培养

议会图书馆有约300名高素质的员工,其中包括具有学科知识背景的研究咨询专家和参考咨询馆员。议会图书馆针对议会两院对各专业领域信息的需求,配备了包括经济、法律、社会科学、科技和技术等专业人才。议会图书馆员工不仅所涉专业背景领域广泛,而且其民族、种族成份的多样化,为议会图书馆带来了丰富多样的文化。议会图书馆员工的构成呈多元化发展,有助于具有不同文化背景和种族的人宽容、和谐共处,以及促进就业平等和

人力资源框架的多元化。

近年来,议会图书馆员队伍建设也受到人员退休等因素的影响。2008 年,有 40% 的员工的工作经验少于 5 年,2011 年这个比例数字已经达到 51%。为促进员工知识交流与职业发展,加强人才培养,提高为议会服务整体水平,议会图书馆委托第三方,在员工离职面谈或退休时,录制其有关图书馆工作经验的述评。大多数离职员工汇报了积极的工作经验,议会图书馆也可从中确认员工职业发展所出现的问题,并加以改善。

议会图书馆建立人力资源管理战略以支撑其员工的招聘、保留和发展,整体实施新的绩效管理框架。向员工推出健康门户网站,提供便捷的信息服务,让员工拥有一个健康、受尊重和多元化的工作环境。

议会图书馆为所有职位实施职业能力框架的构建。为管理者建立的能力框架被纳入图书馆的招聘流程。所有非管理者的职业能力框架通过高度协商的方式构建,确保能力的识别反映图书馆独特的组织文化。

为不断拓展服务的深度和广度,规范自身业务工作,议会图书馆定期更新培训计划,开展一系列相关培训,培养员工口头及书面沟通等业务能力。并且推出了档案管理培训和宣传方案,支持员工实施档案管理,这有助于内部用户更容易地使用信息。

加拿大议会图书馆的所有馆藏文献资源建设经费以及为议会提供各项服务所产生的经费在立法层面得到保障。其工作人员的工资待遇、奖励,专业人员的培养都纳入每年的财政预算中。议会图书馆实际支出的员工工资和奖励都占其总支出的 80% 以上。在议会图书馆每年的政策制定中,提高效率、节约成本都成为其发展目标之一。近年来,议会图书馆一直力图缩减预算,其运转经费每年递减,但人员工资和奖励部分的额度有所增加,这既保障了员工的薪金和福利,一定程度上也为其各项业务稳定、持续的发展提供了支持和保障。

议会图书馆定时为表现优秀、有创新、示范管理以及整体表现优秀的员工和团队,举办仪式庆祝他们在这一年所获得的成就。通过年度奖励及嘉奖的方式激发员工的工作积极性,从而使员工保持高昂的情绪和积极状态,充分发挥潜力,全力做好各项服务工作。

参考文献

1. 王瑞贺. 加拿大议会[M]. 北京:中国财政经济出版社,2005

2. 加拿大议会图书馆网站[EB/OL]. [2013 - 08 - 25]. http://www. parl. gc. ca/About/Library/Virtual Library/index-e. asp

3. Library of Parliament 2008 - 2009 Annual Report[R/OL]. [2013 - 08 - 25]. http://www. parl. gc. ca/About/Library/VirtualLibrary/Documents/AnnualReport2008-2009-e. pdf

4. Library of Parliament 2009 - 2010 Annual Report[R/OL]. [2013 - 08 - 25]. http://www. parl. gc. ca/About/Library/VirtualLibrary/Documents/AnnualReport2009-2010-e. pdf

5. Library of Parliament 2010 - 2011 Annual Report[R/OL]. [2013 - 08 - 25]. http://www. parl. gc. ca/About/Library/VirtualLibrary/AnnualReport/2011/ar2011-contents-e. htm

6. Strategic Outlook 2012 - 2017[EB/OL]. [2013 - 08 - 25]. http://www. parl. gc. ca/About/Library/VirtualLibrary/StrategicOutlook/so2012-contents-e. htm

7. 议会预算办公室网站[EB/OL]. [2013 - 08 - 25]. http://www. pbo-dpb. gc. ca/en/

8. Operational_Plan(PBO)2008[EB/OL]. [2013 - 08 - 25]. http://www. pbo-dpb. gc. ca/files/files/Operational_Plan. pdf

9. the Parliamentary Poet Laureate[EB/OL]. [2013 - 08 - 25]. http://www.parl.gc.ca/About/Parlia ment/Poet/index.asp? Language = e

10. Parliament of Canada Act[EB/OL]. [2013 - 08 - 25]. http://laws-lois.justice.gc.ca/eng/acts/P-1/page-29.html#s-75.1

英国议会信息服务调查报告

李　嘉　卢海燕

一、英国议会现状概述

英国议会创建于13世纪,迄今已有700多年的历史,被称为世界"议会之母"。议会是英国的最高立法机关,也是英国政治的核心,政府从议会中产生,同时接受议会的监督。

英国议会为两院制,分别为上议院和下议院。上议院议员原本由王室后裔、世袭贵族、新封贵族、上诉法院常任法官、教会大主教和主教组成,一旦当选无任期限制。但根据1999年《上议院法案》(House of Lords Act 1999)进行改革后,大部分贵族们世袭罔替的议员职位被取缔,仅保留了92位世袭议员和26名圣公会主教的上议院议员职务,其余的议员则由女王重新任命。虽然进一步改革上议院议员选举制度的议案目前还未通过,但呼声一直未断。除了议员职位,在权力和职能方面,上议院也呈日渐式微之势。1911年《议会法案》(Parliament Act 1911)使上议院丧失了对下议院通过的一切决议的否决权,只保留了延搁权。1949年《议会法案》(Parliament Act 1949)又对延搁权进一步加以限制,将上议院延迟下议院已通过议案颁布的时限从两年变为一年。从此,上议院的立法权被严重削弱。2009年10月1日,英国最高法院(Supreme Court of the United Kingdom)正式开始运行,标志着英国司法的真正独立,同时也标志着上议院的司法职能被削减。12位拥有上议院议员身份的常任上诉法官(Lord of Appeal in Ordinary)将卸去议员职务,成为全职的最高法院法官,上议院的上诉法院职能也随之转移到最高法院。

今日的下议院在英国两院中占据绝对主导地位,成为英国权力的真正中心。首先,下议院议员是从全国的650个选区直接普选产生,这就使下议院的人员构成在理论上获得了充分的合法性。其次,1911年和1949年的两个议会法案改变了上下两院相互制衡的情况,使下议院在立法方面的权力独大。由于下议院与政府关系密切(政府由占下议院多数席位的政党组成,内阁大臣绝大部分来自下议院。且自1902年起,历任的英国首相几乎都是下议院议员),从而招致英国立法权被英国政府绑架的质疑之声。无论如何,目前英国议会的现实情况就是下议院在立法和监察政府方面的权力和职能远在上议院之上。

二、英国议会的信息服务体系

英国议会行使职权的主要工作方式是辩论,由此而产生了大量的辩论记录。特别是在1742年议会发布了第一个关于印刷日志(Journals)的法令之后,辩论记录开始变得规范、有序和权威。1803年,英国议会议事录(Hansard,以下简称"议事录")作为英国议会的官方辩论记录开始正式连续出版。议事录、议案、法案和各种议会文件集合成了丰富的英国议会档案，它们是英国政治制度史、立法和法制建设过程，以及国家治理和发展的历史证明。

以辩论为主的工作方式使议员们需要得到辩论主题相关的文献与信息支持。早期议员们主要是依靠自身的学识和社会经验履行其职责，但随着科学和社会的发展，以个人学养应对飞速发展扩大的议题范围显然是不够的。19 世纪上半叶，英国议会两院先后建立了图书馆。图书馆的初始职能除了保存议会档案外，可以说只是议员私人图书室的扩展而已。但经过一个半世纪的发展，现在两院图书馆的工作重点已经从图书档案的收藏和借阅向信息咨询与专题研究工作转移。为此，议会还成立了科学与技术办公室，专门针对科学与技术领域的议题进行调查研究。

随着网络信息技术的发展，议会档案以及图书馆的咨询研究成果的数字化和服务的网络化成为必然趋势。根据 2000 年《信息自由法案》(Freedom of Information Act 2000)的规定，任何人都有权查看议会工作记录。因此，不论是出于保藏珍贵的国家文献的目的，还是为了支持议会和议员的工作，抑或为了履行信息公开的法律要求，都使得信息服务机构在整个英国议会的行政体系中成为不可或缺的组成部分。它们承担着对内服务议员，对外服务公众的双重职责。

如前所述，英国议会是两院制，两院各有一套维持工作运转的行政体系，此外还有同时服务于上下两院的部门。本报告重点调查的信息机构包括，从属于两院的议会档案馆(Parliamentary Archives)和议会科学与技术办公室(Parliamentary Office of Science and Technology, POST)，隶属于上议院的上议院图书馆(House of Lords Library)和隶属于下议院的下议院图书馆(House of Commons Library)。此外，本报告还将对英国议会的电子化信息服务进行整体综述。

三、议会档案馆

英国议会档案的产生源自于英国悠久的政治传统，议会档案是对英国议会制度和议会工作的忠实记录。早在 1299 年，英国议会就开始编辑《法案卷宗》①。自那时算起，英国议会档案迄今已拥有数百年的发展历史。近年来伴随着相关议会档案建设与发展的几个关键事项，如议会记录管理制度(标准化管理)的建立、2000—2008 年档案编目项目的实施、维多利亚塔档案馆的翻修、政党档案的搬迁、1998 年《数据保护法案》(Data Protection Act 1998)和 2000 年《信息自由法案》的颁布实施，以及档案的数字化建设等，英国议会档案的收藏与服务达到了一个全新的高度。

英国议会在档案建设、管理和服务方面的经验非常值得借鉴，特别是其档案收藏与获取政策，对档案的组织和建设，乃至对非档案类的专题文献的组织和建设都有一定的启示作用。

1. 议会档案收藏与获取政策

英国议会每一天的活动都会产生成千上万的记录，其中只有一小部分具有作为议会档案永久保存的价值。英国议会档案的收藏工作始于 1497 年。其时，一个职员决定将最新的

---

① 余永和.《中古英国议会档案》的编撰特色[J]. 档案与建设，2010(11)：9－11

笔录就地保存在威斯敏斯特宫，而不是送交到伦敦的大法官法庭（Chancery），此举开启了英国议会档案的收藏工作，并延续至今。这些为后人们保留的议会记录，其筛选原则一方面要保证两院活动的权威证据以及令未来的历史学家们感兴趣的记录得以留存，另一方面也要考虑存储空间和其他保存档案所需的资源得到高效利用。为此，议会制定了“议会档案收藏与获取政策”（Collection Acquisition Policy，Parliamentary Archives），这项政策每5年还要进行一次评估和修订①。

议会档案工作的目标是提供高效率的文件管理和服务。为了实现这个目标，“议会档案收藏与获取政策”在制定时遵循两个原则，一是确保由议会创建或持有的有保存价值的文件能够作为议会档案留存；二是确保有助于了解议会历史和议会工作的有价值的非议会文件能够作为议会档案被收藏。

（1）收藏政策描述（Statement of Collecting Policy）

议会档案收藏的文件格式包括模拟格式和数字格式两种，收藏范围首先要视文件属于议会内部文件（Internal Records）还是议会外部文件（External Records）而定，继而要符合下述7个条件之一。

议会内部文件收藏需要符合的条件：

①两院创建或持有的，记录两院在履行立法、监督和司法职能时的审议情况，决策与行动的关键文件。

②两院创建或持有的，记录议会行政管理工作的重要文件。

议会外部文件收藏需要符合的条件：

③非议会两院，但具有议会性质的其他机构的高级别文件。具有议会性质的机构，例如书记官协会（Society of Clerks at the Table）、各国议会秘书长协会（Association of Secretaries General of Parliaments）、英联邦议会协会（Commonwealth Parliamentary Association）、议会史基金会（The History of Parliament Trust）和议会新闻记者团（Parliamentary Press Gallery）等。此类文件的数量有限，但属于议会档案收藏范围。

④重要的议会官员，或者诸如上、下议院议长等议会办公室主管的私人文件。

⑤脱离了官方监管的议会文件。议会工作人员创建的旧文件、因为创建者退休而被剔除的议会文件、失窃的议会文件，以及偶然重新获得的议会文件，如果可以填补现藏文件序列的缺口，或者其本身具有重要价值，可以将其纳入议会档案收藏。

⑥与现存的非议会藏品同一来源的文件。流入市场或提供给档案馆的私人文件藏品，如果能够填补现藏文件序列的缺口，可以考虑购买。但这些文件必须与现藏文件序列是同一来源，并且其自身具有重要价值。

符合上述③—⑥项标准之一的文件还需依据重要历史主题（详见下文）进行再评估，最终只有简明的高级别文件才能入藏议会档案。

⑦建筑和图片文件。为了丰富档案藏品，要特别关注直观记录的收藏，如议会建筑、议会职员、工作场景和仪式相关的图片记录。

（2）历史主题（Historical Selection Themes）

不论是议会内部文件还是议会外部文件，能否作为议会档案永久留存，在符合上述7项

① 本调查报告相关内容译自该政策2012年的第四版。

收藏条件之一的情况下,可能还需要就文件本身的长远信息价值和历史价值进行额外的评估。以下这些主题已经被确认为最有可能为20世纪和21世纪早期的历史学家们的研究兴趣提供证据,下列领域内的文件,如果符合收藏条件,将被永久留存。

①两院工作程序上的重大变化。例如随着上议院大法官(LordChancellor)职位的废除而对上议院议长做出新的安排的详细资料。

②两院的政治改革和权力下放。例如世袭贵族们关于1999年上议院议员选举的宣言。

③英国议会为了更广泛的参与欧洲事务而做出的改变。例如关于设置新的职位以支持欧洲审查工作(European Scrutiny work)的决策。

④法律的实施给议会工作带来的影响。例如为了实施1995年《残疾人法案》(Disability Discrimination Act 1995),或者2000年《信息自由法案》而制定的议会工作准则与工作程序。

⑤天灾人祸以及防范措施。例如战争空袭时的议会保护记录,泰晤士河泛滥的应急疏散计划[①],遭恐怖活动破坏的建筑物修复的详细资料。

⑥与信息技术和其他技术发展相关的议会战略决策。例如关于在议会设置第一台复印机或传真机的记录,互联网、电子文档管理系统和电子出版在议会应用的有关文件。

⑦妇女、少数族裔和其他少数派团体在议会中的角色。例如议会大厦里第一个妇女盥洗室的建筑施工方案,有关非基督教徒的宗教节日的人事政策。

⑧议会房产的重大发展(如新办公楼的建造或者历史建筑的大修)。例如1990年代保得利大厦建筑施工的高级项目文档和威斯敏斯特宫内部空间的摄影测量记录。

⑨国家场合,特别是加冕典礼、遗体告别或外国首脑访问的记录。例如2002年英国王太后葬礼的安排、1996年曼德拉总统的国事访问。

⑩表现议会与政府关系的文件。例如议会对党派辩论或政党丑闻的行政干预。

⑪与社会公众的联系。例如有关访客中心、服务拓展和展览的提议。

(3)不再继续收藏的文件

下列文件在英国议会档案收藏史上曾经在收藏范围之内,但今后由于种种原因不再继续收藏。

①政治家的私人文件。议会档案曾经收藏过诸如劳合·乔治(David Lloyd George)、比佛布鲁克爵士(Lord Beaverbrook)等政治家的私人文件,但是随着伦敦、牛津、剑桥及其他地区档案馆的发展,此类档案有了适合的收藏地。原藏品继续保留,但不再增加此类藏品。

②压力集团[②](pressure groups)、政治记者,以及其他非议会的一般性政治文件,包括来自两院外部的评论或试图影响议会审议、决策和行动的文件。

③模拟音像文件(Analogue Audio-Visual Records)。此类记录在专门的档案馆,如国家影像档案馆,可以得到更好的保存和使用。本条规定不适用于数字音像文件,此类记录是议会正在建设发展的广泛的数字存储项目的一部分。

④公共档案。内阁办公室和党鞭[③]办公室(Whips' Offices)的文件是由政府创建的,记录

---

① 英国议会所在地威斯敏斯特宫位于泰晤士河畔。

② 压力集团指致力于对政府施加压力、影响政策方向的社会组织或非组织的利益群体。

③ 党鞭(Whip)系政党名词,起源于英国,是指议会内代表政党领袖的政党纪律主管,确保议员出席会议并按照政党立场行事。

政府在议会的活动,因而属于公共档案,应保存在国家档案馆。

⑤虽然满足上文议会内部文件收藏的7项条件,但存在无法修复的瑕疵的文件。可能的瑕疵包括文件来源不明、真实性得不到保证、文件的物理载体严重破损或不符合其他的技术要求。此外,由于外观尺寸(文件单品或文件集合)的原因无法在维多利亚塔档案馆存放的文件也不收藏。对于数字记录而言,不收藏的原因包括缺乏足够可靠的元数据,以及数据格式不符合保存这些记录所需的经济和技术条件。

2. 档案获取方式(Methods of Acquisition)

(1)移交(仅限议会内部文件)

无论是数字还是纸质文件,凡是由议会两院创建、接收和持有的文件都要依据授权文件处理规定(Authorised Records Disposal Practice)来处理。该规定明确了哪些文件应该作为档案永久收藏,哪些文件应该被销毁或者由议会档案馆进行评估。

(2)捐赠或遗赠(仅限议会外部文件)

档案馆接受来自议会外部的符合收藏政策的捐赠或遗赠文件。如果赠品不符合议会档案收藏政策,档案馆会向捐赠者提供其他合适的存放地点的建议。是否接受赠品还有一个因素要考虑,即这些赠品的编目、存储和保护所需的人力与资金,要在文件的历史价值与所耗资源之间求得平衡。

(3)购买

可以在拍卖会或私人售卖会上购买符合收藏政策的文件,拍卖机构或卖主在售卖文件时应尽可能详细地提供卖品来源及其流转历史的信息。

(4)寄放与长期出借(On Deposit/Long Term Loan)

鉴于有限的空间和人力资源,议会档案不再接受长期出借或寄放的文件。但是,作为数字连续服务(详见下文)的一部分,议会档案接受临时存储的数字记录。

(5)数字连续服务(Digital Continuity Service)

档案馆为那些没有被选中永久留存,但出于业务用途需要保存一段较长时间的文件提供数字连续服务。这些文件不是正式的议会档案,不属于档案馆,而是属于文件来源部门。档案馆为这些数据提供安全存储,但除了文件来源部门外,不对外开放这些文件的访问通道,任何来自外部的查询请求都将被转到文件来源部门。

(6)原始文件的副本(Copies of Original Records)

只有在特殊情况下且排除了通过捐赠和遗赠来获取的可能性,档案馆才收藏原始文件的副本(胶片的或数字的)。并且这些副本需要:

①满足上文提到的收藏条件;

②具有重大民族价值;

③原件将继续保存在私人手中不对公众开放,或者只在英国以外的地区公开。

此外,只有没被英国境内其他公共档案馆或图书馆收藏的副本才会被议会档案接受。如果私人手中的文件原件随后被交付拍卖,议会档案馆将联系卖主并尽一切可能购买它们。如果原件被英国其他档案馆或图书馆购得,议会档案馆将毁掉拥有的副本。

3. 档案开放(Access to Records in the Archives)

议会档案的大部分藏品,包括历史文件均向公众开放。根据档案法和2000年《信息自由法案》的规定，凡满30年的公共档案和满100年的私人档案，均向公众开放。当2010年《宪法改革与治理法案》（附表7）（Schedule 7 of the Constitutional Reform and Governance Act 2010）生效后，档案开放的范围将扩大至满20年的公共档案。某些文件的开放不受《信息自由法案》的约束，比如关涉国家安全的文件不对外开放。

4. 档案服务

（1）阅览与咨询服务

议会档案馆位于威斯敏斯特宫议会大厦的维多利亚塔。档案馆阅览室周一到周五（公共假日，以及每年11月份的最后两周盘点时间除外）全年对公众（包括英国人和外国人）开放。

阅览室有工作人员协助读者查阅档案。由于阅览室座位有限，而且用户要查阅的某些档案可能还需要从别的地方调过来，所以到阅览室查阅档案需要至少提前两个工作日通过电话或E-mail预约。查阅档案不需要特别的证明文件，但进入档案馆时需要出示带照片的身份证明，包括护照、驾驶证、身份证、学生证、退休人员乘车卡或议会工作证等。

查阅档案免费。在不损害档案原件的情况下，可以复印档案，还可以自带数码相机拍摄（每天收费5磅），但不能使用闪光灯。

此外，议会档案馆也接受来自电话、书信、传真或E-mail的咨询。档案馆不能保证完全满足咨询请求，但即使不能精确地提供某件档案，也会针对咨询内容在查找范围上给出建议。档案馆还提供档案复印件寄送服务。一般来说，非到馆咨询将在10个工作日内得到答复。

议会档案馆还允许新闻媒体和广播影视制作单位付费使用议会档案。

（2）电子数据服务

保得利议会档案电子目录（Portcullis）是一个带内容摘要的文件目录数据库，内容涵盖议会档案馆收藏的300万份文件。全文数据可以通过商业数据库Justis查找。具体情况见后文“七、电子化信息服务”部分。

四、议会科学与技术办公室（POST）

POST成立于1989年，是议会内部的一个独立部门，负责为科学与技术相关的公共政策议题提供适度的并易于理解的分析报告。

POST的工作目标是协助议员对科学技术领域的议题进行调查研究，通过撰写研究简报和开展研究项目为议员们的决策提供信息支持。该机构的工作与议会图书馆、特别委员会和各党派议会小组密切相关。

POST的主要业务工作分为五个领域，每个领域下又设有多个研究项目。这些研究项目由POST的工作团队以及在POST登记在册的外部研究人员共同来执行。在研究过程中，POST会就研究内容在议会内外广泛征询专家学者意见，这些专家来自政府部门、学术界、工业界、学术团体、思想库和非政府组织。

POST划分的5个学科领域及其正在进行中的研究项目包括：

生物科学与健康领域。该领域开展的研究项目包括,艾滋病防治进展、职业场所心理健康、干细胞研究回顾等;

环境与能源领域。研究项目包括未来环境规划、温室气体排放的检测与报告、外来植物物种入侵、间歇发电、拦潮坝的环境影响、海洋保护区的划定等;

物理科学与信息通讯技术领域。正在研究的项目有公共部门数据开放、M2M 通讯技术、循环再生物料的价值最大化;

科技政策领域。研究项目是 14—19 岁青少年的科学、技术、工程与数学教育(STEM);

科学、技术与全球发展领域。研究项目包括清洁饮水与联合国千年发展目标、人口预测的不确定性研究等;

此外,还有一些计划中的项目,即已经获得 POST 董事会的批准但还未开始执行的项目。

在 Gatsby 慈善基金资助下,POST 自 2008 年开始实施一个旨在帮助非洲议会提高科学技术相关议题研究能力的项目——非洲项目(Africa Programme),该项目计划 2012 年中结束。

POST 的研究成果是《POST 简报》(POST Notes)和《POST 研究报告》(POST Report),每年出版 20—30 份。与两院图书馆出版的简报和研究报告一样,POST 的研究成果也可以通过议会网站查阅下载(详见"七、电子化信息服务"部分)。

以下是部分《POST 简报》的内容介绍,从中可以进一步理解 POST 的工作职责:

《POST 简报》第 427 号①——英国海外领地的生物多样性。英国的海外领地涵盖了多种类型的生物栖息环境,从冰原、岩石岛到环状珊瑚礁和热带森林。该报告总结了在国际公约的要求下,保护、管理生物多样性和阻止其日渐消失所面临的挑战。

《POST 简报》第 422 号②——职业场所心理健康。不良的心理健康状况问题对个人和公司都是有害的。这份报告总结了心理健康与工作场所之间如何相互影响,描述了心理健康问题对获得并保住职位的造成的障碍,研究了在工作场所或通过健康服务解决心理健康问题的几种方法。

《POST 简报》第 421 号③——国民幸福度测评。目前各国政府对个体、社会群体和全体国民幸福度的监测与评估越来越感兴趣,这份报告介绍了国民幸福度测评的背景,分析了经济指标作为测评标准之一的局限性。总结了英国国民幸福度测评的情况,以及测评数据与公共政策制定之间的关系。

《POST 简报》第 419 号④——水资源恢复力。可获取的水资源是社会活动和经济活动的基础,该报告描述了导致未来水资源有效供需的不确定性的原因,以及针对这种风险,可以采取的中期措施。

---

① Biodiversity in UK Overseas Territories[EB/OL].[2013 - 02 - 06]. http://www.parliament.uk/business/publications/research/briefing-papers/POST-PN-427

② Mental Health and the Workplace.[EB/OL].[2013 - 02 - 06] http://www.parliament.uk/business/publications/research/briefing-papers/POST-PN-422

③④ Water Resource Resilience[EB/OL].[2013 - 02 - 06]. http://www.parliament.uk/business/publications/research/briefing-papers/POST-PN-419

《POST 简报》第 415 号①——预防糖尿病。到 2020 年英国的糖尿病患者预计将增至 380 万人,对这种疾病以及相关并发症的医疗处置每年将用去 39 亿英镑的英国国民健康保险。该报告描述了糖尿病的成因和已知的导致这种病的风险因素,对预防糖尿病的多种政策选择逐一进行了评估。

其他报告还有,肺结核的耐药性、人性化的癌症治疗、生物能、能效评估、能耗产业中的低碳技术、视频游戏的影响、养殖业超级农场等。

五、上议院图书馆

上议院图书馆的职责是为上议院的工作提供信息支持。

1. 馆藏

上议院图书馆创建于 1826 年。最初的馆藏来自于议会办公室的所有图书和根据特别委员会的建议购买的图书。长期以来,上议院图书馆坚持以收藏法律文献和议会相关文献为主导的文献收藏理念。

1904—1922 年,高斯(Edmund Gosse)担任馆长期间,上议院图书馆的馆藏范围得到了扩充,图书馆购入了很多历史方面的文献以及有关英国内战的小册子。之后,上议院图书馆的文献收藏日益突破原收藏原则,最终形成了以议事录和议会出版物,法律文献,历史、政治和传记类著作,以及学术性和时事性期刊构成的上议院图书馆馆藏。目前上议院图书馆拥有 6 万种纸本书刊和一些电子资源。

2. 阅览室

位于威斯敏斯特宫的上议院图书馆拥有 5 个历史悠久、华丽典雅的阅览室。1856 年,先后有两位大法官特鲁罗(Lord Truro)和布鲁汉(Lord Brougham)向上议院图书馆捐赠了他们的个人收藏,上议院图书馆遂以二人的名字分别命名了两个阅览室——特鲁罗阅览室(Truro Room)和布鲁汉阅览室(Brougham Room)。之后又增加了德比阅览室(Derby Room)、女王阅览室(Queen's Room)和索尔兹伯里阅览室(Salisbury Room)。

特鲁罗阅览室是以 19 世纪 50 年代的上议院大法官特鲁罗勋爵的名字命名的。该阅览室主要收藏上议院文件、政治人物以及科学和文学领域的名人传记。这里也是一个供上议院议员做会前准备的重要场所。

德比阅览室。图书馆的历史藏书大部分都在德比阅览室。阅览室以十四世德比伯爵(Edward George Geoffrey Smith-Stanley,14th Earl of Derby)的名字命名,他曾在 1852—1868 年之间三次当选英国首相。该阅览室还收藏了很多地图。

布鲁汉阅览室。上议院图书馆主要的法律文献都收藏在该阅览室,此外这里还有各种报纸、学术和时事期刊。

---

① Preventing Diabetes[EB/OL]. [2013 - 02 - 06]. http://www.parliament.uk/business/publications/research/briefing-papers/POST-PN-415

女王阅览室是上议院图书馆的核心区，也是上议院议员和职员与图书馆员面对面接触的主要地点。图书馆的参考文献都放在这个房间，该阅览室配备有可以上网的计算机。图书馆员、研究人员和图书馆其他工作人员也在这里办公。

索尔兹伯里阅览室是图书馆里一个安静的区域。以前作为委员会办公室使用，直至1975年才成为图书馆的一部分。

阅览室外的走廊也是图书馆的空间，一直以来都被充分利用。沿着特鲁罗阅览室、德比阅览室、布鲁汉阅览室和女王阅览室外的整条图书馆走廊两侧排列着大量书柜，里面存放着议员们工作中可能会用到的各种文献，包括议事录、议会出版物、历史和时事研究领域的专业图书。

3. 服务

上议院图书馆紧邻上议院议事厅，超过400名上议院议员和工作人员会定期使用图书馆阅览室，他们可以在此咨询信息、阅读文献，收发邮件、在开会前交谈。图书馆既是议会日常工作和研究工作的核心地带，也为议员们在开会之前讨论工作提供了一个私密空间。

上议院图书馆的信息服务产品是《上议院图书馆简报》(House of Lords Library Notes)，这是为议员及其工作团队编辑的研究简报。简报的作者可能会就简报内容与议员及其工作团队进行沟通讨论，但不会与一般公众讨论这些报告的内容。公众可以从议会网站下载这些简报(详见“七、电子化信息服务”部分)。

2010年上议院图书馆有35名工作人员，其中7名是研究人员。总体来看，上议院图书馆还是以提供文献阅览服务为主，阅览室不对公众开放。

六、下议院图书馆

下议院图书馆的职责是为下议院的工作提供信息支持。

1. 历史与现状

图书馆最早的起源可以追溯到1547年，以议会职员约翰·西摩(John Seymour)编辑的第一份下议院会议录手稿或日志为标志。1742年，议会发布了第一个印刷日志的法令，从而开启了有序而权威的议会文件时代。随着手写和印刷议会文件的增加，图书、活页、小册子、法规和其他文件的收藏量也同步增长。如果不考虑是否正式冠名的话，这些藏品在事实上已经构成了早期的下议院“图书馆”。

随着查尔斯·阿伯特(Charles Abbot)在1802年当选为议长，图书馆的实体基础被奠定。他对议会文件倾注了学者般的热忱，在他的指引下，著名的阿伯特专藏(Abbot Collection)，即18世纪议会文件专藏建立起来。议会文件的分类方法也在此期间出台并沿用至今。1817年，他的继任者——议长马纳斯·萨顿(Manners-Sutton)拨出一个房间来存放这些不断发展的文献收藏。同时，财政部批准下议院任命了第一个图书馆员——本杰明·斯皮勒(Benjamin Spiller)，其任职自1818年1月1日开始。

1828年，一座由约翰·索恩(John Soane)爵士亲自设计的两层建筑作为新图书馆开幕了。然而，1834年10月16日的一场大火烧毁了威斯敏斯特宫的大部分，与之邻近的图书馆也被烧毁。虽然大约60%的书被抢救出来,但手稿几乎全部损失了。现在图书馆还存有一些被重新装订和翻新过的原版书。

随着威斯敏斯特宫的重建,1851—1952年,宫内三个相邻的房间(分别以A、B、C标识)被分配给图书馆使用,每个房间的面积是55×30英尺,高约20英尺。1855—1856年间,图书馆又增加了两个房间,即现在的凸窗阅览室(Oriel Room)和参考咨询室(Reference Room)。图书馆的第六个房间(标识为D)原本就计划作为图书馆的一部分,但很长时间以来都被用作议长的私人图书室,直到1967年才成为图书馆阅览室之一。

今天的下议院图书馆馆舍包括威斯敏斯特宫主楼内的6个公共阅览室,以及位于宫殿北翼的一些办公室。1991年大部分工作人员都搬到了议会街45—47号,现名德比门1号大楼,那里成立了一个新的宽敞的下议院图书馆分馆。此外,图书馆在保得利大厦还有一个分馆,以电子图书馆闻名。

2. 馆藏

早在1828年,下议院图书馆的馆藏建设目标是成为一个收藏历史文献和宪法资料的图书馆。随着时间的推移,图书馆馆藏原则逐步突破。19世纪中叶,开始购入一般性的著作、文学和哲学文献。法国解剖学家居维叶(Georges Cuvier)的全套著作和拜占庭教会文集也同时购入。当时馆藏中唯一被排除在外的是小说。到了19世纪后期,经典小说也纳入馆藏,同时还购入了很多英国民族史和地方史相关文献,以及域外旅行主题的作品。这些努力,使得现在的下议院图书馆拥有诸多领域的珍品。而随着甄选古籍的不断购入,珍品还在增加中,其中也包括一些在1834年大火中失去的古籍的副本。馆藏藏品的不断丰富,使图书馆已经成为一个议员们有信息需求就会求助的地方。

3. 部门和服务

下议院图书馆为议员及其工作团队提供客观和保密的服务。图书馆有4个主要业务部门,分别是咨询服务部、研究服务部、索引与数据管理部和图书馆资源部。

(1)咨询服务部(Reference Services)

图书馆每天都要回复大量的咨询,咨询内容则源自广泛的与议员职责相关的事务。仅在2009—2010年度,书面和口头咨询请求就超过23 000件,咨询内容包括从文献提供到社会事务研究简报的多项服务。图书馆通常会在要求的期限内答复这些咨询,如果用户没有指定期限,图书馆会在两星期内给予答复。

咨询服务部负责管理威斯敏斯特宫的图书馆阅览室,这里是面向议员及其工作团队,以及议会职员的主要服务窗口,不对公众开放。服务部的咨询业务范围是提供所有馆藏中的议会文件、法案法令、现行的或历史的议会文献信息。用户可以到馆咨询,也可以通过电话、E-mail、信件或传真等方式与该部门联系。如果部门无法直接答复用户的咨询请求,在准确界定咨询所属专业领域后,咨询服务部会将咨询请求转发给研究服务部的相关研究人员。

咨询服务部在威斯敏斯特宫的下议院图书馆阅览室,德比门图书馆(The Derby Gate Library)和保得利大厦议员中心(Members' Centre in Portcullis House)三个地方设有咨询点。

(2)研究服务部(Research Services)

下议院图书馆(2010年)有93名研究人员,其中包括47名学科专业研究员,11名情报专家和35名技术与行政管理人员。他们提供内容广泛的研究服务,包括:对议会感兴趣的各个学科领域提供保密的咨询服务;基于议案、公共议题和议会关注的其他议题提供研究报告和简报;议会内网资源建设;口头的或非正式的面对面简报服务等。

研究服务部下设8个学科团队,每个团队都由学科专业研究员和资源团队(Resource Team,管理研究工作所需的信息资源)构成。

①商业与运输,包括:就业、劳资关系、金融服务、退休金、竞争政策、运输、税收、小型企业、公司与公司法。

②经济政策与统计数据,包括:经济、公共与欧盟财政、贸易、海外援助、区域发展、劳动力市场调查统计、薪酬与税收。

③国内事务,包括:刑事司法系统,民法,移民与庇护,消费事务,文化、传媒与体育,数据保护,行政审批与博彩。

④国际事务与国防,包括:国际关系,别国的历史与政治,欧盟、联合国和其他国际组织,国际法与国际条约,防务与军火贸易,人权。

⑤议会与宪法,包括:议会、宪法、选举、公务员、权力下放、地方政府、宗教、信息自由。

⑥科学与环境,包括:科学、农业、能源、医药、毒品、卫生安全、通讯、城镇与国家规划、废弃物、环境、动物、水工业。

⑦社会统计与综合统计,包括:农业、犯罪、人口、教育、选举、健康、住房、地方财政、社会保险、公共服务、运输等方面的统计数据。

⑧社会政策,包括:社会保障、子女抚养、税收减免、教育、住房、儿童家庭法、产权转让与土地法、卫生服务、个人社会服务。

研究服务部的产品有《下议院图书馆研究报告》(Commons Library Research Papers)和《下议院图书馆参考简报》(Commons Library Standard Notes)。

《研究报告》主要是针对大部分政府议案和一些其他议题,还包括选举结果在内的定期统计数据的研究分析。研究报告的作者可能会与委托研究的议员及其工作团队就报告的内容进行讨论,但不会与其他人讨论。

《参考简报》是预先撰写好的,议员们会经常用到的,比较短小且不太正式的精选主题简报,涉及议会、宪法、王权、权力下放、选举、政党和中央政府等基本概念和事务。

公众可以通过议会网站查阅和下载其中一些报告(详见“七、电子化信息服务”部分)。

(3)索引与数据管理部(Indexing and Data Management Section)

该部门是由全馆具有图书情报学科资质的人员和负责创建与维护议会信息管理服务系统(PIMS)全部数据的人员共同组成的中央团队。PIMS内的数据包括会议录、研究报告及质询内容。在过去15年中,数据与索引管理部主要负责将相关议会文件的元数据加入议会信息服务系统,以实现对多类型数据精确检索。数据与索引管理部还参与图书馆项目并与其他工作团队开展合作,寻求不断改善满足用户需求的信息使用方式;致力于新方法的探索,将更多的议会信息在议会网站发布;承担诸如“上下两院辩论”“口头质询”“书面质询”“立法”“议会研究报告”等主题索引的编制。除了威斯敏斯特宫(英国议会)的业务之外,该部门还承担威尔士和北爱尔兰国民议会的会议录、质询记录和文件索引的编制工作。

(4)图书馆资源部(Library Resources Section)

该部门负责下议院图书馆馆藏的采访、编目、分类和管理工作。

七、电子化信息服务

随着信息技术的发展，英国议会的信息服务也逐步走向电子化，具体表现在文献和研究成果的数字化，以及服务手段的网络化。

目前在英国议会网站可以访问到两个数字化文献检索系统，一个是集合了上下两院图书馆和科学与技术办公室的研究成果的简报检索系统（Research briefings），一个是保得利议会档案目录（Portcullis①）。

1. 简报检索系统（Research briefings）

该系统为上议院图书馆、下议院图书馆、科学与技术办公室的信息服务产品提供了一个统一的检索界面。通过对产品类型、主题和日期（1991 年至今）的限定，系统会给出记录列表。用户点击选中的记录后，可以看到记录摘要并下载全文（PDF 格式）。

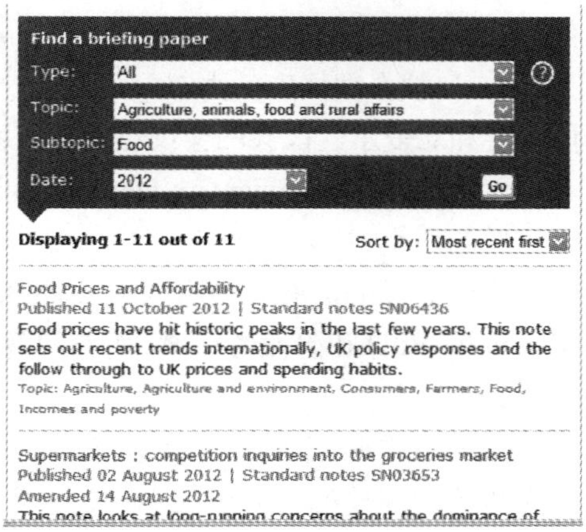

该系统没有关键词检索功能，所以在主题（Topic）的划分上做得非常细致。系统给出的主题包括：农业、牲畜、食品与乡村事务，救济、移民与民族事务，商业、工业与消费，社区与家庭，犯罪、民法、司法与权利，文化、媒体与体育，防务，经济与金融，教育，就业与培训，能源与环境，欧盟，卫生服务与医药，房屋与规划，国际事务，议会、政府与政治，科学与技术，社会保障与养老，社会服务，交通运输。在每一个主题之下还有下位类主题（Subtopic），最终细分的主题多达 350 个。

2. 保得利议会档案目录（Portcullis—Parliamentary Archives Catalogue）

数据库内有 300 万条记录，包括 1988 年至今的下议院议事录和 1995 年至今的上议院议事录。数据库提供关键词检索功能，还可以通过 Reference Code（参考代码）、日期和 Record Category（记录类别）限定检索范围。

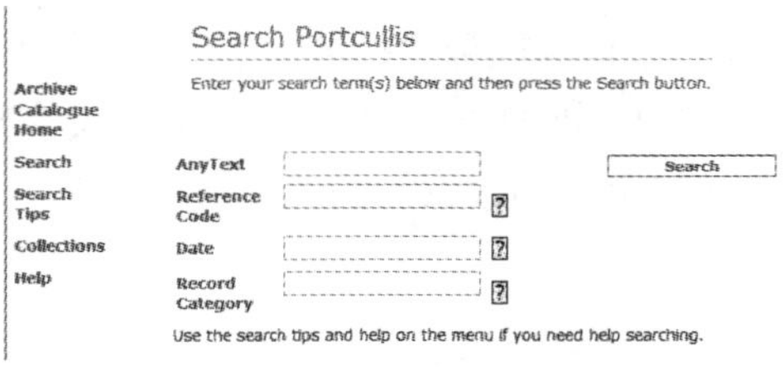

Reference Code（参考代码）是记录的标识码之一，用以标识该条记录的来源部门。例如上议院会计室（Accountant's Office）的参考代码是 HL/AC，下议院海外办公室（Overseas Office）的参考代码是 HC/CL/OO 等。数据库内的

① 似以保得利大厦命名。保得利大厦（Portcullis House）是一座位于伦敦西敏市的政府办公用楼。该楼建设始于 1992 年，旨在为下院议员提供更多的办公室。2001 年落成。下议院图书馆的数字分馆位于此。

300 万条记录来自 200 多个部门。点击 Reference Code 栏后面的“?”按钮进入参考代码列表,再逐层点击进去,直至找到所需记录。

Record Category(记录类别)将数据库中的记录划分为议会法案、法律与立法;上议院诉讼案;私人文件和政党文件;照片、图纸和图片(目前该库中的影像文件还很少,正在逐步增加),铁路、公路、运河及其他公共工程规划;铁路、公路、运河及其他公共工程的私法法案证明(Private Bill Evidence);有关议会建筑的记录;未公开的特别委员会文件等几大类。

此外,1803—2005 年期间的议事录电子目录还有一个独立的站点,这个数据库是议会的一个数字化项目的一部分,数据内容由议会创建,但主机(服务器)由议会外部的服务器托管商负责管理。

3. Justis 议会数据库(Justis Parliament)

除了议会网站,英国议会文献还可以通过商业数据库查阅。Justis 是一个在线的法律全文图书馆,由英国 Justis 出版公司制作。集合了英国、爱尔兰和欧盟自 1163 年之后的所有判例,以及 1235 年之后的立法资料。Justis Parliament 是其中的一个数据库。

Justis 议会数据库的内容包括 300 万条来自英国上下两院的档案全文数据,以及威尔士国民议会和北爱尔兰议会的会议录和出版物,年代范围覆盖 1979 年至今。数据库内容包括:

议会质询(Parliamentary Questions)记录。包括口头质询、书面质询、紧急质询,以及法定时间后的质询(Private Notice Questions)的问答全文记录。

议会通过的法案。所有通过英国、威尔士和北爱尔兰议会制定的法律,包括所有公共法案(Public Bill)和阶段性法案,例如两院的一读(First Reading)或二读(Second Reading)议案的全文。

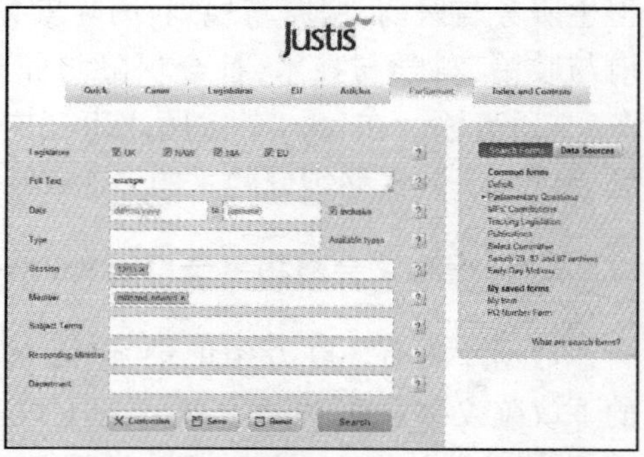

除议会质询记录和议会通过的法案,还包括英国两院特别委员会的记录和辩论记录。

Justis 议会数据库作为一个需要付费使用的商业数据库,与议会网站的 Portcullis 目录相比,它不仅可以提供档案的全文,还可以提供更多的服务,比如更多的检索点和更准确的检索结果,与 Justis 的其他数据库的联合检索,新增数据通知服务,建立“我的 Justis”——一个个人检索档案,可以存储个人的检索历史等。

八、英国议会信息服务体系综评

综上,英国议会信息服务体系的形成、发展和现状具有以下特点。

1. 深受英国政治传统的影响

英国议会履行立法和监督政府职责的主要工作方式是辩论,由此而产生了大量的信息需求。议员们来自英国不同的社会阶层,代表了广泛的职业和背景,他们中的大多数都有自己的职业发展,并将自己的职业经验运用到议会工作中。但即使他们具有某一领域的专门知识或非常熟悉某一行业的情况,也不足以让他们游刃有余地来应对内容广泛的主题辩论、政府质询和立法工作。因此,议员们必须借助专业的信息服务。这些信息服务可以帮助议员们了解议题的设置背景、基础知识和辩论历史,协助议员们调查围绕议题产生的舆论观点、政府态度和民意倾向,为议员们提供辩论(赞同或反对)的理论依据、文献支撑和事实案例,帮助议员们分析预测辩论结果可能产生的影响等。

英国议会的这种工作方式,一方面促进了信息需求的产生,另一方面也助推了源于这种工作方式和工作流程而产生的信息资源的积累和信息产品的产生。英国议会的信息资源和信息产品逐渐形成了两大类型,一类是对议会工作的忠实记录,即包括议事录、法案和各种文件在内的英国议会档案。自 1742 年议会颁布了第一个关于印刷日志的法令和 1803 年议事录(Hansard)正式出版以来,英国议会档案在 200 多年间连续不断地增加,构成议会信息资源不可或缺的重要组成部分。另一类则是在满足议会工作信息需求过程中产生的信息产品,即各种研究报告。详见下表。

表 1　英国议会信息资源及信息产品简表

议会档案	议会工作相关的研究报告	数字化议会信息资源与产品
法律、法案、私法法案	上议院图书馆简报	简报检索系统
议事录	下议院图书馆研究报告	保得利议会档案目录
特别委员会文件	下议院图书馆参考简报	Justis 议会数据库
议长、政治家私人文件	POST 简报	……
公共工程规划	POST 研究报告	……
议会行政管理文件	……	……

由此可见,英国古老的政治传统是催生英国议会信息需求以及信息资源与信息产品的摇篮。

2. 信息公开立法对信息服务的推动和保障

有需求和产品,就有服务。英国议会的信息服务分为对内和对外两方面。对内,如前所述,目的是满足议员们的信息需求;对外,即对社会公众的服务,是英国在政府信息公开方面的立法促进了其发展。1984 年《数据保护法案》(Data Protection Act)通过,这部法案赋予公众通过计算机查阅个人信息的权利。1997 年 12 月,英国政府出版了题为《你有权知道》(Your Right to Know)的信息公开白皮书。2000 年《信息自由法案》在经议会批准通过之后,于 2005 年 1 月 1 日起正式生效。根据这部法案的规定,任何人,不管是否拥有英国国籍,也不管是否居住在英国,都有权利了解包括中央至地方各级政府部门、警察、国家医疗保健系统和教育机构在内的约 10 万个英国公立机构的信息。被咨询机构必须在 20 个工作日之内予以答复。在重重立法规制之下,英国议会档案对所有人开放,只要持有效证件任何人都可以通过预约到议会档案馆查阅档案。上下两院的图书馆阅览室虽然不对公众开放,但图书馆的研究报告、科学与技术办公室的研究报告都可以从议会网站免费下载。议会辩论也是对外公开的,选民可以从他们的议员那里获得旁听辩论的门票,议员也会将一些门票分配给其所在选区的学校，学校再对门票进行分配，安排学生旁听辩论（体现了对政治传统的教育和传承）。议会网站的辩论直播则使更多的人能够随时了解和监督议会的工作。

可以说，英国议会信息服务体系的形成是在政府信息公开的法律要求下得到推动、强化和保障的。

3. 特别委员会的调查和图书馆委员会的作用

二战结束后，在就任图书馆委员会主席之前，乔治·本森爵士（Sir George Benson）曾经写道："作为1930年的后座议员，我惊骇地发现下议院图书馆的服务自1850年之后几乎没有任何发展。"针对这种情况，议会成立了一个特别调查委员会，在对议会图书馆进行深入全面的调查后，该委员会分别于1945年11月和1946年3月提交了调查报告。报告明确指出："下议院图书馆应该成为一个独一无二的机构……而不止是图书和议会报告的收藏室。""图书馆的基本发展目标是，在各种议会相关事务或者与议员职责相关的事务上为议员提供迅捷的信息支持。"在图书馆的人员结构、物理空间、馆藏建设和编目等方面，该报告也给出了建议。下议院图书馆发展到今天，在很多方面都是基于特别委员会报告的指引。

从1830年开始议会内部就形成了一个由部分议员组成的委员会来管理议会图书馆事务。在19世纪40年代，一些杰出的议员都曾进入这个委员会，议长则亲自主持委员会的工作。在1862—1922年，议会没有再表决通过成立图书馆委员会。1922—1965年是由一个非正式的咨询委员会来行使图书馆委员会的职责。1965年，在新成立的服务委员会下设立了一个图书馆小组委员会（Library sub-committee），议会图书馆的馆员们协助小组委员会的工作并向他们汇报。委员会关注图书馆政策和为议员们提供服务，但与19世纪的委员会相比，他们通常不干涉图书馆的文献采购收藏和图书馆的日常管理工作。根据1991年的《伊布斯报告》①，图书馆小组委员会的工作职能被新成立的由国会议员迈克尔·杰克（Michael Jack）担任主席的信息委员会（Information Committee）吸收，而信息委员会又在2005年6月被管理委员会（Administration Committee）取代。

议会图书馆是英国议会信息服务体系中最重要的部分，也是历史最悠久的机构。1978年的《下议院行政管理法案》（House of Commons Administration Act 1978）更是使下议院图书馆在议会作为独立建制机构的法律地位得以确定。早期的图书馆涵盖了档案馆的功能，今日的图书馆则是整个议会信息管理服务系统（PIMS）和议会文献资源数字化的主导机构。自1945年和1946年特别调查委员会提交调查报告之后，即使图书馆的上层管理机构屡次更迭，但是在有预见性的、明确的长远发展目标指引下，议会图书馆仍然得以与时俱进地发展。

4. 良好的需求与发展的互动关系

1945年，战后的首次议员选举②使得一批富有革新精神的社会人士进入议会，此次选举使议员的社会背景构成更加多样化，而这些议员们需要的信息服务比当时的图书馆能够提

---

① Ibbs Report：1988年伊布斯领导的效率小组在大量调研的基础上，向时任英国首相撒切尔夫人提交了名为《改进政府管理：下一步行动》的报告，亦简称为《伊布斯报告》。

② 下议院议员任职5年，因为二战的原因，1935年当选的议员一直任职到1945年。

供的要复杂得多。传统的文献收藏和借阅的图书馆角色必须转换,信息服务内容和项目必须应需调整和扩大。认识到这一点的英国议会图书馆从此步入现代化进程。在特别委员会的调查报告指导下,在下议院议员不断扩大的信息需求“压迫”下,下议院图书馆的人员、规模和服务不断壮大。到20世纪40年代后期,下议院图书馆就已经逐步发展成为一个综合性的参考图书馆,报纸和期刊的收藏量大大增加。1961年开始馆际互借服务,60年代早期开始剪报服务,60、70年代增加了科学、国际事务、经济、教育与社会服务等领域的专门服务部门,以及公共信息办公室和图书馆分馆。80年代初计算机检索系统开始应用并成立了计算机与技术服务部,与此同时开始提供音像制品服务。从工作人员的数量上看,1945年仅有两个研究员负责解答议员的咨询,1954年图书馆全部员工不到30人,1976年是75人,1990年人数达到173人,2000年是200人,2010年下议院图书馆的工作人员总数达到了350人,其中仅研究人员就多达93人。

同样是应需发展,较之下议院图书馆的不断壮大,由于上议院权力的日渐式微和职能的不断缩减(如前文所述),上议院图书馆的规模与下议院图书馆不可同日而语。2010年,上议院图书馆总计有35名职员,其中28名是专业图书馆员,从事文献采访编目、保存保护和咨询工作,7名研究人员从事各个学科领域的综合研究工作。上下两院的议员数量大致相当(上议院更多一些),但上下两院图书馆的人员数量却达10倍之差。上议院一度还有将图书馆并入上议院信息办公室(House of Lords Information Office)的计划。

由此可以看出,信息服务机构不应该一味追求大规模,特别是服务于某一特定对象的信息服务机构,应该与其服务对象的需求相匹配,服务对象的需求应该成为指导信息服务发展方向的最重要的依据。

虽然中英两国在政治制度、法律环境和行政体制方面的巨大差异使得英国议会的信息服务对于国家图书馆的立法决策信息服务并不具备直接的指导意义,但是在信息机构体系建设、档案建设与管理、信息咨询与研究服务、电子化信息服务开发,以及相应的信息立法和法制建设对信息服务给予的保障对我们有一定的启示作用和可资借鉴之处。

法国议会立法决策服务有关情况综述

肖珂诗　马　韬

法国议会是世界上历史最为悠久的议会之一，在法国的政治生活中一直发挥着举足轻重的作用。作为法国议会最重要职能之一的立法职能，始终是法国议会各项服务工作的优先对象。法国议会的立法决策服务，经过200年的演化，也形成了一套完善缜密的制度体系。由于法国议会立法决策服务相对我国立法决策服务的概念所涵盖的范围更为宽泛，包括了从会务组织、信息资料提供，到议员个人服务的方方面面，本报告将从机构组织改革、服务内容创新等角度对法国议会的立法决策服务情况进行阐释，希望起到他山之石，可以攻玉的借鉴作用。

一、法国议会的历史沿革与特点

法国议会与法国的现代政治一起诞生于风云际会的1789年法国大革命中。按照启蒙思想家三权分立和"主权在民"的理论，法国人民通过革命把封建时期的三级会议改造为国民的代议制机构，成为法国资产阶级的国家权力机构和国家最高立法机构，在君主立宪时期起到限制王权的作用，而在民主共和制时期则发挥着监督和制衡行政权力的作用。

从第二共和国开始，法国议会的职能不断得到扩充，地位和作用也不断提高。到第四共和国时期，法国议会的权力和地位达到了历史的巅峰，成为了国家权力的中心，它可以任意使用"组织内阁"的批准权、对政府的信任投票权、质询权和倒阁权。但是，由于每届议会又是由众多的、形形色色的政党组成，一旦它们产生分歧就可能利用议会制造内阁危机，致使政府更迭频繁。在法兰西第四共和国存在的11年半中，内阁像走马灯似的更换了20届，每届政府的平均寿命不足半年，其中最长寿命不过1年多，最短的只有2天①。这种政治上的混乱局面使得当时的法国政府无力应对国内外日益尖锐的经济社会矛盾，特别是随着20世纪四五十年代第二次世界大战后世界反殖民主义运动的浪潮席卷法国海外领地，第四共和国的体制在应对这一"危机"的过程中显得无能而乏力。到1958年5月，阿尔及利亚人民寻求独立的斗争最终导致了以勒内·科蒂总统为首的第四共和国政府倒台。为摆脱这一困境，克服议会权力过大导致的政局不稳、政府无能的弊病，以戴高乐总统为首的第五共和国缔造者上台后立即启动了宪法的修改工作。戴高乐利用个人在民众中的巨大威望，明确了对议会权力进行限制的修宪指导思想。他认为："要使我们有一个代表全国政治意愿的议会，它将通过法律监督行政机构，而又不企图超越本身的职权。要使政府和议会合作共事，但各自的职责又区分清楚，政府和议会成员不得相互兼任。政权就应该具有这样均衡的结

① 吴庆. 当代法国议会的特征[J]. 欧洲，1999(2)：57

构。"[①]新宪法于1958年10月4日以全民公投79%的支持率获得了通过,对第五共和国议会的权力、地位和作用进行了限制,凸显了共和国总统的突出作用,使得权力的轴心逐渐转向总统和行政部门(如将议会排在新宪法的第四章,列总统和政府之后),形成了所谓的半总统半议会制的共和制国家。但是,半议会制在消除了导致历来法国政府不稳定根源的同时,又导致了总统权力过大、政府处于比议会优越的地位,当代法国议会不能充分地和有效地发挥立法职能和监督职能,尤其是监督职能的弱化,致使在法兰西第五共和国期间政府和行政部门中腐败时有发生,丑闻不断迭起。这一局面又导致了法国政治格局的"钟摆式"轮回。近年来,法国议会又多次修改宪法回收了部分权力,不断加强议会的监督职能,强化议会特权,限制总统任期,确保议会在法国的国家政治生活继续发挥不可替代的作用。

法国议会本身也是孟德斯鸠制衡理论的实践者,为防止一院制议会滥用权力,从1875年开始法国将议会的结构确定为两院制。法国现议会是依据1958年《法兰西第五共和国宪法》建立的,由国民议会(Assemblée Nationale)和参议院(Sénat)组成。法国两院制的实践源于英国的上议院与下议院之分,法国两院制的主要特点是:国民议会优先,但参议院发挥着不可替代的作用。下院为国民议会,由直接普选产生的577人组成(宪法2008年7月23日修订时规定的法定最高人数),任期5年;上院为参议院,348名议员(宪法第24条规定的法定最高人数)由15万选民(其中地方市议会代表占95%)间接普选产生,任期6年,与国民议会全部改选不同,参议员每三年改选一半。两院都行使投票通过法律、监督政府行为、评估公共政策等职能,政府必须对议会负责,议会有权对政府进行质询。根据现行法国宪法,由于选举方式的不同,国民议会在立法中发挥着决定性的作用。当两院在立法程序中均享有同等权力的时候,如国民议会与参议院发生意见分歧,则总理可以要求国民议会做出最终裁决。此外,只有国民议会可以对政府提出不信任案。但是,这并不意味着当代法国参议院像英国上议院那样是"退休政界人物的养老院",无所作为。恰恰相反,它在当代法国政治体系中起着不可忽视的作用。参议长是当代法国国家领导层中的第三号人物,仅仅在总统和总理之后,排在国民议会议长之前,按照法兰西第五共和国宪法第7条的规定在必要时临时代行总统的职权[②]。同时,作为制衡,总统在与总理和两院议长磋商后,有权解散国民议会,而作为体现法国全国各地区代表性的参议院则不能被解散。

二、法国议会立法决策服务机构的有关情况

立法权是法国议会最为重要的核心权利之一。法国议会的立法程序大体可以分为政府和议员提出立法动议、委员会审议、议案的大会审议、两院分别投票通过、共和国总统公布法律5个基本步骤。其中,委员会审议在法国的立法程序中发挥着至关重要的作用。由政府和议员提出的议案一旦经过相关议院审议[③],被正式列入议事日程并公开后,国民议会或参

① 吴庆.当代法国议会的特征[J].欧洲,1999(2):57

② 吴庆.当代法国议会的特征[J].欧洲,1999(2):59

③ 由政府提出的有关财政等内容的法案必须先提交国民议会审议,有关地方行政单位组成的法案须先交参议院审议;而议员提出的法案则根据议员所属议院的不同,分别交提交者所属议院审议。

议院将法案交与一个常设委员会或特别委员会对有关文本内容进行实质审议,对法案文本的主要调整与修改主要都在这一阶段进行。因此,法国议会的立法决策服务机构也基本上是围绕着服务委员会工作而设立。由于目前法国议会两院均设有6个常设委员会,职能也较为接近,因此国民议会和参议院都设有各自相对独立而又类似的立法决策服务机构。在实践中,由于国民议会在立法体系中的优先地位,国民议会的立法服务机构也发挥着更大的作用。

1. 法国议会的委员会设置

除定期召开的大会外,法国议会日常职能的行使主要是通过常设委员会来完成的。法国宪法规定,国民议会和参议院可分别设立8个常设委员会。而目前两院各设有6个常设委员会,各委员会负责准备各不同领域的立法草案、修正案等,并行使监督、质询政府和调查特定问题的权力。常设委员会由一定数量的议员构成,每个委员会还配有秘书处,秘书处人员来源于所属一院议会的工作人员,为该委员会和议员提供服务。每位议员只能担任一个委员会的委员。而特别委员会是为审议个别议案而单独设立的,其组成和运行规则与常设委员会相仿。

两院还设有一些非常设的委员会,除欧洲事务委员会外,均不能审查议案,主要是负责监督、调查、研究等方面的工作。此外,两院为了实现资源共享,还成立了科研评估署(l'office parlementaire d'évaluation des choix scientifiques et technologiques)等共有的机构,其成员分别由国民议会议员和参议员担任。

目前,国民议会的6个常设委员会包括:文化、家庭和社会事务委员会,经济事务委员会,外交事务委员会,国防和武装力量委员会,财政委员会与法律委员会。

与之稍有不同的是,参议院的6个常设委员会分别是:文化事务委员会,经济事务委员会,社会事务委员会,外交、国防和武装力量委员会,财政、预算控制和国民经济统计委员会,以及宪法、立法、普选、规章和行政管理委员会。

2. 法国议会立法决策服务机构的变革与现状

正如前文所述,法国议会的立法决策服务机构主是围绕着服务委员会工作而设立的。当前,法国议会主要有立法服务、行政服务和联合服务三类辅助性服务机构。从广义和狭义上看,广义的立法决策服务机构不仅包括咨询研究机构,还包括了行政服务和联合服务机构,而狭义的立法决策服务机构则主要限于前者。本文所阐述的立法决策服务机构,主要侧重于从狭义上对法国的立法决策服务机构进行介绍。

(1)近年来法国议会对立法决策服务部门的改革

直至2005年,法国议会和世界上多数国家的议会一样,其服务机构的组织方式一直沿用的都是传统的"纵向组织模式",即立法决策服务部门和监督评估服务部门相互独立,立法决策和监督评估的功能分别由议会委员会服务部、研究与文献资料服务部、调研与评估服务部、国际关系服务部和欧洲事务服务部等5个部门承担。但是,随着近年议会的监督评估职能日益强化,这些按照议会不同部门而不是职能设立的服务辅助机构,由于条块分割、相互独立封闭、缺乏沟通协调,已经越来越难以满足法国议会对加强监督评估工作的需要,特别是由于各部门的本位主义倾向,造成了在进行质询和调查的过程中难以采取协调一致的行动，甚至妨碍了调查工作的深入进行。因此，法国国民议会于2006年对议会的立法服务机构进行了“横向化”的重大改革，打破部门界限，加强资源和职能整合，推进服务精细化、专属化，将服务机构的立法服务与监督评估职能融合，围绕着6个常设委员会的工作组建了立法事务服务部、文化和社会事务服务部、经济和科学评估服务部、公共财政服务部、欧洲事务服务部、国际和国防事务服务部6个主要的立法决策服务部门。

2006年之前，国民议会的立法决策服务工作主要由前述的议会委员会服务部、研究与文献资料服务部、调研与评估服务部、国际关系服务部和欧洲事务服务部5个部门承担。一是议会委员会服务部(le service des commissions)，负责统筹各常设委员会和非常设委员会所属秘书处的工作。国民议会除在6个常设委员会设立秘书处外，还根据临时设立的调研委员会(commissions d'enqête)增设秘书处；二是研究与文献资料服务部(le service des études et de la documentation)，根据议员的需求，有针对性地开展各项研究；三是调研与评估服务部(le service de la recherche et de l'évaluation)，承担着科研评估署的服务职能，并负责议会有关科学与技术领域的记录、文献的整合梳理；四是国际关系服务部(le service des relations internationales)，负责开展与国际关系和比较法(欧盟及成员国法律除外)相关问题的研究，并承担着对外公布议会制定的国际议会间的合作政策，指导国民议会各代表团参与国际组织，以及通过组成议院友好小组开展国外议会的机制化交流的职能；五是欧洲事务服务部(le service des affaires européennes)，负责国民议会驻欧盟使团①的服务工作，评估国民议会与欧洲各国的双边关系情况，并承担着开展欧洲各国及其立法研究的职能。

2006年，法国国民议会针对原有服务机构组织中存在的问题，对旧的服务部门进行了改革重组，并对原来的5个服务部门重新进行了职权划分，围绕着6个常设委员会，改组为立法事务服务部等6个服务部门。除欧洲事务服务部未做大的调整外，其余部门均发生了较大变化。由于这6个部门在立法过程中发挥着至关重要的作用，它们也被称为议会“运转的支柱”(operational pole)。此外，还专门将议长秘书处、议程办公室、交流和多媒体信息服务部、图书馆和档案服务部、会议速录报告服务部、常设委员会速录报告服务部等其他6个服务子部门整合到立法决策服务部门中来，使得立法服务贯穿整个立法流程的始终。由于近年来欧盟立法对各成员国的影响越来越大，国民议会还专门设立了国民议会欧盟永久代表服务部，以专门服务于国民议会驻欧盟永久代表。

同时，在对机构进行改革的同时，法国议会还制定了明确的组织原则，由服务部门主管负责工作组内的人员合理分工，保证员工之间工作协调，实现部门内部的和谐。每个服务部门至少包括秘书处和工作组两部分。秘书处或为委员会秘书处，或为使团秘书处。工作组则专职负责所属委员会或使团所辖领域内的法律监管和相关立法研究。特别委员会和议院调查团的临时服务机构由总务主任会议②(la Conférence des présidents)根据实际需要，在其职权范围内创设。

于2006年1月1日正式成立的立法事务服务部等6个主要的立法服务部门，具体情况如下：

---

① 根据2008年法国宪法改革(la réforme constitutionnelle du 23 juillet 2008)，欧盟使团(la délégation pour l'Union européenne)变更为欧盟事务委员会(commission chargée des affaires européennes)。

② 相当于中国全国人大常委会的秘书长办公会。

①法律事务服务部(le service des affaires juridiques)

负责对有关宪法、选举法、国民议会章程,以及涉及司法组织、民权、行政法、刑法、公司法、公民自由权、公务法、地方政府法等的事务开展立法监察、监管和研究工作。具体由两部分构成:

——共和国宪法、立法与行政法委员会(la commission des lois constitutionnelles, de la législation et de l'administration générale de la République)秘书处;

——法律监管与研究组,还特别负责女权使团(la délégation aux droits des femmes)秘书处的工作。

②文化与社会问题服务部(le service de la culture et des questions sociales)

负责对教育、研究、青少年、体育、艺术和文化活动、通讯、知识产权、就业和劳资关系、职业培训、健康和医疗保障、老年人、残疾人、家庭、社会福利、社会平等等方面开展立法监察、监管和研究工作。文化与社会问题服务部由以下三部分构成:

——社会事务委员会(la commission des affaires sociales)秘书处;

——文化与教育事务委员会(la commission des affaires culturelles et de l'éducation)秘书处;

——文化与社会监管研究组,还特别承担社会保障法评估与监管团(la mission d'évaluation et de contrôle des lois de financement de la sécurité sociale, MECSS)的秘书处工作。

③经济与科学评估服务部(le service de l'économie et de l'évaluation scientifique)

负责对农渔业、能源与工业、应用研究及创新、消费、国内外商业、邮政与电子通讯、旅游业、城镇化与住房、土地规划、施工建设、运输、设备、基础设施、公共工程、环境与狩猎等方面开展立法监察、监管和研究工作。主要分为如下四部分:

——经济事务委员会(la commission des affaires économiques)秘书处;

——可持续发展与土地规划委员会(la commission du développement durable et de l'aménagement du territoire)秘书处;

——议会科学与技术评估办公室(l'Office parlementaire d'évaluation des choix scientifiques et technologiques)秘书处;

——经济监管与研究组。

④公共财政服务部(le service des finances publiques)

负责对国家和地方财政、金融法、预算执行及税法等方面开展立法监察、监管和研究工作。分为如下三个部分:

——金融、经济及预算控制委员会(la commission des finances, de l'économie générale et du contrôle budgétaire)秘书处;

——预算主报告者秘书处;

——预算、税收和金融监管、研究组,同时还特别负责评估与监管团(la mission d'évaluation et de contrôle(MEC))秘书处的工作。

⑤欧洲事务服务部(le service des affaires européennes)

该部主要由两部分构成:

——欧洲事务委员会(la commission chargée des affaires européennes)秘书处;

——同时兼任国民议会驻欧洲—地中海议会(l'assemblée parlementaire euro-méditerranéenne, APEM)及驻欧洲和西欧联盟理事会(Conseil de l'Europe et de l'Union de l'Europe occidentale, UEO)秘书处。

⑥国际事务及国防服务部(le service des affaires internationales et de défense)

负责对国际关系和国防组织等方面开展立法监察、监管和研究工作。此外,加强与外界联系,负责国民议会与国外议会(欧盟除外,因有专门的欧洲事务委员会负责)的联系,并对外公布合作事宜。主要分为五部分:

——国际事务委员会(la commission des affaires étrangères)秘书处;

——国防及武装力量委员会(la commission de la défense nationale et des forces armées)秘书处;

——国际议会组;

——议会合作组;

——议会关系及国际研究组。

至此,法国国民议会立法决策服务机构正式成型。上述立法服务机构承担着国民议会立法决策全过程的服务工作,并由国民议会议长、国民议会执行局[①]任命的议会秘书长和立法服务部主任直接领导。

在六大立法服务部中,法律事务服务部、文化与社会问题服务部、经济与科学评估服务部、公共财政服务部从属于立法服务综合处;欧洲事务服务部、国际事务及国防服务部则隶属于欧洲、国际事务与国防综合处。

(2)国民议会现有的其他服务机构

如上所述,国民议会作为法国国家立法的核心机构,设有立法服务、行政服务和联合服务三类辅助性服务机构。除立法服务机构外,国民议会的行政服务部门由国民议会执行局

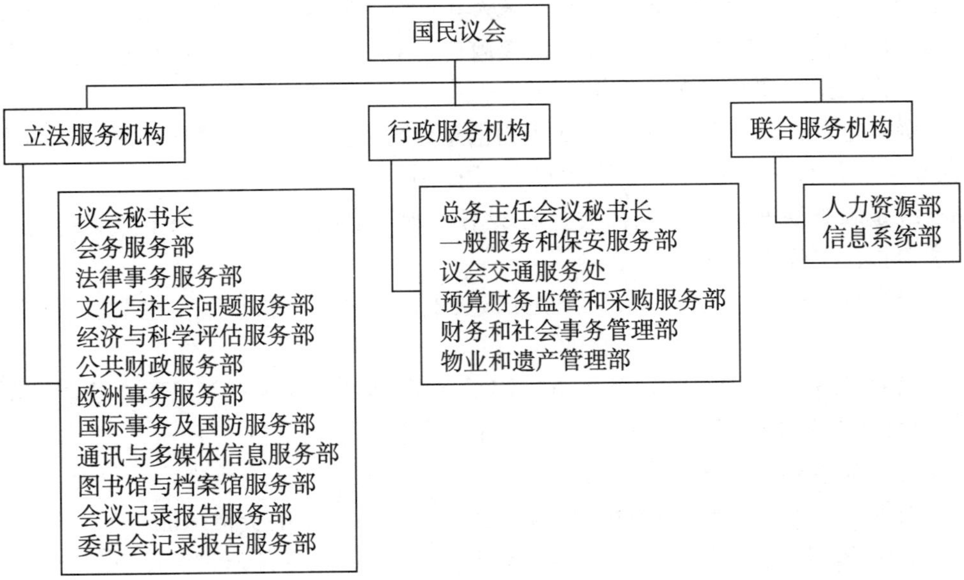

图1 国民议会三类辅助性服务机构组织结构图[②]

① 相当于中国全国人大常委会的委员长会议,负责决定处理国民议会的重要日常工作。

② Annuaire des services de l'Assemblée nationale[EB/OL].[2013-09-09]. http://www.assemblee-nationale.fr/infos/services.asp

任命的总务主任会议①秘书长和行政服务部门主任领导，下设议会交通服务处、预算财务监管和采购服务部、一般服务和保安服务部、财务和社会事务管理部、物业和遗产管理部5个服务子部门。为协助总务主任会议履行职务，行政服务部门还设有直属于行政服务部门主任的接待和保安部、采购部和总务主任会议秘书处3个部门。

国民议会的联合服务机构在上述部门秘书长和主任的直接领导下运作，主要承担信息系统和人员管理工作，设有信息系统部、人力资源部2个部门。

(3)国民议会服务机构的人员配备

议会服务机构的常规工作人员，除技术类专业性特别强的岗位为合同制人员外，其余均是公务员。国民议会的公务员都属于国家公务员，但由于国会地位特殊性，根据宪法规定的三权分立原则，在国会工作的公务员不受其他公职法定条款约束，相关法规章程由国民议会办公室单独制定。议会公务员必须通过考试竞聘上岗，他们中的大部分在其职业生涯中会从事不同的工作，并可在一定条件下实现外部工作调动，同时还可以享受再教育。

国民议会“内部章程”第5条规定国民议会公务人员分布在五大综合部（行政管理、行政助理、服务秘书、行政秘书以及公务人员），约占总编制人数的80%，剩余20%的人员分布于21类特别部门。

国会公务员与其他公职人员相类似，实行按类分级管理：

①五大综合部等级划分为如下5个等级：

第一级也是最高级是主管（174人），聘任要求为已获得bac+5（相当于硕士研究生）资格认证。该级别头衔可称为顾问、主任、总主任、秘书长。该级别属于干部，一般是部门主管。在立法服务部门工作的该级别人员主要从事非领导工作（占95%），主要向议员提供司法和技术方面的帮助，协助其制定法律、监控政府行为。与之相反，在行政和公共服务部门的该级别工作人员主要从事领导工作。

第二级是主管助理（136人，其中23人为信息处理人员），至少需拥有bac+3（相当于学士）资格认证。该级别人员主要从事管理与文档工作。

第三级是服务秘书（190人），需要拥有文书职业资格认证或有不低于两年的相关任职经历。主要担任主任文书并处理文本。

第四级是行政秘书（55人），在一般公务人员中通过内部选拔产生。主要从事行政任务的执行。

第五级即最后一级，是一般公务人员（523人），需具备不少于三年的职业从业经历和专业文凭，或是初中毕业证书。主要从事接待、内部服务和引导。

②21个特别部门主要从事如下工作：

——报告撰写：63名报告撰写员，受聘要求为获得bac+5的资格认证。

——安保：92名警卫，应聘者须在军队服役不少于15年，并须通过考试竞聘。

——信息技术：3名工程师、2名助理负责实际应用以及11名信息技师（与服务秘书工作性质相近）。此外，包括上述第二级主管助理中的23名信息处理人员。

——建筑管理：人员编制满额是5名首席工程师兼建筑师，6名工程师兼建筑师，4名绘图员和47名专业工人（分两类）。

---

① 相当于中国全国人大常委会的委员长会议，负责决定处理国民议会的重要日常工作。

——修复:人员编制包括 1 名技术总监和 57 名修复雇员(分三类)。

——其他工作:医疗助理、停车场主管、技工、摄影师等。

上述工种的级别划分如下:

第一级:主管、报告撰写员、首席工程师兼建筑师以及计算机工程师。

第二级:主管助理及类似职能、修复技术总监、第四类修复雇员。

第三级:服务秘书及类似职能、行政秘书、第三类修复雇员以及第三类专业工人。

第四级:一般公务人员、警卫、第二类修复雇员以及第二类专业工人。

负责实施应用的助理等级介于第一级和第二级之间。

除按照上述部门分级之外,国会公务员个人需根据资历、工作年限晋升大类里的等级,而跨类等级的晋升需根据工作业绩及联合委员会推荐。主管级人员须在两个职位上各工作不低于两年的时间才能获得顾问的称谓。从顾问到主任级又须经过同样的过程。此外,国会还鼓励工作人员在服务机构间内部流动。当他们进入行政服务部门担任领导时,还须经历一个为期三年的过渡期。

服务是由人来完成的,高质量的服务要求有高质量的员工队伍。法国议会高度重视议会服务机构的人员配备问题,一直致力于建立一支合理、精干、高效的员工队伍。目前国民议会服务部门工作人员的总编制为 1349 人,均为公务员编制,但高度独立于政府,由国民议会单独考试录用。国民议会服务机构现有的工作人员中,有 45% 的人员分别为立法服务机构和行政服务机构工作,10% 的人员为联合服务机构工作,平均年龄为 47 岁[①]。出于对立法服务工作的重视,为立法服务部门工作的人员大部分都要求具备硕士以上学历,同时还要求具备 3 年以上相关专业工作经历,从而有效地保证了立法决策服务的质量。

3. 参议院的服务机构

相对于国民议会大刀阔斧的改革,参议院的服务机构的变化相对较小。目前,参议院的机构构架和职能与国民议会大体相近。参议院服务机构现有超过 1000 名公务员为参议院服务机构工作,承担着文件印制、协助议长、辩论情况汇报、资料审查收集等立法信息咨询工作,以及委员会秘书处、交流与发展、安全保卫、金融会计管理、物业、餐饮以及运输等具体行政服务工作。此外,每位参议员每月都有专门的预算以支付 3 位议员助理的月薪,由议员助理协助参议员处理在巴黎以及其所在省任期内的工作,提供咨询服务。

参议院的立法服务部门主要负责协助常设委员会的议员参与相关立法事务。该部共有 140 名工作人员,其中工作主管 62 人。该部共设 6 个秘书处,并根据参议院每位工作人员的专业技能设置其职能与权限。工作人员的主要工作是向负责法律文稿起草的议员提供意见与协助、提供所需文献资料、帮助汇报人论证提案等。每个秘书处的负责人受所在委员会主席的领导,负责制订本委员会的工作计划和日程安排。

秘书总处则负责服务部门的人事管理,统计数据并撰写服务工作报告;负责筹建非常设委员会(团);负责监督政府执法情况及政府指导下的法典编纂工作。

---

① Service des Affaires Internationales et de Defense. The National Assembly in the French Institutions, february 2011:457 - 459[EB/OL]. [2013 - 07 - 30]. http://www.assemblee-nationale.fr/english/synthetic_files/index.asp

三、法国议会图书馆及服务

法国议会图书馆是法律事务服务部的重要组成部分,一直在法国议会的立法决策过程中发挥着重要的辅助作用。同时,法国议会图书馆还是法国国家遗产的重要保存场所,对于继承和发扬法兰西的光辉文化传统有着不可忽视的重要意义。

1. 国民议会图书馆

(1)历史沿革和馆藏

法国国民议会图书馆位于塞纳河左岸的法国国民议会所在地波旁王宫内。法国大革命后的1792年,立法议会考虑要设立一个参考书存放地,这便是议会图书馆的雏形。1793年,三级会议中的教士代表格雷古瓦被正式任命掌管图书,成为议会图书馆历史上的第一位图书馆员。为促进国民议会各委员会工作的开展,1794年公共安全委员会[①]决定根据公共教育委员会的报告,搜集与之相关的最优秀作品,建设馆藏。1796年3月4日,根据1796年3月4日法律(la Loi du 14 Ventôse an IV),国民议会图书馆正式成立,并从一开始就专供立法两院使用。

图书馆从建立之初就不断丰富馆藏。尤其在阿尔芒·加斯东·加缪(Armand Gaston Camus,1740—1804)管理期间,收藏了大革命期间来自教会和流亡贵族图书馆的大量文学藏书。加缪曾担任议会律师,是法兰西美文学院(l'Académie des Belles-Lettres)院士。他还是议会图书馆第一任馆长,创立了严格的文献分类系统和议会会议记录。从1796年起,议会图书馆也和法国国家图书馆一样,成为图书法定缴存机构,不过这一规定执行至1828年就被废除了。直至七月王朝(1830—1848年),得力于加缪的继任者皮埃尔-保罗·德吕翁(Pierre-Paul Druon)对于馆藏购置的重视,使得议会图书馆不仅成为一个服务议员的文献机构,还肩负保存国家历史文化遗产的重要职责。

尽管如此,议会图书馆一直居无定所。直至1827年国家将波旁公爵的财产收归国有之后,1834年才在王宫旧有的庭院和花园上建造了如今的议会图书馆,这座庞大的建筑长42米,宽10米,高15米,由两个半圆形,五块穹顶构成。60 000件馆藏至此终于找到了永久归属。

时至今日,图书馆馆藏几乎已经10倍于当年的馆藏量,现大部分藏品存放于荣誉庭院(la Cour d'honneur)地下,书架总长达14公里。国民议会图书馆馆藏主要包括:

——60万册件法语图书,主要是法律、政治学、历史、经济以及社会学领域的图书,并以每年3000册至3500册的数量增加;

——80种古版书(16世纪以前出版的图书);

——2000份珍贵的古老手稿;

——3000种期刊,其中现刊535种;

---

① 公共安全委员会是法国大革命时期法国政府建立的特殊组织,其目的在于维护法国大革命的恐怖统治,并代为执行警察的职责。

——220 种法文日报(包括地方报纸);

——自 1789 年以来的所有辩论合集以及议会文件(从 1881 年起保存在缩微胶片上);

——约 2000 份重大革命历史时期的原版海报,主要是 1789 年、1848 年以及巴黎公社时期。此外,图书馆还藏有大量雕刻和版画,尤其是著名画家欧仁·德拉克洛瓦在波旁宫筹建阶段创作的画作,以及与国民议会历史主题相关的众多雕刻;

——纪念章、半身雕像、小雕像以及其他艺术和历史文物共计 600 余件;

——数字文献(单机或联网 CD,互联网以及法律、经济等方面的大量数据库和报纸期刊)。

自 1993 年 1 月 1 日起,图书馆对收藏的各种文献,包括图书、报纸、期刊都进行了单独编目,读者可按作者、主题、题名以及文献类型进行查询①。

(2)国民议会图书馆服务的专属性与针对性

作为向议员和议会工作人员提供信息咨询服务的重要机构,国民议会图书馆的藏书和服务定位,明显区别于一般公共图书馆的服务政策,明确了自身的立法决策服务专属性质,从而为图书馆的特殊读者群体有效使用和利用馆藏资源提供了充分的保障。

一是强调馆藏的专属性。在强调收藏内容广泛性的同时,国民议会图书馆还注重馆藏的专属性与专业性。为了更好地服务全体议员,国民议会图书馆的历代管理者,在努力将立法、经济、社会和政治等相关领域出版的法文图书及期刊纳入馆藏的同时,还大量收购与历史和议会相关的古典文献藏品,加之议会议员的捐赠,造就了国民议会图书馆在典藏当代出版物的同时,更拥有丰富的古老藏品:约 1900 份手稿,其中包括 9 世纪时期的一部《圣经》、圣女贞德受审时的诉讼书、阿兹特克神圣历、80 种古板书、报刊和海报专藏以及数量众多的首版藏书,还藏有 18 世纪法国伟大的启蒙思想家、哲学家、作家、作曲家让 - 雅克·卢梭(1712—1778)亲手旁注的诸多作品原始手稿或印刷品,罗伯斯庇尔、拉马丁、饶勒斯以及莱昂·布鲁姆等名人名家手稿,弥足珍贵。

二是突出服务对象的专属性。为了确保服务质量,图书馆极其严格地限定了进出图书馆借阅图书的人员身份。根据规定,仅国民议会议员,欧洲议会法国议员及代表,议会、协商会议或制宪会议的前任成员,议会工作人员,各分组合作雇员可以借书。由于人员限定十分严格,因此为了满足特定需求,议会例外规定现任议会议员还可授权一名合作者以合作者自己的名义借还书。此外,为了保证图书的正常流通和保存,国民议会图书馆还制定了相关的借阅规则。根据规定,每人最多可借阅 6 册(件)图书,借期最长为 2 个月。但最新的政治、文学和旅游类作品则最多借阅 1 个月。报纸、期刊、开架图书、出版时间超过 50 年的图书以及善本图书均不能外借。

(3)图书馆人员配备

图书馆与档案馆合属于一个部门,该部门现有主任 1 名,主任秘书 1 名。图书馆和档案馆又各分设 1 名部门负责人。图书馆现有图书采访编目、图书借阅、图书阅览室管理、期刊报纸订阅、期刊报纸编目、文化遗产管理(包括采集、保存、展示、数字化、外借及外部合作)、内部门户网站更新、外部数据库访问、培训、CD 资源管理、缩微平片及胶片查阅、文献记到与

---

① Fonctionnement de la Bibliothèque[EB/OL].[2012 - 08 - 02]. http://www.assemblee-nationale.fr/histoire/bibliotheque-fonctionnement.asp

出版商反馈、装订与修复、议会文献发行、秘书处等岗位共计36人。具体包括:

——图书采访编目3人,其中主管助理2名,1名行政秘书;

——图书借阅2人,1名行政秘书,1名团组主管;

——图书阅览室管理1名,主管助理职级;

——期刊报纸订阅1名,职级为主管助理;

——期刊报纸编目5人,均为主管助理级别;

——文化遗产管理(包括采集、保存、展示、数字化、外借及外部合作)7人,3名主管助理、3名秘书以及1名项目合同经理;

——负责内部门户网站更新、外部数据库访问及培训、CD资源管理、缩微平片及胶片查阅共2人,1名为行政秘书,另1名为主管助理;

——秘书处共4人,3名秘书、1名团组主管;

——文献记到—反馈出版商2人,一类公务人员1名,公务人员1名;

——报纸期刊2人,2名一般公务人员;

——负责装订、修复2人,1名一类公务人员,1名一般公务人员;

——负责议会文献发行、库存管理5人,团队主管1名,一般公务人员4名。

(4)国民议会图书馆馆藏的数字化建设

国民议会图书馆自1992年起就开始对所藏图书书目全面数字化,并以每年大约1.5万条书目数量增长。2009年实施的新技术,更加强化了通过互联网对图书的查询和访问,在提高便捷性的同时加强了使用的安全性,以实现书目查找和在线图书预约,更加方便议员使用图书馆资料。

图书馆的搜索与咨询手段日益现代化。从1993年起,所有数字化的文献索引不仅可以在内网进行访问和查询,而且议员还可以通过外网进入内网查询。图书馆还启动了针对1993年以前书目数据数字化的回溯工作。文献书目数字化可以方便读者实现远程预约,并在24小时之内到达图书馆直接取书查阅。

不仅如此,图书馆还与法国国家图书馆实现跨馆合作,推进珍贵馆藏数字化进程,充分发掘古老馆藏的历史价值和现实意义。

2009年12月22日,隶属法国国民议会的国民议会图书馆与隶属法国文化与通讯部的法国国家图书馆共同签署了合作协议,开启了跨部委的图书馆界强强合作。从形式上看,两馆之间的合作伙伴关系建立在三份协议的基础上。

第一份协议是一份意向性协议,主要规定了2009—2011年期间双方各自的一般义务。前期重点在于挖掘并开发国会图书馆的古老馆藏,后期则转向自法国大革命之后议会辩论的数字化工程。该计划也是源自法国国家图书馆多年来推行的一项被称为“联合支柱”(pôles associés)的政策,即联合拥有特别馆藏的公共或私人图书馆,开发建设数字馆藏。该政策旨在开发图书馆馆藏,尤其是古典藏品,并将该数据共享到法图的数字化书目中以及法国联合图书编目系统中,并可通过Gallica(法国国家数字图书馆)以及Europeana(欧洲数字图书馆)进行访问。

根据这份协议,议会图书馆也被纳入到“联合支柱”的图书馆之列。该项目现有图书馆约80家,包括大学图书馆、研究机构图书馆以及法国大城市市镇图书馆。法国国民议会图书馆则作为该项目成员,法国国家图书馆的研究读者可有条件地到议会图书馆查阅书目中列出的珍本图书。此外,议会图书馆亦可享受法国国家图书馆的多项服务,如:专业培训,享有其提供的专业服务折扣,尤其是珍本图书修复、建议和鉴定等。目前,议会图书馆已有三卷非常珍贵的《埃及记述》(Description de l'égypte)[①]原版书在法图完成了修复。

第二份协议旨在履行第一份协议制定的目标。对议会图书馆古典藏品中的手稿进行电子书目数据回溯并进行数字化处理。对图书馆1789—1920年书目数据进行全面回溯,约有5万条数据。例如对卢梭的《新爱洛伊丝》第一版手稿及复制件、第二版手稿都进行了数字化,并在议会图书馆网站上对公众开放在线阅览。截至2010年,图书馆老馆藏书目中已有约1万页TIF格式的数字化文本可在线阅览。

第三份协议重点规划一些比较具体的项目。如确定《玫瑰传奇》[②]这部小说手稿的数字化模式和使用模式。该部小说的手稿现存量约250卷,美国的霍普金斯大学发起成立《玫瑰传奇》数字化项目,旨在将其各种手稿进行全面数字化,该项目由法国国家图书馆主导,根据协议,议会图书馆也参与到该项目的具体实施。现国会图书馆的网站上可以看到所有数字化再现的手稿,欣赏到彩色的古老版本,并能实现如纸书一样的翻页。

2. 参议院图书馆

(1)历史沿革

参议院所在地卢森堡宫坐落于巴黎第六区著名的卢森堡公园中。参议院图书馆位于卢森堡宫一层的东廊。东廊在1887年被辟为图书馆,在此之前曾先后作为皇室成员居所、博物馆之用,甚至一度用来关押囚犯。1879年,法兰西第三共和国将卢森堡宫划归参议院。由于原址空间有限,原位于东廊的博物馆于1885年10月15日关闭,1886年4月迁入新址重新揭幕。至此,东廊成为了参议院图书馆。

(2)馆藏

参议院图书馆书架总长度达18公里,约有361 000册件图书,共分为五部分,其中两部分在地上一层,剩余三部分藏于地下:

——19 836册图书位于阅览室内,书架长1.4公里;

——56 857册图书在字库,书架长2公里;

——184 070册图书在地下3层,书架长7公里;

——98 806册图书藏于地下4层,书架长9公里;

——1216册图书放置于特藏库;

——12 822册1830年之前的古籍;

——9361册被鉴定为珍贵图书;

——1789年获得的6533份珍贵手稿,包括雨果的手稿;

① 该部巨作完成于埃及战役时期(1789—1801),在法国著名数学家加斯帕尔·蒙日(Gaspard Monge)以及化学家克劳德·路易·贝托莱(Claude Louis Berthollet)的协调下,由随同拿破仑征战的数学家、动物学家、植物学家、工程师、地理学家、建筑师、画家等167名工作人员共同努力完成。1802年,拿破仑下令刊印该书,且费用由国库支出。如今,为了更好地保存这批巨作,已将其移存至地下书库,控制最适宜保存的温度和湿度。

② 《玫瑰传奇》是法国中世纪长篇叙事诗。

——45 000 幅版画。

此外,图书馆还有许多珍贵文献在藏。如阅览室内陈列着一件由路易·飞利浦国王赠与贵族院的桃花心木家具,曾专门用于存放完整的23卷《埃及记述》(Description de l'Égypte)。在图书馆的一个橱窗里还陈列着1633年发行的第一份《公报》(la Gazette)①,这是法国出现的第一份真正意义上的报刊。参议院图书馆拥有该报自创刊日起的完整版本。

(3)双重使命:保护国家遗产,为议会服务

法国参议院图书馆肩负双重使命:一是保存古老的珍贵藏品,参议院图书馆的馆藏多数是贵族院(Chambre des Pairs)于1814至1848年波旁王朝复辟期间承袭而来;二是构建符合21世纪新时期需求的文献中心,以满足参议员的工作需要,为议会服务。

(4)议会数字图书馆的建设

图书馆的阅览室与议会大厅毗邻,正是为了便于议员们办公,方便他们往来于会议室与图书馆。随着数字时代的来临,图书馆自2009年4月开始对所有馆藏目录进行了信息化处理,包括从最古老的杂志到最新的司法类期刊。每位议员可在其办公室通过内网访问图书书目,预约文献,并提出采购建议。此外,图书馆还提供大量的在线数字资源,主要是各类司法数据库和期刊。

自2009年夏季,参议院图书馆联合国民议会图书馆、法国国家图书馆,启动了针对自第三共和国以来议会立法工作资料的数字化工作。该项目目标是要联合上述三家图书馆,共同打造一个"议会数字图书馆",供公民使用。该项目同时还兼顾对于国家遗产藏品的数字化。

(5)岗位设置

与国民议会相似,参议院图书馆与档案室也是合为一个部门,该部门有1名部门主任,1名文书。图书馆设有:各类介质作品和期刊的采集、采购、分类、保存及借阅,议会印刷文献保存,数据库访问,读者导读及咨询,图书书目及文献查询,议会工作信息咨询,阅览室咨询处、秘书处等岗位共计11人。

四、法国议会档案馆及服务

1. 国民议会档案馆

国民议会档案馆负责典藏与议会相关的档案,包括议会古老的工作档案,同时还对法律和议会历史开展调研工作。现档案部有主管一名,其下设:秘书处、综合信息与议会辩论研究处、馆藏管理处、信息化应用与数字化处、议员历史处(负责《议员字典》(Dictionnaire des Parlementaires français)、议员个人履历、查询协助)、公共查询接待与文献研究处、议会档案

① 该报的创始人是被任命为国王医生的勒诺多(Théophraste Renaudot,1586—1683)于1631年5月30日在巴黎创办。起初,勒诺多只是开设了一间办公室为找工作提供便利并将各类通知公告集中在一页上出版发行,随后又增加了国际新闻。《公报》一开始是周刊并立即获得了成功,之后成为了非商业的新闻和官方消息汇编。1672年,继任者将该报相继更名为《法兰西报》(Gazette de France)、《法国国家报》(Gazette national de France),最后一期发行于1930年9月30日。该报不仅是法国历史上第一份报纸,而且也是持续时间最长的报刊,长达3个世纪。

处(负责档案的分类与保存、向议会其他服务部门提供技术支持与协助)等部门,工作人员共计22名。其工作主要分为:

(1)档案馆的传统工作

搜集、编纂、分类和保存所有国民议会的档案。为议会服务部门提供咨询和培训,向他们提供便于文献资料管理的工具和方法。并通过每个服务部门指定的通讯员与档案馆保持联系。几十年来,议会一直执行向国家档案馆(Archives nationales)呈缴存档的政策,包括1958年以前与立法活动相关的服务部门的文献,尤其是各委员会的会议记录和行政档案,有些甚至可追溯到19世纪。国会档案馆也可对存入国家档案馆的资料进行查询,并履行作为国家档案馆与国民议会纽带的职责。

(2)向公众提供法国大革命以来的法国议会古典文献

档案馆向公众提供查询服务。如基于职业活动和工作的需要,帮助行政部门人员、法律界人士、历史学家等个人查询议会文献及保存于此的其他档案。每天通过邮件查阅档案文献的请求也越发频繁,主要涉及法律条文修订的准备、国民议会在某领域的辩论、某议员在某期或是针对某主题的讲话、议员的生平等。

档案馆在公共查阅室设置接待处,每年接待约1000人。读者可在此查阅纸版的议会文献(诸如法律议案、计划、报告等)、公开会议的报告、议员名单等。与此同时,还有部分直接向公众开放的议会文献,这些可以自由参阅的文献必须符合议会办公室的相关规定,且至少已有超过20年以上的时间(涉及国防等部分文献除外,因为此类文献的解密时间可能需要更长)。

(3)编制议员履历

档案馆联合参议院制定了前议员履历档案,同时发布在《议员词典》和国民议会的网站上。档案馆业已完成了第四共和国时期的议员履历编撰,目前正在编制第五共和国时期的议员履历。为了便于查阅,档案馆制作了数据库(可追溯到大革命时期),可查找近16 000名前议员的任期、生平等基本信息。

此外,为了更好地协助议会工作,档案馆在信息系统部和会议速录报告服务部的帮助下,为现任议员制作了个人信息页数据库,每位议员有独立的信息页,内容包括议员头像,并汇总每位议员的历届任期、生平、参与议会内的会团情况和职务、参与议会外的其他组织情况及职务,其呈交的法案、议案或报告等信息,并在网站上发布。

(4)鼓励资助有关议会法律和历史研究

议会档案馆还鼓励和发展从事关于议会的法律和历史方面的研究:

——提供研究津贴。议会每年选取一名准备研究或已经开始研究该领域的博士研究生,向其提供研究津贴。

——设立国民议会论文奖(le prix de thèse de l'Assemblée nationale)

该奖项每年奖励一至两名已经获得该领域博士论文津贴的学生,资助其论文的出版发行。

2. 参议院档案馆

参议院档案馆共有工作人员10人,其工作内容与国民议会档案馆雷同,主要负责对参议院的原档案进行搜集、保存、分类和提供阅览服务。文献主要包括与参议院工作相关的原始文献、辩论档案、参议院的个人信息卷宗等。此外,档案馆还向议员提供参考咨询服务。

五、法国议会立法决策服务的特色

尽管法国的议会制度和立法决策服务工作体制与我国存在着显著差异，但法国议会的立法决策服务工作在体制机制、人员配备、制度保障和社会教育及青少年公民意识培养等方面仍然有很多值得我们借鉴的独到之处和特色做法，主要有以下几个特点：

1. 横向整合、突出效能

罗马不是一天建成的，而法国议会的立法决策服务工作也和法国的议会制度一样经过了漫长而艰辛的探索历程。围绕着全面提升立法决策服务效能、提升服务内涵与品质的目标，法国的立法决策服务机构也走过了一条从“纵向条块分割”到“横向资源整合”的改革之路。经过2006年的大规模机构改革，法国议会的立法服务在“横向资源整合”方面终于取得了实质性的重大进展，其主要表现是在机构职能整合、人力资源整合和社会资源整合三个方面取得了实质性的进展。首先，通过强化立法决策服务部门的横向化沟通，将原有的若干个部门整合为一个大的立法服务部门，并与行政和综合服务机构建构了相互配合、分工细致的协作机制，有力地促进了立法决策服务围绕委员会工作这一议会工作的核心展开，取得了明显的成效。其次，通过机构改革，实现了立法决策服务人员队伍配备的强化，立法服务部门的人员总数占法国议会工作人员人数的45%。再次，法国议会还高度重视社会资源的利用，推动国民议会图书馆与法国国家图书馆实现强强联合，实现了法国议会图书馆资源数字化进程的跨越式发展。

2. 制度护航、保证素质

通过加强制度建设，为提高立法决策服务人员素质提供制度保障是法国议会立法决策服务的另一特色。法国议会对议会立法决策服务机构的从业人员素质都有明确的要求，大部分都要求具备硕士以上学历，并具备3年以上相关专业工作经历。与此同时，为保证立法决策服务机构力量充足，以法律的形式规定了立法决策服务机构工作人员编制要达到议会服务人员总编制的45%，同时还通过制度规定保证了上述人员享有相对于行政机构同级别人员更好的待遇条件和职业发展规划，从而有力地保障了法国议会的立法决策服务机构人手充足以及高素质且稳定员工队伍。

3. 加强宣传、广泛普及

正如前文所述，法国议会高度重视议会本身的宣传和普及工作，不仅广泛公开议会有关记录，为社会公众了解法国议会的职能和议员履职情况创造了良好条件，还积极鼓励青少年从事议会的法律和历史方面的研究，为青年学子的研究项目提供资助。把宣传和普及议会知识作为加强公民社会意识培养的重要手段，通过宣传和普及，法国的议会民主政治和法律文明深入到了每一个公民心中。议会立法决策信息服务机构的社会教育作用发挥到了极致。

参考文献

1. Fiche n° 1：Présentation synthétique des institutions françaises[EB/OL].[2013－03－09]. http://www.

assemblee-nationale. fr/connaissance/fiches_synthese/septembre2012/fiche_1. asp

2. 许振洲. 法国议会[M]. 北京:华夏出版社,2002:35 - 46

3. Fiche n° 68:Structure des services de l'Assemblée nationale[EB/OL]. [2012 - 08 - 02]. http://www. assemblee-nationale. fr/connaissance/fiches_synthese/septembre2012/fiche_68. asp

4. Fiche n° 74:Les « pôles fonctionnels » [EB/OL]. [2013 - 03 - 05]. http://www. assemblee-nationale. fr/connaissance/fiches_synthese/septembre2012/fiche_73. asp

5. II-LES MOYENS: LE RÔLE DU SERVICE DES COMMISSIONS[EB/OL]. [2013 - 03 - 05]. http://www. senat. fr/role/fiche/comperm. html

6. 法国国民议会网站[EB/OL]. [2012 - 08 - 08]. http://www. assemblee-nationale. fr/histoire/camus-archives. asp

7. La Bibliothèque et ses chefs-d'œuvre[EB/OL]. [2012 - 08 - 02]. http://www. assemblee-nationale. fr/histoire/7gf. asp

8. Fiche n° 75: Le service de la bibliothèque et des archives[EB/OL]. [2012 - 08 - 02]. http://www. assemblee-nationale. fr/connaissance/fiches_synthese/septembre2012/fiche_75. asp

9. Service de la bibliothèque et des archives[EB/OL]. [2012 - 08 - 02]. http://www. assem blee-nationale. fr/infos/anto-bia. asp

10. Fiche n° 79:l'informatique a l'assemblee nationale[EB/OL]. [2012 - 08 - 02]. heep://www. assemblee-nationale. fr/connaissance/fiches_synthese/fiche_79. asp

11. Fiche n° 76: le service de la bibliotheque et des archives[EB/OL]. [2012 - 08 - 02]. http://www. assemblee-nationale. fr/connaissance/fiches_synthese/fiche_76. asp

12. Accord de partenariat entre la Bibliothèque nationale de France et la Bibliothèque de l'Assemblée nationale [EB/OL]. [2012 - 08 - 02]. http://www. assemblee-nationale. fr/histoire/bibliotheque-accord-bnf. asp

13. DIRECTION DE LA BIBLIOTHÈQUE ET DES ARCHIVES[EB/OL]. [2012 - 09 - 12]. http://www. senat. fr/adresse/annuaire-direction-de-la-bibliotheque-et-des-archives. html

14. 世历所,端木美. 法国国民议会图书馆[N]. 中国社会科学院院报,2006 - 09 - 28(4)

德国联邦议院信息咨询服务机构调研报告

张 丽 廖 迅

一、德国联邦议院信息咨询服务体系

1. 概述

1949年5月,德意志联邦共和国①成立。同年9月,根据《德意志联邦共和国基本法》(下文简称《基本法》)选举产生了联邦德国第一届联邦议院。联邦议院是全德唯一一个由民众直选产生的权利中心和人民代议机构,集表达民意、选举总理、参与选举总统、监督政府工作、批准预算、制定法律等职责于一身。

联邦议院规模庞大,机构繁多,可分为领导机构、功能机构和助理机构三大类②。助理机构是为了保证联邦议院发挥国家立法和监督机构作用而建立的,包括行政管理机构和图书馆等信息服务机构。

20世纪50年代,联邦议院主要依靠外聘专家为议员提供咨询服务。1964年,联邦议院才开始独立提供信息咨询服务。当时联邦议院内部管理和服务部门分为三大总局,即议院事务总局、研究咨询总局、行政服务总局。研究咨询总局下设的专业文献局和专业服务局,是联邦议院最早决策咨询机构。

1969年,正值第一次大联盟执政③时期,联邦议院进行了"大改革"。针对反对党往往无法从执政党主管的联邦部门获取全面、客观的信息的情况,同时为了保证广大议员工作的有效性和专业性,联邦议院实施了三大措施。其中之一便是扩大原有的专业服务局的规模和服务范围,使其更好地为议员、委员会和议会党团提供独立、专业的决策咨询。

1970年,联邦议院将委员会助理机构和议院决策咨询机构合并,使议会决策进程和专业学术咨询紧密结合、相得益彰。1975年,委员会秘书处和研究咨询总局重新分别建制。此后,联邦议院历经多次建制改革。21世纪初,三大总局的架构形式不复存在。虽然新设机构的名称和分工有所变化,但其历史沿袭的痕迹依稀可见。

目前,德国联邦议院下辖四大主要办事机构:议会与议员司(Abteilung P:Parlament und Abgeordnete)、学术与对外交往司(Abteilung W:Wissenschaft und Außenbeziehungen)、信息文件司(Abteilung I:Information und Dokumentation)、综合司(Abteilung Z:Zentralabteilung)。

其中,学术与对外交往司下设的学术服务处(Unterabteilung WD:Wissenschaftliche Dien-

① 在司法、立法、行政关系上,联邦德国仿效美国,实行三权分立;在立法与行政机构关系上,仿效英国,一方面,恢复了第二帝国时期联邦议院和联邦参议院的并存以及魏玛共和国时期联邦议院的主导地位,另一方面,引进议会内阁制,确定选举中获胜的政党或政党联盟享有组阁权,总理独立于总统,由联邦议会产生,并对议会负责,而非总统指定。

② 尹中卿. 国外议会组织架构和运作程序[M]. 北京:中国民主法制出版社,2010:336 - 366

③ 基督教民主党和社会民主党联合执政。

ste)和信息文件司下设的图书馆与文件处(Unterabteilung ID:Bibliothek und Dokumantation),共同承担提供信息服务的职责。学术与对外交往司下设的W热线(W-Hot)既是沟通咨询任务委托者(委员会、议会党团、议员及其助理)和咨询机构(图书馆与文献处、学术服务处)的重要桥梁,负责接收及分发委托任务,又独立承担快速咨询的工作。

图书馆与文件处提供各类文献和综合文献信息,学术服务处则基于文献信息进行考证、分析、研判,提供信息咨询和专家意见。两者紧密协作,和W热线共同构成了联邦议院的基本信息咨询服务体系。

此外,联邦议院内部还有临时性咨询机构——资讯委员会(Enquete-Kommission),以及长期签约的下属咨询服务机构——技术风险评估办公室(das Büro für Technikfolgen-Abschätzung beim Deutschen Bundestag,TAB)。

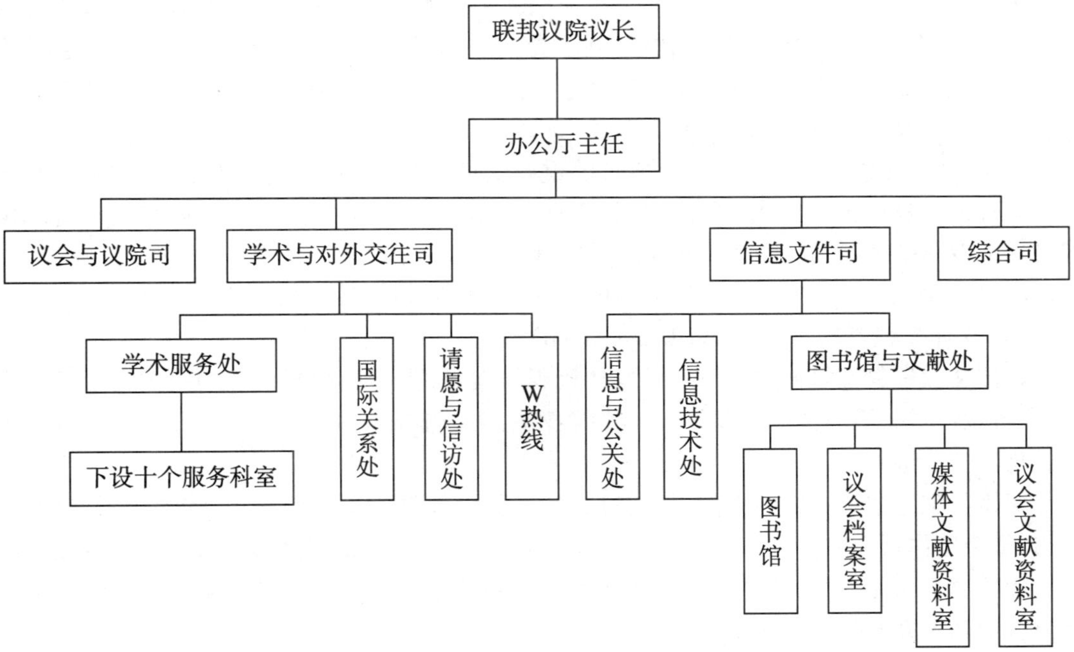

图1　2013年德国联邦议院机构设置局部图①

2. 图书馆与文献处

图书馆与文献处负责收集、整理和提供图书、文件、事实信息等,下设四个部门。

(1)图书馆(Bibliothek)②

联邦议院图书馆是全球第四大的议会图书馆。其馆藏已超过140万册。图书馆广泛收藏了各种专业文献,并拥有议会资料和各种官方出版物的特藏。此外,联邦议院图书馆还是国际组织和跨国组织的呈缴馆。

① organisationsplan[EB/OL].[2013-06-30].http://www.bundestag.de/bundestag/verwaltung/organisationsplan pdf

② 关于联邦议院图书馆馆藏资源、组织架构、服务产品等的具体介绍详见本文第二部分:"议院图书馆"。

联邦议院图书馆的主要服务对象是联邦议院议员、议会党团和联邦议院政府的成员。此外,图书馆也为柏林地区的联邦和各州政府、柏林工业贸易中央协会的工作人员、外交使团以及各国记者提供服务。

(2)议会档案室(Parlamentsarchiv)

向所有公众开放的议会档案室被称作"德国联邦议院的记忆库",其职责如下:

登记、评估、接收、开发联邦议院下设理事会、专门调查委员会、委员会以及其他组织、团队所产生的文件;登记、评估、接收、开发联邦议院行政机构(包括军事专员)产生的、具有归档价值的书面材料。

保存所有联邦法律文本、联邦宪法法院和最高法院的判决以及联邦议院和联邦参议院对法案的讨论过程中所产生的所有档案材料。

编纂、出版、修订当前联邦议会官方手册《德国议会手册》,这是说明联邦议院和联邦参议院工作原则、组织架构的标准读物;编制多卷本联邦议院史资料手册《德国联邦议会历史手册》,供读者查阅自1949年以来的各项重要数据、发展概要、编年史、议会架构和工作方式、联邦议院发展史中的重要事件等。

记录1949年以来联邦议院所有成员的重要信息,包括他们的重要传记,编制在联邦议院登记过的所有协会及其代表的名册;收藏真实记录议会工作进程的11 000多份声音和影像文件以及90 000多幅记录议会成员的照片和他们工作图片。

解答针对以上档案资料内容所提出的咨询,为读者进行使用培训。

(3)媒体文献资料室(Pressedokumentation)

媒体文献资料室是德国最重要的媒体资料档案馆之一,是联邦议院的媒体资讯问询中心,是各位议员获悉舆情的重要渠道。其前身是1949年成立的剪报档案馆,1999年后实现电子化。

媒体文献室主要提供两方面服务:每日精选国内外重要报纸期刊,并编制索引,供读者查阅;每个工作日上午8点在联邦议院内网发布媒体舆情简报,内容涵盖政治、经济以及社会生活的方方面面,文章源自最新的地区性报纸和跨地区性报纸。媒体文献资料室也可向其他机构和个人有偿提供定制简报服务。

表1 2006—2009年图书馆、议会档案室、媒体文献资料室馆藏一览表

年份	图书馆(册)	议会档案室(件)	媒体文献资料室(件)
2006	1 359 000	47 500	1 092 000
2007	1 376 000	47 650	1 246 000
2008	1 392 000	47 800	1 446 000
2009	1 407 000	47 950	1 601 000

(4)议会文献资料室(Parlamentsdokumentation)

议会文献资料室的主要工作是保存历届议会的工作文件,即联邦议院和联邦参议院审议过程中所使用的所有印刷品,包括议会辩论、法律草案、提案、质询案、报告以及全体会议记录。

议会文献资料室还负责将上述文件根据文件形式与主题内容进行整理和编制索引,从而方便读者按需检索。第一届至第七届联邦议院任期内的工作文件仅能通过卡片索引检索。从第八届联邦议院任期开始,议会文件索引纳入"议会进程文件与信息系统",即 DIP 系统(Dokumentations-und Informationssystem für Parlamentarische Vorgänge),可以根据议员姓名、辩论主题进行检索。从第十六届联邦议院任期开始,议会文件全文也能在新的 DIP 系统中获取。

议会文献资料室对公众开放。读者亦可通过电话或邮件咨询所有议会文件的内容以及联邦议院议员、联邦参议院议员和联邦政府官员的议会活动。

3. 学术服务处

学术服务处①是德国联邦议院的重要信息服务中心,负责协助联邦议院议员、委员会和议会党团履行其职权,为其提供咨询服务。学术服务处根据委托人的咨询要求,对信息进行检索、考证和分析,撰写调研报告、文献综述和简报等。

目前,学术服务处下设 10 个咨询科室。各科室依照议院委员会及联邦政府部门的设置进行分工设置,从而便于为其提供更专业更精准的服务。各科室分工细致、各有专攻,涵盖了政治生活的各个领域。各科室各自负责不同领域的咨询工作,同时又协同合作,共同完成跨专业跨领域的大型或复杂咨询工作。

鉴于议员、委员会成员和议会党团成员不同的文化背景和从政经历,学术服务处也可以用英语或法语撰写调研报告和文献综述等。此外,学术服务处也提供英语、法语及其他常见语种的翻译服务。

4. W 热线

成立于 1997 年的 W 热线是联结咨询委托人和议院咨询服务机构的中间机构,是协调各咨询部门的总指挥站。议员、委员会和议会党团可通过电话咨询和在线申请的方式向 W 热线提出咨询要求。W 热线接收了联邦议院内部绝大部分咨询委托,并将其转交给图书馆、议会档案室、议会文献资料室、媒体文献资料室以及学术服务处的相关咨询科室承办。此外,W 热线也独立开展快速咨询工作,包括检索报刊文章、纸本文献和网络文章。据统计,W 热线在 2005 年共接收 4341 单咨询,并独立完成了其中的 2385 单咨询。

5. 资讯委员会

资讯委员会是联邦议院所设的三类调查委员会②中的一类。根据《联邦议院议事规章》第 56 条,在就牵涉面广、意义重大的事务做出决策时,若四分之一及以上的联邦议院议员提议,则可成立资讯委员会对事务进行调查研究,以资决策。资讯委员会的职责包括:收集并评估技术、经济、生态、社会等领域的最新情报,预测社会发展趋势,协助议会深入了解社会问题实质,为议会制定法律、研究对策提供科学依据。

资讯委员会由所有议会党团的议员和专家组成。通常情况下,一个议会党团只有一名议员可参加某一委员会。多数情况下,议员与专家人数相同。资讯委员会又细分为若干个

① 关于学术服务处机构设置、服务产品等的具体介绍详见本文第三部分:"学术服务处"。

② 调查委员会是德国议会成立的行使议会监督权和政治调查权的临时性机构,每一届名目不同,数量不等。

项目小组,一名成员可参加多个项目小组。

资讯委员会每月举行一到两次全体工作会议和多次项目小组座谈会。资讯委员会还要不定期举行听证会,听取来自科研机构、政府部门和专业团体的代表的意见,研究其提交的个人研究报告。资讯委员会还可去国外进行考察调研。

资讯委员会的工作成果体现在报告上。资讯委员会必须不定期提交中期报告(Zwischenbericht)。联邦议院根据该报告决定此委员会终止或继续工作。每届议会任期结束前的最后一次全体大会上,资讯委员会必须向联邦议院提交期终报告(Sclussbericht),说明本届任期中的咨询活动,并为未来的立法工作提出建议。

本届联邦议院于2010年成立了"互联网和数字社会"资讯委员会和"增长、富裕、生活质量"资讯委员会。两者都由34名成员组成。其中,"互联网和数字社会"资讯委员会下设12个项目小组,在任期间(2010.5—2013.1)共举行了20次全体会议和179次项目小组座谈会,完成了10多份中期报告和一份期终报告,通过并发布了5份中期报告。

表2 "互联网和数字社会"资讯委员会已发布的中期报告

发布日期	中期报告主题
2011-04-19	工作进展报告
2011-10-21	媒体权限
2011-11-23	著作权
2012-02-02	网络中立性
2012-03-15	信息保护、私人权利

6. 技术风险评估办公室

根据《联邦议院议事规章》第56a条,联邦议院的"科研、技术、技术风险评估"委员会可以和从事技术风险评估的研究机构合作,为联邦议院提供技术风险分析。

1990年,技术风险评估办公室据此产生。根据协议,德国联邦议院和德国卡尔斯鲁厄技术研究院的技术风险评估与系统分析研究所共同成立该办公室,并共同开展工作。其直接领导部门是"科研、技术、技术风险评估"委员会。

该办公室致力于系统性地研究引进新型技术的条件、可能性和风险,从而分析定位社会政治领域的潜在冲突,确定议会采取行动的必要性和可能性。

迄今为止,该办公室已完成了上百个调研项目,并出版了多项调研成果。

二、议院图书馆

1. 历史沿革

德国联邦议院图书馆,主要服务于德国议会。德国联邦议院图书馆于1949年接替议会联盟理事会进行工作。最初,图书馆只有1000多册的馆藏量。目前,该馆的馆藏已经超过140万册,它对各种专业文献进行广泛收藏,并拥有议会资料和各种官方出版物的特藏。此外,联邦议院图书馆接受由联邦、各州以及各区县发行的德国官方出版物的法律呈缴。联邦议院图书馆也是国际组织和跨国组织的呈缴馆。即,这些组织为该馆定期提供他们的全部出版物。此外,德国联邦议院图书馆是联邦3个图书馆员专业培训馆之一,负责馆员的高级、中高级、中级职称的培训和评定。

2. 馆藏资源

图书馆已拥有超过140万册的馆藏。此外,还包括由联邦议院和政府委员会工作人员保存的参考馆藏,这些也是由联邦议院图书馆管理的图书。图书馆每年新增馆藏量约15 000册,目前,收藏7500种期刊,其中大约有5500种是属于官方或半官方的。此外,它可为其用户提供电子出版物阅览,包括期刊。

图书馆的藏书主要集中在政治、公共管理、法学、经济学、社会科学和现代史方面。这些藏书还涉及其他专业领域,以便为其用户提供广泛全面的信息。除了通过购买收藏的出版物外,联邦议院图书馆在出版物交换或作为呈缴馆的基础上,也接受法律出版物的呈缴。这些呈缴品包括大量德国和外国议会资料,成为德国官方出版物最大量的藏品之一。

从国外收集的官方出版物,包括60个国家的法律公报以及议会出版物、统计资料和其他官方出版物。这些馆藏主要来自欧洲国家和美国。此外,该馆对超过200个政府与非政府国际组织和跨国组织的出版物进行了编目和索引。

其他特藏包括来自高等教育领域的图书和大量灰色文献。灰色文献包括非商业半官方和非官方的文献。它主要包括政党、商会、特殊利益集团和协会、公民行动团体、关于政治问题的学术研究团体的文献,以及来自商业和工业的文献。该图书馆目前从德国和国外的大约2500个机构中接收以上种类的文献。

3. 组织机构

除了管理部门,图书馆的业务部分为4个部分:馆藏发展一部、馆藏发展二部、索引和文献部、信息和参考咨询服务部。馆藏发展一部主要职能是在出版物交换的基础上,接收、管理德国联邦议院的法律出版物的呈缴。馆藏发展二部主要处理图书的购买和捐赠。索引和文献部负责对那些非目录学独立出版的专刊和文献进行索引和编目,该部门还负责维护主题词表和权威文件,部门的高级职称员工负责出版物的主题编目。这一部门目前越来越多地参与开发网络文献和建设电子图书馆。信息和咨询服务部负责协助用户进行信息和文献检索工作并回答具体问题。

德国联邦议院图书馆目前拥有86个常任职位,这些职位分别由4个职称级别的员工构成。15个负责高级职称服务的员工拥有大学学历,31个负责中高级职称服务的员工拥有中专学历,还有31个员工是中级职称,负责图书装订和整架,并非馆员。此外,还有9个员工属于熟练技工,是图书摆放助理,负责一般性的工作。

4. 服务内容

(1)在线编目

该馆每年对约14 000篇选定期刊和著作中的文章进行编目,此外,对12 000份专刊进行编目和编辑索引。自2007年以来,读者通过单一的综合数据库联机目录访问图书馆藏书。为此,该馆对约900 000个卡片目录完成了在线目录编辑。

(2)POLIANTHES 图书馆叙词表

以 POLIANTHES 图书馆叙词表为基础的目录,被用来为 1949 年以来收藏的图书编目和索引。1997 年到 1998 年,为适应用户在线目录的需求,该主题词库被大规模修订,现在主题词库由 90 个子词库构成。它的结构类似于欧盟叙词表,其中欧洲议会词库也被很多欧盟成员国和中欧、东欧的一些议会使用。

(3)图书借阅室

图书馆资料即时向用户发放。每年借阅文献大约有 80 000 册。主借阅室拥有 20 000 册馆藏,按主题进行分类。此外,借阅室还提供很多服务,包括信息咨询、检索和借还书服务。

(4)信息和文献检索

图书馆服务的范围包括信息查询服务、图书检索服务、档案资料的汇编和图书馆与目录使用的介绍服务。

每年约有 1900 份关于具体议题和档案资料的检索、查询任务,大约 50 000 件关于信息的需求。此外,图书馆为国会议员提供了 170 份关于政治热点议题的报告。图书馆员工的主要任务是正确适当地回答各种查询问题、完成咨询,为用户提供个性化的服务和建议。网络检索和联机检索逐渐成为重要检索方式。

(5)电子图书馆

2002 年春天,图书馆开放电子图书馆服务,大大增加了用户可使用的信息量,并允许用户直接通过内部网访问有关政治性的资料。

(6)为联邦议院委员会及其他机构提供参考资料

这些参考资料包括专业参考书、法律评论(大多是活页形式),以及图书馆馆藏缺失但却是议员和其他政府官员所需求的著作和资料。电子出版物,尤其是内网上参考书和期刊的使用,与以往相比有了大幅度的提高。

5. 信息技术

早在 1998 年年初,德国联邦议院图书馆就引进了一种新的图书馆系统,aDIS/BMS 系统是基于 Linux 服务器和 Windows 用户端的用户—服务器解决方案。用户可在办公室预约所有的图书馆资料。使用 aDIS/BMS 图书馆软件和内容管理系统,图书馆的电子信息服务也不断地得到发展和改善。

6. 信息产品

图书馆编制的以下信息产品都可以在线访问:

(1)新书目录(Neue Bücher und Aufsätze in der Bibliothek)

《新书目录》(ISSN 0931 -8593)是由图书馆编制的最近出版的图书和最近发表文章的目录,每月出版一期。其中的图书和文章都经过精心挑选,并根据不同主题进行分类,能满足读者了解新书动态的一般性需求。

(2)新书简报(Schnellinformation der Bibliothek)

《新书简报》(ISSN 0931 -329X)是图书馆编制的内部简报,目的在于向联邦议院介绍近期出版的政治性读物。其中收录的都是和时事政治、政治事件、政治文化和政治理论相关的新书,每本新书后都附有简略的摘要,以便议员浏览和挑选。

(3)热书推荐(Literaturtipps)

《热书推荐》是图书馆根据时下社会热点编制的馆藏文献主题书目专报。这些热点一般是当下议会讨论的热点议题、政界热议的焦点事件或被媒体广泛报道的热点事件。

最近《热书推荐》的主题热点有:法德《爱丽舍宫条约》签署50周年、马里冲突、联邦国防军的国外投入、残疾人权利公约和包容性社会等。也可通过Rubriken系统查找往期《热书推荐》。

三、学术服务处

学术服务处的工作不是在学术领域提出新见解,不是在封闭的学究世界进行深入研究。学术服务处的主要任务,是从研究所、高等院校、工商协会、利益团体、媒体和文献中收集信息,整理成对议员、委员会、议会党团有用的资料,把专家学者的成果、意见转化成能直接满足日常政治工作需求的信息。简而言之,学术服务处是学术界与政界之间的纽带。

学术服务处参与对法案的评析,但并不协助起草法案。所以,学术服务处并不是一个真正意义上的立法辅助服务机构,而是一个信息辅助服务机构,一个议会决策咨询服务机构。

由于服务对象和服务内容的特殊性,学术服务处在德国国内鲜为人知。直到2011年,德国国防部长古滕贝格博士论文抄袭事件曝光①,学术服务处才为德国民众所知。

1. 历史沿革

学术服务处的前身是研究咨询总局下辖的专业服务局。专业服务局曾经分设专门服务一局、专门服务二局,其下设有9个咨询科室,并在专门委员会秘书处设有研究咨询小组。

20世纪初,研究咨询总局撤销。其下辖的专业文献局变更为图书馆与文件处,专业服务局变更为学术服务处。为了适应专业分工的继续深化和跨学科发展的趋势,咨询科室已增加至12个。其后,负责欧洲事务和议会法的两个咨询科室转移到其他部门②。目前,学术服务处下设10个咨询科室。

2. 机构设置

各咨询科室主要负责的领域如下表:

---

① 2006年,古滕贝格向德国拜洛伊特大学法学院送交博士论文。2011年2月16日,其论文被指有大段抄袭文字,并且没有注明出处。其中大段文字源自学术服务处撰写的研究综述。2月18日,古滕贝格宣布暂时放弃博士学位。拜洛伊特大学经查证确定抄袭属实,2月23日正式撤销其学位。3月1日,古滕贝格正式为此事负责并致歉,辞去国防部长职务。

② 目前,欧洲事务咨询科归于议会与议院司下辖的欧洲处,议会法咨询科归于议会与议院司下辖的议会服务处。

表 3 2013 年联邦议院学术服务处科室分工情况一览表①

科室	咨询服务领域
一科	历史、当代史、政治
二科	国际法、国际经济合作、人权发展与保护、人道主义援助
三科	宪法、行政机构
四科	预算、财政、金融
五科	经济、技术、营养、农业、消费者保护、旅游业
六科	劳动、社会福利、公益事业
七科	民法、刑法、程序法、环境保护法、交通、建筑、城市发展
八科	环境、自然保护、核安全、教育、科学研究
九科	卫生、家庭、老年人、女性、青少年
十科	文化、媒体、体育

3. 人员配置

学术服务处自成立以来，工作人员数量增幅不大。至今总人数仍然维持在百人左右。

学术服务处一直对工作人员的学术素养和专业水平要求较高。其工作人员一般具有良好的教育背景。1975 年，具有大学学历②的员工人数为 48 人，超过总人数的一半。如今，大学学历是进入学术服务处工作的必备条件。

学术服务处工作人员的学科背景和专业领域多种多样。其中多数是已通过第二次国家考试、具有担任司法职务资格的法律学者（Volljurist）。其他常见学科还有政治学、历史学等社会科学，以及人文科学和自然科学。

德国公务员分为初级（Einfacher Dienst）、中级（Mittlerer Dienst）、中高级（Gehobener Dienst）和高级（Höherer Dienst）4 个级别。学术服务处的工作人员是公务员，绝大多数都属于中高级和高级公务员③。比如，2010 年，学术服务处约有 100 名工作人员，其中有 64 人属于高级公务员。

4. 咨询服务

（1）每日业务座谈制度。每个咨询科室每日召开业务座谈，全体工作人员都必须参加。科组负责人主持业务座谈，介绍由 W 热线转交的咨询业务，并根据成员专业特长分发咨询任务。所有成员都可就业务分发发表意见。业务处理的顺序和委托人职务高低无关，仅以

① Organisationsplan[EB/OL].[2013-06-30]. http://www.bundestag.de/bundestag/verwaltung/organisationsplan.pdf

② 当时德国大学学制和英美等国不同，大学不设本科学位，仅设 Magister（文科硕士）、Diplom（理工科硕士）和 Doktor（博士）。因此，当时德国大学学历相当于英美等国及我国的硕士学历。21 世纪初，德国各联邦州才陆续引进英美学制。在经历两种学制并行存在的过渡期之后，英美学制或将全面取代德国传统学制。

③ 我国公务员和德国中高级公务员（Gehobener Dienst，A9 至 A13 级）对应的范畴包括科员、科长、领事等，和高级公务员（Höherer Dienst，A13 级以上）对应的范畴包括司处长、参赞、大使、国务秘书等。

交办日期和时间先后为准。

(2)和委托人深入沟通。确定一项咨询业务的承办人员后,由其自行商谈工作方法和手段,并和委托人确认细节以及咨询结果提交日期。根据咨询内容复杂性,咨询完成时间从1小时到3周不等。

(3)与专业研究机构合作。有些咨询内容复杂,会耗费大量时间和人力,但对议员的工作又不可或缺。在这种情况下,学术服务处会把这类咨询委托给合适的研究机构完成,如研究所、综合性大学和专业协会。学术服务处每年在这一方面的花费可达40 000欧元。

(4)主动提供前瞻性服务。除了及时完成委托咨询任务外,学术服务处也主动提供前瞻性的信息服务。他们紧密关注时事,定期就新近的重要议题向议员提供专业档案和背景信息。这些信息产品都可在联邦议院的内网找到。部分信息产品也公布在联邦议院的官方网站①,供所有读者使用。《时事概念》和《时事概念·欧洲》已成为学术服务处的特色品牌。

(5)咨询结果形式多样。针对不同的咨询目的,学术服务处可以不同形式提供咨询结果:

调研报告(Ausarbeitungen)和专家意见(Gutachten)是承办人在掌握充分信息的基础上,独立撰写的文本。其篇幅可从5页到20页不等,某些情况下可达40页。调研报告的内容必须涵盖对某一事件或政治问题的所有观点和立场,从而使委托人可以做出全面的考量和独立的抉择。

专家意见并不着重于学院派的理论论证,而是基于理论知识得出关涉现实的分析、结论和评价。

文献综述(Dokumentationen)内容涵盖了最重要的论文及期刊、报纸文章,并附有相关图书信息和网址。

事态简介(Sachstände)是以简要的语言总结某一指定事件的相关信息。

演讲稿(Redeentwürfe)则用于联邦议院主席团在公共场合的正式演讲。

(6)工作量巨大。学术服务处平均每年处理2000—3000单咨询(不包括W热线独立完成的快速咨询),平均每年撰写500篇综述。

5. 工作准则

由于服务对象和服务内容的特殊性,学术服务处在工作中必须遵循以下准则:

(1)议会导向性。尽管学术服务处编制的信息产品种类多样,但其基本的编制要求是一致的,即为议会服务。学术服务处必须根据委托人的咨询要求和提交期限,根据双方深入磋商的结果,采用既具有一定学术性又简明实用的叙述语言,来编制能够满足委托人实际需求的产品,以尽可能地帮助他们实现议会职责。

(2)跨学科性。实践显示,联邦议院中越来越多的咨询任务已跨越了单一咨询科室的工作范围。咨询任务的跨学科性要求各咨询科室协同合作,各展其能。比如制定能源政策,既需要经济学、生物学的知识,也离不开环境法、国家发展政策的视角。学术服务处为了适应咨询任务跨学科的特点而建立了若干新科室。学术服务处也可向研究所、综合性大学和专

① Fachinformationen und Analysen[EB/OL].[2013－06－30] http://www.bundestag.de/dokumente/analysen/index.html

业协会就专业知识进行咨询,以更好地完成议员的委托任务①。

(3)政治中立性。学术服务处是根据议员个人和委员会、议会党团成员的要求来开展工作的,这意味着它不可避免地会受到外界因素的影响。尽管如此,学术服务处必须以严格的党派政治中立为指导原则;必须根据充分、广泛的事实基础,全面考虑所有有关事实的有关方面,不带任何偏见地提供信息;不得事先对所研究的问题议定结论,而应根据所引用的资料进行客观的考证;针对同一个咨询,任何议员和委员会都只能得到一样的咨询结果。

(4)保密性。学术服务处为议员和委员会提供的服务是以双方相互信任为基础的。在议员进行立法工作和监督政府行为时,其委托咨询任务对保密性的要求非常高。在这种情况下,咨询任务的委托人及内容都是保密的。当然,咨询结果的使用者越多,学术服务处的工作价值越大。所以,在经过委托人同意后,原本保密的咨询结果也可提供给其他议员和委员会使用。不涉及立法和监督政府工作等敏感信息的咨询结果在经过为期 4 周的保密期后自动解除保密状态。

6. 信息产品

根据委托提供咨询服务只是学术服务处日常工作的一个方面。学术服务处也提供前瞻性的信息产品,以求弥补实际需求和被动服务之间的时差。

学术服务处从 1965 年开始自主编制《学术服务处资料》,供议员索取。20 世纪 80 年代以来,这种应答性的服务方式向主动推送的方式转变,而且信息产品的种类也得到了扩展。目前,主要信息产品有《时事概念》《欧洲话题》《信息专报》《卷宗库》等。这些产品内容都围绕当前议会和社会政治话题中的热点展开。在联邦议院内网,每项信息产品的每个主题文档都会被下载 150—250 次,涉及重大事件的文档被下载次数可达上千次②。目前在联邦议院官网公布的信息产品有以下两种:

(1)《时事概念》(Aktuelle Begriff)

首创于 1987 年,每月不定期发布,有时每月可达 10 期。每期着眼于政治讨论中最新和最热的概念,探究其词源和词义,联系当下政治实际进行深入浅出的阐释。一般篇幅简短,仅有两页。每年结集出版,同时有录音版可供下载。《时事概念·欧洲》是其衍生产品。

表 4 2013 年上半年已发布《时事概念》篇名一览表

日期	篇名
2013-07-01	根据《基本法》第 45a 条建立防务委员会作为调查委员会
2013-06-14	J. F. 肯尼迪总统于半个世纪前访问德国

① 和学术服务处合作最频繁的研究机构是欧洲政治知识和文献中心(das Europäische Zentrum für politische Wissenschaft und Dokumentation),亦称欧洲议会研究和文献中心(the European Centre for Parliamentary Research and Documentation)。该机构于 1977 年在维也纳成立,是 47 个欧洲议会成员国和 4 个观察国的议会中的决策咨询机构的联合组织,旨在促进和深化各国议会在议会管理、制定法律、文献信息等领域的交流合作。

② 部分信息产品已公开,可在联邦议院官网下载文字版和录音版:http://www.bundestag.de/dokumente/analysen/2013/index.html。

续表

日期	篇名
2013 - 06 - 10	1953 年 7 月 17 日:历史意义及其在德国政治生活和公众中的接受度
2013 - 06 - 04	财政宪法改革建议
2013 - 06 - 03	降低德国和欧洲青年失业率的教育政策措施
2013 - 05 - 29	欧洲法院关于在统一欧盟专利体系领域加强合作的判决
2013 - 05 - 28	25 年前终结冷战的第一步:通过《反导条约》
2013 - 05 - 23	联邦宪法法院关于《反恐文件法》的决定
2013 - 05 - 22	刑事诉讼中的公众和新闻报道
2013 - 05 - 16	新选举权
2013 - 05 - 14	联合国维和人员国际日
2013 - 05 - 14	150 年前德国社会民主制的建立
2013 - 05 - 06	欧洲银行联盟和统一欧洲银行监管机制
2013 - 04 - 09	可再生能源发电的来源登记制度
2013 - 04 - 02	《可再生能源法》中关于高耗电企业的规定
2013 - 03 - 20	同工同酬日
2013 - 03 - 19	成员国对《欧洲基本法》和欧洲法院的义务
2013 - 03 - 18	在叙利亚的基督徒的现状
2013 - 03 - 15	非洲地区组织和联合国在国际和平事业中的合作
2013 - 03 - 11	“2010 规划”10 周年——“世纪改革”回顾
2013 - 02 - 28	《雇员转让法》中的“暂时”概念
2013 - 02 - 11	监事会中的性别比率
2013 - 01 - 29	基本法和欧洲人权公约下的党禁
2013 - 01 - 22	爱尔兰任欧盟轮值主席国工作纲领
2013 - 01 - 07	法德议会奖 10 周年

(2)信息公报(Infobrief)

选取最新时事热点,搜集背景资料,撰写全面而深入的报告。篇幅较长,可达 30 多页。结构完备,包括前言、正文、结论、附录等。目前,2013 年公布的《信息公报》有 3 篇:统一欧洲银行监管机制——从提议到通过、年度主题日——2013 年大选、幻象现实主义:美国总统 J. F. 肯尼迪在德访问期间(1963 年 6 月 23—26 日)致辞中所反映的政治思想。

四、综合点评

1. 法律制度保障

咨询服务处工作量大。考虑到工作人员人数仅在百人左右,工作量不容小觑。如此巨

大的工作量源于议员和委员会对咨询服务的巨大需求,这与以下两方面有关:

第一,《基本法》《议员津贴法》和《议员法》在法律上和经济上保证了议员有能力平等地完成工作,议员的工作定位从义务性向职业性转变。

《基本法》第46条至第48条规定议员享有免责权、豁免权、拒绝作证权和其他相关权利,主要包括:①议员在联邦议院或在联邦议院委员会中所做的投票和发表的言论,任何时候均不得予以法律和职务追究,也不得在联邦议院外追究其责任,但有关诽谤性侮辱除外。②非经联邦议院许可,不得因为涉嫌犯罪行为对议员追究责任或予以逮捕,但在犯罪时被捕或在犯罪次日被捕的除外。③限制议员人身自由或因滥用权力由联邦宪法法院宣布其丧失公民相应的基本权利,引入有关针对议员的程序时,均须取得联邦议院的批准。④应联邦议院要求,针对议员的任何刑事诉讼程序与任何拘捕和人身自由其他限制措施,均应停止进行。⑤议员以议员身份被他人告知事实或以议员身份将事实告知他人时,有权拒绝就他人和事实本身作证。议员有权拒绝作证时,不得没收有关文件。⑥竞选联邦议院议员的人员享有为准备竞选所必要的休假权。⑦不得阻碍任何人当选议员和履行议员职务。不得出于此种理由对议员予以解雇或免职。⑧议员有权获得适当的用以保证其独立性的报酬,他们有权免费使用所有国家交通工具,详细办法由联邦法律规定。

同时,《议员法》对议员的义务也做出了具体规定:①议员的核心义务是行使代表权,允许议员从事无损于核心义务的其他专职或兼职工作。②议员不得接受各项法律禁止的财产性收入,尤其是非议会规范的货币或有价物品,但捐款不被禁止。③议员接受法律禁止的资产,所有权归联邦议院。联邦议院议长有权行使管理权追究,追溯期3年,但不涉及剥夺议员资格。④议员获得议员资格前从事的工作、各项与行使议员权力发生利益关系的收入均须申报并公示。凡未申报,议会主席团有权消减议员年俸,最高减半。⑤议员对其在议会内外的行为有向议会公示的义务。⑥议员对其职权以外收入的方式和金额有公示的义务。⑦议员有将捐款公示和提交审计的义务。⑧公示的所有数据须由官方出版和供互联网查阅。

第二,联邦议院每年的会议期多达22—24周。一般开会两周,休会一至两周。在会议周,每位议员平均工作时间达70—80小时,每天除了阅读卷帙浩繁的各类文件资料,还要参加议院内外的大小会议。在非会议周,议员还必须返回选区宣传联邦议院的工作和决策。为了连任,绝大多数联邦议员积极参与选区内的各项活动,解答选区公民的各类问题,并通过书面或口头质询的方式向政府反映。这些工作都离不开议院信息咨询机构的智力支撑。①

此外,《向德国国家图书馆呈缴出版物的法令》简称《法定呈缴本法》对呈缴制度做了具体规定。如第六条"对实体出版物的补助"第二款规定:"制作费用是制作所缴送出版物所产生的单独费用。这些费用一般包括影印费、载体费、装帧费和存储费。基于总印数的费用,比如排版费、版税、授权费和企业增值税中的税前扣除部分不属于制作费用。成套出版物、分次出版物和杂志的制作费用指的是单册本的制作费用。为制作所缴送出版物而使用的公共财物必须按份额从制作费用中减除。"第三款规定:"博士论文和大学授课资格论文不会获得补助。"第四款规定:"补助额度为所缴送出版物的制作成本,但最高不得高于所缴送版次的最低发行价。"

---

① 孟虹. 从联邦议员的权利和职责看德国联邦议院的政治作用和文化特点[M]//刘立群,连玉如. 德国·欧盟·世界. 北京:社会科学文献出版社,2009:128-129

根据《法定呈缴本法》可以看出，德国图书馆虽然有呈缴规定，但对呈缴单位均有一定的补助，这样充分调动了出版商呈缴的积极性，对于丰富馆藏有一定的促进作用且申请补助的程序简单易操作。我国虽然规定出版商法定呈缴义务，但很少有出版商主动呈缴，若也申请一批经费用于对呈缴本的补助，既省去了购买图书的繁琐程序，也有利于呈缴这一制度的履行。

2. 信息服务体系完备，注重协同合作

学术与对外交往司下设的学术服务处和信息文件司下设的图书馆与文件处，共同承担提供信息服务的职责。学术与对外交往司下设的 W 热线既是沟通咨询任务委托者（委员会、议会党团、议员及其助理）和咨询机构（图书馆与文献处、学术服务处）的重要桥梁，负责接收及分发委托任务，又独立承担了快速咨询的工作。

图书馆与文件处提供各类文献和综合文献信息，学术服务处则基于文献信息进行考证、分析、研判，提供决策咨询和专家鉴定。两者紧密协作，和 W 热线共同构成了联邦议院的信息咨询服务体系。

学术服务处既是一个信息辅助服务机构，也是一个议会信息咨询服务机构。咨询服务处除了及时完成委托咨询任务外，对咨询任务中较复杂、耗费大量时间和人力，但对议员的工作又不可或缺的咨询，会交给合适的研究机构完成，并付一定的费用。

联邦议院各决策咨询服务机构协同合作这一做法，既节省了时间、人力成本，也保证了咨询内容的质量和咨询的专业性要求，对于本身不擅长的专题咨询，采取社会协同的方式，交予专业的机构并给付相应的报酬，有效地节约了成本，实现利益最大化。

3. 服务公开透明，方便使用和查阅

图书馆与文件处下设的议会档案室和议会文献资料室均对公众开放。读者可以通过电话或邮件咨询所有议会文献的内容、联邦议院所有成员的议会活动。针对议会档案资料内容所提出的咨询的解答、为读者进行使用培训等内容均对公众公开。另外，媒体文献资料室精选国内外重要报纸期刊，编制索引供读者查阅，并向其他机构和个人有偿提供定制媒体舆情简报服务。

公民认可作为人的一种主观意识，实际上是根据外界提供的关于公开信息进行选择的结果。任何公民面对这些公开的信息，基本态度选择有认可和不认可两种，但无论是选择认可还是选择不认可，其都需要一定依据，依据就是来自对信息公开的体验。公众参与信息公开过程中，会产生独特的体验，一旦体验产生，他就会把它与自身对于信息公开的心理预期做比较，根据存在差距与否以及差距的大小来选择自己的态度。德国联邦议院的信息公开，方便民众更好地了解议会动态以及国内外政治、经济和社会生活方方面面，做出选择。

政治认知是政治行为主体在社会政治实践中对政治体制、政治权力、政治规范、政治功能等方面的认识与把握，它是个体对政治现象及其本质的领悟与判断，而不是单纯的对政治知识的了解。读者通过媒体文献资料室公开的信息便可了解世界大事件、分析社会经济、获悉舆论走向，根据国家及个人需要选出适应当今形势的议员，为国家的发展建言献策。

参考文献

1. 尹中卿. 国外议会组织架构和运作程序[M]. 北京:中国民主法制出版社,2010

2. 王玄武. 政治观教育通论[M]. 北京:高等教育出版社,1999

3. 张红薇. 网络文化对大学生政治认知的挑战与对策[J]. 郑州大学学报(哲学社会科学版),2008(4)

4. SCHRÖDER B. Beratungsgremien bei der Bundesregierung und im Bundestag. Infobrief WD 3-3010-372/10 [R]. Berlin: Deutscher Bundestag, 2010

5. BOMHOFF O. Aufgaben, Organisation und Ausstattung der Unterabteilungen Wissenschaftliche Dienste und Petitionen und Eingaben in der Verwaltung des Deutschen Bundestages WD 1-134/06[R]. Berlin: Deutscher Bundestag, 2006

6. COING M. Das einzige Beständige ist der Wandel: Die Bundestagesbibliothek von 1990 – 2003[R]. IFLA 2003-gekürzte Vortragsversion, 2003

7. SCHICK R, Gerhard Hahn: Wissenschaftliche Dienste des Deutschen Bundestages Referat Öffentlichkeitsarbeit [R]. Berlin: Deutscher Bundestag, 2000

8. Bibliothek des Deutschen Bundestages[EB/OL]. [2013 – 06 – 30]. http://www. bundestag. de/dokumente/bibliothek/index. html

9. Das Parlamentsarchiv[EB/OL]. [2013 – 06 – 30]. http://www. bundestag. de/dokumente/parlamentsarchiv/index. html

10. Die Parlamentsdokumentation[EB/OL]. [2013 – 06 – 30]. http://www. bundestag. de/dokumente/parlamentsdokumentation/index. html

11. Die Unterabteilung Wissenschaftliche Dienste[EB/OL]. [2013 – 06 – 30]. http://www. bundestag. de/bundestag/verwaltung/ua_wd/index. html

12. Enquete-Kommissionen[EB/OL]. [2013 – 06 – 30]. http://www. bundestag. de/bundestag/gremien/enquete/index. jsp

13. Büro für Technikfolgen-Abschätzung beim Deutschen Bundestag[EB/OL]. [2013 – 06 – 30]. http://www. tab-beim-bundestag. de/de/

14. HEISS S. Politikberatung aus der zweiten Reihe[EB/OL]. [2013 – 06 – 30]. http://jetzt. sueddeutsche. de/texte/anzeigen/520261

澳大利亚议会图书馆调研报告

白云峰　苏荣城

一、澳大利亚议会图书馆

澳大利亚议会称联邦议会(Federal Parliament),是澳大利亚最高立法机构。联邦议会采用两院制,由英国女王(任命总督为其代表)和众议院(House of Representatives)、参议院(Senate)两院组成。其中,澳大利亚议会图书馆(Parliamentary Library of Australia)隶属于议会服务部(the Department of Parliamentary Services),主要负责为参众两院议员提供高质量的信息服务、分析及建议。

1. 职能

澳大利亚议会图书馆最早于1901年开展服务工作,根据1999年《议会服务法》(Parliamentary Services Act 1999)规定,其职能主要包含两个方面。

一是为参议员和众议员提供高质量的信息、分析和建议,以助议员履行职责。《议会服务法》规定:议会图书馆应秉承及时、公正和保密的工作方式,保持质量高效的专业标准,平等地对待参议员、众议员、议会委员会成员以及代表两院议员和委员会成员的工作人员,提供独立、客观的服务。

二是完成符合第一个职能的其他职责,如:在主管领导的批准下帮助联合部门①的其他工作人员。

2. 机构设置与人员

议会图书馆在议会图书馆联合委员会和议会服务部办公室的指导下开展服务工作,议会图书馆主任下辖信息服务部和研究部。信息服务部应用户和员工的需求建立并维护信息资源、提供出版服务等,具体负责总咨询台服务、馆藏管理、数据库服务和出版业务;研究部主要负责提供信息和文献传递服务、分析、公众咨询的解答、研究论文的准备工作等,从服务内容上又分为经济、外事与国家安全、法律和法律文摘、政治和公共管理、科学技术和环境资源、社会政策、统计和地图等七个方面。

① the Parliamentary Services Act 1999, 54 Departments: the joint Department: the Department consists of the Secretary of the Department, together with the Parliamentary Librarian and Parliamentary Service employees assisting the Secretary.

表1 澳大利亚议会图书馆组织机构图①

议会图书馆上级指导管理部门	议会图书馆联合委员会（Joint Standing Committee on the Parliamentary Library）	议会服务部办公室（Secretary DPS）
议会图书馆管理机构	议会图书馆馆长（Parliamentary Librarian）	客户服务处（Director Client Relations）
议会图书馆下辖部门	信息服务部（Information Access Branch）	研究部（Research Branch）
	信息服务部下辖科室 1. 综合咨询处（Central Enquiry Point） 2. 馆藏管理（Collection Management） 3. 数据服务（Database Services） 4. 出版（Publishing）	研究部下辖科室 1. 经济（Economics） 2. 外事与国家安全（Foreign Affairs, Defence and Security） 3. 法律和法律文摘（Law and Bills Digest） 4. 政治和公共管理（Politics and Public Administration） 5. 科学技术和环境资源（Science, Technology, Environment & Resources） 6. 社会政策（Social Policy） 7. 统计和地图（Statistics and Mapping）

议会图书馆服务对象包括：参议员和众议员（senators and members）、代表参议员或众议员开展工作的人员、代表各自委员会开展工作的人员、从事公务的议会部门工作人员、总督（the Governor-General）等。《议会图书馆用户服务声明》（Parliamentary Library Statement of Client Services）对议会图书馆服务对象的范围做了详细的声明，不仅涵盖前述五类服务对象，还包括了前参议员和众议员（former Senators and Members）、当选参议员（senators elect）、议会实习生（parliamentary interns）、议会新闻记者（members of the press gallery）、其他议会议员（members of other parliaments）、现任参议员和众议员的直系亲属（immediate family of serving senators and members）、其他议会图书馆（other parliamentary libraries）、联邦部门和机构以及大使馆（commonwealth departments and agencies, and embassies）、其他图书馆（other libraries）、一般公众（general public）。该声明对前述服务对象所能享受到的服务内容做了相应的规定，进一步规范议会图书馆的服务。

① The Department of Parliamentary Services. the Department of Parliamentary Services Annual Report 2011 - 12[R/OL]. Canberra: the Department of Parliamentary Services, 2012[2013 - 09 - 15]. http://www.aph.gov.au/About_Parliament/Parliamentary_Departments/Department_of_Parliamentary_Services/Publications/Annual_Report_2011-12.71

表 2 2010—2012 年澳大利亚议会图书馆全职人员配置情况①

部门	2010—2011 年全职人员数量(人)	占人员总数比例	2011—2012 年全职人员数量(人)	占人员总数比例
研究部	76.39	56.21%	73.97	56.44%
信息服务部	56.51	41.58%	54.09	41.27%
议会图书馆办公室	3	2.21%	3	2.29%
总计	135.9	100%	131.07	100%

(1)议会图书馆联合委员会

在参议员和众议员建议下,澳大利亚议会图书馆于 2005 年 12 月成立了第一个常设联合委员会——议会图书馆联合委员会(Joint Standing Committee on the Parliamentary Library)。

该联合委员会的职责主要有:①对议会图书馆相关事宜进行审议、撰写报告,并将其提交给参议院议长和众议院议长。②对议会图书馆事宜,向参议院议长和众议院议长提出建议。③对议会图书馆馆长与议会服务部主任达成的年度资源协议,向总统和两院议长提供咨询意见。④对议会图书馆的事宜,直接接受来自议会图书馆馆长建议和包括年度报告在内的汇报。

根据 2011—2012 年度报告显示,联合委员会就以下问题进行了讨论:①图书馆资源和图书馆服务需求;②新图书馆员的工作分配;③议会图书馆年度商业计划;④图书馆服务的客户评价报告;⑤议会图书馆与国家图书馆的联系;⑥议会图书馆和研究服务的发展趋势(包括网上资源的利用);⑦澳大利亚议会奖学金的审查;⑧图书馆馆藏资源的数字化;⑨与议会秘书服务部的资源协定;⑩修订《图书馆管理手册》(Library Governance Papers),包括客户服务、馆藏资源发展等。

(2)议会图书馆研究部

议会图书馆研究部(Research Branch)承担文献信息提供服务、文献信息的分析服务、公众咨询的解答服务、研究论文的准备工作服务等,其服务对象涵盖了《议会图书馆用户服务声明》中列明的绝大部分。该研究部提供的研究服务包括了专家建议、简报、事实、数据和统计结果、研究摘要和刊物摘编、议案说明等资料,涉及上述七大领域。

议会图书馆研究部汇聚了 70 余名熟悉各领域事务、具有较强写作能力和政策分析能力的研究者。其为议员提供直接、高效、专业的咨询服务,体现了澳大利亚议会图书馆研究工作的突出特点。

(3)财政收支

议会图书馆为新当选的参议员和众议员提供信息服务,并帮助新当选的参议员和众议员了解图书馆服务范围和如何具体使用图书馆服务。议会图书馆针对每届选举的特点开展不同的工作模式,议会图书馆所提供的信息服务成为参议员和众议员调整政策立场的依据,

① The Department of Parliamentary Services. the Department of Parliamentary Services Annual Report 2011 - 12[R/OL]. Canberra:the Department of Parliamentary Services,2012[2013 - 09 - 15]. http://www.aph.gov.au/About_Parliament/Parliamentary_Departments/Department_of_Parliamentary_Services/Publications/Annual_Report_2011-12.73

同时也是使他们把重点放在选民竞选活动上的依据。

根据2011—2012年度财政报告，图书馆人员的薪酬支付、办公室日常支出、馆藏（信息资源）获取、其他雇员开支主要来自政府拨款。在支出中，人员薪酬占了较大的比重，达到了拨款总额的80%，而在这80%的经费中，又有62.5%的费用用于研究部员工的薪酬。2010—2011年作为澳大利亚议会的选举年，议会图书馆获得“大选拨款：政策服务”的特别经费，具体收支情况如表3所示。

表3　2010—2012年澳大利亚议会图书馆经费情况一览表①　（单位：澳元）

	项目	2010—2011年度	2011—2012年度
收入	拨款	16 550 000	16 667 000
	大选拨款—政策服务	500 000	—
	折旧	600 000	600 000
支出	薪酬总额	13 355 759	13 333 813
	研究部	8 555 913	8 335 951
	信息服务部	4 282 258	4 575 867
	议会图书馆办公室（2010—2011年度大选前政策服务）	517 588	421 995
	其他雇员开支	239 470	296 020
	员工培训，差旅和相关费用支出	190 743	117 697
	议事录印刷	817 204	744 769
	馆藏（信息资源）	1 609 672	1 761 393
	其他支出	427 035	242 974
	资产维护（软件许可或维护）	250 784	83 852
	总支出（不包括投资基金支出）	16 890 667	16 580 518
	馆藏（投资基金支出）	555 512	503 450
	总支出（包括折旧基金支出）	17 446 179	17 083 967
实际总支出	议会图书馆馆长办公室	435 323	480 845
	研究部	8 879 886	8 708 808
	信息服务部	7 742 503	7 894 314
	大选前的政策服务	396 814	—
	总计（包含投资基金）	17 454 526	17 083 967

① The Department of Parliamentary Services. the Department of Parliamentary Services Annual Report 2011 - 12[R/OL]. Canberra: the Department of Parliamentary Services, 2012[2013 - 09 - 15]. http://www.aph.gov.au/About_Parliament/Parliamentary_Departments/Department_of_Parliamentary_Services/Publications/Annual_Report_2011-12.72

二、澳大利亚议会图书馆的服务

澳大利亚议会图书馆的目标在于成为一个向联邦议会提供图书馆信息服务以满足用户需求,并具有21世纪议会图书馆特点和具有专业研究服务能力的图书馆。

目前,澳大利亚议会图书馆一方面提供了针对议会的信息服务,如,议会手册(Parliamentary Handbook)、法案文摘(Bills Digests)等,另一方面则在互联网技术上进一步优化信息服务,如搜索服务、电子图书、视频和培训资源电子化等。

1. 议会手册

1915年,在澳大利亚联邦议会图书馆委员会提议下,议会图书馆开始向议会发行信息手册——《澳大利亚议会手册》(Parliamentary Handbook),该手册由议会图书馆负责向英联邦议会及相关工作人员编写,提供与选举有关的信息。

1915年正式发行的第一版议会手册内容涵盖了自1901年3月至1914年9月期间与议会选举有关的信息。迄今为止,议会手册已更新到32版,内容上除了以往43届议会相关信息之外,还有本届议会的相关信息。议会手册内容包括:国徽、国花、国旗;女王、总督、参众两院议员、部长、各委员会成员情况;选举情况简介;澳大利亚宪法;公民投票和全民公投情况简介以及议会相关历史信息。

凭借着现代网络技术,联邦议会图书馆于1988年开始提供议会手册的互联网开放获取服务,并借此为两院议员和其他工作人员服务。自1999年起,议会手册定期更新,供公众查询以获取信息。

2. 议会网站

澳大利亚议会网站(www. aph. gov. au)是议会图书馆为服务对象提供信息服务的互联网载体,用户可以通过该网站获取相应的网络信息,如法案文摘、相关的研究论文以及图书馆的其他服务。在议会图书馆馆员和议会相关工作人员的努力下,议会网站的内容得到了极大的丰富。

澳大利亚议会网站一方面通过互联网为用户提供服务,另一方面又为公众开放获取澳大利亚议会和相关委员会及议会成员的信息提供便利,以提高澳大利亚公众参与民主的积极性。议会图书馆的用户通过安装相应的程序并使用"授权用户登录系统",可以开放获取议会图书馆诸多信息,如,最新消息、发布指南、常见问题咨询与解答、如何更好地获取信息等。

3. 议会地图

议会图书馆于2005年更新了议会地图(Parlmap)服务,更新后的此项服务,对于议会图书馆的用户来说,操作更加简便,用户能够更容易地通过该议会地图了解选民投票情况。新的地图系统的出现,改变了过去只能在一定时间内在线访问数据的情况。

新的地图系统通过议会图书馆内网实现:参、众两院议员及其他工作人员在线了解澳大利亚地区信息和选举信息；议会图书馆馆员利用该系统提供信息给用户及委员会委员；通过各种移动设备，包括 iPad 等，浏览信息。

4. 法案文摘

《法案文摘》(Bills Digests)是1976年开始刊行的、由议会图书馆在议会会议前向参议员和众议员提供客观的立法观察的文章汇编。《法案文摘》为带有国际期刊号的连续出版物，由议会服务部(Parliament of Australia Department of Parliamentary Services)主办。

议会图书馆向议会推送的《法案文摘》涉及内容广泛，但基本以议会图书馆研究部涉及的七大领域为主题，比如：《道路安全法案》(Road Safety Remuneration Bill 2011)、《公司法修改法案》(The Corporations Amendment (Proxy Voting) Bill 2012)、《家庭法修改法案》(Judges and Governors-General Legislation Amendment(Family Law)Bill 2012)等，其具体内容可以通过议会图书馆网站进行浏览并下载获取。

议会图书馆推送的《法案文摘》客观地提供了与法案有关的文献信息，用户可以根据所阅读的相关文摘的信息确定是否进一步向议会图书馆咨询其他信息。议会图书馆通过为议会准备相应的法案文摘，以期在议会会期中能对议会的大会讨论产生帮助。《法案文摘》1980—1989年刊载文章924篇，1990—1999年为1773篇，2000—2009年为1772篇，2010年以来已经达到了605篇，而且数量还在不断增加中。自第34届议会起，议会图书馆连续向每届议会提供《法案文摘》，为议会的立法工作做出了贡献。

表4 议会图书馆向议会提供的法案文摘数量统计

议会届别	34届	35届	36届	37届	38届	39届	40届	41届	42届	43届
法案文摘提供数量(篇)	445	492	464	519	455	646	490	555	473	485

5. 电子图书

议会图书馆出版电子版研究刊物，用户可以通过 iPad 等阅读设备便捷地获取研究出版刊物。

议会图书馆在2011—2012年度的目标之一是增加电子图书馆藏量以方便参议员和众议员等用户更方便和快捷地浏览获取图书馆的电子馆藏资源。

为此，2012年3月，议会图书馆购买了“OverDrive”资源库中的绝大多数文献(小说类文献除外)，并且允许议会图书馆的用户通过指定的网站获得相应的文献，用户对所获取的文献借阅期为1至3周。此外，图书馆负责审查用户从指定网站获取的文献的实际使用情况，并根据用户对文献的使用需求情况支付购买副本的额外费用。

6. 简报服务

议会图书馆借助 parlinfo 有选择性地选取用户可能感兴趣的新闻简报(news clips)供用户阅读。议会图书馆年度报告显示，2011—2012年度，议会图书馆为参议员和众议员提供了大量简报服务。议会图书馆的新闻简报服务借助议会图书馆的 LAST(Library Authoring System and Thesaurus)系统自动选取来自澳大利亚首都的新闻报纸分别提供给参议员和众议员,并在图书馆内网上更新,用户每天早上 7:30 前就可从内网上获得相关信息。

7. 搜索服务

议会图书馆开发新的搜索服务(Summon),以使用户更便捷地访问议会图书馆的印刷和数字馆藏。该搜索服务简单快捷地利用搜索工具访问议会图书馆加工的文献,如,绝大部分商业电子数据库,新闻剪报、媒体报纸以及其他电子媒体服务,包括《法案文摘》在内的图书馆出版物,图书馆目录等。

议会图书馆购买相应数据库资源,议会图书馆用户通过 Summon 搜索服务工具获取数据库服务。搜索服务所能获取的内容都是经过"预先设定"的,这为用户的快速查找提供了便利。该搜索服务有一个类似谷歌的搜索框,包括了初级搜索和高级选项。

8. 广播和电视节目

议会图书馆用户可以获取广播和电视节目(Radio and Television Programs),随着新系统的运行,支撑该项服务的系统将逐渐成为历史。电子媒体监测服务正移植到全新的视听资产管理和档案系统中,根据 2011—2012 年议会图书馆年度报告的显示,该系统已于 2012 年 8 月投入生产,已经完成用户验收测试,图书馆工作人员也已接受了全面的培训并且制定了相应的用户使用手册,以协助该服务在新的环境中得到顺利过渡,2004 年以来的数字资源已全部完成迁移。

9. 视频和培训资源

议会图书馆向用户提供各种各样的培训资料,包括指向性明确的特别资料、议会相关部门的培训课程。议会图书馆通过电话咨询参议员和众议员,按这些用户的需求推介相关培训资料。议会图书馆采用主动向相关用户提供培训资料的方式以弥补他们错过参加培训的损失。

借助传播载体的作用,议会图书馆拍摄了介绍议会图书馆服务项目的视频资料,以扩大宣传,向服务对象推广更全面的服务。

10. 资料管理和档案存储

2011 年 7 月,议会图书馆利用全新的资料管理和档案存储系统对用户的查询信息及图书馆员的工作进行保存。目前,该系统在澳大利亚所有的州图书馆和高校以及研究性图书馆得到了广泛应用。该系统的一个重要方面是进行系统访问管理,以保障资料和档案安全。议会图书馆将历史数据迁移至该系统,继续为满足议会图书馆的用户的需求提供支持。

三、澳大利亚议会图书馆服务绩效评估

议会图书馆旨在为其用户提供有效的信息咨询服务。而议会图书馆服务的展开则有赖于其研究部和信息服务部工作的有效开展。

议会图书馆通过对研究部和信息服务部所开展的服务工作进行评估考核,评价其对议

会提供服务的效率和质量,以进一步提高议会图书馆的服务能力。

1. 研究服务的数据统计

(1)用户需求(client requests)

与往年一致,2011—2012年度,议会图书馆所有的主要用户使用图书馆服务的数量都超过了既定的98%的目标要求。与上一年度相比较,用户需求量增幅大约为12%。

(2)大会简报和出版物(general briefs and publications)

2011—2012年度,议会图书馆刊发大量研究成果,这得益于议会图书馆博客(FlagPost)的应用,在年度报告的财政年度内,有158篇博文在博客上进行发表并被评论转发。博客及时性地客观分析评论使得议会图书馆的用户能在短时间内紧跟热点主题。博客文章评论转载的持续增加得益于议会图书馆馆员深厚的知识储备。

议会图书馆于2011—2012年度发布了178个法案文摘,其中8个法案是参议员和众议员的个人提案。

议会图书馆在为两院议员提供服务的同时,对于议会联合委员会、议会其他部门的服务也开始有所侧重。

(3)用户培训和研讨会(client training and seminars)

始于1986年的议会图书馆研讨会,通过邀请知名的演讲者、学者,将他们对热点问题的看法以及建议提供给议会参议员和众议员以及其他相关工作人员。议会图书馆2011—2012年度相关的演讲和重要研讨会吸引了超过360人的参与。

2011—2012年度,受邀的演讲嘉宾讲授的内容涵盖了不同的主题,包括:居住在澳大利亚的生活费用(the cost of living in Australia)、美国总统选举(the US presidential election)、21世纪的澳美同盟(the Australia US alliance in the 21st century)、税制改革(tax reform)、贩卖人口和奴隶问题(human trafficking and slavery)等。

表5 2009—2012年研究服务的数据统计①

项目(Deliverable)	衡量指标(Measure)	实际情况(Performance)		
		2009—2010年	2010—2011年	2011—2012年
个人用户需求	主要用户(参众议员和部长办公室)使用服务(目标:98%)	100%	100%	100%
	用户的个人需求(目标:16 000人)	15 476	13 818	15 460
自助服务请求	在线使用议会图书馆出版物,包括:议会手册、议会简报和刊物、访问Parlinfo和互联网(目标:6 000 000次)	5 560 000	6 950 000	4 800 000

① The Department of Parliamentary Services. the Department of Parliamentary Services Annual Report 2011 - 12[R/OL]. Canberra: the Department of Parliamentary Services, 2012[2013 - 09 - 15]. http://www.aph.gov.au/About_Parliament/Parliamentary_Departments/Department_of_Parliamentary_Services/Publications/Annual_Report_2011-12.65

续表

项目(Deliverable)	衡量指标(Measure)	实际情况(Performance)		
		2009—2010 年	2010—2011 年	2011—2012 年
大会简报和出版物	大会简报和一般出版物(目标:220 篇)	285	361	427
用户培训和研讨会	出席培训课程和活动(如重要的研讨会)(目标:500 人次)	550	508	589

2. 对研究服务满意度评价

2011—2012 年度,议会图书馆收到的唯一一个来自用户的投诉是源于《法案文摘》的推迟出版。议会图书馆对此做出了回应,解释了在数据大量增加,但无新增人员的情况下,员工工作量大幅度增加,导致了《法案文摘》推迟出版。

用户对澳大利亚议会图书馆议会服务的满意度从 2007 年的 89% 上升到 2012 年的 93% ,80% 的服务对象对议会图书馆的服务感到特别满意或者十分满意。

表 6　2009—2012 年关键绩效指标①

关键绩效指标(Key Performance Indicator)	衡量指标(Measure)	实际情况(Performance)		
		2009—2010 年	2010—2011 年	2011—2012 年
用户对咨询答复和大会简报以及一般出版物的满意度(GBPs②)	重点用户满意度(目标:90%满意度)	93%	93%	93%
	客户服务推送及时服务标准(目标:95% 满意度)	96%	97%	88%
	客户投诉数量	0	2	1

3. 研究服务的费用

2011—2012 年度,议会图书馆针对用户的人均花费是 426 澳元,虽然比 2010—2011 年度有所减少,但用户自助服务的人均费用却有所增加,这应该归功于议会数字化工作的有效开展。

① The Department of Parliamentary Services. the Department of Parliamentary Services Annual Report 2011 - 12[R/OL]. Canberra:the Department of Parliamentary Services,2012[2013 - 09 - 15]. http://www.aph.gov.au/About_Parliament/Parliamentary_Departments/Department_of_Parliamentary_Services/Publications/Annual_Report_2011-12. 67

② GBPs:general briefs and publications.

表7　2009—2012 年研究服务的费用①　　（单位:澳元）

项目(Deliverable)	衡量指标(Measure)	实际情况(Performance)		
		2009—2010 年	2010—2011 年	2011—2012 年
研究服务费用	每一用户需求的平均费用(单位:澳元)	442	495	426
	自助服务需求的平均费用(单元:澳元)	0.61	0.49	0.68
	研究服务总费用(单位:百万)	12.16	12.15	11.582

4. 信息服务部的数据统计

(1)议会图书馆数据库资源的增加

议会图书馆数据库资源在 2011—2012 年度设定的量是 140 000M,但实际上是达到了 185 600M。

(2)馆藏资源的增加

议会图书馆 2011—2012 年度设定的馆藏新增资源(纸质图书和刊物)为 4200 册 1 件,但实际上的新增量为 4650 册 1 件。

表8　2009—2012 年信息获取服务绩效表②

项目(Deliverable)	衡量指标(Measure)	实际情况(Performance)		
		2009—2010 年	2010—2011 年	2011—2012 年
图书馆数据库资源的增加	电子媒体服务和 Parlinfo 搜索数据库新增文献量(目标:140 000M)	161 203	191 430	185 600
图书馆馆藏资源的增加	馆藏新增文献数量(目标:4200 册/件)	4275	4270	4652
	图书馆馆藏文献在线全文服务的文献提供率(目标:32%)	26%	31%	33%
馆藏资源及数据库的使用	馆藏资源及数据库的使用,包括馆藏资源借阅,电子媒体服务系统的广播和电视节目以及来自 Parlinfo 的数据资源(目标:3 800 000 次)	4 450 000	3 170 000	3 480 000

① The Department of Parliamentary Services. the Department of Parliamentary Services Annual Report 2011 - 12[R/OL]. Canberra:the Department of Parliamentary Services,2012[2013 - 09 - 15]. http://www.aph.gov.au/About_Parliament/Parliamentary_Departments/Department_of_Parliamentary_Services/Publications/Annual_Report_2011-12. 67

② The Department of Parliamentary Services. the Department of Parliamentary Services Annual Report 2011 - 12[R/OL]. Canberra:the Department of Parliamentary Services,2012[2013 - 09 - 15]. http://www.aph.gov.au/About_Parliament/Parliamentary_Departments/Department_of_Parliamentary_Services/Publications/Annual_Report_2011-12. 68

5. 服务对象对信息服务部的满意度

第43届议会的图书馆用户对其服务的满意度为93%，比2007年的调查多了4个百分点。在这93%的用户中，有80%的服务对象表示非常满意或者十分满意。

议会图书馆既定的馆藏资源增加量没有完成，这源于部门职位的空缺和员工缺勤，但无法迅速弥补。

表9 2009—2012年关键绩效指标①

关键指标表现(Key performance Indicator)	衡量指标(Measure)	实际情况(Performance)		
		2009—2010年	2010—2011年	2011—2012年
用户对信息服务部的满意度	重点用户满意度(目标:90%满意度)	93%	93%	93%
	新增(图书和刊物)馆藏目录(目标:90%录入率)	75%	70%	74%
	新数据添加到图书馆电子媒体服务系统以及新服务标准下议会信息网的新闻简报数据(目标:95%录入率)	98.5%	88%	93%
	客户投诉数量	0	0	0

6. 信息获取服务的费用

议会图书馆在信息获取服务方面的成本中，2011—2012年度新增到图书馆馆藏的纸质图书文献的成本费用比购买的电子数据文献的成本费用高出将近15倍。

表10 2009—2012年信息获取服务费用② (单位:澳元)

项目(Deliverable)	衡量指标(Measure)	实际情况(Performance)		
		2009—2010年	2010—2011年	2011—2012年
信息获取服务费用	每个书目加入到图书馆馆藏的平均成本	340	209	298
	每个书目添加到图书数据库的平均费用	18.68	14.61	20.32
	每次使用图书馆数据库和馆藏资源的平均费用	1.69	2.37	2.32
	信息获取服务总费用(单位:百万)	10.7	11.19	12.094

---

① The Department of Parliamentary Services. the Department of Parliamentary Services Annual Report 2011－12[R/OL]. Canberra: the Department of Parliamentary Services, 2012[2013－09－15]. http://www.aph.gov.au/About_Parliament/Parliamentary_Departments/Department_of_Parliamentary_Services/Publications/Annual_Report_2011-12.69

② The Department of Parliamentary Services. the Department of Parliamentary Services Annual Report 2011－12[R/OL]. Canberra: the Department of Parliamentary Services, 2012[2013－09－15]. http://www.aph.gov.au/About_Parliament/Parliamentary_Departments/Department_of_Parliamentary_Services/Publications/Annual_Report_2011-12.70

四、澳大利亚议会图书馆服务特点解析

1. 机构设置与人员配置

议会图书馆实行馆长负责制，馆长在议会图书馆联合委员会和议会服务部的指导和客户服务处的帮助下，全面负责图书馆对议会的服务工作。

议会图书馆分研究部与信息服务部两大内设机构，支撑着整个议会图书馆对议会的服务工作，最大的不同在于双方职责上的区别。信息服务部主要业务在于基础性服务，包括日常的馆藏资源管理、总咨询台服务、数据库资源服务以及相应的出版业务。研究部主要业务在于提供信息和文献递送服务、分析、公众咨询的解答、研究论文的准备工作。

根据澳大利亚议会2011—2012年度报告的显示，该年度议会图书馆的全职人员为131人，这与2010—2011年度的人数基本持平。其中，研究部的人员达到了73人，信息服务部的人员也达到了54人。信息服务部的54名员工承担了议会图书馆的馆藏资源管理、总咨询台服务、数据库资源服务以及相应的出版服务工作。而专门负责研究服务的研究部汇聚了70余名熟悉各领域事务、具有较强写作能力和政策分析能力的研究者。

机构设置分工以及人员配置，使得议会图书馆能够较为高效地为议会提供服务。澳大利亚议会2011—2012年度报告显示，澳大利亚议会图书馆的研究服务和信息索取服务受到了服务对象的高度认可。

2. 经费保障

议会图书馆在2011—2012年度的收入为17 267 000澳元，其总支出为17 083 967澳元，其中，使用在人员薪酬上的经费为13 333 813澳元，占到了总支出的78.05%。2011—2012年度，议会图书馆共为研究部承担了8 335 951澳元的薪酬支出，以研究部73人计算，议会图书馆研究部员工的月薪约9500澳元。议会图书馆为信息服务部支付了4 575 867澳元，以信息服务部54人计算，议会图书馆信息服务部员工的月薪约7061澳元。

2011—2012年度，议会图书馆研究部73人的人员配置，占到了议会图书馆总人数的56.44%，信息服务部54人的人员配置，占到了议会图书馆总人数的41.27%。

以澳大利亚议会图书馆工作人员的薪酬构成看，议会图书馆研究部人员的月均薪酬与议会工作人员中行政级别为2级的工作人员的月薪大致持平，而信息服务部人员的月均薪酬也达到了议会服务6级的工作人员的水平。在与议会工作人员的薪酬比较中，议会图书馆的薪酬支付额度是较大的。

表 11 澳大利亚议会工作人员薪酬表[①] （单位：澳元）

项目	年薪幅度	月薪幅度
PEL[②]2	106 895—126 751	8908—10563
PEL1	91 789—104 800	7649—8733
PSL[③]6	75 427—84 774	6286—7064
PSL5	68 929—73 949	5744—6162
PSL4	62 190—67 577	5183—5631
PSL3	58 346—60 972	4862—5081
PSL2	53 167—57 076	4431—4756
PSL1	44 755—52 153	3730—4346

根据澳大利亚统计局公布的资料[④]显示，澳大利亚公共部门在职员工的周薪为 1513.6 澳元，以每月满勤计算，澳大利亚公共部门员工的月薪为 6054 澳元，相比较而言，议会图书馆在职员工的收入高于同职业的平均水平。

议会图书馆在经费支出上，尽可能地保障了员工的需要，可以说正是由于对研究人员的经费保障，才能有很多成熟的带有研究性质的产品和服务产生。

3. 分层服务

议会图书馆的服务对象从其服务宗旨来说，第一类是现职的议会成员，首先是参议员和众议员这两类重要的服务对象，其次是议会相关工作人员和总督；第二类是非现职的与议会成员有关的人员，分别是前参议员和众议员，参议员和众议员的直系亲属，前参议员和众议员；第三类是与议会有关的部门，分别是联邦部门和机构、大使馆等；第四类是与议会图书馆有关的人员，分别是议会图书馆馆员、其他图书馆、一般公众等。

该用户服务声明对每一类服务对象所能提供的服务内容都做了相应的声明，进一步规范议会图书馆的服务。作为议会图书馆的主要服务对象，当参议员和众议员行使其职责时，他们所能享受到的议会图书馆服务内容包括了 9 项，具体为参考咨询和借阅使用的馆藏资源，信息服务，个性化的分析与咨询，议会图书馆出版物、论文和研讨会文章，培训自助服务和援助，议会图书馆网站上传的图书馆数据资源，提醒服务（alerting services），图书内部借阅，电子媒体监测系统。

履行公务职责的相关工作人员和总督享有与参议员和众议员相同的权利。

---

① The Department of Parliamentary Services. the Department of Parliamentary Services Annual Report 2011 - 12[R/OL]. Canberra:the Department of Parliamentary Services,2012[2013 - 09 - 15]. http://www.aph.gov.au/About_Parliament/Parliamentary_Departments/Department_of_Parliamentary_Services/Publications/Annual_Report_2011-12.86

② PEL:Parliamentary Executive Level 议会行政级别

③ PSL:Parliamentary Service Level 议会服务级别

④ 包括代表参议员或众议员开展工作的人员、代表各自委员会开展工作的人员、从事公务时的议会部门工作人员。

前参议员和众议员，当其访问议会时，享有因参考和借阅使用馆藏资源以及议会图书馆出版物、论文和研讨会文章的权利。作为议会实习生，其享有的服务内容为：馆藏资源和参考咨询中心服务（图书借阅仅限一个月并且可借文献最多为4本）等。

此外，议会新闻记者、其他议会议员、参议员和众议员的直系亲属所能享受到的议会图书馆服务内容基本相同。

针对其他议会图书馆，该声明规定了其享有的权利，除了基本的参考咨询服务、分析和政策建议外，还包括借阅权以及相应资料的复印权。

议会对一般公众提供的服务为在线阅览议会图书馆出版物，因一般公众非议会图书馆服务对象，所以议会图书馆不向其提供馆藏资源和研究服务。

该声明针对每一类服务对象所能享受到的服务内容做了相应的声明，也为议会图书馆开展服务提供了指南，为确保议会图书馆向其主要服务对象——议会的参议员和众议员提供服务起到了规范保障作用。

4. 绩效考核管理

澳大利亚议会每年的年度报告中都包含了议会图书馆的部分，该部分既回顾评价了议会图书馆在上一个年度的工作情况，也会对议会图书馆新一年度的工作项目做出规划。议会图书馆年度报告中特别涉及其服务成效的表现情况，通过调查评价的方式，考核议会图书馆研究服务和信息获取两部门的服务成效，其考核的内容包括了用户对议会图书馆提供服务的满意度、议会图书馆提供服务的成本分析以及研究服务和信息获取服务的一些量化指标①评价等，通过全方位、多角度的指标分析，列出详细的数据分析结果，考核议会图书馆为用户提供服务的效果，为其更好地改进和提高服务工作奠定了数据基础。

议会图书馆绩效考核为议会图书馆提供了自我认知的机会。采取客观的绩效考核制度，肯定议会图书馆提供服务的成绩，有利于提高议会图书馆员工的工作热情；而用户反映的问题，则可以使议会图书馆认识到所提供服务的不足之处，提高服务水平。

通过成效考核，还有利于议会图书馆了解用户的服务需求。议会图书馆是为议会提供信息服务的场所，其用户是议员及相关人员，因此议会图书馆通过成效考核不仅能了解自身提供服务的质量，还能通过考核进一步加强议会图书馆与用户之间的沟通，建立起相互信赖的关系，有利于了解、分析用户的需求，及时发现并改进服务工作中出现的问题。

5. 新媒体服务

议会图书馆除了提供传统的文献信息服务之外，在电子信息服务方面同样紧随信息网络技术的发展，一方面是对纸质图书、法案文摘、议会手册等进行电子化处理，方便用户搜寻，另一方面是借助便捷的新媒体工具，如 Twitter、Facebook、博客等，加强与用户的信息互动交流。

澳大利亚议会图书馆开通的博客发挥着越来越重要的作用，2011—2012 年度，共有 158 篇博文发表在博客上，并且越来越多的博文被用户使用、研究。随着新媒体的不断发展，议

---

① 包括了用户需求、大会简报和出版物、服务对象培训和研讨会、自助服务请求、议会图书馆数据库资源的增加、馆藏资源的增加等量化项目指标。

会图书馆也适时地将焦点转移到博客上,2011—2012 年度,议会图书馆官方博客的月平均访问量达到了 9750 次,与 2010—2011 年度相比,呈现出爆炸性的增长。

表 12 2010—2012 年澳大利亚议会图书馆博客的月访问量①

2010—2011 年度		2011—2012 年度	
月份	访问量②	月份	访问量③
2010 - 05	4000	2011 - 05	14 000
2010 - 06		2011 - 06	15 000
2010 - 07		2011 - 07	6000
2010 - 08		2011 - 08	6000
2010 - 09		2011 - 09	5500
2010 - 10	2400	2011 - 10	9000
2010 - 11	2500	2011 - 11	10 000
2010 - 12	2000	2011 - 12	6500
2011 - 01	1500	2012 - 01	9000
2011 - 02	3500	2012 - 02	13 000
2011 - 03	4000	2012 - 03	15 000
2011 - 04	5500	2012 - 04	11 000

随着微博、博客等新媒体的迅猛发展,微博、博客的即时性和短小性引起了网民的极大关注,用户访问量的增加,提问和评论数的增长,一方面说明了议会图书馆和议会图书馆的用户之间交流的频繁,另一方面则凸显了议会图书馆和议会图书馆的用户之间在信息交换上的互动性。双方互动的加强,既满足了议会图书馆了解用户需求,又使得用户的需求得到满足。

参考文献

1. The Department of Parliamentary Services. the Department of Parliamentary Services Annual Report 2011 - 12[R/OL]. Canberra: the Department of Parliamentary Services, 2012[2013 - 09 - 15]. http://www.aph.gov.au/About_Parliament/Parliamentary_Departments/Department_of_Parliamentary_Services/Publications/Annual_Report_2011-12. 51-73

2. The National Library of Australia. National Library of Australia Annual Repore 2011 - 2012[R/OL]. Canberra: National Library of Australia, 2012[2013 - 09 - 15]. http://www.nla.gov.au/corporate - documents/annual-report/2011-2012. 34

① The Department of Parliamentary Services. the Department of Parliamentary Services Annual Report 2011 - 12[R/OL]. Canberra: the Department of Parliamentary Services, 2012[2013 - 09 - 15]. http://www.aph.gov.au/About_Parliament/Parliamentary_Departments/Department_of_Parliamentary_Services/Publications/Annual_Report_2011-12. 56

②③ 访问量的统计为约数。

日本国立国会图书馆立法决策服务调研报告

张曙光　陈颖艳

日本国立国会图书馆隶属日本国会，受两院议长领导，日常业务受两院议院运营委员会管辖，馆长经国会批准、由议长任命，享受与国务大臣同等待遇。国立国会图书馆是日本唯一的国立图书馆，也是日本最大的图书馆，建于 1948 年 2 月，同年 6 月向国民开放。当时，日本正处于美军占领时期，国立国会图书馆是以美国国会图书馆为蓝本建设的。

国立国会图书馆由中央图书馆（由总务部、调查及立法考查局、收集书志部、用户服务部、电子情报部、关西馆组成）、国际儿童图书馆、行政及司法部门的 27 个支部图书馆组成。

截至 2011 年 4 月，国立国会图书馆共有正式员工 890 人，馆藏总数约有 3750 万件（未含立法资料等专项文献），包括图书（约 970 万册）、期刊、非图书资料等①。2012 年，国立国会图书馆的预算总额为 180.2 亿日元（不含设施建设等施工经费），其中国会服务费为 3.92 亿日元（含立法资料费 0.61 亿日元）②。

一、国会服务

1948 年 2 月 9 日，日本颁布了《国立国会图书馆法》，规定该馆的目的是“收集图书及其他图书馆资料，帮助国会议员履行职责，并对行政及司法各部门、日本国民提供本法律规定的图书馆服务”。因此，为国会服务是该馆的首要任务和服务重点。为了从组织上保障对国会的服务，国会馆依照法律设立了专门机构“调查及立法考查局”，并配备了专门调查员等各学科领域的高级专家。

作为国会立法三大辅助机构之一的国立国会图书馆，特别是其特设的调查及立法考查局的作用，与两院法制局、各常设委员会调查室既有共同点，又有不同点。相同点是三者都要为国会及其议员的立法开展辅助工作。不同点是调查室和法制局主要围绕国会正在制定的具体法律开展工作，而国立国会图书馆调查及立法考查局主要从事立法的基础性调查。该局既要对议员和内阁提出的具体法案提供资料和意见，又要通过各种渠道对各方面的立法资料广为搜集，并进行分类、分析、翻译、索引、摘录、编集，作为立法活动的参考。调查及立法考查局主要服务对象为国会议员，同时它还兼顾为各政党总部、行政和司法机关、各大学及研究机构及普通公众服务的职责。当然，为国会服务仍是它第一位的而且是主要的

---

① 数字で見る国立国会図書館［EB/OL］.［2013－02－19］. http://www.ndl.go.jp/jp/aboutus/numerically.html

② 国立国会図書館要覧 財政［EB/OL］.［2013－02－19］. http://www.ndl.go.jp/jp/aboutus/outline_03finances.html

职责。

1. 目标及主要任务

调查及立法考查局的目标是成为“立法机关的智库”（多领域高水平的客观准确专业的综合调查）和“议员们的情报中心”（迅速准确地提供所需资料信息）①。可见，它所提供的服务主要涉及两方面：立法调查服务和图书馆服务。

《国立国会图书馆法》第十五条规定调查及立法考查局的任务主要包括：

（1）根据要求，分析或评价两院委员会处于未决状态的法案或内阁送往国会的案件。辅佐两院的委员会，提出有效建议，并提供依据，帮助其做出妥当决定。

（2）根据要求或者预测，进行立法资料及其他相关资料的收集、分类、分析、翻译、索引和摘要的制作、编辑、报告等。在资料的选择和提交过程中，不应存在党派的或官僚的偏见，而应提供对两院、委员会以及议员有帮助的客观资料。

（3）在立法准备阶段，辅佐两院、委员会以及议员，提供起草议案的服务。但该服务仅限于委员会或议员提出要求的情况下，如果没有要求，调查及立法考查局职员不得以任何立场自发进行立法提议和督促。

（4）在不影响两院、委员会以及议员服务的前提下，向行政、司法各部门以及一般公众提供所收集的资料，供其使用。

2. 组织建构

调查及立法考查局在建馆之时设有 5 个课共 48 人。随着业务的不断扩大，为国会服务职能的深化，发展至今已有 12 个调查室、14 个课、2 个课内室及国会分馆②，全职人员约 190 人，其中专门调查员 14 人。

12 个调查室包括综合调查室、议会官厅资料调查室、政治议会调查室、行政法务调查室、外交防卫调查室、财政金融调查室、经济产业调查室、农林环境调查室、国土交通调查室、文教科学技术调查室、社会劳动调查室、海外立法情报调查室。

14 个课包括调查企划课、国会咨询课、议会官厅资料课、政治议会课、宪法课、行政法务课、外交防卫课、财政金融课、经济产业课、农林环境课、国土交通课、文教科学技术课、社会劳动课、海外立法情报课。2 个课内室包括调查企划课下属合作协力室和文教科学技术课下属科学技术室，课内室专业性较强，受调查室领导。这些课室可分为两大类，一类是实施调查以及规划协调调查的课室，一类是负责配备资料的课室。涉及不同领域的政策课题由多个调查室、课共同参与完成。

调查室下设专门调查员、主干或者主任调查员，调查课下设有课长和数名调查员。此外，为了顾全特殊领域，还委托外部的专家担任客座调查员、非常勤调查员。

---

① 国立国会図書館総務部. 国立国会図書館年報 平成 20 年度[M]. 東京：国立国会図書館，2008：17

② 2012 年 4 月 6 日修订的《国立国会图书馆组织规则》将国会分馆作为第 15 个课，但不少资料表述为 14 个课及国会分馆，考虑其特殊性，现将国会分馆做单独处理。2011 年 4 月，调查及立法考查局废除原有的电子信息服务课，新设合作协力课，后将合作协力课改为调查企划课的课内室（合作协力室），将原政治议会课的课内室宪法室升格为宪法课。

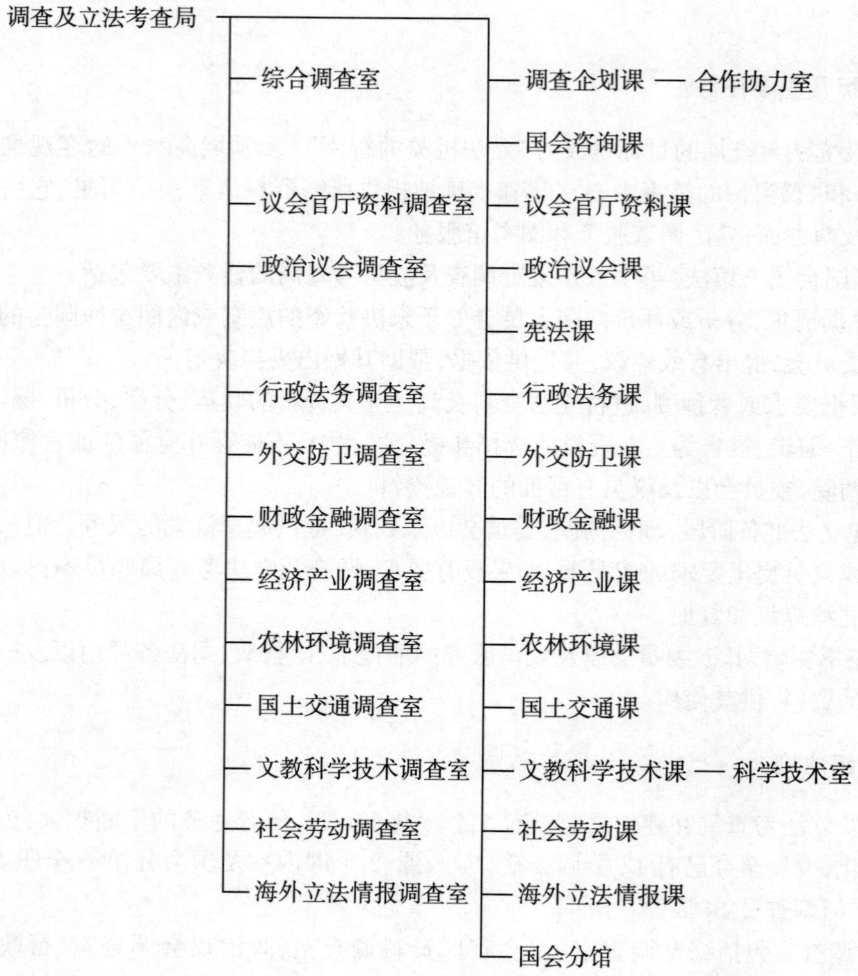

图 1　调查及立法考查局组织机构图①

从图 1 的组织机构关系来看,室和课共同受调查及立法考查局领导,除国会分馆直接受调查及立法考查局领导之外,各室对对应的各课也有业务指导和下达任务的权利和义务。《国立国会图书馆组织规则》明确"……(各室)必要的时候,(某某)室的主任可向(某某)课长下达指示,要求(某某)课进行调查"。

3. 服务方式

调查及立法考查局提供的服务大体可分为两类:第一类为委托调查,即应议员(及其秘书)或其他人员的特定要求,提供立法资料和咨询意见。第二类为预测调查,是该局根据国内外情况及国政审议现状,进行立法的预测研究,即对将来可能成为立法的对象和内容进行前瞻性研究,并将研究成果通过刊物或不定期的小册子等形式发给国会议员,以为参考之用。前者为专题的被动性调查,后者则为先导的主动性调查。

---

① 国立国会図書館組織図[EB/OL].[2013-02-19].http://www.ndl.go.jp/jp/aboutus/outline_organizationaltree.html

(1)委托调查

即委托咨询,就是根据众参两院、委员会、国会议员及政党和派系等国会相关人员的委托和要求,对法案议案进行分析评价,形成法案纲要。对政治、经济、社会等诸多方面的国政课题和国内外各种事件、制度进行调查,尤其是对法律制度和政策进行不同国别的比较研究。其中应国会议员的委托所进行的调查在国会馆的立法调查服务中占有很大比重。如2011年度完成的委托调查总数达40 485件,为国会议员提供的委托调查37 513件,为前议员提供1365件,为众参法制局、众参事务局等提供514件,为政党、派系提供1093件。从答复方式来看,口头答复1667件,文献提供(借出、复制等)32 189件,书面答复(调查报告等)6629件①。

从图2我们可以详见近10年委托调查件数变化②:

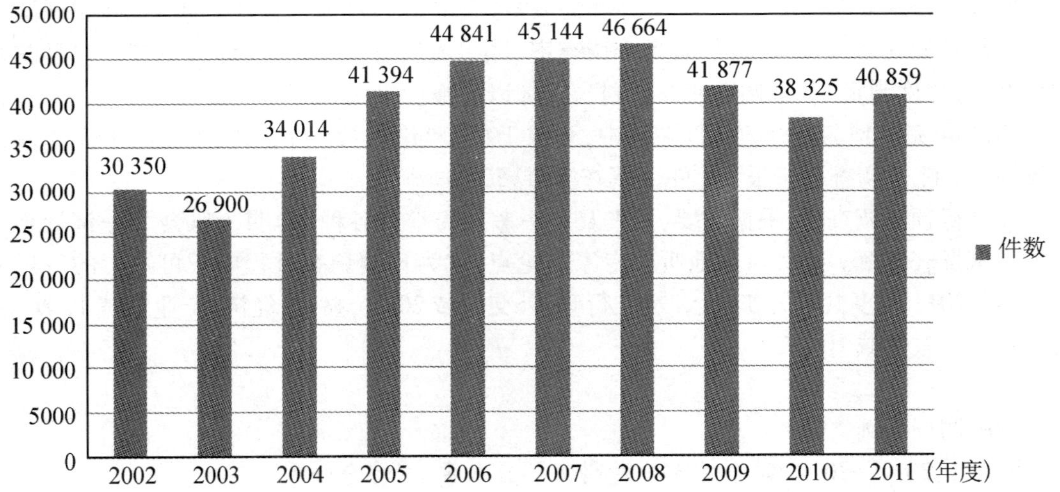

图2 委托调查数量变化

委托调查种类包括"分析""调查""文献""起草"。"分析"指对所委托问题(法律草案、议案等)进行分析评价;"调查"指调查整理有利于解决所委托问题(国政课题、内外制度等)的资料;"文献"指提供文献资料;"起草"指应要求提供议案起草的服务。

从2011年度各领域调查问题可知委托调查相关内容:

①政治·行政·外交领域

政治:政治资金、国会改革、选举制度改革、宪法相关问题;

行政:行政改革会议、公务员制度改革·待遇调整、行政评价;

法务·警察:检察搜查、关于诱拐儿童的海牙公约;

外交·防卫:美军重编、普天间基地搬迁问题、钓鱼岛问题、自卫队问题、中国对外关系。

②财政·经济·产业

财政·金融:预算、税制修正、财政重建、日元高汇价对策、欧美金融危机;

经济·产业:自由贸易协议(TPP等)、发展战略;

① 国立国会図書館総務部.国立国会図書館年報 平成23年度[M].東京:国立国会図書館,2011:239

② 国立国会図書館総務部.国立国会図書館年報 平成23年度[M].東京:国立国会図書館,2011:16

国土·交通:社会基础设施配备;
邮政·信息通信:邮政改革;
农林水产:农业结构改革。
③社会·劳动·文教
社会劳动:养老金、医疗费、雇用问题、儿童福利、医药品、社会保障与税制一体化改革;
环境:生物多样性保护、资源问题;
文教科技:教育经费、幼保一体化。
(2)预测调查

即主动、自主咨询服务,就是对未来国会审议的事项进行预测性研究,预先进行调查。其结果主要刊载在《参考咨询》(『レファレンス』)、《调查与情报》(『調査と情報——ISSUE BRIEF』)、《外国立法》(『外国の立法』)等立法考查局的刊物上。预测调查中,涉及国政基本事项的长期的多领域课题,则由多个调查室、课组成项目小组,进行综合调查。对日常性的调查,每年度制定"基本调查业务计划",并加以实施。

2011 年完成预测调查 349 件。其中,刊载于《国政论点》35 件,《外国立法》158 件,《参考咨询》67 件,《调查与情报》39 件,《调查资料》50 件。

在进行预测调查时,根据需要,调查及立法考查局举行各种"说明听取会",邀请社会上有关专家发表见解。有针对性地听取专家的论点,成为预测调查过程中不可缺少的一项重要内容。2011 年度共召开 47 次,政治、行政、外交领域 20 次,财政、经济、产业领域 17 次,社会、劳动、文教领域 10 次。

预测调查实例:

实例 1:2011—2012 年"技术与文化带来的日本重生"综合调查

2012 年 1 月 26 日及 27 日,综合调查项目邀请了日内瓦高等国际问题开发研究所国际经济学教授理查德. E. 鲍德温(Richard E. Baldwin),举办了 3 次国际政策讨论会。1 月 26 日召开的面向国会议员、国会相关人员的讨论会共有包含 6 名国会议员及 6 名议员秘书在内的 63 人参加,1 月 27 日召开的面向公众的讨论会共有 137 人参加。

实例 2:2011 年"外国议会里与日本相关的审议动向"综合调查

延续 2010 年该主题的综合调查,总结各国议会与日本相关的审议信息,刊载于《外国立法》上①。

实例 3:2008 年"澳大利亚·陆克文政权的一年"

2008 年以"从国际比较的视角看日本的政策"为题进行了相关调查,将第一年的调查主题设定为"澳大利亚·陆克文政权的一年",邀请澳大利亚的专家赴日举办国际政策讨论会,展开国内外研究者共同参加的国际共同调查。除了以国会议员为对象进行讲演和讨论外,还另外安排外部研究者的讨论会,共 166 人参加,其中包括 6 名议员、8 名议员秘书。2009 年出版发行调查资料《澳大利亚陆克文政权的一年》②。

---

① 国立国会図書館総務部. 国立国会図書館年報 平成 23 年度[M]. 東京:国立国会図書館,2011:17

② オーストラリアラッド政権の1年 総合調査報告書[EB/OL]. [2013-02-22]. http://www.ndl.go.jp/jp/data/publication/document/2009/200885.pdf

4. 主要服务产品

调查及立法考查局有近10种刊物和数据库,立法调查服务的部分成果刊登在这些出版物上。有月刊《参考咨询》、不定期刊《调查与情报》、月刊及季刊两种版本的《外国立法》等,这些资料分发给国会议员、各政党总部和两院事务局等。另外还编制《日本法令索引》《国会会议录总索引》以及宣传资料、工作参考资料等。

(1)《参考咨询》(『レファレンス』(reference))(月刊)①

刊登关于国政课题演变脉络、论点及相关外国状况的论文,主要由各调查室的专门调查员执笔。这些资料,可在国会图书馆网站获取全文。刊载的文章如《英国的政权交替》《地方议会的制度改革》《布什政权下的财政和联邦议会》《我国原子发电的现状和课题》《加利福尼亚州的直接民主制》《澳大利亚陆克文政权的国防战略和日澳安全保障协作》②等,从中我们可以瞥见该刊主旨和刊发文章类型。

(2)《调查与情报》(『調查と情報——ISSUE BRIEF』)(不定期)③

该资料将有关国政重要课题,按照背景、演变、问题点等简洁归纳在10页以内。通过阅读《调查与情报》,可以在短时间内准确理解问题的关键点,因此,它深受日程紧凑的国会议员喜爱。

(3)《外国立法》(『外国の立法』)(月刊版・季刊版)④

月刊版主要刊载外国最新立法动态的简介和快报,季刊版主要翻译和解读相关法律等。

如2012年10月刊登的外国立法信息包括⑤:

【美国】2012年总统选举共和党、民主党的政治纲领

【美国】网络暴力管制:将凌辱行为视为犯罪的州法律修正

【EU】EU消灭人口贩卖的战略

【英国】2012年健康与社会保健法案

【法国】性骚扰罪相关规定的修正

【德国】2011年修正后的联邦选举法被判违宪

【德国】关于赌博的州际协定

【俄罗斯】关于俄罗斯领养子女的美俄协定

【韩国】法学界的新动态——首批韩国法学研究生院(LAW SCHOOL)毕业的律师

【中国】民事诉讼法的修正

---

① 国会関連情報『レファレンス』[EB/OL].[2013-02-19]. http://www.ndl.go.jp/jp/data/publication/reference_index.html

② 『レファレンス』2009年刊行分[EB/OL].[2013-02-19]. http://www.ndl.go.jp/jp/data/publication/refer2009.html

③ 国会関連情報『調査と情報-Issue Brief-』[EB/OL].[2013-02-19]. http://www.ndl.go.jp/jp/data/publication/issue_index.html

④ 国会関連情報『外国の立法』[EB/OL].[2013-02-19]. http://www.ndl.go.jp/jp/data/publication/legislation_index.html

⑤ 『外国の立法』No.253-1[EB/OL].[2013-02-19]. http://www.ndl.go.jp/jp/data/publication/legis/index.html#no253-1

【澳大利亚】新议会法律顾问室的诞生

(4)《调查资料》(『調査資料』)(不定期)[①]

是关于国政专题的调查报告和资料集,包括综合调查的报告书、从各种视角探究国政课题的《基本情报系列》等多种刊物。如2009年刊行的调查资料有:《外国的上院选举制度、任命制度》《我国未批准的国际条约一览》《经济领域管制改革的影响和对策》《澳大利亚陆克文政权的一年 综合调查报告书》《围绕青少年的诸问题 综合调查报告书》等[②]。2010年9月,《基本情报系列》的其中一册刊载了调查及立法考查局亚洲研究会撰写的《外国与中国——政治、经济、社会文化关系》[③]。

(5)"调查之窗"(『調査の窓』)

1998年10月,调查及立法考查局与国会分馆专门为国会议员、国会的有关人员开设网页"调查之窗",提供全天24小时电子化服务。国会所需的资料和信息任何时候都可以从网上获取,从而使服务的效率和质量大大提高。该网站为国会议员提供以下服务:①图书馆、咨询服务和设施的相关介绍;②出版物电子版(从以往卷次到最新卷次)的刊载;③国立国会图书馆自建数据库的访问;④外部机构提供的商用数据库的利用;⑤通过网络进行咨询委托以及图书馆资料利用的申请等。上述功能中,以"②出版物电子版的刊载"和"④外部机构提供的商用数据库的利用"两方面的使用居多[④]。

(6)国会会议录全文数据库(国会会议录检索系统)[⑤]

1996年起建立"国会会议录全文数据库系统",并于1998年9月、10月分别面向众、参两院试运行。该数据库包括1947至今历次国会会议资料。可按会议、众参两院、年份等进行检索。

(7)帝国议会会议录数据库(帝国议会会议录检索系统)[⑥]

该库包括了1890年11月至1947年3月历次帝国议会会议及委员会资料。1945年9月之后的资料可进行检索和文本格式查看。

(8)日本法令索引数据库[⑦]

收录明治19年2月(1886年2月)以来的现行法令、废止法令、条约、法律案等。

(9)日本政府出版物(日本の官庁資料)[⑧]

收录日本政府出版物,包括年报、白皮书、官方统计、名录、民调等资料。该数据库是馆

---

① 国会関連情報『調査資料』[EB/OL].[2013-02-20]. http://www.ndl.go.jp/jp/data/publication/document_index.html

② 『調査資料』2009年刊行分[EB/OL].[2013-02-20]. http://www.ndl.go.jp/jp/data/publication/document2009.html

③ 基本情報シリーズ⑥ 諸外国と中国:政治、経済、社会·文化関係[EB/OL].[2013-02-20]. http://www.ndl.go.jp/jp/data/publication/document/2010/201001a.pdf

④ 该部分内容系本报告作者之一陈颖艳2012年访日研修期间访谈国会图书馆相关负责人所得。

⑤ 国会会议录检索系统网站[EB/OL].[2013-02-20]. http://kokkai.ndl.go.jp/

⑥ 帝国议会会议录检索系统网站[EB/OL].[2013-02-20]. http://teikokugikai-i.ndl.go.jp/

⑦ 日本法令索引网站[EB/OL].[2013-02-22]. http://hourei.ndl.go.jp/SearchSys/

⑧ 日本国立国会图书馆调研导航网站[EB/OL].[2013-02-22]. http://rnavi.ndl.go.jp/politics/entry/post-3.php

藏政府出版物的篇名数据库,附有文献馆藏地等。

5. 其他服务

为了更好地开展立法调查服务,调查及立法考查局不断加强服务的基础建设。除馆内的藏书外,专门收集入藏立法资料、议会资料和法令资料等,作为调查业务之用。

(1)“国会咨询综合系统”

1996 年开始研制,该系统由“受理与处理系统”和“共有资料库”两个分系统构成。应用最新的信息通讯技术,将国政调查活动中所需资料和预测调查所需资料电子化,实现了从接受国会咨询到答复的自动化和资料的数据库化。该系统一方面向国会议员提供信息,另一方面能够全面支持国会馆调查员们的咨询活动。

(2)议员阅览室和研究室

调查及立法考查局还在国会分馆以及国会馆本馆设置了国会议员专用的阅览室和研究室,以便国会议员到馆利用馆藏资料进行调查研究和听取调查员的面谈说明。其中,国会分馆收藏有议会会议录、委员会会议录、政府公报、法令等资料,还收有各种工具书、新书、剪报、期刊、报纸。共有含议员阅览室(16 座)、职员阅览室(10 座)、电子信息专区(8 座)等在内的 74 个座位,2011 年度利用国会分馆议员阅览室的议员为 1282 人,国会相关人员 48 357 人。而位于国会馆本馆的议员阅览室收藏有政府公报、法规、工具书、地图、期刊、报纸、本馆的出版物等,由议员著述的图书作为“议员著作文库”也陈列于此,供阅览使用。议员研究室设有 12 个个人研究室、6 个共同研究室。2011 年度利用本馆议员阅览室的人数为 780 人,其中国会议员 244 人,利用本馆议员研究室的人数为 1347 人,其中国会议员 1050 人①。

(3)国会分馆

设在国会议事堂内,处于为国会服务的前线。它以有利于国政审议的资料和最新的信息为中心,向国会议员及国会有关人员迅速地提供图书馆服务。编辑发行《新到图书》和《剪报资料 · 篇目一览》,分发给议员以及政党休息室。

国立国会图书馆除提供立法调查服务外,馆内各个部门对国会议员及国会有关人员广泛开展文献的阅览、外借、复制和参考咨询等图书馆服务。该馆规定馆藏资料不直接外借给个人读者,但国会议员和国会的有关人员除外。以 2011 年度为例,外借资料 26 925 件,复制 5774 件,处理咨询 1650 件②。其中大部分是通过国会分馆提供的。

二、行政、司法机关服务

对行政、司法机关的服务,主要以设置行政、司法支部图书馆的形式完成,促进各部委出版物的交换、资料的互借,并承担咨询服务。

---

① 该部分内容系本报告作者之一陈颖艳 2012 年访日研修期间访谈国会图书馆相关负责人所得。

② 国立国会図書館総務部. 国立国会図書館年報 平成 23 年度[M]. 東京:国立国会図書館,2011:240

1. 支部图书馆制度

支部图书馆制度的建立,与1947年应日本参众两院议长邀请访问了日本的美国图书馆使节的建议是分不开的。两位美国图书馆使节非常重视在国立国会图书馆职能中关于"对政府所有部门提供基于文献的调查及咨询服务"的条文,为此,二位使节建议确立以国立国会图书馆为核心的政府部门图书馆大协作组织。他们认为通过这种组织,国立国会图书馆可以把政府部门所有的资料提供给国会审议利用,同时政府机关部门还可以互相利用其他部门的资料。

这个建议被国立国会图书馆法采纳,使大协作组织制度化,于1948年5月27日的政府次官会议上,讨论了支部图书馆问题。为了落实国立国会图书馆法关于支部图书馆的条款,制定了"关于落实国立国会图书馆法的备忘录"。该备忘录强调了政府部门与国立国会图书馆加强协作的必要性。

另一方面,国立国会图书馆于1948年7月1日在其内部设置支部图书馆局(1948年8月改为"部",目前是支部图书馆协力课),由该局负责关于支部图书馆设立的事务性工作。8月6日召开各省厅图书馆方面负责人第一次会议,决定各图书馆根据各自的具体情况确定加入的时间,并强调支部图书馆制度应重视实际效果。8月17日召开第二次会议,会议制定了"国立国会图书馆支部图书馆启动筹备要领"。通过这个"筹备要领",细化了《国立国会图书馆法》的有关条文。有18馆根据"筹备要领"办理了有关手续,于8月25日成为支部图书馆制度的第一批成员馆。

之后,经过多次行政机构的变动,截至2012年,成员馆已达27个,总面积24 136平方米,书库面积14 803平方米,阅览席总计491位①。在支部图书馆中,根据所掌管业务的特殊性或地理位置的原因,有的馆在其下设有支部图书馆分馆,截至2012年,有3个支部图书馆下设了共6个分馆。

2. 机构保障

为了加强协调以及理顺关系,从支部图书馆制度创立至今,设立了各种协调机构,以保障该制度的顺利推行。

(1)国立国会图书馆联络调整委员会②

为了在三权分立的原则下,能使支部图书馆制度顺利运作,成立了国立国会图书馆联络调整委员会。委员会由4名委员组成,包括两院各自的议院运营委员长、最高法院长官任命的法官1名以及内阁总理大臣任命的国务大臣(惯例是文部大臣)1名。委员长由委员互选产生。国立国会图书馆馆长可出席委员会会议,但不参与表决。这个联络调整委员会的职责是,向两议院的议院运营委员会提出改进国立国会图书馆为国会、行政及司法各部门服务的建议。该委员会职责中强调:

①支部图书馆是有关特殊领域的专业图书馆;

②支部图书馆必须全面收集所属部门所编辑发行和接收的所有政府出版物;

---

① 国立国会図書館総務部.国立国会図書館年報 平成23年度[M].東京:国立国会図書館,2011:242

② 国立国会図書館.行政・司法各部門支部図書館要覧:平成17年度版[M].東京:国立国会図書館,2006:6-8

③各省厅应在条件允许的条件下,尽量设立专门管理图书馆的部或课,以便提高支部图书馆的地位;

④各省厅应采取适当措施,要求内部各部局采购、受赠、接收图书及其他图书馆资料时,原则上要通过支部图书馆采入;

⑤确保并提高专业工作人员的地位;

⑥保证预算。

(2)支部图书馆制度审议会

支部图书馆制度在启动之后,发现这种做法从法律上和运营上都有一些不足。特别是在行政机关内的支部图书馆,在组织定位上,预算及人事等方面缺乏明确的规定。于是,为了保证支部图书馆在制度上的地位,更加充实并加强它的功能,于 1962 年 7 月设立了支部图书馆制度审议会。该审议会的委员长由国立国会图书馆副馆长担任,委员由若干名国立国会图书馆的职员和几名支部图书馆馆长担任。审议会的任务是为了解决上述存在的问题,向国立国会图书馆馆长呈报汇总意见。审议会经过反复审议后,1970 年 3 月 2 日向馆长提出了"呈报书"。"呈报书"从机构改善、人事制度改善、运营改善、预算制度改善、馆舍设施等方面归纳出支部图书馆制度现存的问题及其改进建议。从此以后,支部图书馆制度的运营就根据此"呈报书"的有关内容,较顺利地得到开展。

(3)支部图书馆研讨委员会①

1986 年中央馆随着新馆的建成,全面进行了业务评估,并进行了机构改革。这次改革虽然没有涉及支部图书馆制度,但为了更好地实施支部图书馆制度审议会"呈报书"中的有关事项,有效地处理围绕着支部图书馆制度所产生的一系列问题,进而充实加强支部图书馆制度,由中央馆和 17 个支部图书馆组成的扩大干事会成立了"支部图书馆研讨委员会"。为了把各馆存在的问题归纳整理出来,研讨委员会经研究决定就有关支部图书馆制度、组织机构、支部图书馆运营等问题进行问卷调查。经调查研究,提出了更为具体的改进意见。

3. 会议制度

依据支部图书馆制度运营的需要,设立了几种会议制度,以便定期商讨有关议题。

(1)中央馆和支部图书馆协议会

为加强支部图书馆的互相协作和图书馆服务的改进,设立了中央馆与支部图书馆的协议会以及该协议会的干事会,每年分别举行 2—3 次。出席协议会的人员为支部图书馆馆长和分馆馆长,出席协议会干事会的人员为从支部图书馆馆长里选出的"中央馆·支部图书馆协议会干事"。

2010 年(平成 22 年)7 月 27 日召开了第 1 次干事会,8 月 3 日召开了第 1 次协议会。第 1 次协议会上,报告了关于利用 2009 年补正预算开展的资料数字化工程及网络资料收集保存事业的情况。另外,还报告了中央馆基于《关于行政、司法各部门支部图书馆支援行动计划》(以下简称《行动计划》)采取的举措,以及《国立国会图书馆中央馆·支部馆电子化推进第 3 次基本计划》规定的各馆实施计划概要、呈缴率调查实施状况等。此外,还报告了支部

① 金凤吉. 日本国立国会图书馆的支部图书馆制度[J]. 北京图书馆馆刊,1999(2):94 - 101

国土交通省图书馆的宣传举措等。

2011 年(平成 23 年)3 月 9 日召开了第 2 次干事会,但由于日本大地震的影响,第 2 次协议会取消。第 2 次干事会围绕本年度《行动计划》的相关举措,讨论了用户需求调查、支部图书馆在收集、保存方面的职能分担、旨在提高专业能力的培训的完善等内容①。

(2)兼职图书馆员(司书)会议

为了加强中央馆和支部图书馆之间的合作与配合,顺利开展实际业务员层面的意见交换,任命支部图书馆的骨干职员为国立国会图书馆中央馆的兼职馆员,称国立国会图书馆兼任司书。截至 2012 年 4 月共有 82 名兼职馆员,兼职馆员从事实际业务工作②。

2010 年 6 月 21 日召开了 2010 年度第 1 次兼职图书馆员会议。会议报告了利用补正预算开展的资料数字化、网络资料收集保存事业、支部图书馆资料互借业务电子化运营状况。2010 年 11 月 16 日召开了第 2 次会议,报告并讨论了关于国立国会图书馆支部厅费调查、各支部馆间在收集及保存方面分担情况的调查、用户需求调查的结果。2011 年 2 月 7 日的第 3 次会议上,报告了围绕《行动计划》2011 年度所采取的措施及今后的计划③。

(3)国立国会图书馆馆长和行政、司法各部门支部图书馆馆长谈心会

为了探讨中央馆和支部图书馆间的合作关系,完善支部图书馆制度,中央馆馆长与支部图书馆馆长每年举办 1 次谈心会。

2010 年 12 月 7 日在中央馆(东京本馆)召开了谈心会,来自 22 个支部馆及 3 个分馆的支部图书馆馆长、分馆馆长(含代理馆长)、兼职图书馆员及随行 7 名,合计 32 名相关人员参加了本次会议。国立国会图书馆馆长长尾真致辞后,总务部副部长武藤寿行以"电子图书馆事业的进步"为题发表演讲,支部财务省图书馆馆长发表"财务省图书馆的沿革与概要"的讲话,随后美国大使馆情报资料负责官员进行了题为"美国大使馆咨询资料室——应对多变需求的服务"的特别演讲④。

4. 组织运营

在中央馆设有专职负责支部图书馆制度的部门,即支部图书馆协力课。该课专门负责支部图书馆制度运营的事务性工作以及中央馆对各支部图书馆进行图书馆服务的联络协调工作。

该课的职责在《国立国会图书馆组织规则》中明确为:

(1)行政司法各部门的支部图书馆的设立和运营方法、制度的相关事务;

(2)图书馆法第十七条之 3 规定的年报以及特别报告的相关工作;

(3)行政司法各部门支部图书馆职员的研修工作;

(4)与各支部图书馆的联络协调工作;

(5)图书馆法第二十一条第一项之 2 规定的对地方议会以及图书馆人等的支援工作;

(6)与同图书馆服务有关的图书馆、相关团体和国际机构之间的联络和协作事务(其他

---

① 国立国会図書館総務部. 国立国会図書館年報 平成 23 年度[M]. 東京:国立国会図書館,2011:26

② 国立国会図書館総務部. 国立国会図書館年報 平成 23 年度[M]. 東京:国立国会図書館,2011:242

③④ 国立国会図書館総務部. 国立国会図書館年報 平成 22 年度[M]. 東京:国立国会図書館,2010:27

课室、关西馆、儿童馆所管理的事务除外）；

（7）与外国的通信文件或其他公文的翻译工作；

（8）支部图书馆制度审议会的庶务。

5. 人员管理

支部图书馆职员总人数截至 2012 年 4 月为 232 名（包括馆长）。其中专职职员为 106 名、兼职 82 名、辅助人员 44 名①。

（1）支部图书馆馆长

根据国立国会图书馆法第十七条的规定，支部图书馆馆长经代表各自部门的联络调整委员会委员推荐后，由馆长加以任命。各支部图书馆馆长，根据国会图书馆法第十九条的规定，在对支部图书馆的运营负责的同时，还要注意图书馆的充实和完善。

《国立国会图书馆法》中对国立国会图书馆馆长拥有的权利、支部图书馆馆长职责等加以明确具体如下②：

行政及司法各部门的图书馆馆长，经代表各自部门的联络调整委员会委员推荐后，由馆长加以任命，但受《国家公务员法》约束的人员必须遵循该法，并得到所在部门长官的同意；馆长可规定编目规则、馆际互借及资料交换、联合目录及联合一览表的制作等图书馆运营的方法和制度，以供行政及司法各部门图书馆使用，进而，使行政及司法各部门的所有职员都能利用到全国的图书馆资料；馆长可要求行政及司法各部门图书馆馆长提交年报或特别报告；行政及司法各部门图书馆的预算，应在部门预算下名为"图书馆"的经费项目中明确列出，这笔经费未经代表相应行政及司法部门的联络调整委员会委员以及馆长的批准，不得擅自挪用或裁减；行政及司法各部门的图书馆馆长必须为相应部门提供充分的图书馆服务，并可根据《国会职员法》《国家公务员法》或《法院法》的规定任免职员。此外，可依照国立国会图书馆馆长制定的规则，向所在部门的长官或国立国会图书馆馆长建议图书及其他图书馆资料的购买及其他接收方式，也可直接购入或接收。

（2）职员协议定编

除支部图书馆馆长以外的图书馆职员，要从该行政机关和法院的职员中任命。各支部图书馆的专职人员，要由该行政机关的长官在本行政机关的编制人数的范围内任命。不过，在任命专职图书馆工作人员时，行政机关的长官要和国立国会图书馆馆长协商确定，这就是"协议定编"。这种"协议定编"的意义在于在行政机关的定编人数内确保了支部图书馆的专职工作人员，这对支部图书馆的运营发挥了重要作用。2012 年，支部图书馆协议定编人数为 120 人。

（3）各类负责人

为确保中央馆与支部图书馆之间良好的图书馆网络，设置了与中央馆联络相关的各类人员，并明确了各自的职责。

①联络负责人

设在支部图书馆和支部图书馆分馆，是各馆同中央馆联络的窗口，负责处理来自中央馆

① 国立国会図書館総務部. 国立国会図書館年報 平成 23 年度［M］. 東京：国立国会図書館，2011：242

② 国立国会図書館法［EB/OL］.［2013－02－20］. http：//www. ndl. go. jp/jp/aboutus/data/a1102. pdf

的各类事务。

②处理政府出版物负责人

负责包括对中央馆缴送以及向其他各馆寄赠业务在内的政府出版物搜集和利用工作。

③班车联络事务员

中央馆和各支部馆之间专门设置了业务班车，此类人员专门负责中央馆和支部图书馆之间进行收发文件以及政府出版物的接收和分发等工作。

6. 财务预算

根据《国会图书馆法》第十八条的规定，支部图书馆的预算，要在各省厅的预算中单独列支。这项经费，如果没有代表行政及司法各部门的联络调整委员会的委员和国立国会图书馆馆长的许可，不得挪作他用，也不得减额。每年列支的预算，数额不甚充足，只能用于资料的购置。为了支部图书馆的运营，除了这部分预算以外，还需要获得图书馆的运营经费。这些经费就要从各省厅及法院的预算中支付。2012 年国会图书馆支部图书馆预算总额为 167 309 000日元（约合人民币 1309 万）。

7. 人员培训

为提高支部图书馆职员的素质，在中央馆开展针对支部图书馆职员的各类培训。这些培训包括新入馆员工培训、馆员业务培训、特别培训等，培训教师为国会馆各部门的业务骨干。馆员业务培训包括咨询技能培训、数据库知识培训、工具书使用方法等内容。特别培训包括高级内容培训以及图书馆参观等。如，2011 年培训的内容包括支部图书馆制度说明、OPAC 检索及各项服务介绍、参考咨询工具的使用、资料保存培训、著作权问题的动向、国会参考服务等①。

8. 支部图书馆主要业务

（1）政府出版物的收集保管及利用

各支部图书馆在搜集各自领域的专门资料的同时，还要努力收集保存各自所属省厅、法院出版发行的出版物。不仅利用所收藏的出版物向所属机关内的职员提供图书馆服务，还要通过支部图书馆网络定期向其他支部图书馆和中央馆分发所属机关出版发行的出版物。通过这种方法，各支部图书馆大量收藏了政府出版物，作为支部图书馆整体，形成了全面收藏政府出版物的一大专藏，形成了日本图书馆界独有的特色。合理地收藏行政及司法各部门出版发行的政府出版物，不仅为完成各省厅的任务做出了贡献，还对国会的国政审议发挥了作用，同时也为国民的广泛利用提供了可能。

（2）阅览、外借

各支部图书馆对到馆的图书馆读者，提供阅览和外借服务。根据外借制度规定，除特殊情况之外，以本省厅的职员为直接外借对象。省厅职员还可以通过馆际互借，利用中央馆和其他支部图书馆的馆藏。

在《国立国会图书馆中央馆及支部图书馆文献互借规则》（『国立国会図書館中央館及

---

① 国立国会図書館総務部. 国立国会図書館年報 平成 23 年度[M]. 東京：国立国会図書館，2011：176

び支部図書館資料相互貸出規則』)中明确了外借服务对象为国会议员、国会职员、行政和司法各部门职员。借阅数量为图书类:1 次 10 本(加上未还的,外借总数 50 本以内);杂志类:1 次 5 本(加上未还的,外借总数 10 本以内)等。

(3)咨询及书目工作

各支部图书馆不仅要提供阅览、外借服务,还要根据馆藏的调查研究资料,向所属省厅的职员提供咨询服务。以中央馆和支部图书馆网络为有力后盾,迅速准确地回答有关咨询。2012 年完成的委托咨询总量为 36 269 件。有许多支部图书馆为了向所属机关提供所需资料的信息,编印各种书目及书志类出版物。如防务省的《防务省图书目录》、法务省的《司法制度调查会关系文件等的目录》。

(4)图书馆业务的自动化、网络化

为了充实各支部图书馆的信息化基础,建立连结中央馆和各支部图书馆的电子网络,1995 年制订了"国立国会图书馆中央馆、支部图书馆电子化推进基本计划"。1996 年,根据上述基本计划,制订了"国立国会图书馆中央馆、支部图书馆电子化共同实施计划"以及"各馆实施计划"。目前该计划已进行至"第三次基本计划"。各支部图书馆也响应该计划制定了各自的数字化实施计划。据此,几乎所有支部馆都引入图书馆系统,将采、编、阅整体自动化。此外,还建立了"国立国会图书馆中央馆和支部图书馆综合系统",以实现资源的共享,提高利用效率。

三、分析及借鉴

1. 法律保障,政策推动

在《国立国会图书馆法》中,立法决策服务职能、职责、具体机构、服务内容、服务形式等都得以体现和明确,从而有了制度上的保障。在这种法律制度保障的条件下,依据实践和具体需要,又不断制定细化的支持政策,完善和保证了立法决策服务的顺利、有效开展。

支部图书馆制度创建至今已有 65 年的历史,是跨立法、行政及司法各部门的图书馆网络制度。这个制度之所以能不断发展完善,不仅是因为创建这种制度是有其法律依据和较完善的组织机构以及有效的运作方式,更因为这种制度的建立更重视实际效果,不断根据时代发展和实践的需要加以充实完善的结果。

由此,我们认为有力的制度保障,是顺利推动图书馆为国家立法、决策提供信息文献支持的根本所在。制度上的缺陷,容易导致事倍功半。

从我国国家图书馆目前的实际情况而言,我们认为在机构法律缺失的条件下,应在本馆,甚至在上一级别的机构职责、任务描述中进一步明确、细化立法、决策服务,以突出国家图书馆的地位和首要职能。除此之外,可制定"国家图书馆立法决策服务条例",将立法决策服务相关的机构、人员、经费、服务类型、服务对象、服务范围、服务产品等加以明确,并可根据实践,不断修订和完善。

2. 机制健全,分工明确

从日本国立国会图书馆对国会的服务以及对行政、司法机关的服务而言,其机构设置较为合理、分工较为明确。在调查及立法考查局下设有12个室、14个课、2个课内室及国会分馆。12个室中有专门科室,即综合调查室,负责安排、协调、总结、策划、宣传立法调查相关事务。除负责协调的科室之外,均以国家立法、决策服务领域,如社会劳动、文教科技、国土交通、财政金融等划分、设置专门的室、课,以保障服务的针对性和专项化。

下面,我们就《国立国会图书馆组织规则》中对某一课室的职责规定可知整个调查及立法考查局运转情况和职责分工。

将综合调查室的职责明确为:

(1)进行被预测为国政审议对象的,特别是重要事项的相关长期综合调查中的重要调查工作;

(2)与调查有关的综合策划;

(3)委托调查的相关调整协调事务(国会咨询课所管理的除外);

(4)委托调查以及咨询(指受委托后利用图书馆资料和其他情报,调查及立法考查局对国会议员等的服务中容易进行的案件,不包括第二十七条之7、8的情形,以下同)的总结事务;

(5)为了供国政审议参考而策划调查及立法考查局制作的出版物和其他情报(包括图书馆法第八条规定的法律索引,以下统称"局出版物等");

(6)局出版物等的内容审查以及提供出版物所涉及的调整和协调工作。

必要的时候,综合调查室的主任对于调查企划课以及国会咨询课所进行的调查,可向调查企划课长以及国会咨询课长下达指示。

对于其所辖调查企划课的职责明确为:

(1)调查及立法考查局所掌管事务的综合调整、协调;

(2)调查及立法考查局服务的策划、调整和协调(综合调查室所管理的除外);

(3)调查及立法考查局对调查员进行的培训工作;

(4)综合调查室职责(1)规定的调查的相关工作;

(5)局出版物等的编辑和出版(议会官厅资料课、海外立法情报课以及国会分馆所管理的除外);

(6)调查及立法考查局所掌管事务中与大学、调查研究机构、国际机构等联系和协作相关的工作;

(7)调查及立法考查局所掌管事务中与情报系统相关事务的调整和协调工作;

(8)局出版物等及其他调查及立法考查局制作的信息、国会咨询课职责之(6)规定的资料和信息的电磁方式复制工作以及借由互联网的提供工作(议会官厅资料课所管理的除外);

(9)综合调查室的庶务;

(10)其余调查及立法考查局所掌管的且不属于其他课室的工作。

调查企划课内设合作协力室,合作协力室掌管上述(6)—(8)项的工作,设室长,室长根据命令管理合作协力室的事务。

对于国会咨询课的职责确定为:

(1)调查、咨询委托的接受以及相关的处理协调工作;

(2)向国会议员提供图书馆服务所涉及的协调工作;

(3)咨询的相关工作(议会官厅资料课及国会分馆所管理的除外);

(4)不属于其他课管理的委托调查；

(5)调查及咨询所需的文献及目录的制作；

(6)调查及咨询所需的资料及通过电力通信线路发布的信息的收集、管理和利用；

(7)议员阅览室所属图书馆资料的选定、受理(仅限连续出版物(以同一标题连续出版且预料其不会完结的图书馆资料,以下同))、管理以及对国会议员提供图书馆服务(使用图书馆以互联网及其他高级信息通信网络(以下称“互联网等”)形式发布的信息进行的图书馆服务(以下称“电子图书馆服务”)除外)；

(8)议员阅览室及议员研究室电子信息(指与以互联网方式提供阅览的图书馆资料具有相同内容的信息以及互联网资料,以下同)、馆长指定的电磁资料(指议会官厅资料课职责之(6)所规定的以电磁方式记录文字、影像、声音或程序的收集资料,以下同)(以下称“电子情报等”)相关图书馆服务的提供；

(9)议员阅览室及议员研究室的管理和运营。

对于负责专门科室所涉领域也做了明确规定。如经济产业调查室掌管以下事项中的重要调查:

(1)中长期的经济运营及国民经济计算相关调查；

(2)产业政策及产业布局；

(3)企业；

(4)商矿工业；

(5)工业所有权及工业标准；

(6)除(2)—(5)外的其他室所管辖范围外的相关产业调查；

(7)贸易(包含关税)；

(8)经济合作；

(9)国际经济(国际金融除外)；

(10)资源及能源；

(11)正当交易和消费者保护。

必要的时候,经济产业调查室的主任对于经济产业课所进行的调查,可向经济产业课长下达指示。

从以上内容我们可以发现,国会立法服务及图书馆服务较为细化,机构之间既有分工,又有合作与协调。室策划选题,开展宏观的、与立法调查相关的课题研究。课参与室掌管的课题及相关工作,并负责具体的事务性工作。由此,保障调查工作的全面性、系统性的同时,可以明确分工,各司其职,能够相对专项地开展各自的重点工作。

对于我们而言,设立了专门学科领域的科组,但科组业务范围、业务规范、业务职责还有待进一步明确,目前仍处于探索阶段。在规范以及制度化方面,还有待细化。更为重要的是,各个学科领域的科组未形成各自特色和竞争力。

3. 产品的持续性与规模化

国立国会图书馆的立法服务分两种,一是国会委托课题,一是预测性课题。委托课题有其保密性与不宜公开性,而自主开展的预测性课题,发表在调查及立法考查局《参考咨询》(『レファレンス』)、《调查与情报》(『調査と情報——ISSUE BRIEF』)、《外国立法》(『外国の立法』)、《调查资料》(『調査資料』)等正式或非正式出版物上。这些刊物创办时间都较长,几乎与国会服务时间相等。《参考咨询》1951 年创刊,《调查资料》1960 年创刊,《外国立法》1962 年创刊,《调查与情报》1986 年创刊,作为调查及立法考查局的主打产品都已有几十年的历史,其持续性与规模化足以证明其影响力。

产品的品牌化是一个持续改进的过程,也是不断提升内在价值的过程。图书馆的立法决策产品长于资料性、综合性、客观性、参考性,因此,产品的持续打造与品牌化的影响力尤为重要。尤其各个领域如何形成自己的产品,形成影响力,需要明确定位和持续完善。

4. 合作、共享的有机网络化组织

日本国立国会图书馆对国会以及行政、司法部门的图书馆服务以专门建立支部图书馆的形式统一管理和服务。支部图书馆为各自所在机关部门提供图书馆服务,办理中央馆与支部图书馆之间的文献传递,保存政府出版物,并形成有效的图书馆网络,共享政府机构之间的文献信息。这种支部图书馆制度在世界各国国家图书馆中是独一无二的。

各支部图书馆将国立国会图书馆本馆作为中央馆,在一个图书馆网络内履行其职责,在资料收集、交换、馆际互借、调研活动等图书馆业务中进行广泛的协作,从而实现了资料收集的专门化和分工化,并实现了资料的共同利用。中央馆在发挥其后盾作用的同时,还为支部图书馆提供书目信息和职员培训等服务。

支部图书馆制度,不仅仅是图书馆协作网络体制,也是以法律形式在人事、预算和运营等方面加以确保的组织体。在具体运作中,虽然有法律上的保障,但从支部图书馆制度建立伊始,为加强协调以及理顺关系,根据需要不断设立各种协调机构以及会议制度,以保障该制度的顺利推行,从而保证了支部图书馆协作网络的持续有效发展。

5. 灵活多样的人员培训及培养模式

日本国立国会图书馆的职员教育培训,是根据《国会职员法》①第二十七条之第二项所规定的"关于国会职员的教育训练事项",每年作为一项制度加以实施。与 1948 年开馆同时开始的职员培训,在培训体系与组织上几经变迁后,目前的培训主要有新员工入职培训(新規採用職員研修)、职员基础培训第 1 期(職員基礎研修(第Ⅰ期))、职员基础培训第 2 期(職員基礎研修(第Ⅱ期))、3 级职员培训(3 級研修)、5 级职员培训(5 級研修)、新任管理职位人员培训(新任管理職研修)、调查业务培训(調査業務研修)、职员特别培训(職員特別研修)、语言培训(語学研修)等②。基于"关于平成 14 年(2002 年)度以后职员研修"的方针,由总务部人事科牵头,各部局(课)培训教育负责人负责各部局(课)内的研修规划,以及具体的实施、协调。此外,每年举行一次研修负责人会议,进行本年度实施计划的制订和总结③。

其中,立法调查业务相关人员的培训和培养大体采用以下几种方式:举办业务进修班;

① 电子政府综合窗口 e-Gov 网站[EB/OL].[2013－02－21].http://law.e-gov.go.jp/htmldata/S22/S22HO085.html

② 国立国会図書館総務部.国立国会図書館年報 平成 21 年度[M].東京:国立国会図書館,2009:121－123

③ 国立国会図書館総務部.国立国会図書館年報 平成 21 年度[M].東京:国立国会図書館,2009:120－121

聘请局外有经验的专家讲课；年轻工作人员每年去往欧美国家进行为期3个月的专题学习和研究；自行组织成立研究会交流心得体会；利用对外委托调查或合作调查来熟悉业务等。此外，还通过积极参加外部研究机关的业务讲习会，增强海外立法考察和资料搜集等办法，来改进工作。

调查业务培训①主要分为讲课方式培训（講義方式による調査業務研修）和研究会方式（研究会方式による調査業務研修）两种。讲课方式的培训以新分配到调查及立法考查局的职员为主要对象，设定科目，规定在2年内履修完所有课程。内容有法令基础知识、欧盟信息调查方法、比较法入门、与议员面谈要点、调查员写作报告方法等。研究会方式的教育培训是围绕适于职员共同长期连续钻研的科目进行。如2009年度所涉内容主要有英美法研究、宪法研究等，每个主题讨论3—22次不等，平均在10次以上。

调查及立法考查局现有成员约190名，占全体成员的五分之一。该局有12个调查室和14个调查课，调查室一般配备人员1—3名，调查课一般10名左右，没有明确的学历和专业上的要求。作为承担立法决策服务的年轻职员，在进入调查及立法考查局之时，不是马上被安排在具体业务科室承担咨询业务，而是先到总务课②负责事务性工作，进行为期1—2年的业务积累，对立法调查服务有一个总体的认识后再选择具体的科室。此外，作为调查员，都有到国内外的大学或研究所进修深造的机会，这种进修以学历教育为主，根据专业或业务需要选择不同的领域。调查及立法考查局的人员有时还会加入到服务用户的课题当中，到议会或政府有关机构中进行调查研究③。总之，其目的就是通过这种基础培训和专业培训，不断提升调查人员的研究能力和应变能力。各个课室调查员所撰写的论文由课长及调查室专门调查员给予指导，通常调查室通过后会在调查局的刊物上发表。每个调查员在每年年末须制订写作计划，每人每年至少撰写一篇，高产的可达三四篇。

调查业务培训科目

(1)以讲义的形式开展的培训科目		
科目	课时	讲师
（面向入职各课第一年的员工）		
法令的基础知识	2	小林公夫（行政法务课课长）
各类数据库的活用	2	大曲熏（政治议会课课长） 南亮一（国会咨询课课长助理）
法令信息的调查方法（日本）	2	前桥奈保子（议会官厅资料课调查员）

① 国立国会図書館総務部. 国立国会図書館年報 平成21年度[M]. 東京：国立国会図書館，2009：196

② 按照《国立国会图书馆组织规则》，总务课的职责包括：①全馆事务的综合调控；②机密事务；③两院议员运营委员会对本馆审查等的报告以及资料提交事务；④馆长、副馆长、馆的公章保管；⑤公文文件的接收、发送、编辑和保存；⑥关于本馆法规的事务；⑦本馆享有的著作权保护以及对于持有著作权的著作的允许利用范围的调整与协调事务；⑧宣传事务；⑨与支部图书馆的联络协调；⑩国立国会图书馆联络调整委员会的庶务等。

③ 根据2010年11月11日笔者对日本国立国会图书馆调查及立法考查局调查员津田深雪的采访，陈颖艳翻译。

续表

议会信息的调查方法(日本)	2	小幡龙志(议会官厅资料课副主查)
预算制度	2	渡濑义男(专门调查员·财政金融调查室主任)
法令议会信息等的调查方法(美国)	2	广濑淳子(海外立法情报调查室主任调查员)
法令议会信息等的调查方法(英国)	2	长崎洋(议会官厅资料课课长助理)
法令议会信息等的调查方法(德国)	2	山口和人(海外立法情报课课长)
法令议会信息等的调查方法(法国)	2	铃木尊纮(海外立法情报课调查员)
欧盟信息的调查方法	2	市川启子(欧盟驻日欧洲委员会代表部宣传部)
比较法入门:世界上都有哪些法律?	4	泷泽正(上智大学法学院教授)
政策的制定过程	2	末井诚史(专门调查员·行政法务调查室主任)
与议员面谈的要领	2	高山丈二(专门调查员·经济产业调查室主任)
调查员的论文写作	2	木户裕(专门调查员·综合调查室主任)
撰写"言简意赅的文章"	4	山口宏子(朝日新闻 评论员)
(选修科目)		
联合国信息的调查方法	2.5	千叶洁(联合国宣传中心 联合国文献服务部)
智库研究员的调查方法:反映社会需求、权衡市民看法	4	池边このみ ①(日生基础研究所 社会研究部首席主任研究员)
【经济共同体研修】国际收支统计	2	篠原寿成(日本银行 国际局企划科)

(2)以研究会的形式开展的培训科目

科目	参与职员数	举办次数
德国法律研究	12 人	15 次
法国法律研究	8 人	13 次
英美法研究	14 人	22 次
意大利法律研究	4 人	17 次
亚洲研究	9 人	11 次
宪法研究	10 人	3 次
可持续发展研究 *	25 人	10 次
*2009 年度以综合调查的形式展开。		

这种灵活多样的培养模式,有助于人员的成长与自我选择。而多层级的培训与研修,更有助于夯实业务基础,有助于整个部门业务的持续性。

人才是保障立法决策服务的关键资源,培训是培养人才的最基础也是最持续的方式和方法。有针对性的、分层级的、前瞻性的、有效的培训对于机构的健康可持续发展具有不可替代的作用。而政策和机制的保障,更使培训得以有效地实施,并完成人才培养的重要一环。

---

① 该名含日语平假名,无法译为汉字,故保留日文平假名写法。

立法决策服务所涉领域较广,涉及问题较复杂,涉及国家重大立法、决策层面,不论在内容上还是形式上,都有自己的一套规则、规范。咨询人员不仅要了解服务对象的行为方式、需求特点,所涉领域的前沿问题,还要了解和借鉴同业机构的做法,更要不断学习新的工具,以便不断提升和改进服务质量。基于此,立法决策服务人员除了图书馆业务的培训外,需要一套更为专业和专项性的培训,如派员到国内外相关机构进修,参与到相关机构的研究之中等。这种类型的培训,需要在政策上给予保障,并需要相关机构和部门之间的协作。

参考文献

1. 国立国会図書館組織規程[EB/OL]. [2013 - 02 - 21]. http://www.ndl.go.jp/jp/aboutus/data/a1105.pdf

2. 国立国会図書館組織規則[EB/OL]. [2013 - 02 - 21]. http://www.ndl.go.jp/jp/aboutus/data/a1106.pdf

3. 支部図書館制度審議会規則[EB/OL]. [2013 - 02 - 21]. http://www.ndl.go.jp/jp/aboutus/data/a1205.pdf

4. 国立国会図書館中央館及び支部図書館資料相互貸出規則[EB/OL]. [2013 - 02 - 21]. http://www.ndl.go.jp/jp/aboutus/data/a5241.pdf

5. 山口和人. 国立国会図書館における国会サービスの組織・スタッフと調査業務[EB/OL]. [2013 - 02 - 21]. http://www.ndl.go.jp/jp/aboutus/pdf/NDL_theme1_J.pdf

6. 本田一治. 国立国会図書館における国会に対する電子的情報提供サービス[EB/OL]. [2013 - 02 - 21]. http://www.ndl.go.jp/jp/aboutus/pdf/NDL_theme2_J.pdf

附录一　日本国立国会图书馆组织规则(摘译)

(国立国会図書館組織規則)

第二款　调查及立法考查局

(调查室)

第九条　为了高水准、高效率地完成《国立国会图书馆法》第十五条之1—3规定的职责(以下称“调查”),调查及立法考查局(以下称“局”)特设以下12个调查室(在本款中简称“室”)。

1. 综合调查室
2. 议会官厅资料调查室
3. 政治议会调查室
4. 行政法务调查室
5. 外交防卫调查室
6. 财政金融调查室
7. 经济产业调查室
8. 农林环境调查室
9. 国土交通调查室
10. 文教科学技术调查室
11. 社会劳动调查室
12. 海外立法情报调查室

(室的主任及专门调查员)

第十条

一、各室设置主任。

二、主任由专门调查员担任。

三、主任掌管室内事务。

四、各室除了主任外,还可设置专门调查员。

(室所设的主干及主任调查员)

第十一条

一、各室除了主任及专门调查员外,还可加设主干以及主任调查员。

二、主干和主任调查员根据主任的指示,管理室内事务。

三、主任认为有必要时,可将课所掌管的调查(仅限于该主任可发号指示的课所进行的调查)的一部分交予主任调查员处理。

（综合调查室）

第十二条

一、综合调查室管理以下事务：

1. 进行被预测为国政审议对象的事项，特别是重要事项的相关长期综合调查中的重要调查工作；

2. 与调查有关的综合策划；

3. 委托调查的相关调整协调事务（国会咨询课所管的除外）；

4. 委托调查以及咨询（指受委托后利用图书馆资料和其他情报，调查及立法考查局对国会议员等的服务中容易进行的案件，不包括第二十七条之7、8的情形，以下同）的总结事务；

5. 为了供国政审议参考而策划提供调查及立法考查局制作的出版物和其他情报（包括《国立国会图书馆法》第八条规定的法律索引，以下统称"局出版物等"）；

6. 局出版物等的内容审查以及提供出版物所涉及的调整和协调工作。

二、必要的时候，综合调查室的主任对于调查企划课以及国会咨询课所进行的调查，可向调查企划课长以及国会咨询课长下达指示。

（议会官厅资料调查室）

第十三条

一、议会官厅资料调查室（议会机关资料调查室）掌管有关法令资料、议会资料、馆长指定的政府机关资料和政府间国际组织资料、国内外法令以及立法方面的调查中的重要调查工作（海外立法情报调查室所管的除外）。

二、必要的时候，议会官厅资料调查室的主任对于议会官厅资料课所进行的调查，可向议会官厅资料课长下达指示。

（政治议会调查室）

第十四条

一、政治议会调查室掌管以下事项中的重要调查：

1. 关于宪法的调查（其他室所管范围内的除外）；

2. 关于议会（地方议会除外）的调查；

3. 关于内阁的调查；

4. 关于政党的调查；

5. 关于选举的调查；

6. 关于政治资金的调查；

7. 其余关于政治制度、政治过程以及相关政治调查。

二、必要的时候，政治议会调查室的主任对于政治议会课及宪法课所进行的调查，可向政治议会课长及宪法课长下达指示。

（行政法务调查室）

第十五条

一、行政法务调查室掌管以下事项中的重要调查：
1. 行政组织、行政手续及其他行政制度相关调查；
2. 行政评价及监督、政策评价相关调查；
3. 公法人和独立行政法人相关调查；
4. 公务员制度相关调查；
5. 奖励制度相关调查（其他室所管范围内的除外）；
6. 地方议会、地方行政及其他地方自治（地方财政除外）的相关调查；
7. 消防；
8. 警察；
9. 民事法制及刑事法制；
10. 其余法务行政相关调查；
11. 人权（其他室所管范围内的除外）；
12. 司法制度的相关调查。

二、必要的时候，行政法务调查室的主任对于行政法务课所进行的调查，可向行政法务课长下达指示。

（外交防卫调查室）

第十六条

一、外交防卫调查室掌管以下事项中的重要调查：
1. 外交及国际政治相关调查；
2. 国际法相关调查；
3. 防卫及其他安全保障相关调查；
4. 联合国及国际组织相关调查。

二、必要的时候，外交防卫调查室的主任对于外交防卫课所进行的调查，可向外交防卫课长下达指示。

（财政金融调查室）

第十七条

一、财政金融调查室掌管以下事项中的重要调查：
1. 预算、决算及其他财政（包括地方财政）的相关调查；
2. 租税（关税除外、包括地方税）的相关调查；
3. 通货、外汇以及国际金融相关调查；
4. 银行、保险和证券相关调查；
5. 除3和4外的其他金融调查；
6. 商情及其他短期的经济动向和短期的经济运营的相关调查；
7. 物价；
8. 会计制度；
9. 其他室所管范围外的相关经济理论调查。

二、必要的时候，财政金融调查室的主任对于财政金融课所进行的调查，可向财政金融课长下达指示。

（经济产业调查室）

第十八条

一、经济产业调查室掌管以下事项中的重要调查：

1. 中长期的经济运营及国民经济计算相关调查；
2. 产业政策及产业布局；
3. 企业；
4. 商矿工业；
5. 工业所有权及工业标准；
6. 除2—5外的其他室所管范围外的相关产业调查；
7. 贸易（包含关税）；
8. 经济合作；
9. 国际经济（国际金融除外）；
10. 资源及能源；
11. 正当交易和消费者保护。

二、必要的时候，经济产业调查室的主任对于经济产业课所进行的调查，可向经济产业课长下达指示。

（农林环境调查室）

第十九条

一、农林环境调查室掌管以下事项中的重要调查：

1. 农业；
2. 林业；
3. 水产业；
4. 农山渔村；
5. 食品；
6. 地球环境保护、公害及自然环境保护；
7. 其余相关的环境调查。

二、必要的时候，农林环境调查室的主任对于农林环境课所进行的调查，可向农林环境课长下达指示。

（国土交通调查室）

第二十条

一、国土交通调查室掌管以下事项中的重要调查：

1. 国土的利用、开发和保全以及社会资本的扩充；
2. 土地、水资源、住宅；
3. 自然灾害；
4. 除1—3外的其他国土和建设方面的调查；

5. 交通体系、运输及其他交通方面的调查；
6. 观光；
7. 气象；
8. 海上治安；
9. 电力通信、广播及其他情报通信调查；
10. 邮政。

二、必要的时候，国土交通调查室的主任对于国土交通课所进行的调查，可向国土交通课长下达指示。

（文教科学技术调查室）

第二十一条

一、文教科学技术调查室掌管以下事项中的重要调查：
1. 学校教育、社会教育、终生学习及其他和教育有关的调查；
2. 学术振兴、研究者培养及其他和学术有关的调查；
3. 科学技术政策、科学技术方面的研究开发，及其他与科学技术有关的调查；
4. 体育；
5. 艺术、著作权、文化遗产及其他与文化有关的调查；
6. 宗教。

二、必要的时候，文教科学技术调查室的主任对于文教科学技术课所进行的调查，可向文教科学技术课长下达指示。

（社会劳动调查室）

第二十二条

一、社会劳动调查室掌管以下事项中的重要调查：
1. 社会保障；
2. 社会福利；
3. 保健、医疗、药业及其他公共卫生调查；
4. 除 1—3 外的福利调查；
5. 雇佣及劳动市场调查；
6. 劳动条件及劳动灾害；
7. 雇佣关系及工会；
8. 除 5—7 外的与劳动相关的调查；
9. 人口问题；
10. 援助。

二、必要的时候，社会劳动调查室的主任对于社会劳动课所进行的调查，可向社会劳动课长下达指示。

（海外立法情报调查室）

第二十三条

一、海外立法情报调查室掌管最新的海外立法动向及其他立法情况和政策动向调查之中的重要调查。

二、必要的时候，海外立法情报调查室的主任对于海外立法情报课所进行的调查，可向海外立法情报课长下达指示。

（调查及立法考查局的课）

第二十四条　局下设15个课。

1. 调查企划课
2. 国会咨询课
3. 议会官厅资料课
4. 政治议会课
5. 宪法课
6. 行政法务课
7. 外交防卫课
8. 财政金融课
9. 经济产业课
10. 农林环境课
11. 国土交通课
12. 文教科学技术课
13. 社会劳动课
14. 海外立法情报课
15. 国会分馆

（调查企划课）

第二十五条

一、调查企划课掌管以下工作：

1. 调查及立法考查局所掌管事务的综合调整、协调；

2. 调查及立法考查局服务的策划、调整和协调（综合调查室所管的除外）；

3. 调查及立法考查局对调查员进行的培训工作；

4. 第十二条第一项之1规定的调查的相关工作；

5. 局出版物等的编辑和出版（议会官厅资料课、海外立法情报课以及国会分管所管的除外）；

6. 调查及立法考查局所掌管事务中与大学、调查研究机构、国际机构等联系和协作相关的工作；

7. 调查及立法考查局所掌管事务中与情报系统相关事务的调整和协调工作；

8. 局出版物等及其他调查及立法考查局制作的信息、下一条之6规定的资料和信息的电磁方式复制工作以及借由互联网的提供工作（议会官厅资料课所管的除外）；

9. 综合调查室的庶务；

10. 其余调查及立法考查局所掌管的且不属于其他课室的工作。

二、调查企划课内设合作协力室。

三、合作协力室掌管第一项之6—8的工作。

四、合作协力室设置室长。

五、室长根据命令管理合作协力室的事务。

(国会咨询课)

第二十六条 国会咨询课掌管以下工作:

1. 调查、咨询委托的接受以及相关的处理协调工作;

2. 向国会议员提供图书馆服务所涉及的协调工作;

3. 咨询的相关工作(议会官厅资料课及国会分馆所管的除外);

4. 不属于其他课管的委托调查;

5. 调查及咨询所需的文献及目录的制作;

6. 调查及咨询所需的资料及通过电力通信线路发布的信息的收集、管理和利用;

7. 议员阅览室所属图书馆资料的选定、受理(仅限连续出版物(以同一标题连续出版、且预料其不会完结的图书馆资料,以下同))、管理以及对国会议员提供图书馆服务(使用图书馆以互联网及其他高级信息通信网络(以下称"互联网等")形式发布的信息进行的图书馆服务(以下称"电子图书馆服务")除外);

8. 议员阅览室及议员研究室电子信息(指与以互联网方式提供阅览的图书馆资料具有相同内容的信息以及互联网资料,以下同)、馆长指定的电磁资料(指第二十七条之6所规定的以电磁方式记录文字、影像、声音或程序的收集资料,以下同)(以下称"电子情报等")相关图书馆服务的提供;

9. 议员阅览室及议员研究室的管理和运营。

(议会官厅资料课)

第二十七条 议会官厅资料课(议会机关资料调查室)掌管以下工作:

1. 法令资料、议会资料、馆长指定的政府机关资料及政府间国际组织资料、内外法令及立法情况的有关调查和咨询的相关工作(海外立法情报课所管的除外);

2.《国立国会图书馆法》第八条规定的法律索引的制作、出版以及提供;

3. 国会及帝国议会会议录相关数据库的制作、提供、维护和管理;

4. 法令资料、议会资料、政府机关资料、政府间国际组织资料、法律及政治主题的图书馆资料及电子信息的选择、选定,以及议会官厅资料室的参考资料的选定工作;

5. 馆长指定收集的政府机关资料和政府间国际组织资料的整理;

6. 所收集的法令资料及议会资料、馆长指定的政府机关资料和政府间国际组织资料及其他议会官厅资料室所收集的图书馆资料(以下称"收集资料")的保管、保存、阅览、复印、外借和证明(指收集资料的接收日期、登载消息等的证明,以下同);

7. 与法令资料、议会资料、政府机关资料、政府间国际组织资料以及法律和政治主题的图书馆资料和电子信息有关的咨询和文献、目录的制作和提供;

8. 议会官厅资料室的电子情报等的阅览、复制、咨询工作;

9. 议会官厅资料室的管理和运营；
10. 议会官厅资料课所属书库的管理；
11. 议会官厅资料调查室的庶务；
12. 日本法令沿革索引审议会的庶务。

（政治议会课）
第二十八条　政治议会课掌管以下工作：
1. 第十四条第一项之2—7所规定的调查的相关工作；
2. 政治议会调查室的庶务。

（宪法课）
第二十九条　宪法课掌管第十四条第一项之1所规定的调查的相关工作。该项之1的规定所提及的“其他室”在此视作“其他课”。

（行政法务课）
第三十条　行政法务课掌管以下工作：
1. 第十五条第一项里所有调查的相关工作。其中该项之5和11提及的“其他室”在此视作“其他课”；
2. 行政法务调查室的庶务。

（外交防卫课）
第三十一条　外交防卫课掌管以下工作：
1. 第十六条第一项里所有调查的相关工作；
2. 外交防卫调查室的庶务。

（财政金融课）
第三十二条　财政金融课掌管以下工作：
1. 第十七条第一项里所有调查的相关工作。其中该项之9提及的“其他室”在此视作“其他课”；
2. 财政金融调查室的庶务。

（经济产业课）
第三十三条　经济产业课掌管以下工作：
1. 第十八条第一项里所有调查的相关工作。其中该项之6提及的“其他室”在此视作“其他课”；
2. 经济产业调查室的庶务。

（农林环境课）
第三十四条　农林环境课掌管以下工作：

1. 第十九条第一项里所有调查的相关工作；
2. 农林环境调查室的庶务。

（国土交通课）
第三十五条　国土交通课掌管以下工作：
1. 第二十条第一项里所有调查的相关工作；
2. 国土交通调查室的庶务。

（文教科学技术课）
第三十六条
一、文教科学技术课掌管以下工作：
1. 第二十一条第一项里所有调查的相关工作；
2. 文教科学技术调查室的庶务；
二、文教科学技术课内设科学技术室。
三、科学技术室负责文教科学技术课所掌管的事务中第二十一条第一项之3的相关工作。
四、科学技术室设置室长。
五、室长根据命令，管理科学技术室的事务。

（社会劳动课）
第三十七条　社会劳动课掌管以下工作：
1. 第二十二条第一项里所有调查的相关工作；
2. 社会劳动调查室的庶务。

（海外立法情报课）
第三十八条　海外立法情报课掌管以下工作：
1. 最新的海外立法动向及其他立法情况和政策动向等调查的相关工作；
2. 与海外的立法情况及政策动向相关的局出版物等的编辑；
3. 以上2规定的事务所需信息的收集和翻译工作；
4. 室和其他课进行调查时所需的最新的海外信息的提供；
5. 海外立法情报室的庶务。

（国会分馆）
第三十八条之二
一、国会分馆设于议事堂内。
二、国会分馆掌管以下工作：
1. 在国会分馆里为国会议员及国会职员等国会相关人员提供咨询服务；
2. 以国会议员及国会职员等国会相关人员为对象，提供国会分馆所收集资料的相关图书馆服务；

3. 提供国会分馆的电子情报等的图书馆服务；
4. 国会分馆的图书馆资料的选定、受理（仅限连续出版物）和管理；
5. 为了帮助与国会分馆收集的资料有关的国会活动而进行的文献、目录制作和提供；
6. 国会分馆所属阅览室的管理和运营；
7. 国会分馆所属书库的管理。

附录二　日本国立国会图书馆中央馆及支部图书馆馆际互借规则

（国立国会図書館中央館及び支部図書館資料相互貸出規則）

（宗旨）

第一条　《国立国会图书馆法》（昭和23年第5号法律）第三条所规定的中央图书馆及国际儿童图书馆（以下统称"中央馆"）、《支部图书馆法》（昭和24年第101号法律）所规定的行政各部门支部图书馆及《法院法》（昭和22年第59号法律）所规定的最高法院图书馆（以下统称"支部图书馆"）之间开展的图书及其他图书馆资料（以下称"资料"）的互借，由本规则加以规范。

（外借目的）

第二条　资料的外借，旨在帮助国会议员履行职责、帮助国会职员及行政司法各部门职员执行业务。

（不可外借资料）

第三条　以下资料不可外借，除非保存该资料的中央馆或者支部图书馆（以下统称"图书馆"）的馆长特别认可该资料有外借必要，才能借出。

1. 贵重书、准贵重书[①]、委托保管资料（委托契约上允许外借的资料除外）、参考图书、报纸、最新期次的杂志（中央馆馆藏资料中馆长特别认可的除外）、影像资料、录音资料、机器可读资料[②]和缩微资料（科技领域的经过特别处理的资料、中央馆所藏明治以后发行图书的缩微胶卷除外）；

2. 极有可能丢失、受损的资料；

3. 资料保存馆馆长认为不应外借的资料。

（外借资料的数量）

第四条

---

① 贵重书与准贵重书是根据《国立国会图书馆贵重书指定标准》《国立国会图书馆准贵重书等指定标准》指定的资料。2009年3月，有贵重书1255本、准贵重书787本。贵重书的请求记号打头标有「WA」、准贵重书标有「WB」。

② Machine-Readable Collections。

一、外借资料的数量,如下所示,但外借馆馆长出于业务考虑,认为有必要时,可在数量上进行增减:

1. 图书类:1 次 10 册以内(加上未还的,外借总数 50 册以内);

2. 杂志类:1 次 5 册以内(加上未还的,外借总数 10 册以内)。

二、中央馆外借给支部图书馆时,不适用前项的数量规定,而是按以下分类方法限定数量,该数量包含未返还资料的数量,馆长出于业务考虑,认为有必要时,可在数量上进行增减:

1. 用户服务部图书馆资料整备课保管资料(杂志除外):80 册以内;

2. 用户服务部图书馆资料整备课保管资料:80 册以内;

3. 其他资料:各资料保管课均 20 册以内。

三、支部图书馆馆长认为有必要时,可不遵照第一项规定,另行制定规则。

(外借时间等)

第五条

一、图书及杂志(未装订杂志除外)资料的外借时间为 1 个月以内,未装订杂志 1 周以内;

二、中央馆外借给支部图书馆的资料的外借时间,不适用前项的规定,而是图书类外借 1 个月以内,杂志类 1 周以内(需要用邮寄等方式(指以挂号邮件或其他类似方法寄送,以下同)寄送的杂志 10 天以内);

三、前两项的外借时间,在确认实物后,可续借 1 次,但不包括未装订杂志和需邮寄等方式寄送的资料;

四、支部图书馆馆长认为有必要时,可不遵照第一项及前项规定,另行制定规则。

第六条

一、资料外借馆馆长出于业务考虑,认为有必要时,可在外借期间要求返还资料。

二、根据前项规定,被要求返还的图书馆需立即返还相应资料。

(互借行为负责人等)

第七条

一、各图书馆设 1 名互借行为负责人(以下称“负责人”),以便办理资料外借以及中央馆发给支部图书馆的利用证(以下称“利用证”);

二、为了分担负责人工作,可再设置互借行为人;

三、负责人和行为人由该馆馆长任命。

(外借和返还手续)

第八条

一、资料的外借和返还手续,通过填写国立国会图书馆资料互借单(样式一)办理,但支部图书馆馆长认为有必要时,可规定各自图书馆互借单样式;

二、中央馆资料外借和返还手续不适用前项规定,而是利用中央馆设置的机器制成的外借单来办理;

三、出现电路通信故障等问题，导致无法办理前项规定的手续时，由第一项的手续代替。

（中央馆资料外借和返还方法）

第九条

一、中央馆的资料（关西馆的除外），可以亲手交给需要借的支部图书馆职员或该支部图书馆负责人认可的外借手续代办人员（以下称“代办人”），也可以用邮寄等方式寄送至该支部图书馆，但用户服务部图书馆资料整备课所管的杂志，不可以邮寄等方式外借；

二、关西馆的资料以邮寄等方式寄送至相应支部图书馆来实现外借；

三、前两项产生的邮寄费用由中央馆负担；

四、第一项规定的支部图书馆职员或代办人亲自办理中央馆资料外借时，必须事先告知中央馆姓名等信息，外借时除出示利用证外，还需一并出示足以证明其身份的证件；

五、以邮寄等方式接收中央馆外借资料的支部图书馆，在收取资料时，需告知中央馆；

六、向中央馆返还外借资料时，应由外借的支部图书馆职员或代办人送回，但通过邮寄等方式接收的资料可再用邮寄等方式返还；

七、返还中央馆资料时产生的费用，由外借相应资料的支部图书馆负担；

八、以邮寄等方式返还资料时，需听从中央馆对于包装条件等的指示。

（外借所得资料的管理和利用）

第十条　接收外借资料的图书馆需有品质可靠的管理者督促妥善管理和利用相应资料。

（外借所得资料的丢失或受损）

第十一条

一、接收外借资料的图书馆遇到资料丢失或受损的情况，需立即向外借该资料的图书馆馆长提交资料丢失·受损报告书（样式 2）；

二、收到前项所述报告书的馆长可要求丢失或损坏资料的图书馆缴纳与该资料相当的物品，或者相等金额的赔偿。

附录三　立法调查产品《参考咨询》案例

关于中国户籍制度改革的动向——为了改善农民劳动者待遇[①]

镰田文彦

①在中国有很多农民离开农村到城里从事非农业工作。至 2006 年年底，人数已达到 13 181万人，这个人数相当于中国总人口的 10%。这些农民劳动者和城市居民之间，在各方面都存在差距，农民劳动者在劳动条件、社会保障、生活环境等方方面面，面临着种种困难。

① 摘录主要报道的要旨。

②在中国,所谓的农民并不是基于人们所从事的职业种类而言的称呼,而是指拥有农村户籍的人们,说起来更像是身份范畴的概念。无论工作在建在农村的工厂,还是外出到城市从事商业设施的服务行业的工作,只要拥有农村户籍,这个人就是“农民”,就是农民劳动者。

③中国户籍制度,走过了制度形成期(1949—1958),严格控制期(1958—1978),部分放宽期(1978 年至今)。

依据 1958 年的户籍登记条例,“农村户籍”和“城镇户籍”被严格区分开来,逐渐形成了由农村居民和城镇居民构成的两个截然不同的社会,受到不同的社会待遇的二元结构。

④由于农民劳动者的出现,在城镇内部,在同一工作岗位上,原本应是在法律面前人人平等的公民,却因户籍的不同,而遭受不同的待遇,显现出了户籍制度所隐藏着的问题。

⑤中国政府在明确了为维护农民劳动者在经济,社会,文化等方面的利益的立场的同时,实行户籍改革,明示了让农民能够在城市稳定的就业,居住(安居乐业),逐渐地转变成城镇居民的方针。由于中国各地方的情况各不相同,中央鼓励各地地方政府根据地方实情,制定适宜的户籍制度改革的具体政策,进行种种试行。

⑥主管户籍制度的公安部,正在继续将成为新的户籍制度基础的《户籍法》的作业。还有,在全国人民代表大会上,每年都在进行关于户籍改革的讨论。如果马上改变现行制度,可能会引发大量农村人口涌入城市,导致城市功能瘫痪,所以采用了渐进式制度改革的方针。

⑦农民劳动者支撑着飞速发展的中国经济,同时也是到中国投资的外资的经济活动的基础,他们的动向也和我国有着密切的联系。今后中国各地户籍改革的进展,全国人代会上的讨论,公安部有关户籍法起草等动向将受到关注。

2010 年 3 月

韩国国会图书馆及其立法决策服务调研报告

李吉子　刘冰雪

1948 年 3 月 17 日，韩国颁布了《国会议员选举法》，5 月 10 日，在美国主导的联合国监督之下，韩国以秘密投票的方式经直接普选产生议员，目前，韩国国会议员有 300 名。韩国国会委员会由 16 个常任委员会和 2 个特别委员会组成。常任委员会是：国会运营委员会、法制司法委员会、政务委员会、企划财政委员会、未来创造科学广播通信委员会、教育文化体育观光委员会、外交统一委员会、国防委员会、安全行政委员会、农林畜产食品海洋水产委员会、产业通商资源委员会、保健福利委员会、环境劳动委员会、国土交通委员会、信息委员会、女性家族委员会等；特别委员会是：预算执行特别委员会、伦理特别委员会等。

韩国的国会组织体系主要分为两种：一种是由国会议员组成的会议体组织，包括议长、副议长、全体会议、委员会、院内交涉团体等；另一种是由国会工作人员组成的立法辅助组织，主要包括国会事务处、国会图书馆、议政研修院等。

韩国国会图书馆作为韩国国会的立法辅助机构，专门为国会及国会议员提供法律及一切相关服务。韩国国会图书馆的机构设置、人员配置等具有鲜明特色，无一不体现出为国会和议员提供信息服务的核心功能。

一、韩国国会图书馆概况

1. 历史沿革

韩国国会图书馆（The National Assembly Library of Republic of Korea）前身是 1952 年成立的国会图书室，当时位于釜山，“韩国战争”①后迁至首尔。1955 年 11 月，根据《民议院事务处组织机构制度》的规定，图书室升格为民议院事务处图书馆，并设置了图书课和阅览课。1960 年，《国会法》将其正式命名为“国会图书馆”。1963 年，国会图书馆开始成为国会立法部的独立机关，并且开始通过文献缴送制度，收藏国内文献。1975 年 9 月，国会图书馆迁移到首尔市永登浦区汝矣岛洞国会议事堂主楼内。1980 年 10 月 28 日，根据《国家保卫立法会议法》的规定，国会图书馆变更为“国家保卫立法会议图书馆”。1981 年 4 月，随着第 11 届韩国国会议员的换届，该图书馆恢复了“国会图书馆”的名称。1988 年年底，随着《国会图书馆法》的重新修订，该馆恢复为副部级的独立机构。1996 年 9 月 6 日，韩国国会图书馆代表韩国加入美国国会图书馆组织建设的“全球法律信息网”（Global Legal Information Network，GLIN）。1997 年年底，国会图书馆提出“国家数字图书馆项目”，计划通过数据库的建立与多

① 即“朝鲜战争”。“朝鲜战争”在不同国家和地区有不同的名称：我国称之为“朝鲜战争”，对其中的中国人民志愿军参与部分称为“抗美援朝战争”；朝鲜称其为“朝鲜祖国解放战争”；韩国称其为“韩国战争”或“六二五事变”。

个研究机构积极合作,努力成为社会科学、人文科学资料数字化的领先者。2007 年,该馆开设了数字化立法资源中心(Digital Legislative Resource Center)。2009 年 11 月 20 日,针对韩国与日本之间的领土分歧,建立独岛分馆(Dokdo Branch Library)。2011 年 8 月 26 日,韩国国会图书馆增设了新的组织机构——法律图书馆,充分发挥法律信息导航的作用。至此,韩国国会图书馆终于实现了建立汇集国内外法律信息之大成的法律图书馆的愿望①。

韩国国会图书馆的馆藏建设基本方针,是收集国会议员在立法工作和国会工作人员在支持立法工作中所需的文献资料、各专题文献、联合国文献、其他图书馆难以收集的国外学术性图书和政府刊物、韩国领土相关文献以及韩国学文献以提高馆藏文献质量,强化文献收集职能。

截至 2013 年 8 月 31 日,韩国国会图书馆已经由最初仅有 1 名员工、3000 多册藏书的图书馆,发展为拥有 300 名员工、490 多万册藏书、1.47 亿页全文数据库的图书馆②。2012 年 2 月,在建馆 60 周年之际,韩国国会图书馆向社会宣布了"更好的服务,最好的图书馆"(Better Service Best Library)建馆理念,力争建设世界一流的国会图书馆③。

2. 职能

《韩国国会图书馆法》在第二条中明确规定了国会图书馆的三个职能:第一,国会图书馆收集、整理、保存并提供图书馆资料及文献信息;第二,韩国国会图书馆应为支持国会立法活动而开展参考咨询等图书馆服务,为国会议员提供公正、准确、及时的立法及各种国家政治问题信息;第三,图书馆在不影响履行前两项职能的前提下,可向国会以外的国家机关、地方自治团体、公共团体、教育研究机构及公众提供图书馆服务,即与国立中央图书馆共同履行国家图书馆的职能。

韩国国会图书馆通过数字图书馆向国民提供丰富的全文信息,并为满足公民的知情权和消除知识鸿沟而做出努力。韩国国会图书馆在藏书资源建设、参考咨询服务、读者服务等方面成为韩国众多公共图书馆的领军者。

韩国国会图书馆不仅为国会议员及国会工作人员收集、整理、分析、管理、提供有关国会的立法活动和国情审议所需的各种情报,而且还发行、分发各种国家书目,以及提供各种国内外数据库的使用信息,同时通过和外国图书馆之间进行的资料交换,传播韩国文化。

韩国国会图书馆的建馆目的是:收集国会议员议政活动所需要的立法及国家政治问题的信息和文献,并对之进行分析,提供信息服务。自 1998 年起,韩国国会图书馆又向普通公民开放。因此,韩国国会图书馆既是为韩国国会立法及议政活动提供服务的专门的图书馆,也是与韩国国民一起成长的开放的图书馆。

3. 机构设置

依据《国会图书馆组织机构制度》的规定,国会图书馆下设国会情报室、法律情报室、信

① 유재일.2011년국회도서관연간보고서[M].서울:국회도서관,2012:2

② 韩国国会图书馆[EB/OL].[2013-09-24].http://www.nanet.go.kr/06_introduce/05_collectbook/01/booknow.jsp

③ 국회도서관.국회도서관[M].서울:국회도서관,2012:2

息管理局、信息服务局及国会档案室。此外,国会图书馆馆长下设企划管理室,负责人为企划管理官。关于室、局及馆下设的课,或与此级别相当的专门负责机构的设立及其业务分工由图书馆馆长规定。

(1)企划管理室

企划管理室的负责人是企划管理官,由理事官或副理事官担任。企划管理官的职责包括:制定、统筹安排及调整业务计划,编制预算及调整分配,组织管理定编人员,制定和修订图书馆所负责的规则、规定、内部规定等,审计和核查相关事务,图书馆宣传事宜,员工教育培训、研修以及馆员教育培训等,国际合作,安全工作及管理公章,公务员的任用、服务、奖赏、退休金、健康保险及其他人事管理,预算执行及结算,物品管理、采购及验收,图书馆公务员工会工作,室、局(包括国会档案室)主管范围以外的业务,图书馆馆长指示的其他事项。

(2)国会情报室

国会情报室设室长一名,室长下设国会情报审议官一名。室长由管理官或理事官担任,国会情报审议官由理事官、副理事官、工业部理事官、情报管理部理事官或合同制公务员担任。室长负责以下业务:关于国会信息支持政策的事项;检索相关信息并提供给国会;发行并提供国会相关资料;调查翻译国外资料,并提供服务;建设和管理立法知识数据库;建设国会情报相关数据库;收集和管理网络文献,并提供服务;负责网络资源服务相关事项;其他为国会提供的情报服务。国会情报审议官辅助室长,负责国会情报服务援助业务。

(3)法律情报室

法律情报室设室长一名,室长由管理官或理事官担任。理事官负责以下业务:法律图书馆藏书建设、对外合作及其有关政策的事项;调查翻译法律情报,并提供服务;建设国外法律数据库;建设法律情报相关数据库;建设法律情报互联网;运营和管理法律图书馆;编制法律文献索引;管理法律情报背景资料;建设和运行国家法律电子图书馆;其他法律情报室运行相关事项。

(4)信息管理局

信息管理局局长由理事官、工业理事官、情报管理理事官、副理事官、工业部理事官或情报管理部理事官担任。局长负责以下业务:图书馆自动化及电子图书馆政策的相关事项;关于电子图书馆建设及运营的事项;关于图书馆资料的知识产权的事项;关于元数据标准化事项;建立和补充主题词表;建立和维护参考文件;关于国内外信息交流合作及协议会的事项;建设数字图书馆全文数据库的相关事项;建设馆藏文献的目次、索引、全文等数据库;收集和修复数字文献,并建设其数据库;建立和整理硕士、博士学位论文综合目录;建立连续出版物索引;安装并运营主机、信息通讯网络以及安全系统;开发并运营信息系统;安装、维护及维修自动化设备;其他关于图书馆信息化的事项。

(5)信息服务局

信息服务局局长由理事官或副理事官担任。局长负责以下业务:关于藏书建设、文献组织、保存及阅览政策的事项;关于馆藏文献的采访、购买、呈缴、交换及赠送的事项;收集国内外大学、协会、学会及国际机构等发行的资料;发行图书馆资料;关于馆藏文献的分类、编目及整理的事项;关于馆藏文献的阅览、借出及保存的事项;馆藏文献的使用导航及读者咨询等相关事项;关于阅览室、资料室、书库运营以及管理的事项;关于馆藏文献的馆际互借事项;其他关于馆藏文献参考服务的事项。

(6)国会档案室

国会档案室室长由副理事官、书记官担任。国会档案室室长负责以下业务:关于国会档案管理政策的事项;收集、保存及提供国会档案阅览,并建设其数据库;指导和监督国会档案管理;依托与中央档案管理机构的协作,相互利用档案并分工保存;关于图书馆档案信息的公开请求事项;修复、复制以及再版国会档案及馆藏文献;关于国会档案及馆藏文献的缩微制作事项;关于电子档案的评价、废除及管理的事项;将国会档案分为可公开档案和非公开档案,并对非公开档案进行再分类;国会历史文物的保存事项等。

4. 人员配置

国会图书馆的人员属于公务员编制。除了定编的公务员之外,该馆还可以聘用合同制公务员、研究岗位公务员以及辅助课长或专门负责人的4级公务员以补充特殊岗位人员不足的问题。

依据《国会图书馆组织机构制度》的规定,为了保障国会所需信息的提供、数据库建设、国外资料调查翻译、图书馆自动化建设、数字图书馆建设及资料室运营等方面的需要人才,在预算范围内可聘用合同制公务员。

为了保障档案信息管理及其提供服务所需要的人才,国会图书馆可聘用研究岗位公务员。但是,该馆根据规定,聘用合同制公务员时,普通公务员、合同公务员及研究岗位公务员的比例要均衡。

国会图书馆还可以在考虑岗位种类、难度及其重要性,且不影响开展正常业务的情况下,根据相关人事规定针对职能岗位定编人员进行整合管理,包括7级、8级、9级以及10级定编公务员。

二、韩国国会图书馆服务

1. 国会信息服务

"国会信息服务"是对国会立法及政策审议的相关资料进行调查、检索、翻译,并为国会议员提供服务的业务。服务内容包括:国会信息咨询服务和国外相关文献咨询服务。服务产品包括发行快报及相关资料、建设各种立法相关数据库及邮件服务等。

国会信息服务,是国会图书馆将专门馆员和外国文献检索人员按照国会各常任委员会的职责建立的责任体系,以确保咨询答复内容的专业性和时效性。自2009年至2012年,国会信息服务情况见表1。

表1　2009—2012年国会信息服务情况①　　(单位:件)

年份	2009	2010	2011	2012
国会信息服务	2301	2339	2518	2633

① 황창화.2012국회도서관연간보고서[M].서울: 국회도서관,2013:26–27

(1)快报及专题资料服务

国会图书馆选择有时效性的国会议题,收集、整理相关事实情报,以"一览系类"为题目,发行快报。快报主要向国会、行政部处、国外交换处等机构发行。自 2011 年至 2012 年总共发行了 14 次,见表 2。

表 2 2011—2012 年快报发行情况一览表①

期号	主题	时间	册数	编者
19	2011 年引领美国的权力精英	2011 年 1 月	1500	政治行政资料课
20	资源战争:海外资源战争	2011 年 4 月	1700	经济社会资料课
21	灾难管理体系	2011 年 6 月	1500	政治行政资料课
22	未来人口危机:低出生・高龄化社会	2011 年 7 月	1500	经济社会资料课
23	非正式编制劳动力	2011 年 9 月	1500	经济社会资料课
24	韩流,超越亚洲走向世界	2011 年 10 月	1700	政治行政资料课
25	家庭欠款	2011 年 11 月	1700	经济社会资料课
26	独岛文献总目录	2012 年 2 月	1500	政治行政资料课
27	2012 年丽水世界博览会 (附录:2012 年丽水世界博览会和国会活动)	2012 年 4 月	1500	经济社会资料课
28	主要国家国会议员职责	2012 年 5 月	2000	政治行政资料课
29	扶持中小企业	2012 年 10 月	1200	经济社会资料课
30	开发宇宙	2012 年 10 月	1200	政治行政资料课
31	出生高峰期世代(the aby boom generation)	2012 年 12 月	1200	经济社会资料课
32	引领美国的权力精英	2012 年 12 月	1200	政治行政资料课

此外,国会图书馆针对国内、国际的法律政策和政治动向,收集、整理相关信息,发行资料。目前发行的资料有以下五种:

①《各常任委员会亟待解决的主要问题》

国会图书馆对韩国政治、经济、社会及文化进行全方位的调查,列出第 19 届国会亟待解决的主要问题,并将其按各常任委员会的职责进行分类整理,以《各常任委员会亟待解决的主要问题》为题目发行。它是国会各常任委员会亟待解决的主要问题的总概括,收录国会立法相关机构的政策及议案信息、各行政部处的主要业务计划和各种媒体报道等内容。国会图书馆利用《各常任委员会亟待解决的主要问题》,向第 19 届国会议员宣传该馆信息服务。

②《立法知识数据库主题目录》

《立法知识数据库主题目录》收集立法知识数据库中的国情(国政)各领域主要现状及政策议题标题,以书本形式发行。具体而言,收录立法知识数据库使用介绍,自 2011 年至 2012 年新定及更新的主题目录和新定主题摘要等。自 2000 年 8 月至 2012 年 12 月,共收录了 1234 个主题目录②,并根据常任委员会的职能进行划分。

---

① 유재일.2011국회도서관연간보고서[M].서울:국회도서관,2012:31

② 황창화.2012국회도서관연간보고서[M].서울:국회도서관,2013:28

③《全球热点新闻》

《全球热点新闻》是国会图书馆以刊物的形式向国会议员及立法机构提供的一项服务。该刊物系统整理每日外国报纸报道的国外政策动向、国外主要政策研究及国会发行的最新政策报告书、现状报告资料等,并对之进行翻译。2011 年,为了更好地向国会议员提供外国政策动向,《全球热点新闻》从季刊变成双月刊,发行了 6 期,即第 5 期至第 10 期。2012 年,为满足韩国第 19 届国会议员选举①的需求,将第 2、3 期合并发行,共发行了 5 期。

自 2012 年 3 月起,试行开展了"常任委员会提醒服务"项目,对最新政策报告书中需要解决的问题进行概括和翻译,向各常任委员会提供服务。截至 2013 年年底,分 17 次,共向 370 名议员提供服务。

④《国外政策观察》

为了积极开展第 19 届国会立法活动服务,在为第 18 届国会所提供的咨询服务中,选择国外制度、政策及现状等相关资料,按各常任委员会的职责进行分类并整理,以《国外政策观察》为题目发行。《国外政策观察》收录了海外文献资料调查官在过去的 4 年内进行的关于各国家的相关咨询案例、咨询答复及国外文献翻译目录等。国会图书馆利用《国外政策观察》,宣传为国会提供的信息服务。

⑤《网络政策辑要》

为了增强网络文献的利用率,国会图书馆以邮件形式提供的资料为中心,将资料按常任委员会进行分类,以双月刊的形式定期发行《网络政策辑要》,为国会议员及立法支援相关部处提供服务。《网络政策辑要》自 2011 年至 2012 年,共发行了 12 期,收录摘要 778 条、书目 4370 条。

(2)数据库建设与服务

①立法知识数据库

国会图书馆收集主要政策现状报告书、相关资料的全文,以及该领域专家所发表的具有知识含量的信息,并对其进行整理,建设"立法知识数据库",为议政活动提供参考。

自 2011 年 9 月起,新定主题是以原有的报告书格式收录,而修订的主题是以 1—2 页摘要的格式收录。自 2011 年至 2012 年,共收录 321 个报告书和 2431 个主题,向国会议员室、常任委员会等立法相关机构提供。与此同时,还建设了相关资料的全文数据库,有 196 384页。

表 3　2011—2012 年立法知识数据库常任委员会主题建设情况②

序号	常任委员会	主题数量
1	国会运营委员会	75
2	法制司法委员会	231
3	政务委员会	177
4	企划财政委员会	278

① 韩国第 19 届国会选举,于 2012 年 4 月 11 日,在韩国全境内进行。

② 유재일.2011국회도서관연간보고서[M].서울: 국회도서관,2012: 33
황창화.2012국회도서관연간보고서[M].서울: 국회도서관,2013: 29

续表

序号	常任委员会	主题数量
5	外交通商统一委员会	291
6	国防委员会	137
7	行政安全委员会	290
8	教育科学技术委员会	209
9	文化体育观光广播通信委员会	238
10	农林水产食品委员会	119
11	知识经济委员会	308
12	保健福利委员会	258
13	环境劳动委员会	268
14	国土海洋委员会	254
15	信息委员会	22
16	女性家族委员会	110
合计		3265

②参考数据库

参考数据库是以国政监督检查资料等国内外主要全文文献中的统计表、图标、组织图等立法相关参考文献为内容建成的，通过国会电子档案系统在国会内部提供服务。

2011 年，建立了 30 784 条参考数据。截至目前，国会图书馆已有 166 324 条参考数据。

2012 年，对参考数据库功能进行优化调整，在原数据库只有关键词单一检索功的基础上，又增加了主题检索和常任委员会主题检索两个功能，以提高该数据库的服务能力。自 2005 年 9 月起至 2012 年 12 月 31 日，国会图书馆已建立了 196 816 条参考数据。其具体情况见表 4。

表 4　参考数据库建设情况①

年份	2005	2006	2007	2008	2009	2010	2011	2012	合计
参考数据数量（条）	2296	5186	21 578	3625	35 489	34 364	30 784	30 492	196 816

③全球热点新闻数据库

摘要翻译美国国会图书馆国会调查局（CRS）、日本国立国会图书馆调查及立法考查局（Research and Legislative Reference Bureau）等国会调查机关，美、日等国家著名的政策研究所发行的主要政策报告，建设成数据库，并通过国会网站向国会议员及立法相关机构推送。同时每周以邮件的形式发行。自 2011 年至 2012 年，其数据库建设情况见表 5。

① 유재일.2011국회도서관연간보고서[M].서울：국회도서관,2012：34
황창화.2012국회도서관연간보고서[M].서울：국회도서관,2013：30

表5 2011—2012 年全球热点新闻数据库建设情况① (单位:个)

类目	数据库	备注
美国国会图书馆调查局(CRS)	680	
日本国立国会图书馆调查及立法考查局	203	
政策研究报告书(英语)	432	布鲁金斯等 30 个机构
政策研究报告书(日语)	416	瑞穗研究所等 30 个机构

④每日外国报纸信息数据库

通过网络摘选并翻译约 10 个国家 60 余种国外主要新闻媒体(《纽约时报》《朝日新闻》《世界报》《人民日报》《消息报》等)刊载的国外主要国家的国会、立法动向、政治、社会、经济等相关报道文章及与韩国相关的主要报道文章的标题及内容,建设成"每日外国报纸信息数据库"。

用户可通过国会网和国会图书馆主页利用每日外国报纸信息。自 2011 年至 2012 年,共收录了 13 780 条新闻介绍和 1959 条内容摘要。

⑤网络资料数据库

国会图书馆实时收集对国会立法活动及学术研究有帮助的最新网络信息,建设成"网络资料数据库",通过国会电子图书馆,向国会议员、国会工作人员及普通公民提供服务。自 2006 年 7 月开始的"网络资料服务",截至 2012 年 12 月底,共收集 272 388 条网络资料数据,其具体情况见表 6。

表6 2009—2012 年网络文献数据库情况② (单位:条)

年份	2009	2010	2011	2012	总计
网络资料数据数量	44 064	44 503	44 268	44 378	316 766

⑥国会议员政策资料数据库

国会图书馆开发了"国会议员政策研讨会数据库系统"③,自 2010 年 11 月起,通过"国会电子档案系统"向用户提供服务。用户通过该服务系统,可以综合检索国会议员举办或主持的研讨会及听证会的信息。自 2011 年 5 月 29 日起,通过国会图书馆主页,也向普通公民提供服务。

2011 年,为了建立国会议员在立法及政策相关的议政活动中所产生的综合性信息数据库,图书馆扩充了该系统,在政策研讨会数据库中增加了视频资料、国会议员政策资料集、议政报告书等内容。自 2012 年 1 月起,将"国会议员政策研讨会数据库系统"更名为"国会议员政策资料数据库",为用户使用提供更为便捷的检索途径。内容包括国会议员信息、常任委员会信息、国会信息及最新政策资料等。用户通过该数据库可了解当日研讨会日程及最近 2 个月内的研讨会信息等情况。截至 2011 年 12 月 31 日,国会图书馆共建立了 2336 条国

① 유재일.2011국회도서관연간보고서[M].서울:국회도서관,2012:34
황창화.2012국회도서관연간보고서[M].서울:국회도서관,2013:30

②③ 유재일.2011국회도서관연간보고서[M].서울:국회도서관,2012:35
황창화.2012국회도서관연간보고서[M].서울:국회도서관,2013:31

会议员政策资料数据①,见表7。

表7 2010—2012年国会议员政策资料数据库情况② (单位:条)

年份	2010	2011	2012	合计
数据数量	1705	631	2814	5150

(3)邮件服务

①立法知识数据库

国会图书馆以发送邮件的形式,向国会议员及国会工作人员随时发送立法知识数据库更新情况,而向其他机构用户的相关学科教授以每周一次的频率发送立法知识数据库更新情况。2011年,扩大了外部邮件服务范围,即发送对象由原有的87个大学、6个相关学科的教授增加到152个大学12个相关学科的教授。向这些教授发送的内容是立法知识数据库中PDF格式的主题报告书。

②全球热点新闻

国会图书馆将美国国会图书馆的国会调查局(CRS)、日本国立国会图书馆调查及立法考查局、主要国家智囊团等机构发行的政策报告书,以每周一次的频率通过邮件发送给用户,提供简要服务。2011年,将服务对象由原有的5级以上助理及立法服务相关机构5级以上员工,拓展到国会议员室全体助理和立法服务相关机构5级以上全体员工。自2011年至2012年,共提供了99次邮件服务。

③每日外国报纸信息

国会图书馆将10个国家的约60余种主要新闻媒体(《纽约时报》《朝日新闻》《世界报》《人民日报》《消息报》等)刊登的外国主要国会、立法动向、政治、社会、经济等相关报道,进行简要翻译,并提供服务。每日外国报纸信息邮件服务是以每周五次的频率向国会议员及立法服务相关机构提供服务。自2011年至2012年,共提供了484次每日外国报纸信息邮件服务。

④主要网络政策服务

国会图书馆及时采选、收集立法活动所需要的国家及公共机关、民间机构等机构制定的最新主要政策或现状,建设成数据库,以每周一次的频率向各常任委员会发送。自2011年至2012年,国会图书馆分101次将4635件资料提供给用户。同时,国会图书馆发行名为《网络政策辑要》的双月刊,该刊物按常任委员会职能进行划分,分别编辑相关主要资料集,向国会议员及立法服务相关机构推送。

2. 法律信息服务

法律信息咨询服务是法律资料调查官及法律专门咨询馆员调查和翻译国内外法律信息,向国会议员及法律相关机构提供相关资料的业务。咨询服务内容包括调查法律及案例、翻译并提供国外法律等。国会图书馆经法律专家和法律专业咨询馆员之间的协商,将法律检索及相关服务形成体系化。在咨询服务过程中,广泛使用国外法律数据库,迅速完成法律

① 유재일.2011국회도서관연간보고서[M].서울:국회도서관,2012:36

② 황창화.2012국회도서관연간보고서[M].서울:국회도서관,2013:32

信息服务。2009—2012 年的国会图书馆法律信息咨询服务情况见表 8。

表 8 2009—2012 年法律信息咨询服务现状① （单位:件）

年份	2009	2010	2011	2012	总计
法律信息咨询	651	670	690	753	3981

（1）专题信息服务（专题目录信息）

①《疑难法律问题资料辑要》

为了加强国外法律信息服务职能，国会图书馆对与疑难问题相关的国内外法律及相关信息进行调查和整理，以《疑难法律问题资料辑要》为题名发行资料。《疑难法律问题资料辑要》前瞻性地提供关于疑难问题的主要国家法律及相关信息，它同时提供主要国家的与疑难问题相关的法律原文和译文，以利于用户比较、使用。

2012 年，共发行了《主要国家儿童性侵害防治相关立法案例》等 7 份资料，其中《保护大型店铺及胡同商业权利》和《关于独岛及国际司法法庭相关国际准则》，在社会上被广泛传播，并被广泛利用于新闻媒体和国会议员室研究报告中。

②《2012 年国外法律翻译书目》

《2012 年国外法律翻译书目》是利用国会图书馆外国法律数据库中的外国法律及其译文，简要介绍相关法律的资料集。它收录了根据国会议员及国会常任委员会的需求翻译的各国主要法律目录、通过各种信息源而收集的外国法律翻译目录等内容，每年发行一次。

2012 年，应对第 19 届国会改选，根据各国会常任委员会的职责，将 50 个国家的主要法律资料——2902 条目录进行分类后编撰成书，并在末卷内收录国家索引和法律名称索引，向国会议员室及立法相关机构发行。

③国外立法案例

国会图书馆发行《主要国家校园暴力相关立法案例》和《主要国家婴幼儿保育法》资料集，为用户提供主要国家法律焦点信息。

《主要国家校园暴力相关立法案例》收录了韩国、美国及英国的校园暴力相关法律法规。遴选收录在美国新泽西州和佛罗里达州的《校园暴力防治法》中与韩国法律相关的条目，为韩国相关法律修订提供参考。同时收录美国新泽西州《校园暴力防治法》和英国《2006 年教育监督法》的原文和译文，让用户便于理解。

国会图书馆在韩国和主要国家的婴幼儿保育制度中，遴选相关法律法规，对其进行整理，以《主要国家婴幼儿保育法》为题名，发行资料集。其工作重点是婴幼儿保育费、抚养补贴及保育设备扶持工作等。婴幼儿相关法律有英国的《2006 年儿童保育法》、德国的《联邦育儿休假津贴及育儿休假法》及日本的《儿童补贴法》等。其中日本的《儿童补贴法》是同时收录原文和译文。

④法律信息咨询案目录

为迎接韩国第 19 届国会选举，对在第 18 届国会期间所提供的法律咨询服务内容进行整理，以《法律信息咨询答复目录:第 18 届国会》为题名，每月向国会议员助理、委员会调查官推送，为前瞻性立法研究活动和政策动向研究提供参考。

① 황창화.2012국회도서관연간보고서[M].서울:국회도서관,2013:36

（2）数据库建设与服务

①疑难法律问题资料数据库

调查整理目前与国内疑难问题相关的国内外法律及与此有关的信息，以《疑难法律问题资料辑要》为题名发行纸本资料，同时建成数据库，通过国会法律图书馆网站推行服务，为韩国立法及政策制定提供基础性资料。疑难法律问题资料数据库提供根据标题、疑难问题相关法律名称、各国会常任委员会进行检索的功能，并同时收录主要国家的相关法律原文和译文，为用户对比、使用提供方便。2012 年 6 月起，已建立了《主要国家儿童性侵害防治相关立法案例》等 18 个数据库，以邮件形式为国会议员室及立法相关机构的全体员工提供服务。

②国外法律信息数据库

针对日益增加的国外法律信息需求，国会图书馆调查收集主要国家的立法及法律修订相关内容和各种疑难问题的相关法律，与原文整合在一起建立数据库，并提供服务。为了提高法律信息的准确性，国会图书馆将已收录的法律元信息，直接与 X－LIMS 链接，系统地制作数据。基于及时的各种法律译文收集，努力维护和管理数据库质量。2011 年至 2012 年，共建立了 533 条外国法律信息数据库。

③法律信息资源索引数据库

该数据库于 2010 年 6 月启动，截至 2012 年年底，已完成了 51 780 条数据的建设。内容包括图书、学位论文、学术期刊索引等法律信息和议会相关文献。旨在提升对国会议员及立法辅助机构的服务水平，并加强面向普通公民的法律服务职能。

2012 年，国会图书馆通过法律电子图书馆检索系统，开通了法律主题检索服务功能。国会图书馆计划今后继续做好法律文献回溯数据库工作，努力建设韩国法律信息资源的有效管理体系与利用体系。

④法律争论焦点数据库

国会图书馆将法律制定、法律执行、法律适用等阶段中所产生的一次法律信息和以一次法律信息为基础而产生的二次研究信息，整合成法律争论焦点数据库，并提供检索服务。

韩国国会图书馆自 2010 年 6 月起着手法律争论焦点数据库的筹备工作，调查国内外相关资料、比较分析相关体系、收集国内外专家建议等。自 2011 年至 2012 年，共建立了 300 条法律争议问题数据，以国会议员及其他工作人员为对象提供服务。

自 2012 年 8 月起，开始收集国会常任委员会的各种报告书及会议录等内容，以丰富该数据库。

⑤世界法律信息网络（GLIN）数据库

世界法律信息网络（GLIN）数据库，由美国国会法律图书馆主管，对各国提供的法律全文和英文摘要进行整理，并免费向用户提供。

1996 年，国会图书馆代表韩国参与了世界法律信息数据库建设工作。2012 年，国会图书馆选择 100 条韩国制定或修订法律英文摘要和原文传送到该数据库。

（3）邮件服务

①国内立法及法律修订焦点

国会图书馆收集国内各种疑难法律问题报道、概要及与此相关的法律，通过邮件向国会议员室、国会各立法辅助机构提供服务，从而积极推动立法活动，并提高对疑难法律问题的应对能力。2011 年,建设 450 条数据,提供了 40 次邮件服务。

②最新外国法律消息

国会图书馆隔周向国会议员、国会工作人员、与国会图书馆签署协议的 120 所大学的 2600 多名教授等外部专家提供该项服务。2011 年,建立 109 条数据,提供了 20 次服务,使得国会图书馆的外国法律信息在学术界和国会间共享。

3. 专题阅览服务

(1)独岛统一资料室

2008 年 2 月,国会图书馆进行机构改革,将独岛统一资料室与国际组织机构资料室合并。2010 年 6 月,随着国际组织机构资料室搬迁到议政馆,独岛统一资料室开始独立提供阅览服务。

独岛统一资料室收藏与国家统一相关的立法及研究活动所需的统一文献和其他国家的有关国家统一内容的文献,以及朝鲜发行的特殊文献等,为统一以及对朝鲜开展全面研究提供信息服务。

独岛统一资料室旨在挖掘并收集分散于国内外各机构的有关独岛的文献,并对之进行整合管理,为独岛研究学者提供系统而综合性的服务,提高国民对独岛的了解与关注,支持各研究机构积极做好独岛研究工作。该阅览室通过按主题开展的独岛相关信息简报工作,一方面为相关领域研究读者提供方便,一方面基于独岛相关文献开展持续性收集工作,以努力做好独岛文献的服务和建设。

(2)议员阅览室及议员个人研究室

国会图书馆议员阅览室收藏国会会议录、法令集、前任及现任议员专著、国会议员政策资料、新书、畅销书、议政资料、最新国内外连续出版物以及报纸等,为用户提供服务。

议员阅览室有影像会议室、多媒体会议室及议员专用座位等场所和设备。议员阅览室为国会议员和其助理提供“图书上门借出服务”,即图书馆负责将用户所需资料直接送到国会议员办公室。

目前,韩国国会图书馆有 5 间独立的国会议员个人研究室,每间面积约 16 平方米,配有电脑、打印机、阅览桌、电话等设备,为议员的研究活动、文献阅览及执笔等工作提供方便。

在国会内部刊物中心开展现任国会议员的代表著作展览,为国民对议员的关注和了解,提供了有效途径。第 18 届 286 名议员曾经参加过在此举办的个人专著展览。

4. 其他服务形式和服务宣传

韩国国会图书馆为法律信息服务的专业化做了很多努力,如:将主要国家法律体系、立法过程及法律信息源使用方法的调查研究工作外包。伴随着国会议员及立法服务相关机构对主要国家立法、案例相关法律信息服务需求量的日益增加,法律信息服务的难度也随之增加。各国法律体系和语言差异较大,导致法律信息难以检索、利用,并对其研究带来诸多困难。为了调查主要国家的法律体系、立法过程及法律信息源使用方法等,国会图书馆建立系统的外国法律服务体系,采用外包的方式对法律信息进行研究。2011 年 9 月至 12 月 3 个月期间，由檀国大学、产学合作团体负责开展的该研究工作，对美国、英国、法国、德国、欧盟等主要国家的法律体系和国际法的相关内容进行调查，并研究相关的法律信息源使用方法。

韩国国会图书馆非常重视立法决策服务的介绍和宣传，为了收集国会议员及常任委员会的各种需求，并提供相关服务，组成16个常任委员会专门服务组，开展了“上门优质服务”。常任委员会专门服务组成员直接登门访问议员室、常任委员会专门委员室及调查官，发行国会信息服务介绍及广告单。通过“上门优质服务”，收集了各用户意见，加强了服务宣传，提高了国会图书馆的知名度，摸索了国会图书馆目前存在的各种问题的解决方式和各种支援及合作模式。此外，图书馆还发行“国会信息服务”和“法律信息服务”介绍宣传单，以利于提高国会信息服务的全面宣传和利用率，法律信息服务宣传单的内容包括发行资料及法律相关数据库导航、法律图书馆资料室介绍等，对法律信息咨询服务起到了一定的作用。图书馆还开展调查国会信息服务满意度的工作，调查和分析国会议员及助理对国会信息服务的使用情况、读者满意度等信息，抓住问题点，并利用这些信息改善国会信息服务。

三、韩国国会图书馆服务保障体系

1. 法律保障

《国会图书馆法》，是以国会图书馆为法律对象的关于国会图书馆的专门法律，为国会图书馆的发展和立法决策服务提供了良好的法律保障机制。

首部《国会图书馆法》颁布于1963年11月26日，由8条组成，确定了国会图书馆法的基本框架，规定了国会图书馆的组织、职务及权限等相关事项。

1967年，国会修订了部分条文，具体规定了图书馆馆藏资源的收集方法，即订购、受赠、交换、缴送。在司书局新设参考书目课，负责参考书目调查、索引编制、馆报发行等业务。这些修订内容给出版物的国际交换提供了法律依据。1969年，部分修订了公务员的级别和待遇，将课级以上普通公务员的级别提高一级，改善了员工待遇，从而提高了图书馆服务效率。

1970年和1973年，国会图书馆法的两次修订都对图书馆的机构进行了改组。1970年规定增设图书馆机构——立法资料室，并且将立法调查局的各课名称定为法制政治课、财政经济课、社会建设课、文教宣传课。1973年将法制资料部门改编成海外资料局；合并立法调查局的社会建设课和文教发布课，成立文公社会课；在海外资料室成立欧美课、亚洲课、中华课、苏联课。机构的调整使国会图书馆更好地发挥立法调查职能，更便于向国会提供立法活动所必要的国内外各种资料。

1974年12月26日，国会对该法进行全面修订：将原来经该会议的决议制定的国会图书馆组织机构制度，改为经国会运营委员会的同意，由议长决定；将以国会内部规则规定的局及课的业务、公务员的定编，以及其他相关事务的规定，改为经运营委员会的同意，由议长决定；厘定图书馆馆长的工资，馆长经议长的许可才可受理委托金。

1981年曾废止本法，以暂行条文的形式制定国会图书馆相关规定，并且在事务总长管理下设立职能独立的图书馆。随后，根据国会法第二十二条第五项的规定，1988年12月29日，韩国重新制定了《国会图书馆法》。新的法规由12条组成，详细规定了员工及馆长任免、图书馆职能、图书馆馆藏资源建设等相关事项，也提出了关于自动化建设方面的规定。

1994年的部分修订调整了国会图书馆的组织：原国会事务处负责的立法调查业务，改成由国会图书馆负责；将宪政资料的收集及管理业务移交给国会事务处。为了保障图书馆中层管理人才，1995年12月30日，国会部分修订了《国会图书馆法》，将课长级别定为3级或4级。随着电子图书馆建设和对专业人才的需求，1999年12月，该法进行了部分修订：将课级机构的组织权限授权给馆长，并且在定编人员的20%范围内，在社会上以公开招聘的方式聘任合同公务员，以补充专业岗位人才的不足。现行《国会图书馆法》的最后一次部分修订是2009年5月。将缴送文献资料范围扩大到非图书、视听资料、电子图书等。

《国会图书馆法》规定了国会图书馆的组织、职能等相关事项，从《国会图书馆法》的发展历程来看，这部法为了更好地规范和调整国会图书馆的立法决策服务工作，在颁布后的50年里进行了15次修订，不断对条文进行补充和修改。该法在不断的修订中，调整了国会图书馆的机构配置、人员的级别和待遇、文献的搜集和呈缴等。这些修订内容涉及面非常广，既包括具体业务的拓展，也包括机构人事的变动，为图书馆的立法决策服务提供了各方面的法律保障。

2. 国会图书馆相关运行规则

韩国国会图书馆十分重视内部规则和服务制度的制定，详尽的内部规则和完善的服务制度成为韩国国会图书馆立法决策服务的又一保障。

(1)《国会图书馆组织机构制度》

韩国首部《国会图书馆组织机构制度》是于1964年2月28日制定的。截至目前，它部分修订或全部修订了23次，现行的《国会图书馆组织机构制度》于2011年8月26日修订，并自即日起实施。《国会图书馆组织机构制度》规定了国会图书馆的下属组织及其业务、职位级别、各级别公务员定编人数及其他图书馆运营的必要事项，由15条内容组成。它在第二条中规定了国会图书馆的组织机构——国会情报室、法律情报室、情报管理局、情报服务局及国会档案保存所，并且在第六条至第十条中，详细规定了这些机构的人员编制、级别以及主要业务。

(2)《国会图书馆运行规则》

1989年，韩国国会颁布了首部《国会图书馆运行规则》。现行《国会图书馆运行规则》是2010年全面修订的，由6章15条内容组成，分别是总则、图书馆服务、馆藏文献的提交与呈缴、馆藏文献的相互交换、转让及剔除、国会图书馆咨询委员会和补则。《国会图书馆运行规则》根据《国会图书馆法》，详细规定了国会图书馆的自动化建设、数字图书馆运行、馆藏建设、读者服务等事项。

(3)《国会信息服务与法律信息服务相关制度及规范》

韩国国会图书馆为了合理而有效地开展国会立法活动相关的咨询服务，特别制定了详尽的内部服务规则——《国会信息服务与法律信息服务相关制度及规范》。该规则规定了图书馆的咨询服务对象、咨询服务请求方式、咨询服务答复方式、咨询服务内容范围及审核标准，并对接受服务请求的顺序和资料的产权归属问题做出详细规定。

①服务的对象和内容

《国会信息服务与法律信息服务相关制度及规范》规定了国会图书馆的服务对象是国会议员、国会常任委员会及特别委员会和国会立法相关机构；服务的内容即“国会信息与法律信息”，是国内外政策现状、立法案例、统计资料等各种立法相关资料。

②接收服务的方式和部门

用户通过网络系统、电话、书面、传真、访问等方式，向国会图书馆申请“国会信息与法律信息”服务。国会情报室长承接以上服务申请时，应该将其申请信息发送到相关所辖部处；如所辖部处不明确，国会情报室长应与相关部处负责人协商，方可决定所辖部处。

③提供服务的要求及方式

针对用户的咨询服务申请，国会图书馆应该提供公正而客观的资料。国会图书馆提供的“国会信息与法律信息”服务，以网络系统、电子邮件、传真或访问等适当的方式进行，当答复内容简单或紧急时，可用口头或电话等方式答复。用户答复内容应先经国会图书馆馆长审批，方可提供。但是，在内容简单或紧急的情况下，可以在报经馆长审批之前先行提供。此外，为了提高“国会信息与法律信息”服务的满意度，可举办问卷调查或国会议员助理（包括助理、顾问及秘书等）座谈会。

④咨询服务内容范围

国会图书馆根据《国会信息服务与法律信息服务相关制度及规范》规定，用户申请提供以下资料时，可以拒绝答复。如：违反国家宪法或属于国家机密的资料、诽谤他人或涉及个人隐私的资料、无法收集的资料或需要大量人力和预算的资料、与国会立法活动无关的资料、其他被图书馆馆长认为提供答复欠妥当的资料。

⑤受理服务的程序及其他规定

国会图书馆在接到“国会信息与法律信息”服务申请时，按以下顺序受理：国会议员—国会常任委员会—国会相关立法机关。但是，根据其申请内容的紧急程度，可调整受理顺序。

国会图书馆无法在限定时间内提供答复时，应通报其理由，并且向用户提供已检索、整理好的资料。需要外部的学者或专家援助时，经图书馆馆长的审批可以利用。此时，在预算范围内可支付业务外包费用。

国会图书馆“国会信息与法律信息”服务的资料或成果的著作权，应归于国会图书馆。引用这些资料或成果时，应标明其出处。

“国会信息与法律信息”服务及答复内容原则上不能公开。但是，提供服务之后，经馆长制定的有效期之后，或根据请求者的意愿，可在国会立法相关机关内公开其内容。

3. 规范化服务流程及程序

韩国国会图书馆承接或提供国会议员咨询服务时，有十分规范的业务流程。

(1)国会信息服务与法律信息服务答复程序

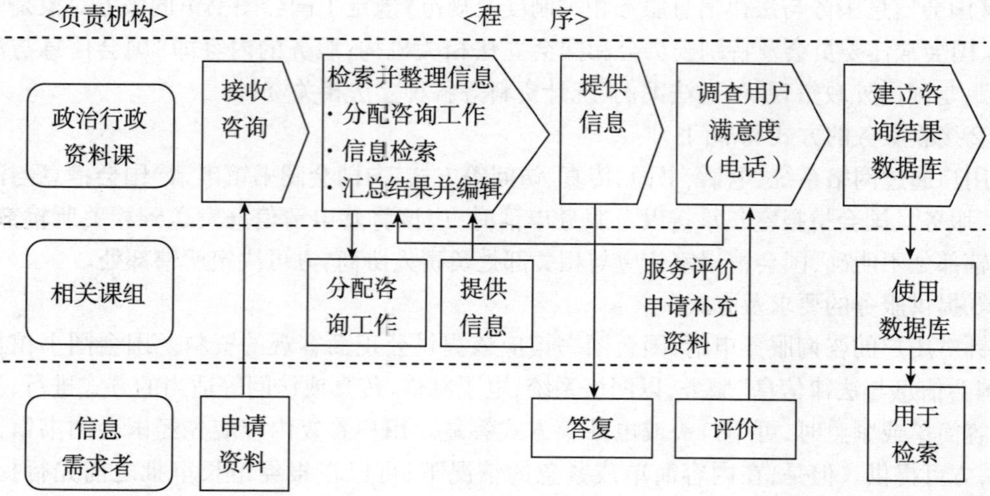

(2)国会信息服务与法律信息咨询服务业务流程

步骤流程	具体业务内容
接收咨询	·接收并分配国会议员、常任委员会、国会立法调查处、国会预算政策处等国会相关部处的咨询业务
⇩	
检索咨询内容并指定负责人	·在网上简单检索； ·根据简单检索结果，将咨询内容划分为国内咨询和国外咨询，并指定负责人； ·将咨询信息上传到“国会法律信息咨询管理系统”，并对其进行分类
⇩	
检索信息（国内·国外）	
⇩	
对咨询结果进行编辑	·基于检索结果编辑咨询答复函； ·汇总对同一咨询问题的不同馆员的检索结果； ·整理不同载体的检索结果； ·验收并最终编辑
⇩	
发送咨询答复书	·制作咨询答复函封面及批注文件； ·经审批后发送
⇩	
对信息检索结果进行数据库建设	将咨询答复函内容存储于“国会法律信息咨询管理系统”(附加文件等)

此外，国会图书馆有固定的用户咨询服务申请书格式和咨询答复函格式，各见附录1和2。

4. 国会图书馆咨询委员会

(1)国会图书馆发展咨询委员会

国会图书馆根据《国会图书馆法》第十条的规定，成立国会图书馆发展咨询委员会，听取馆外专家的建议，为本馆的发展方向及战略制定方针。目前，国会图书馆发展咨询委员会有22名各领域专家。2012年，国会图书馆召开了5次图书馆发展咨询委员会会议，听取关于"应对第19届国会改选准备工作""关于国会非公开会议录相关法规说明""国会图书馆人才资源数据库使用方案"等相关建议。

(2)国会信息咨询委员会

为了提升国会信息服务的专业性，保障立法知识数据库质量和快报选题质量，国会图书馆成立国会信息咨询委员会。该委员会由20名委员组成，包括国会委员8名和外部机构人员12名。2012年，国会图书馆召开2次国会信息咨询委员会会议，对国会信息服务的发展方案进行了进一步的讨论。

(3)独岛信息咨询委员会

国会图书馆成立独岛信息咨询委员会，为独岛相关文献系统而可持续的发掘和收集工作，建立专家咨询体系。2012年9月26日，根据国会图书馆的内部规定，将该委员会的名称从"独岛文献信息咨询委员会"，改为"独岛信息咨询委员会"。该委员会由14名委员组成。2012年，韩国国会图书馆召开了两次独岛信息咨询委员会会议，对独岛文献的扩充及独岛相关工作的拓展进行了讨论。

(4)国会法律图书馆咨询委员会

2010年8月18日，国会图书馆成立由法律专业大学教授、文献情报学教授及法学相关政府机构等领域专家组成的国会法律图书馆咨询委员会，为国会法律图书馆的作用和发展方案研究，建立了专家咨询体系，该咨询委员会有12名委员。自从咨询委员会成立以来，国会图书馆不断地向其发出咨询请求，使得法律信息服务更充实和完善。

2012年2月，国会图书馆召开了国会法律图书馆咨询委员会会议，对法律图书馆的有效运营和法律信息服务发展方案进行讨论。在会上反映的各种相关建议，对国会图书馆法律信息服务的健康发展发挥了积极的作用。

(5)国会电子图书馆咨询委员会

韩国国会图书馆成立由信息化领域专家和文献情报学领域专家组成的国会电子图书馆专家咨询委员会，为国会图书馆的信息化及电子图书馆的建设建立了专家咨询体系。电子图书馆咨询委员会有10名委员。

2012年2月8日，国会图书馆召开电子图书馆专家咨询委员会会议，对国会图书馆全文数据库建设优先顺序、全文数据下载提供方法，以及韩国学术信息协议会使用方案展开讨论，对国会电子图书馆的建设和服务起到了积极的作用。

(6)馆藏建设咨询委员会

国会图书馆成立由政治外交、法律行政等8个领域10名委员组成的国会图书馆藏书建设咨询委员会，听取该馆馆藏建设、馆藏结构、馆藏收集等相关建议，以保障国会图书馆的馆藏资源专业性。2012 年 2 月和 7 月分别召开馆藏建设咨询委员会会议，对本年度外文图书购买比例和亚洲国家图书支援工作进行了讨论。

上述各咨询委员会职责范围，涉及国会图书馆的发展方向及战略方针制定、信息咨询服务业务、与国家主权和领土完整相关的专题文献收集和服务、法律图书馆、数字图书馆以及馆藏资源建设等内容。通过咨询委员会为国会图书馆的发展、建设和服务提供决策咨询，从而既保证了国会图书馆各项业务发展保持相对客观独立，同时也使相关国会图书馆事业发展的整个决策过程更为科学和民主。

5. 财政支持

政府对国会图书馆的投资力度较大，从经济上保障了国会图书馆立法决策服务的顺利开展。韩国国会图书馆的经费由人员经费、基本经费、主要事业经费组成。主要事业经费由图书馆运行支援经费、立法信息服务经费、馆藏资源建设经费及数字图书馆建设经费组成。

从表 9 和表 10 中可以看出，韩国国会图书馆的事业经费逐年增加，2012 年比 2011 年增长了 4.5%。

韩国国会图书馆十分重视人才培养和馆员队伍的稳定。在每年的预算中，人员经费占整个国会图书馆经费预算的 50% 左右。如：2009 年占 51.62%，2010 年占 48.09%，2011 年占 50.01%，2012 年占 49.96%。同时各项主要事业经费也呈逐年增长的态势。如 2012 年，人员经费比前一年增长 4.4%，图书馆运行支援经费增长 21.7%，立法信息服务经费增长 40.1%，馆藏资源建设与文献保存经费增长 2.9%，数字图书馆建设经费增长 39.07%。立法信息服务经费增长比例最大。再从事业经费来看，在各项事业经费中，数字图书馆经费所占事业经费总额的比例之大，远远超过其他项目在事业经费总额中所占比例，如 2009 年数字图书馆经费占 54.6%，2010 年占 52.8%，2011 年占 38.4%，2012 年占 51.1%。韩国国会图书馆对现代信息网络技术融入国会图书馆服务之重视，进而带动其服务水平逐年提高，从数字图书馆经费投入可见一斑。

表 9　2009—2012 年韩国国会图书馆预算表①　（单位：百万韩元）

年份 / 类目	2009	2010	2011	2012
人员经费	16 565	16 318	17 887	18 666
基本经费	1220	1320	1382	1436
主要事业经费	14 302	16 292	16 492	17 258
合计	32 087	33 930	35 761	37 360

① 2009국회도서관연간보고서[M].서울：국회도서관,2010：33
유재일.2011국회도서관연간보고서[M].서울：국회도서관,2012：18

表 10　2009—2012 年韩国国会图书馆主要事业经费预算表　（单位：百万韩元）

类目＼年份	2009	2010	2011	2012
图书馆运行支援经费	678	906	906	1103
立法信息服务经费	487	574	574	804
馆藏资源建设及文献保存经费	5325	6200	6345	6527
数字图书馆经费	7812	8612	6345	8824
合计	14 302	16 292	16 492	17 258

6. 韩国国会图书馆对外交流与合作

为更好地收集国内外法律信息，为国会议员提供更高效、全面的服务，韩国国会图书馆十分重视加强国内外法律信息交流和合作。这也成为国会图书馆立法决策服务的重要保障。

（1）加入世界法律信息网

世界法律信息网（GLIN）是以美国国会法律图书馆为中心，由 40 多个国家及机构的正式会员、准会员、候补会员参与建设的国际性法律信息网络，包括各会员提供的会员国的法律、案例、国会及学术资料等内容。韩国国会图书馆自 1996 年起作为韩国代表机构成为世界法律信息网的会员，2011 年，将包括国内制订及修订的法律摘要的全文数据传送到 GLIN 上。同年，为了接收世界法律信息网会员国的最新法律内容和各种法律相关信息，韩国国会图书馆加强对 GLIN KOREA 主页的管理。同时，为了及时掌握外国立法动向，并拓宽与海外相关机构的人员交流和合作范围，同年 9 月，国会图书馆参加了美国国会图书馆举办的 GLIN 责任者会议，并获得了“模范执行奖”（2011 Exemplary Performance Award）。

（2）与国内法律信息管理机构之间的合作

韩国国会图书馆与国内法律相关机构开展了多种合作。曾以“国际法律图书馆的必要性和作用”为主题，邀请国会事务处法律室长举办座谈会。为了把握国内法律信息管理机构的法律工作情况并探索出合作模式，国会图书馆主办了国家法律信息机构合作体工作人员会议，为国内法律信息管理机构之间的合作及网络建设提供了平台。国会图书馆还选派员工访问法院图书馆和宪法法庭图书馆，相互讨论法律信息元数据标准及法院图书馆正在进行的翻译法令相关事项，同时与法制处协商了国内外法律信息相关交流及合作事项。

总之，健全的法律机制、完善的服务制度、合理的机构和人员设置、国内外法律信息机构的良好合作，以及对现代信息网络技术和数字图书馆建设持续的高比例资金投入，共同构成韩国国会图书馆开展立法决策服务完整有力的保障体系，他们所开展的信息服务产品以优质、高效的优势成为我们借鉴学习的他山之石。

参考文献

1. 국회도서관안내[M].서울：국회도서관,2012
2. 황창화.2012년국회도서관연간보고서[M].서울：국회도서관,2013

3. 董成娣.韩国数字图书馆的实践与研究进展[J].图书馆学研究,2004(3):11-13

4. 国家图书馆世界各国图书馆资料库[DB].[2012-11-30].http://www.nlc.gov.cn/newtsgj/sjgg/newyazhou/krgh/201011/t20101128_16806.htm

5. 韩国国立国会图书馆[EB/OL].[2012-11-30].http://www.nanet.go.kr/main.jsp

附录1 国会信息咨询服务与法律信息咨询服务申请书

国会信息咨询服务与法律信息咨询服务申请书	
	年 月 日
收信人:	国会图书馆馆长 或国会情报室室长
题目:	
答复请求日期:	年 月 日
申请机构:	
所属委员会:	
电话号码:	E-mail
承办部门:	

附录2 国会信息咨询服务与法律信息咨询服务答复函

国会信息咨询服务与法律信息咨询服务答复函 ——国外资料——
收信人: 议员(助理) 答复日期:2012 年 月 日
答复内容:
承接人:议会情报室外文资料课 国外文献调查官
本答复内容是向国会议员立法活动提供的信息咨询服务资料,不代表本机构的正式立场。特此证明。

附录:议会图书馆指南[①]
(2009 年修订版)

[英]基思·卡宁厄姆 著
王琳 刘英赫译 卢海燕审校

前言

第一版《议会图书馆指南》[②]在一定时期内所体现出的价值是显而易见的。世界范围内信息环境的快速变化,尤其是议会图书馆的快速发展,对于《指南》的更新提出了新的要求。2006 年在首尔举行的国际图联议会图书馆研究服务专业组会议上,与会人员经过讨论形成一致性的意见,即为《指南》的修订寻求资金支持。当时,我即将从英国下议院图书馆退休,同意承担此项工作。此项工作得到了很多人的帮助,特别是我在第一章中谈到的顾问小组的成员。他们对于《指南》早期草稿的评价意见十分有价值,我对他们充满智慧的建议和辛勤的付出表示深深的感谢。同时,我也得到了国际图联议会图书馆研究服务专业组历任主席的支持。在作出为新版本寻求支持的最初决定时,美国国会图书馆法律图书馆服务主管唐纳·谢德尔(Donna Scheeder)担任国际图联议会图书馆研究服务专业组主席。挪威议会图书馆馆长格罗·桑德格伦(Gro SandGroind),在担任国际图联议会图书馆研究服务专业组主席的任期间,《指南》修订的工作多数已经完成。新西兰议会图书馆馆长莫伊拉·弗雷泽(Moira Fraser),在 2009 年米兰国际图联会议上开始担任主席,此时修订工作已经进入最后阶段。衷心感谢他们三位!我也有幸得到来自议会图书馆的许多同事的支持。特别是在参加 2009 年 8 月罗马举行的国际图联议会图书馆研究服务专业组会议期间,在与各位同仁进行讨论中,我得到了他们关于《指南》的重要反馈。我对于《指南》第一版的编辑德莫特·恩格尔菲尔德(Dermot Englefield)印象深刻。然而令人遗憾的是,他于 2007 年 7 月(在《指南》修订工作开始之前)去世,因此我未能与他进行讨论,如能进行,必将对于修订工作大有裨益。最后,感谢我的夫人朱莉(Julie),在我从事修订工作中所给予我的全力支持。我希望修订版能和第一版一样,发挥出它的作用。

基思·卡宁厄姆(Keith Cuninghame)
2009 年 11 月

---

① 《议会图书馆指南》根据英文版 Guidelines for Legislative Libraries-2nd, completely updated and enlarged edition 翻译。

② 以下文中简称《指南》。

序言

“信息是议会的命脉,议会需要信息服务来帮助他们管理信息流,而这些信息流对于维持世界民主至为重要。”这是在 2008 年 10 月由各国议会联盟、各国议会秘书长协会和国际图联在主题为“告知民主”会议上发出的联合倡议,旨在说明议会图书馆及其研究性服务对于立法机关的重要性。

“获得可靠、及时的信息对于民主立法机关的正常运作非常必要。议会图书馆通过提供权威的、独立的、无党派的信息服务为议会的高效率工作做出贡献。新的信息通讯技术根本性地改变了议会对于知识和信息的管理,近几十年来这些服务在许多地方得到了广泛的开展。”

国际图联议会图书馆研究服务专业组的既定目标之一是“开发和推广为议会提供信息和知识的标准以及最佳做法”。《指南》对那些致力于在发展中国家的议会建立图书馆和研究机构的人来说尤为重要。国际图联议会图书馆研究服务专业组和部分经验丰富的委员,已经提出建议并支持这些举措。因此新版《指南》将具有无可估量的价值。

国际图联议会图书馆研究服务专业组的活动近年来已经扩大到世界各大洲和大多数的国家。随着参加活动人员数量的增长,跨越了文化和语言的障碍,与在相似环境下工作的同事共同分享知识和经验的价值日益凸显出来。新成立的议会图书馆,或者近期有计划扩大规模的小型图书馆或研究服务机构,可能会发现《指南》在帮助他们确定适度服务水平方面尤其有用。

《指南》第一版出版以来,信息通讯技术的发展大大改变了议员们的工作方式。因此,议会图书馆及其研究性服务为议会工作提供支持的方式也发生了变化。通过使用新的方法和技术,议会图书馆及其研究性服务可以协助议会处理超载信息,支持议会审议、提高立法质量。第二版《指南》涵盖了新的技术,并将对议会工作提供支持。

基思·卡宁厄姆(Keith Cuninghame)曾任国际图联议会图书馆研究服务专业组主席,英国下议院图书馆高级管理人员,也是多年来国际图联议会图书馆研究服务专业组热情的支持者,他在很大程度上重写了《指南》。他得到顾问工作组的帮助,该工作组成员来自世界各议会图书馆及研究服务机构。我由衷地感谢他们的支持,特别是对基思(Keith)深表谢意。

国际图联议会图书馆研究服务专业组主席

莫伊拉·弗雷泽(Moira Fraser)

第一章　导论

背景

第一版《指南》由已故的德莫特·恩格尔菲尔德(Dermot Englefield)编写,于 1993 年出版。对于为国会议员提供研究和信息服务的工作人员来说,其具有重大的指导价值,并且已经被翻译成多种语言。德莫特(Dermot)在 1991 至 1993 年期间,担任英国下议院图书馆馆长，其在1976至1991年间任副馆长一职，加入国际图联已经超过20年，连续四年担任国际图联议会图书馆研究服务专业组秘书，之后又连续4年担任议会图书馆研究服务专业组主席。由于德莫特（Dermot）所具有的出色的工作能力，其被指定负责第一版《指南》的编写工作，并与拥有丰富经验的一批同事共同开展此项工作。在编写《指南》过程中，德莫特（Dermot）和同事们深知日渐加快的变革步伐，特别是虽然1993年版《指南》已经在一定程度上涉及了图书馆计算机化的内容，例如"在线数据库的发展"，但很显然在术语解释中没有包括随之而来的众多词汇，如"电子邮件""互联网""局域网"以及"网站"等。而这些词汇恰恰是信息服务的核心内容，这也是需要更新版本的一个原因。当然《指南》的更新并非只是出于技术变革的推动。国际图联议会图书馆研究服务专业组在讨论中明确，需要对第一版《指南》未包括（或者未详细涉及）的主题进行意见征询。例如为用户提供更好的服务所涉及的服务营销以及用户培训等内容。

新版《指南》由基思·卡宁厄姆（Keith Cuninghame）完成，在2006年退休之前的13年中，基思（Keith）是英国下议院图书馆高级管理团队的一员，经常参加国际图联会议，并且参加议会图书馆研究服务专业组工作长达8年。他拥有一个优秀的顾问团队，成员来自世界不同国家并具有丰富经验，他们对所有章节的初稿进行了讨论。他们是：

因诺森特·鲁甘伯瓦（Innocent Rugambwa），乌干达议会图书馆和研究机构负责人；

唐纳·谢德尔（Donna Scheeder），美国国会图书馆法律图书馆服务部主管；

雅勒·舍尔德斯塔（Jarle Skjørestad），挪威议会研究部主任；

珍妮特·西顿（Janet Seaton），苏格兰议会原信息中心主任；

玛丽·泽弗里德（Mary Seefried），澳大利亚昆士兰州议会图书馆馆长；

艾莉·瓦伦蒂（Ellie Valentine），作为工作人员，曾在美国国际开发署在巴基斯坦、亚美尼亚、乌克兰等地的项目组工作；

威廉·扬（William Young），加拿大国会图书馆馆长。

与第一版相比，新版《指南》在很大程度上是重新撰写而非简易修订，它是对过去快速发展变化的16年的集中反映。但是初版《指南》的基本原则和建议以及一些内容仍旧保留。这些基本原则，正如在议会图书馆研究服务专业组会议讨论时表明的，适用于不同规模、不同资源、不同时期和不同发展阶段的图书馆。尽管议会图书馆的工作人员所在的工作机构以及他们的政治背景存在很大的差异，但他们在见面时经常为他们的共同点而感到惊奇。

议会图书馆最简单的定义是专业图书馆。他们为国会议员及议员身边的工作人员提供服务。作为一个整体，他们为某些机构提供支持，并扮演额外的不同角色，如作为管理者，或者是向公众和学校提供议会信息服务。如果你要计划建立一个立法机构，那么可能想知道是否需要一个图书馆？并且还会想到图书馆建筑以及文献资料的收集等问题。例如《钱伯斯21世纪词典》将"图书馆"定义为收藏用于学习、参考、外借之用以及用于公共或私人使用的图书、胶片、录音制品、录像制品等的房间或者建筑物。维基百科的定义则更具有现代感，它认为"图书馆"是收藏信息、资源和服务之地：它由公共机构、社会机构或者私人个体组织使用和进行管理。在更传统的意义上，图书馆即指图书的收藏地。与定义更为相关的是你可能还是会想，一个新建的立法机构是否需要一个图书馆。对于"图书馆"的定义有一种被动的感觉，并未真正描述出21世纪国会议员需求的现实特点。

国会议员需要在机场或新闻发布会进行即时性评论；希望证明对手以及他/她的数据已

经过时；需要有助于在电视或者广播上公开讨论；需要提出的问题穿透政府行政部门的防御或推诿，所有这些都需要信息具有即时性和准确性，而这当然不能仅从图书馆的定义中得出。它还需要工作人员具有专业的技能和知识，例如快速查找信息的技能、准确评估信息的技能；还包括在一般情况和立法过程中，对议员有可能感兴趣的广泛主题所具有的相应的专业知识。

各国议会联盟最近出版了《21 世纪的议会与民主：最佳实践指南》。该指南说明，一个实力雄厚的议会除拥有其他设施之外，还要有“综合的图书馆和信息服务”。联邦议会协会出版的《民主立法推荐标准：研究小组报告》则明确指出：“议员及其工作人员将会得到足够的研究支撑、图书馆的服务，以及信息通讯设施的使用。”

这些指南是广泛征询意见的结果，既表明现代民主议会普遍性的认同，也是现代议员需要图书馆服务、研究服务和信息服务的证明。如果认为这些指南行之有效，在你需要之时可与这些图书馆取得联系。

第一版《指南》出版之时，正值人们对“民主是怎样运行”的问题给予极大关注，亦即在 1989 年柏林墙被象征性地拆除之后，《指南》被翻译成俄文，并且传播到许多新独立的国家的从业人员手中。这一进程，当然并不局限于在东欧共产主义政权崩溃后可以发展的议会，而是全球性的。在这一进程中有一种普遍认识，即“新兴的民主”需要一个有效的议会，议会如果欲妥善地做好本职工作就需要有效的研究和信息服务。但是认真思考议会图书馆如何以新的方式最大限度满足议员的要求以及事实上议会如何发挥其作用，并不局限于这些所谓的“新兴的民主国家”。伴随着互联网产生的巨量信息（无论是精确的还是令人怀疑的），以及为用户提供信息的服务方式因技术发展而发生的巨大改变，那些历史悠久的议会图书馆，在满足用户不断增长的要求和期望的同时，要面对快速变化的用户需求。

如果按照《各国议会联盟和注册会计师指南》开展工作，议会图书馆的工作人员（相对于那些为议员工作的个人）只需要为议会工作而不需要为行政机关服务。这些人员的工作与立法机构的其他工作人员相比，存在着明显的区别。大多数立法机构的工作人员将其工作集中于关注法律本身的构建。立法程序和委员会工作人员所关注的是议会和委员会的会议录；负责报告的工作人员关注的是辩论；其他人则关注管理、餐饮、游客等。但是图书馆和信息服务机构的工作人员则关注在广泛和全面的条件下议员的作用，并且铭记无论他们在何处工作他们的信息服务必须符合议员的需要。规则在变化，但可能包括对由议员代表该地区选民代表工作的支持，或者支持出现在媒体上的关于为国家或地区所做贡献的辩论。议员所需要的大量信息都来自外部，所以工作人员必须不仅要意识到外部世界和组织的变化以及与该变化相关的事实和政策问题，同时必须善于开展代表议员利益的谈判。

立法机构的工作人员因其工作的特殊性需要忍受专业上的隔离。他们几乎没有机会与其他议会图书馆和信息服务机构的工作人员开展面对面的交流和讨论，在工作性质上与其他机构和图书馆也绝少有直接可比性。国际图联议会图书馆研究服务专业组的发展（截至 2009 年 8 月，该服务组已有 111 名成员，来自 50 多个国家）是缓解这种隔离的一种途径。服务组内部开展的讨论常常是充满活力并且信息丰富。它是议会图书馆在相互学习中成长壮大的有力证明。有些地区性的组织也发挥着类似的作用，其中最大的即是欧洲议会研究和文献中心。此外，还有一些国会图书馆的其他区域性协会，例如覆盖大洋洲、北欧国家以及非洲东部和南部的协会。另外，还有许多国会图书馆之间保持着双边关系。

《指南》其余章节内容简要概括如下：

第二章，议会与议员的作用。他们对信息和研究的需求，以及对议会提供信息和研究服务的一般原则和个性化的需求都在此章论述。

第三章，服务类型。讨论的核心内容包括：信息服务、研究服务、互联网服务以及以图书采购和外借为代表的传统图书馆服务。一些图书馆可能除此之外还提供范围更为广泛的服务，例如为议会提供信息通讯技术服务，为公众、学校和档案馆提供有关议会的信息等。

第四章，论述硬拷贝和数字化资料的馆藏发展政策。讨论范围包括：资料的类型、收集的一般准则、选择的政策以及对外借的馆藏应如何进行管理。

第五章，服务方式。既包括对议员特殊咨询的响应方式，也包括通过议会内部的局域网或其他方式提供文献服务的方式。此外还谈及一些尚未提供的服务。

第六章，着重论述了在为议会服务的背景下的信息服务和一般图书馆服务。它涵盖实体图书馆、总咨询台、可能遇到的咨询问题的范围以及回复咨询所需要的资源。

第七章，研究和分析服务。它着眼于国会研究服务的特殊性、研究人员的技能、成果形式以及怎样来组织服务。

第八章，如何界定议会图书馆的服务质量，包括如何选择资料、资料的内容以及如何提供给用户。本章还论述了质量标准的发展。

第九章，服务营销。包括了解用户需求的重要性、开发产品以满足用户需求，以及用户培训。

第十章，人员需求，讨论不同的角色需要的各种技能和能力。本章着眼于人员的招聘、培训以及发展，既包括专业的技能和知识，也包括更为广泛的各种技能。

第十一章，议会局域网和互联网的内容，以及议会图书馆在为网站提供和编辑内容所具有的潜力。本章还论述了网站工作的全局管理和安排，以及图书馆需要发挥何种作用。作为电子议会的概念，也讨论了日渐广泛使用的 Web 2.0 工具。

第十二章，议会图书馆的财务工作，包括预算、支出和审计。议会本身也具有一整套的财务操作流程，议会图书馆应该如何遵从该流程。

第十三章，论述议会中组织机构和管理的多样性，以及图书馆和研究服务怎样适应这样的组织机构。本章还论述了议员通过图书馆委员会和其他途径，在确定图书馆发展方向上所可能发挥的作用。

第十四章，地区图书馆和国际图书馆间的关系问题。包括国际图联（特别是议会图书馆研究服务专业组）、地区协会、议会之间的双边关系。

第十五章，议会图书馆在为公众所提供的关于议会的信息服务和教育中的角色作用，特别是在为学校所提供的类似服务中的作用。

第十六章，图书馆如何在议会资料（包括硬拷贝和数字资料）的归档方面发挥作用，以及数据记录管理政策和档案资料的使用。

第十七章，在第一版《指南》所论述的主题背景下，高度概述议会图书馆充满活力的本性，并尝试确定已显现的新的挑战。

第二章　议会信息需求

本章着眼于国会议员对图书馆、研究和信息服务的需求,以及议会图书馆的独特之处。

但首要问题是,议会是做什么的?或者议会应该做什么?这个问题的答案影响着对议会图书馆员的需求。对该问题可以进行无休止的讨论,但是在本书中不适合进行这样的讨论。各国议会联盟的《21 世纪的议会与民主:最佳实践指南》将议会的功能总结如下:

虽然专家们可能对这些功能的精确表述有不同意见,但是普遍认为,以下各项应是各国议会应当承担的任务:

- 制定法律
- 批准国家预算中的税收和支出
- 监督行政行为、政策和工作人员
- 批准条约并且监督条约机构
- 讨论国家和国际重要事件
- 审理及纠正申诉
- 批准修订宪法

依据这些功能,议会对于民主的贡献在于,不仅仅从高效的业务组织这个意义上来有效的承担这些功能,更要以一种服务于社会各方面需要的方式来实现。

不论如何定义议会的角色,显而易见的是,议会的上述很多功能的发挥都依赖于巨大的信息需求。例如,在实施对行政行为的监督时,国会议员很可能要面对掌握着所需实质信息的官僚机构。如果国会议员想发挥影响,就需要有自己的信息来源。否则,在讨论国家和国际事件时,政敌可能会抓住这个机会,认为作为参与讨论方,缺少准确信息。但是这个问题也可能会导致公众提供信息的意愿和渴望过高,例如,当讨论立法时,尤其是容易引起争议的立法时,就可能存在游说团体和其他人员,他们会只提供给议员能够支持他们自身观点的信息。

随着对政策改变、危机和新闻迅速回应的媒体越来越多,立法者的压力也逐渐增大。立法者所处的社会专业性越来越强,各个事件之间更容易发生关联。立法者在高强度的时间压力下工作,经常需要及时回应,然而可以用来考虑的时间却非常有限。因此,立法者的工作压力相当大,同时要依赖于国会议员能够提供清楚易懂并且简短的咨询需求。这是政客被期待拥有的一种技巧,这种技巧对议会图书馆有重要的含义。比如,向国会议员提供的结论要简要明晰,复杂的技术和法律问题要进行不被歪曲的简化。首先,信息,尤其是含有数据的信息,需要及时更新。建立在已经过时的信息基础上的讨论是非常尴尬的。准确性可以说是同样重要,它是基本的,尤其是当议员在公开讨论以及被提问和回答问题时,不仅在立法机关中如此,在电视节目、接受记者采访、与选民的会议以及类似的活动中也是如此。

国会议员并不认为议员之间存在等级差别,是影响图书馆和国会议员关系的一个因素。议员可通过选民推选加入立法机关,他们认为自己的需求更具优先性,即便不比议会里其他成员的需求重要,起码也是同样重要。所有国会议员都希望自己的需求都够得到平等的重视。然而,平等对待只能带来议员们过多的特殊需求,所以大多数图书馆并不给予这些需求以完全平等的重视程度。

立法机构是涉及观念和政策冲突的高度敏感的机构:立法机构的工作人员需要了解这一现实,并且能发挥政治嗅觉以给议员提供有用的信息,同时表明政治中立以给他们的用户信心,相信自己所接受的信息和建议是公正的。

除了特殊的议会服务的优势而不是向国会议员建议他们可以依赖于许多其他的信息资源之外,运行中的议会图书馆还具有什么优势呢?优势大致如下:

深刻了解议会、议会的需求以及节奏。这意味着议会图书馆的工作人员了解议员的工作流程,能够回应他们的需求。

为议会工作而不是为政府工作。虽然政府也会乐于向国会议员提供信息,但是只提供能够支持政府政策的信息。在其他方面,政府可能不愿意发布信息,由此使议员对可供选择的其他信息来源产生了需求。如果国会议员要有效地监督政府,他们就会需要独立的信息来源。

公正性。很多人愿意向议会以及议员个人提供信息只是希望推进他们自己的事业或者兴趣以及政策议程。尤其是政府,愿意提供给议会的可能仅仅是支持政府政策的信息,借以更好地诠释他们的观点。而通过议会图书馆得到的信息却是可以支持或者驳斥政府的观点。这种服务,可以说是主要的服务,对政治派别中各方的议员都必须是可用的以及能够平等取得的。国会议员需要相信从议会图书馆获得的任何信息都是公平公正的。

不同信息的综合。议会图书馆可用资料的范围和数量超出了繁忙的国会议员能够应付的程度。因此常常需要以一种可行的和公正的方式搜集出主要观点,这需要对问题有敏锐的政治意识,这是很复杂的并要求技术含量的。

覆盖所有的公共政策。议会图书馆可以提供“一站式服务”,国会议员在这儿可以搜集到有关他们需发表的意见的许多不同领域的信息。

在必要时给为国会议员提供的服务以加密保护。尽管议会图书馆制作的多数信息一般都能获取到,但是议员搜集信息的保密性很重要,他们的查询不会透漏给其他人,例如政敌或政府。

集体记忆。议会图书馆可以扮演知识库的角色,它们通过储存它们认为可能对国会议员有用的信息来实现。员工依靠经验,建立一个非正式的集体知识库,以帮助预测需求,并且能够使更多的新员工受益于老员工的经验。议会图书馆能够从历史性辩论或者立法过程中保存基本要素,这些历史性辩论或者立法过程可能构成也可能不构成立法记录的一部分。

所有这些都意味着一个有专业需求的专业客户。然而矛盾的是,这些需求不仅专业,而且涉及面很广。从议员对信息需求的意义上来说,需求是专业的,因为所需求的信息要以一种适应议员快节奏生活及议员角色性质的形式提供给他们。这就要求了解议员们需求的人提供简洁、公正、及时的信息(这意味着公正提供的信息可能被以一种具有高度党派性的方式使用)。但是从要涵盖公共政策的整个领域这个意义上来说,需求又是广泛的。个别议员可能在公共利益的某些领域内培养出一门专业(或者可能以专家的身份进入议会)。但是很明显,没有一个人能通晓政府可能立法或者他们可能被要求出具意见的所有领域。这样就需要一种信息服务,既能对个别议员很熟悉的具有专业知识的主题,也可以对一些不熟悉主题提供建议和指导。因此,尽管议会图书馆狭义上可以被看作是为专业客户提供服务的专业图书馆,但是他们不同于一般的专业图书馆,原因在于他们需要在人的认知的广度上提供信息,而不是集中在只关乎一个专业领域。简而言之,议会着眼于全人类的知识。

第三章 服务类型

决定议会图书馆大小和规模的根本因素是其所服务的立法机关的性质。如果立法机关或者议会规模很大,经常召开会议,并且在社会中具有积极强大的作用,那么其成员则需要,也可能要求有一个能够提供广泛服务的图书馆。如果议会弱小,并不经常开会,它将很难维持一个永久的图书馆。

议会图书馆可能负责议会中一定范围的服务。有些服务是明显被希望提供的,但是并没有一个明确规定哪些服务应该提供哪些不应予以提供的清单,并且每个国家之间也存在着很大的不同。这些取决于议会的管理和组织:图书馆可能是一个较大部门的一部分或者其本身就是一个拥有权力的独立部门。如果是后者,图书馆将承担一定的责任。虽然国会研究服务往往是图书馆服务的一部分,但并不意味着总是如此。国际图联议会图书馆研究服务专业组的成员在 2006 年进行的调查表明,有研究服务的议会中,在研究服务机构和图书馆在同一个部门的情况下他们的服务是分离开来的,而在其分属不同部门的情况下则更是如此。

哪些服务可被提供还取决于可利用的资源。很明显,一个小的只有几名员工(在许多情况下甚至更少)的图书馆并不能像较大并且资源丰富的图书馆一样提供一定范围和广度的专业知识服务。所以相伴随的不是应该提供某些服务的清单,而是议会图书馆拥有什么、议会拥有什么样的清单,或者特别议会所不能提供什么的清单。大多数服务会以这样或那样的形式在多数议会中出现。如下的分类并非是固定不变的:例如在一个议会中认为是"研究"的服务可能在另一议会中被认为是信息服务。如果议会是为公众提供服务,则在为公众提供的服务与为议员提供的服务之间会有重叠。

传统的图书馆服务。容易令人忽视的是,在网络信息服务快速增长的时代,人们对那些本文前部分所述及的字典中定义的服务仍有需求,这仍是关于图书馆应该做什么的普遍想法。图书馆的传统服务,包括图书馆为参考和外借所用提供藏书(光盘、缩微胶片等),工作人员与用户进行沟通提供用户所需的文件或者信息等。阅览室是一个物理服务空间的组成部分,这个空间配备有阅览桌和工作站并提供安静的研究环境。议会图书馆收藏的一个关键部分是对议会文件和记录的收藏。很多老的议会大楼为图书馆预留了豪华的房间。图书馆可能有借书服务,当其自身的资源无法满足议院的专业需求时,将通过馆际互借从外部图书馆获得图书。一些议会图书馆与国家图书馆或其他专业图书馆保有密切联系以满足这样的要求。在某些情况下,议会图书馆也发挥着国家图书馆的作用。一些议会图书馆,无论是否是国家图书馆,都对公众开放。议员可以进入图书馆向工作人员提出咨询(或者可以自己利用资源不去打扰工作人员)或者可以通过电话、电子邮件或者短信寻求帮助。咨询将会从参考库、网络或者其他渠道得到回复。

信息服务。自从任何类型的图书馆都提供信息服务后,在传统服务和信息服务之间就没有固定不变的界限。然而,将信息服务确定为一个独立的概念仍十分重要。在此背景下,信息服务是指为满足议员的需要提供及时、准确的信息。信息服务和研究服务的区别并非总是清晰,但是信息服务通常被认为是从纸质或网络资源中获取并迅速提供参考信息,在答复的过程中并不需要学科专业知识。他们还可帮助议员(或其工作人员)自己进行检索。

研究服务。大多数拥有最低限度资源的议会图书馆都有某种形式的研究服务,无论研究服务机构与图书馆是否在同一部门。即使不在同一部门二者之间也有密切的联系(如果这种密切的联系不存在,那么十分遗憾)。在规模上比较大的改变会影响所做的工作,但是研究服务的本质在于它为议员提供具有学科专业性的政策分析简报,并且可能提供的是比信息服务更长、更具实质性的简报。这可以通过不同的方式来完成,但是典型的研究服务既会提供一般可用资料(例如关于最新立法的简报或者当下热点的简报),也会提供针对个别议员特殊需求的专门资料。局域网的发展意味着可能提供更广泛的资料,这意味着有从专注于满足个人要求转向为向所有人提供具有前瞻性资料的趋势。然而,这并不意味着量身定制的服务因为其所占工作量比例的减少而变得不重要。在不同的议会之间,研究服务的范围也不相同。特别是对有些议会研究服务部门来说,组织为议会委员会提供研究支持是其很重要的一部分工作,但是对其他议会研究服务部门却并非如此。有些议会研究服务部门把通知国会议员关于个别选民的问题作为其核心任务,而其他议会研究部门则并不将此项工作视为其工作的一部分。

正如我们所看到的,信息服务和研究服务的区别并非固定不变。在国际图联的介绍中,各国议会联盟和议会秘书协会于2008年10月22日在日内瓦举行关于信息民主的会议。欧洲议会图书馆的伊恩·瓦特(Iain Watt)认为正出现一种新的趋势在覆盖信息服务和研究服务。他指出:“即使图书馆和研究职能经常在一起,但他们是独立分开的专业领域。近年来我们已经看到二者的汇聚。图书馆的职责是提供更多的增值产品,例如,不仅只是参考还包括总结和概述。同时,研究服务往往会产生较少的大制作的研究论文而是更多短小的、切中要点的简报。这两种服务正在融合。在这两种服务中,趋势是随着议会的工作变得更加专业、更富技术性和挑战性而需提高服务的学科专业性。”

议会信息系统基础设施。议会会安排其信息通讯技术设施的管理。然而需要对物理设施(计算机、电缆、集线器等)和通过物理设施提供的内容和服务之间的区别进行划分。议会不同的部门会有其个性化的需求,例如,使其追踪立法的修正案,制作辩论的报告或者向议员传播研究和信息服务。多数议会图书馆如果他们有实体馆藏,当然希望拥有在线目录,既可以作为管理工具,也可以使其用户访问实体(或虚拟)馆藏。自从信息通讯技术成为图书馆获取、处理和传播信息的一个关键组成部分,议会图书馆即对其如何工作产生了兴趣。图书馆控制基础设施工作的程度是会发生变化的,但是如果他们要取得成功并且图书馆需要一种机制来确保其所需和优先事项予以考虑,进行紧密的工作安排是很重要的。

互联网和局域网服务。信息通讯技术基础设施包括为议会提供互联网服务和局域网服务。议会局域网很可能是议会信息和研究服务部门为议员提供服务的一种关键方式。互联网是议会将其信息提供给公众的日益重要的方式。图书馆也可能使他们的一些资料在互联网上可用。如果服务是提供给那些完全可以使用它们的人并且这些在信息服务领域工作的人具有专业知识和经验,那么互联网和局域网上资料的设计和组织就十分重要。这也许意味着,此种服务内容的编辑、组织的管理责任应隶属于议会图书馆的统一管理之下。

为公众和学校服务。议会日益意识到其需要向公众和社会尤其是学校的学生说明其所做的工作。由于议会图书馆的工作人员善于筛选、组织和传播信息,他们将更好地发挥这些作用。他们也需要通过议会来追踪立法的进程并意识到发生了什么,因为这是他们一般意识需要的一部分。因此,在为议员提供信息服务的同一管理安排下定位为公众和学校服务是明智的,因为二者的信息需求会存在交叉。

出版物、保存和归档。某些议会图书馆也负责维护议会的历史,即保存过去的会员记录、成员论文,多数图书馆有计划出版和推广其特殊馆藏以及在立法会议上、特殊场合上(国际会议、周年纪念等)的针对特定主题的专藏。议会文件档案机构在一些议会中是议会图书馆的组成部分,而在其他的议会中则是独立的服务部门。

上述并非议会图书馆可提供的服务的详细清单,但是它确实涵盖了在其范围内可能提供的服务。如果这些服务不属于图书馆,则一定会由议会的其他部门承担。

第四章 馆藏发展政策

背景

所有的图书馆都需要考虑他们应获得什么样的资料以及应将多少预算用于发展馆藏。本章着眼于议会图书馆,尤其是独立于国家图书馆的议会图书馆的馆藏建设问题。馆藏包括电子资料和硬拷贝资料(还包括缩微资料)。议会图书馆馆藏的范围取决于议员和其他用户的专业需要。其中可能包括:

- 图书,既包括参考图书也包括一般图书
- 期刊
- 活页文选和其他短时效收藏品
- 报纸(硬拷贝和电子)
- 在线数据库
- 非在线电子(数字)资料(包括归档的站点)
- 缩微资料
- 视听资料

这可能会影响收购政策有关的因素,极个别图书馆可能需要考虑那些影响采购政策的因素,比如在第二章所讨论的为议员提供及时、准确和公正的信息。

可能影响采购决定的问题

采购的预算是什么?如果其被认为不足,是否有可能增加?图书馆是否可以免费获得重要的资料?有些议会图书馆是缴存图书馆:就是说,他们有权免费获得在国内出版的任何图书的复制本。缴存的结果让人喜忧参半,因为部分资料对于议会图书馆有价值,而同时也接收到一些与议员信息需求不相干的资料。当然,即使议会图书馆不是缴存图书馆,它也可能获得大量的免费资料。在预算紧张的情况下,缴存对于议会图书馆将格外重要,但是如果不加选择地接受免费资料并将其分类和上架则会影响收藏政策的实施。需要有强有力的政策来处理免费资料,使其通过简易的程序登记入册。议会图书馆与其他提供快速、可靠资料的图书馆是否有良好的联系?议会的信息通讯技术基础设施如何强大?如果它是可靠的,将会扩大数字资料的获取范围并且使其在局域网得以使用。图书馆的藏书都用于外借还是纯粹的用于参考？有基于自己收藏的专业资料的研究服务吗？图书馆为硬拷贝资料留有多大的存储空间？上述所有问题的答案都将会影响到采购决定。

硬拷贝资料和在线资料之间的平衡

一旦预算获得通过，如果同样的信息在硬拷贝资料和在线资料这两种方式都可使用，则需要考虑二者之间支出的平衡。对于一些频繁使用的资料，可能两种方式都予以采用——对许多用户来说，这样的状况依旧存在，即利用手头熟悉的参考图书可能比在线检索更加快速、更受欢迎。如果图书馆藏有外借图书则该图书是以硬拷贝形式出现的（除非发明了符合要求的数字图书形式，并且其在灵活性上可抗衡实体图书）。一般来说，从图书馆员的观点来看，有选择即比只有数字形式的资料要好。这表明普遍感兴趣的材料可以通过局域网获得，再次证明了信息通讯技术基础设施是足够强劲的（如果不是图书馆主张大力改善）。它还意味着，在大多数情况下，工作人员将更容易检索，并且资料可以比硬拷贝资源更经常地更新。处理数字资料的一个问题就是其版本可以被快速地更新或者改变，并且它对于议会图书馆的跟踪十分重要。

增长或无增长

另一个决策点是采购政策是否要允许增长。这主要是针对硬拷贝资料，对许多图书馆来说空间问题是一个主要问题。但是也需要考虑到数字资料储存一样需要成本。所以该问题的答案可能取决于图书馆是一个拥有少量馆藏的新图书馆还是已经建立的成熟的图书馆。图书馆可能还有一个重要的文献保存作用。即使议会议事的官方报告和议会文件都可在线使用，所有的图书馆，除了那些很容易使用国家图书馆或其他图书馆所藏的相同资料的图书馆，可能仍愿意保留至少一份完整的硬拷贝。倘若能被保存在安全的条件下（例如远离水灾和火灾），并且纸张是无酸的，那么它是比数字形式更具保障性和持久性的形式。如果这样做，很明显其他硬拷贝资料的保存空间将被缩减。一个新的或者新近建立的图书馆可能觉得有必要继续建立它的硬拷贝资源。然而，一个成熟的图书馆，应该考虑到硬拷贝馆藏的零增长意味着新资料的收藏应与旧资料的清理或者馆藏的减少相符。所有的图书馆都需要考虑，在这个数字时代他们所需要的硬拷贝馆藏的程度，即使他们有足够的空间，仍有人员费用和维护费用的问题。也就是采购政策要与挑选和清理政策相匹配。

资料的选择

议会图书馆需要决定其选择资料的原则。专业图书馆员所熟悉的模式对此有所助益。基本的原则是，在经费允许的范围内，图书馆应采购图书、电子信息资源、报纸、期刊、活页文选、国会议员及其工作人员在履行议会职责的过程中可能需要的其他资料、图书馆和研究人员所需的为议员提供信息和研究服务的相关资料等。其他的议会工作人员出于他们的工作需要也可收集资料。在线信息和硬拷贝信息不应该被认为是孤立的而应该作为互补资源。

在此方法下，根据全面收集的可取性有助于按学科领域进行分类。议会当然希望全面收集议会文件以及辩论和会议记录的官方报告。它还需要一个非常好的但不一定完全综合的政府出版物的收集（一些专业性很强的出版物对议员来说没有什么兴趣）。

当谈到图书和期刊，必须要有选择性地进行收集，而议员在履行其职责时所可能需要的资料是考虑选择的关键标准。因此,资料的收集可能就集中于一些学科,例如法律、政治和政体,社会科学,科学政策问题以及关于外国的图书。这不意味着其他的学科就被排除在外,但是确实应该有一个强有力的选择策略。一种极端的情况是有的议会图书馆不想收集关于一些学科的任何资料。例如,编织和蛋糕制作的相关资料。而那些有广泛研究的学科的资料将被收集和保存。议会本身的相关资料即包括在内。对于一些学科,图书馆将不同程度地收集一些资料,但是并不希望获得太多专业性很强的资料。例如,议会图书馆会想收集有关经济政策和理论的图书,但不是指那些高度复杂的经济理论数学论文。在这些一般原则中需要有一种方法去检验出版的材料的种类。即使属于某一学科领域并且图书馆的收藏是综合性的,儿童图书也不应在购买范围之内。但是对于可能成为政治问题的任何学科,图书馆需要获得(或者至少是借)相关资料。例如,某案例中整容手术成为一个政治问题,图书馆可能需要有关该问题的政策方面的资料。同时,大量的研究服务中有足够多的专家会证明购买经济学和其他学科的艰深的专业图书是合理的,是对议员有益的。

图书馆需要思考的是是否购买当代小说。这取决于图书馆是否为议员提供包括他们的业务爱好在内的综合性的服务,这种情况一般不被考虑,除非有重大的政治影响。然而,在一些国家,当代民族作家的小说的收集具有提高议员民族文化遗产意识的作用。在某些情况下,图书馆可能有一个明确的使命即提高议员第二语言的使用,而该种语言的小说可能就是提高方式的一种。对一些已经提供小说的图书馆来说,他们可能很难停止这项服务。新的或者发展中的图书馆在他们决定收集此项资料之前需要仔细考虑,收集此项资料会增加议会或者选区业务承担额外资源的人力和财力上的负担。然而,在某些情况下可能需要考虑实用主义的需要。如果对小说的少量收藏有助于让人们走进图书馆,并且使得议员们认为如此更为有利,那么即值得收藏。此项业务可与公共图书馆合作,但是需要记住这并非议会图书馆的主要核心任务。

报纸是任何一家议会图书馆馆藏的重要组成部分,将在第六章中进行深入讨论。它是多数议会图书馆期望预算投入的重要部分,因为议员经常被新闻议程推动。尽管现在多数报纸可在线使用(虽然不一定是完整的文本),议员可能仍希望获得硬拷贝版本,包括那些在他们所代表的国家的部分地区流通的版本。

研究服务,如果有该服务内容,则需要获得专业资料、图书、数据库和其他资料,这些资料对一般的图书馆来说过于专业。研究人员希望尽可能方便地使用这些专业资料。将用于研究的资料视为图书馆整体馆藏的一部分并且可以被所有的使用者在需要时使用,这是非常可取的。

对议会图书馆来说,馆藏发展的特别重要区域之一即包括政治和公共政策在内的“灰色文献”。在许多国家,都有产生源源不断的各种主题报告的一些活跃的研究小组或者“智囊团”。利益团体、竞选组织和政党也将针对当前热点问题制作小册子。其中的一些组织发展建设良好而其他的可能在短时期内成立然后消失。无论是发展良好的组织还是短期存在的组织所制作的资料,在捕捉公共政策方向的变化上十分具有影响力。追踪这些出版物并非易事,他们通常只用很短的时间印刷,并且制作该资料的组织可能没有使用主流出版渠道。但是它们可以为公开辩论做出重大贡献,因此议会图书馆应该努力进行收集和保存。

缩微品(缩微胶片或电影胶片)是许多图书馆仍在使用的档案保存方式。尽管它是一种即将过时的技术但仍有它有用之处。如果有些东西是值得保留的但没有大量使用,通过缩微的方式进行保存将不会花费如数字化那样的成本。但是在有数字化替代品的情况下,图书馆应仔细考虑是否选择采购新的缩微品。

外借馆藏

议会图书馆通常(但并非一成不变)藏有外借给议员以及其他可能的使用者的图书。他们也可能为议员或者研究人员从其他图书馆借来图书。很容易获得外借资源会使议会图书馆不用去建立自身的馆藏。如果外借馆藏需要界定范围,一个核心的标准即是议员在履行其职责的过程中是否可能需要使用。外借馆藏,与本章前面所述的一般馆藏在学科上较为相似,可能需要更少的专业性图书。但是采选政策是综合性的,议员可能对未收藏的学科的图书仍有合理需要。如果与其他图书馆有较好的联系并能获得其外借图书,这将十分有价值,尤其是在没有全国性的馆际互借计划的情况下,或者议员所要求的时间紧迫,一家图书馆不可能完成的情况下,这一价值将更明显。

一些议会图书馆为议员设有分支机构或集中登记的资源中心。这些中心或者分支机构通常有小型的外借图书收藏(或者从主要馆藏中提供部分),可以在图书馆闭馆但议员又需要服务的情况下(晚上或者周末),在几个小时内为议员提供图书馆资料和服务。他们也可能通过计算机和互联网满足议员们的需求。

档案资料

在一些议会中,图书馆还负责议会文件和其他资料的归档,使其得以收集保存和系统化的使用和获取。档案的作用将在第十六章中详细讨论。

第五章　服务方式

本章将介绍议会图书馆如何为用户提供服务以及可能收到何种咨询。这里所讲服务用户包括:议会议员,他们的工作人员以及议会工作人员。正如我们已经证实的,议会图书馆可能也为其他群体提供服务,例如为普通公众提供关于议会的信息服务,但是本章集中讲的是核心用户。以下内容适用于研究服务和信息服务,更具体的内容将在有关章节的特定服务方面予以考虑。同时我们也对服务边界的确定进行了简述。

国会议员在不同的时间、出于不同的原因需要获得研究服务和信息服务,并且他们往往会迫切的需要信息。为了满足这些不同的需要,议会图书馆希望尽可能地提供多样化的服务手段。从广义上讲,提供服务的方式可以是对用户个人咨询的回复,或者是通过议会局域网进行一般服务(通常情况下,但不完全)。就是说,服务可能是反应性的(对个人咨询的回复),也可能是前瞻性的(预测到需求并提供给所有人,或者提供给目标群体)。后文将对此进行简要的解释,二者之间确实存在着巨大的区别。用户可能希望服务在白天或夜晚的任何时候都可被提供,而随着技术的进步和允许,近些年来服务的重点在从反应性方面向前瞻性方面转变。但是大多数的议会图书馆,对个人咨询的回复仍旧是其服务的核心部分。此外,社交网络工具的发展为议会图书馆与其用户进行交流提供了额外的但是不同的机会,一些工具在《指南》编写时还处于早期试验的阶段。

个人咨询

个人咨询以及对个人咨询的回复可能以多种不同的方式进行。这些方式也适用于因为其他原因与用户的沟通:

亲自前往。议员(或者其他咨询者)前往图书馆或者研究机构的办公室(该办公室坐落于议员方便到达之地),与将对咨询进行回复的工作人员直接沟通,或者与咨询委托人沟通。另一种情况是,一名工作人员前往议员的办公室或者被安排到一个委员会进行工作,该工作人员与议员可能在议会处所的其他地方会面沟通。

电话方式。议员可以致电议会图书馆。可以给特定的工作人员打电话,或者与一个用于一般性咨询的号码联系。工作人员可能自行处理该咨询,或者接到咨询后将其转交给有专业知识的同事来进行回复,也可能将咨询者带到有专业知识的同事那里。拥有总值班咨询电话是必要的,因为它很容易宣传,便于用户记忆。它的运作时间也需要广泛宣传。但是这不意味着与处理特定种类咨询的专家或者部门的直接联系应该被排除。但是在电话是打给工作人员个人的情况下,他们不在时由谁接听电话需要做清楚的安排,或者设置语音邮件系统明确相关人员会离开多久。

电子邮件方式。电子邮件可以发送至需要定期查看的一般性的电子邮件地址,或者发送至工作人员个人的邮箱。因此让用户了解情况,进行以下操作是可取的,即公布一般性电子邮件地址的查看时间,或者自动回复已经收到咨询并且给出咨询何时被初步回复的提示。当使用个人电子邮件地址时,相关工作人员使用“不在办公室”系统十分重要,因为这样可以使用户意识到如果其联系的人员不在,该用户需要时可以联系其他人。不在办公室的信息中应对于在这种情况下与谁联系予以规定。

网站形式。从议会的局域网络或者网站直接发送是生成和输送电子邮件的方式之一。该方式的优点是可以设计一种格式,将需要回复的咨询的相关信息从中抽离出来。例如,需要回复的截止日期。可能也有必要联系咨询者,以明晰其确切的信息需求。如果没有这样做可能会导致浪费了时间但是却没有提供所需的答案。随着移动电子邮件设备的日益普及,这是一个更为重要的通信手段。

信函方式。信函方式是多数议会所使用但已销声匿迹的通信手段,它由电子邮件所取代。与电子邮件相似,信函可能寄给一个普通的咨询点或者是个人,并且接收应被及时告知。这可能包括回复咨询的工作人员的联系信息。另外,与电子邮件相似,如果没有提供信息服务,也应该对咨询用户予以回复。

短信。一些图书馆在最简单的咨询中试验使用短信这种方式。

在国会议员个人、他们的工作人员或者其他授权的用户提出咨询的情况下,建立一种机制确保咨询者的需求被明确确立十分重要。咨询者可能并不总是以十分有益的形式提出咨询。其中的原因可能包括:他们并没有想清楚究竟需要什么,所以接收咨询的人需要进行明确;如果咨询来自为议员工作的人员,他们可能已经歪曲了咨询或者可能尚未完全了解他们被要求去查找什么;他们可能对可能查找到的内容做了不切实际的假设;他们可能并不清楚他们何时需要信息或者为何种目的需要该信息。

这些因素要求议会图书馆建立适当的程序,以确定议员真正所需是什么。这就意味着在如何开展咨询方面需要对工作人员进行培训。假设所有的需求都已经书面做出了说明,则上述建立适当的程序以及对工作人员进行培训似乎并不十分必要,但是出于前文所述的原因,其所进行的提问并不必然是其切实所需。当议员自行前往图书馆或者通过电话进行咨询时,对咨询请求寻求必要的澄清是相当容易的(尽管在面对一位匆忙的国会议员时,工作人员可能有时并不愿意这样做)。在咨询经过第三方过滤的情况下对其予以澄清更为困难,例如咨询由为议员工作的研究人员提出或者咨询通过电子邮件或者信函方式提出。在上述两种情况下,建立一种向咨询的发起人询问的机制十分重要,否则咨询者会无法得到其所需服务。因此在安排开展咨询时应记住哪些要点呢?主要的有:

确保从咨询者那里了解关于其需求的尽可能多的细节。国会议员可能提出十分普通的咨询,其实其正在寻求一些相当具体的信息。

尤其在咨询具有调查统计性质的情况下,应尽量确保咨询回复所覆盖的方面是明确的。例如,关于近期犯罪统计的咨询,"近期"的含义是什么?地域覆盖面应包括什么?应该是全国范围还只是部分地区?在一个联邦制国家,这一点尤为重要。

弄清楚信息需求的目的,因为这可能会影响到采取何种方式回复最为有效。例如,它是一个演讲中抽取的单独信息?还是国会议员感兴趣的主题的一般背景信息?

确定咨询者关于此主题已经拥有的信息。这样可以避免不必要的工作。

确保回复的截止期限是明晰的。要求"尽快"回复并不很明确,因为咨询者要求的时间从几分钟到几天都有可能。咨询是否需尽快回复还取决于对特定事件是否需要及时反应,例如议会辩论或者在电视上播出的事件。截止期限的明晰既有助于帮助国会议员获得他/她所需的内容,也有助于帮助议会工作人员有效安排他们的工作。

当咨询是一项研究型咨询时,可能需要具有专业知识的人员予以回复,如果可能,回复咨询的人与提出咨询的人进行面谈是必要的。这是因为学科专家可以解释什么是有用的,并且更知道通过提问什么样的问题可以确立咨询者的需求。

建立传递咨询回复和送达的优先机制。近来可能主要是通过电子邮件或者电话的形式,但也有可能是纸张形式,尤其是在咨询回复中包括的资料不是现成的电子资料的情况下。

普遍使用的资料

到目前为止,本章主要涉及对个人咨询的回复。其仍旧是多数议会图书馆的核心工作部分,但是局域网的发展意味着为用户按照他们自行检索的格式提供普遍使用的资料比过去更为容易。然而,它不应该被认为是随着电子时代的发展才开始发生的。在多数议会图书馆中,用户可以不受工作人员的直接干预而查阅参考书籍或者浏览藏书。多数图书馆还提供准备好的关于当前热点问题或者议案的简报文件,用户也可以不受工作人员的直接干预而获得该文件。正如我们所看到的,议员早已通过电话方式或者信函方式向图书馆进行远程咨询。

已经发生的变化是,现在在多数议会图书馆可以远程访问其资源。图书馆可以通过议会局域网或者通过互联网,制作一系列的标准参考信息和政策分析。这种资料可以被看作是对日常常见问题的回复。同样,通过局域网和互联网,可以获得广泛的议会和官方文件,这些文件的直接获得意味着许多个人咨询可以得到解决。这种做法减少了在许多议会图书馆中个人咨询的需求,并且意味着在"重新活跃工作"(即对个人咨询进行回复)到"积极主动工作”(其中的大部分是指提供普遍使用的资料,任何国会议员或者他们的工作人员在任何时候都可获得该资料)之间有一个转接点。对普遍使用的资料标注日期十分重要,如果对其修改,也需要标示新的日期。

然而,这并不是首先会出现的显著区别。例如,咨询用户可能被指向已经制作完成的并可在局域网获得的文件,而不是为他们准备一个特定的回复。然而制作出的普遍使用的资料可能会受已接收的咨询的影响,以及图书馆工作人员关于哪些问题是目前热点问题的认识的影响。

版权的问题也必须要考虑。一些议会图书馆受益于版权法的豁免,或者对某些资料(例如政府文件)的使用是被豁免的。其他情况下,在一些资料(例如新闻和广播资料)储存和传播前,可能需要与版权持有人进行谈判。

如果制作普遍使用的资料并且该资料可被议员在不经工作人员任何直接干预的情况下获得,与进行回复个人咨询相比,将更难确定议员的需求是否得到了满足。议会图书馆了解其用户的需求一直都很重要。在提供普遍使用的资料占据越来越大的比重并且该资料可被远程获得时,这一点变得更加重要。在第九章更多了解用户的需求的主题中会有更多阐述。

明确界限

我们已经看到,国会议员对信息和研究的合理需求十分广阔,可能覆盖整个公共政策领域。议会经常讨论的议题十分广泛,既有本土的、本国的,也有国际的,并且有时非常的具体和个性化,例如个人选民的有关问题。几乎任何问题都可能变成国会议员的兴趣点。当然,这就是议会图书馆和研究机构的特色之一,这意味着很难明确界限。然而,图书馆确定其能为议员做什么、不能为议员做什么是很必要的。最根本的原则就是,咨询的任何问题应该与议员的议会职责相关。议会和议会之间会有不同,但咨询的正当理由可以包括:

- 立法(例如,法案的背景资料,或者关于修订的建议)
- 委员会的工作
- 媒体宣传
- 选区的问题和个案(虽然一些议会图书馆不建议做这些)
- 提议的议会问题
- 议会内外的发言
- 关于议会事务的出访
- 对公共利益事项的一般简报

以下为图书馆可以合理表述的其不能予以帮助的事项范围的清单。很明确的一点是这些事项是否包括在其中将因不同国家而有不同,但是清单上的第一项至关重要:

- 来自国会议员、他们的工作人员、他们的家人或朋友的出于个人的、商业的或者经济利益的请求。
- 有关不在公共领域的其他议员的个人信息的请求。
- 起草演讲稿、写文章或者演讲的请求(与为其提供背景资料和建议是有区别的)。
- 关于学校或学生项目而非议会项目的帮助请求。
- 在议会制而非总统制的体制中,来自部长们关于其自身部门所涉及的问题的请求(在议会制中,部长们可能既是国会议员也是部长)。

遵守这样的界限可能并不容易。很重要的一点是，要在传单或者其他宣传资料中说明图书馆可提供的服务的局限性(更多的关于用户需求的内容详见第九章)。在存有争议的情况下，一线的工作人员确信其会得到更高级工作人员的支持十分重要。在有议员图书馆委员会的情况下，如果该委员会支持此规则，将十分有益。值得注意的是，通过文字描述说明可以提供什么样的服务要比说明不能提供什么，更具有积极的意义。

第六章 信息和图书馆服务

在第三章中我们已经对信息服务(或者参考服务)和研究服务进行了区分，信息服务通常被视为是从纸质资源或在线资源中提供快速参考信息的服务，在回复的过程中并不需要专业知识。另一方面，研究服务(第七章中进行论述)会提供专门的政策分析简报给国会议员，并且比信息服务提供更为长期和更具实质性的简报。“信息服务”和“研究服务”之间的区别并不是固定不变的，并且信息服务可以完善学科专业知识。重要的是，提供服务的人要明晰咨询属于信息服务还是研究服务。否则会给用户带来不必要的迷惑，让用户获得与其需求不相符合的答案，也会导致出现图书馆中两个不同的部门在做同一个咨询的混乱情况。通常情况下，图书馆和研究服务部门并不同属于议会中的一个部门。即使属于同一部门，也可能存在提供信息服务和提供研究服务的工作人员间缺乏适度的沟通和了解的问题，所以明确这两种服务的界限是非常重要的。如果相关工作人员想完成工作并且他们表现出对彼此的相互理解和尊重，那么任何组织结构都可以顺利进行工作。尽管图书馆和研究服务部门想在彼此之间尽可能地进行区分，但他们不应该期望国会议员及其工作人员必然了解界限所在。

第三章还简要地介绍了通常会在议会图书馆出现的一般图书馆服务：第三章中所引用的图书馆的定义中涉及的服务的种类会令你有所期待，图书馆馆藏文献资料(包括图书、期刊、缩微品、数据库、光盘等)及其外借，已经在第四章中讨论过。本章的内容涵盖了议会图书馆的一般性服务和信息服务。它涉及：

- 作为一个实体的图书馆
- 总咨询台或总咨询服务点
- 咨询的来源以及如何接收咨询
- 咨询的类型
- 解答咨询的资源

实体图书馆

无论议会的原始建筑是否具备，多数历史悠久的议会图书馆都拥有一个或多个豪华的房间，这已经成为新修的议会大厦的特色之一。随着局域网或者互联网上可传递的服务的增长，关于场所的需要与实际提供的规模可能会成为问题，当然，长期以来的情况是，咨询可以通过电话回复或者将回复资料寄给咨询者。因此，场所规模需求的变化有被夸大的风险。然而，直到最近(当然是说《指南》的最初版本编写的时候)，如果国会议员或者他/她的工作人员想翻阅图书馆资料，亲自前往图书馆可能是必要的。现在许多最常见的咨询资料，例如议会辩论、文件以及报纸,可以在国会议员自己的办公室在线获得。然而,使用者可能仍认为阅读报纸和其他资料的硬拷贝比在线阅读更为容易。并且如果他们的办公室在附近,或者他们因为其他原因在附近,他们可能更倾向于当面咨询工作人员而不是通过电子邮件或者电话。还有另外一种可能即大量的资料,尤其是较旧的资料,并不适于在线使用。图书馆也可能订阅在线的数据库。财政上的考虑或者所需的检索技能可能使得这样的一些数据库不切实际,但是对于其他人来说则可提供给所有的网络用户并且有利可图。此外,如果图书馆提供图书借阅服务,其地理位置很可能位于图书馆的重要区域。

正是如此,那么,许多已经建立的图书馆可能在过去的十年中都经历了使用设施的用户数量的下降,即使所提供的服务的整体使用率可能上升。这就提出了两个问题,一个是对已经建立的图书馆而言,另一个则是对新开发或新设计的图书馆而言。

已经建立的图书馆,以及近来已经发展的或者近来搬至新场所的图书馆,可能发现自身有尚未充分利用的空间并且使用者所访问的只是较少的一部分。当然空间可能仍被大量的用于资料的储存,但更多的资料的在线使用可能引发对于保存如此多的资料的质疑。这也可能是工作人员的一个重要工作部分。该空间可能是一个古迹所在,也许设计作为图书馆,并且可能在议会房产中占有战略位置。无论这些因素是否适用,图书馆可能都面临着如何最好的利用其空间的困境。在议会中将其用于其他目的是此困境缓解的一个选择。但是如果该空间是具有战略意义的位置或者属于古迹所在,图书馆可能因为害怕减少与国会议员的接触而不愿意放弃。在任何情况下,某种战略地位的信息服务台或者总咨询台,方便的会议厅以及其他国会议员经常光顾的地点,在可预见的未来仍是所需要的,因为并不是所有的业务都可通过网络或者电话方式办理。即使是在一个较低的水平,图书馆仍有机会通过类似商店的橱窗提供服务。这意味着寻求新的方式来利用空间并提高服务意识是可取的。根据议会的性质的不同,解决方案也不相同,包括以下思路:

- 使图书馆具有更多的休闲空间,可能提供休闲类的期刊或其他资料,并且提供茶、咖啡或者类似的点心。
- 利用空间进行展示、展览,并不必然与图书馆的工作直接相关,但是可能要属于国会议员的兴趣所在。
- 提供可使用电脑和笔记本电脑的办公用地。这对国会议员有一定的吸引力,如果国会议员自己的办公室离图书馆有些远或者议会所提供的办公场所不足,尤其当图书馆就在议事厅、委员会会议室或者其他国会议员经常光顾的地方附近。
- 当研究人员针对目前的热点问题提供建议时召开会议。这样做的优势在于鼓励国会议员和研究人员面对面的接触:这是并不经常发生的事情,尤其是较大的议会图书馆或者研究服务部门并不设在议事厅和其他设施附近。其他的议会官员也可以准备会议,例如用以解释议员的津贴等。
- 利用图书馆和研究服务部门的设施(既包括物理的也包括虚拟的)为国会议员及其工作人员提供培训。

如果正在开发一个新的图书馆,无论是在一个新的议会中或者是现有议会正重建其处所,需要问的问题是图书馆需要怎样的物理空间。鉴于信息获取和传播方式的变化,试图去复制已经建立的图书馆的豪华的阅览室或者配套房间可能并不明智。然而,这并不意味着图书馆拥有一个物理的存在供使用者咨询工作人员和相关资料是不可取的。事实恰恰相反。理想状态是，图书馆在议会会议厅、委员会会议室或者国会议员及其工作人员经常光顾的其他地方拥有一些非常明显的总咨询台或者其他接待点。某种阅读空间用以报纸、期刊和进行其他图书馆资料的咨询也是可取的。一些图书馆正在尝试24小时开放，允许使用者在白天或者晚上的任何时间都可以查找资料。在2009年8月罗马召开的国际图联议会图书馆研究服务专业组会议上，尼娜·斯文森(Nina Svendsen)介绍了挪威议会图书馆的一个类似项目。

总咨询台或咨询点

总咨询台或咨询点是一个需要进一步探讨的概念。这样的总咨询台可能是一个实体，也可能是虚拟的，但最有可能的是二者的结合。随着远程访问图书馆资料的增长，实体的总咨询台可能不那么重要，但考虑到其可以设置在方便于国会议员的某些地方，可能仍然是图书馆提供可视服务的一个有价值的概念。"便于国会议员"可能意味着在议事厅附近，或者在委员会会议室附近。如果做不到这样它至少应该在国会议员经常聚集或者路过的地方，可能在他们去往办公室或者餐厅的路上。服务的可视性不断地提醒着图书馆的存在(用户可以求助于其中的许多其他信息来源)，并且为工作人员提供了面对面与用户进行沟通交流的机会。

总咨询台的主要职能是：

• 作为图书馆接收咨询的联络点。在拥有一定数目专业工作人员的较大图书馆中，用户可直接与他们联系，但是用户不必知道应该联系谁，所以总咨询台是非常重要的。咨询点的工作人员应该能够熟练与用户"谈判"。这包括明确咨询者所需要的信息以及提交的截止期限。国会议员可能表面上看提交了一个一般性的咨询，但是实际上可能在一般咨询的框架下寻求一些很具体的信息。由于"尽快"这个词对不同的人来说含义不同，所以需要建立咨询回复时间表。如果时间允许，应该联系可能对咨询做出回复的专业人员，使得他们与咨询者直接对话。但是也可能有这样一种情况，即繁忙的国会议员不愿等待这个过程——因此，对咨询点的工作人员进行关于接收咨询和"谈判"的培训十分重要。工作人员也需要了解他们处理咨询时保密工作的需要(关于此问题将在第五章进行更详细的论述)。

• 回复一般参考/信息咨询。咨询范围会根据图书馆的大小及其专业工作人员的数目多少而有所不同。在小型图书馆，前台的工作人员可能需要回复更广范围的咨询。如果图书馆拥有具备专业知识的工作人员，他们能够解答咨询，则由其回复咨询也是必要的。

• 帮助国会议员和其他咨询者查找信息。通常议会局域网上有所需查找的信息，使用者也乐于在一定的指导下自行查找，因此如果时间允许并且使用者愿意，借此机会进行快速辅导是一个很好的做法。

咨询的来源以及如何接收咨询

图书馆的信息服务部门(与图书馆的其他部门)需要明确向谁接收咨询以及如何接收咨询。因为图书馆是为国会议员服务的，所以上述第一个问题的答案十分明显，但是也有其他的人员以及议员本身可能会有正当的理由向图书馆提出咨询。这些人员中最为明显的是国会议员的工作人员，他们代表议员进行工作，并且可能被要求去表达他们为之工作的议员的意愿(有必要制定一些相应的规则，尽可能地阻止他们为深化个人利益而不是为了他们为之工作的国会议员的利益而进行咨询)。议会的工作人员(明显区别于为议员个人工作的人员)也可以有正当理由而提出咨询。咨询的另一个可能的来源是为政府工作的公务人员,例如,希望核实议会的会议记录。一些议会图书馆与国家图书馆有密切的联系,那么国家图书馆也会是提出咨询的另一个潜在来源。其他互惠安排可能在图书馆与其寻求帮助方之间是互惠互利的。这些包括,例如大学、专业组织或者利益团体。更广泛的,一些议会图书馆还负责处理来自公众的关于议会的咨询。最后一项将在第十五章述及。

无论谁提出咨询以及提出怎样的咨询,都需要建立明确的规则。因此应该明白的是,如果必要,工作人员可将咨询转交相关部门。

第五章主要对"亲自前往、电话、电子邮件"等咨询服务方式进行了论述。但是以下几点是比较重要的:

- 应该尽可能与总咨询台建立广泛的联络方法
- 对电话号码、电子邮件地址以及任何其他的联系方式应进行广泛宣传。例如,将其摆放在图书馆馆藏文献的突出位置,在向议员和图书馆员培训以及环境允许的地方进行宣传。

这是将总咨询台的意图变为现实的最好机会。

咨询的类型

总咨询台会收到何种类型的咨询?这可能因各种因素的变化而有所不同。其中很重要的一个因素是议会是否有研究服务机构。如果有研究服务机构,该机构可能处理议会收到的很多基于专业学科的咨询,当然也包括需要具有专业知识的人员给予完整答案的咨询。正如我们所看到的,总咨询台可以作为咨询接收综合服务点,无论咨询是被研究服务机构或者信息服务机构解答。然而,在没有研究服务机构的小型图书馆,咨询台可能需要处理很广范围的咨询,也许他们会寻求外界的帮助。

国会议员的特点之一是他们可以合法地咨询几乎所有的问题,因为几乎所有的问题可能都在国会议员的职责范围内。图书馆通常会回复这些基于国会议员职责的咨询,但是不希望回复来自国会议员的关于其个人或商业利益的咨询。以下,对主要类型的议员咨询做一简单界定,但是鉴于上述原因,它不能涵盖所有的可能性:

新闻资料。国会议员对来自报纸和其他新闻来源例如电视、广播的资料通常有看似无限的嗜好。他们可能查找与他们特别感兴趣的主题有关的资料,或者思考他们可能会被问及的问题,或者提到了他们的故事。媒体对政府的决策做何反应,他们也有兴趣。

议会辩论和程序。先前在议会上关于特定主题的讨论是一个重要的信息来源,无论咨询者是该主题的支持者抑或反对者,无论该主题是近期的还是很久之前的。

议会文件和政府出版物。这些可能是提供短兵相接的辩论资料或者了解政府正在努力实现的目标的主要来源。

法律。包括已经通过并生效的立法以及目前正通过议会程序的法案。

历史事实。例如日期、既往政策执行。

引经据典。许多国会议员认为在演讲中辅以适当的引经据典会提高演讲水平。

传记资料。无论是生活中的人还是历史人物,或是议员准备会面的有关人物的背景资料,抑或是其过去崇拜的一个人物的背景。

书目资料。国会议员希望针对他们感兴趣的主题有一个阅读书目清单。

旅游和地理资料。例如列车或者飞机时刻,来自地图集的信息等。

公司、施压团体和其他组织的信息。他们可能是试图影响国会的团体,或者也可能是这样的情况,即国会议员接触来自特定公司或者组织机构的人并且寻求相关背景资料。

很重要的一点是,总咨询台和其他部分的信息服务,他们的作用并不仅仅是被动的,然而,他们希望获得来自用户的需求。基本上,这意味着工作人员应该对时事有良好的意识,并且对议会的事务以及议会程序的基本知识有一定的了解。这应该使他们对每天咨询有所预计并为其做好准备。

但它应该更进一步,在资源允许的情况下,为当前热点问题或者未来热点问题预先准备材料。具体可以通过很多方式来操作。理想情况下,可在议会局域网上放置资料,在网上已有的情况下,仍需要一定空间来放置硬拷贝资料。对于相同的资料,通过局域网和实体形式都可获得可能是有益的。策略性地将材料放置于用户可能看到的地方,除了使用户可以在线使用外,还有重要的作用。一些可行的方法是:

收集感兴趣的主题的新闻资料。可以采取多种形式。可能是材料的收集,并定期补充,在有需要时可进行检索。可能是"热点问题"的资料选择,或者每天对感兴趣的剪报的收集。

议会辩论材料打包放在一起。这些材料可能包括来自议会程序的材料、政府声明、新闻材料或者来自对某话题感兴趣的组织的讨论。这些资料可以由信息服务部门和研究服务部门整合在一起,并且可以包括有关的研究简报。

当前感兴趣的主题的书目。这些通常比之前讨论的几点有一个稍微长远的角度的预期。他们包括图书、期刊和有用的网站的链接。

用于回复咨询的资源

随着越来越多的资料可以在线使用,今天的信息服务工作人员可能首先使用的是在线资源。在线资源包括局域网资源(在有议会局域网的情况下),当然还有互联网上的资源。然而,因为很多的专业资料是收费才可使用的,基于订阅的在线信息很可能是一个重要的来源。尽管工作人员可能首先会转向在线资源,这并不意味着印刷型资源应该被遗忘。国会议员的需求可能多样化并且广博,认为所有需要的资源都可以通过 Google 检索到的观点是错误的。此外,对于一些简单的咨询,通过近处的参考书进行查找比在互联网上检索更快。

图书馆需要自行衡量用于在线资源的资金和用于硬拷贝资源的资金之间的平衡,但几乎不可避免的是,随着时间的推移后者的花费比例将不断上升。其中的一个决定因素是该图书馆是一个已经建立的并且有丰富的历史硬拷贝资料馆藏的图书馆,还是一个较新的仅具有有限资源的图书馆(较新的图书馆可能已经继承较旧的更成熟的图书馆的资源或者可以对其进行访问)。

无论所使用的资源是硬拷贝资料还是类似范围的在线资源,都是所需要的资源。本章前文对咨询类型的划分提及了可能所需的资源。从另一角度看,这些主要的资源(其中有一些会重叠)可以概括为:

- 议会辩论和议会文件(包括硬拷贝和在线的方式)
- 政府出版物(硬拷贝和在线的方式)
- 法律文本

- 议会局域网
- 互联网
- 在线数据库的订阅
- 供参考的权威著作
- 报纸和期刊(硬拷贝和在线的方式)
- 其他印刷型资料

那么,图书馆的信息服务部门可能为广泛范围的问题提供答案,图书馆员不仅仅具有通过微笑服务增强用户信心的能力,还具有熟练检索各种资源的技能。

第七章 研究服务

本章着眼于议会中研究服务的性质。如我们在前几章所述,研究服务与信息(或者参考)服务的区别不是固定不变的,并且可以说两者之间有一定的衔接的趋势。然而,研究服务的本质是,它提供专门的政策分析,将其做成简报送予国会议员,并且可能提供比信息服务篇幅更少、更具实质性的简报。

什么是议会研究服务?

不是所有的议会都有研究服务部门,并且即使有也并不必然与图书馆和信息服务部门属于同一个议会部门。国际图联议会图书馆研究服务专业组委员在 2006 年的调查表明,有半数的议会有研究服务机构并且图书馆和研究服务机构在同一部门。无论组织架构上有何差异,研究服务机构和图书馆之间的关系都具有不同的方式,包括从全面整合到各自完全独立的不同形态。并且无论组织如何安排,出于为用户提供完全有效服务的目的,图书馆和研究服务机构之间保有密切的工作关系十分重要。调查表明,如果图书馆和研究服务机构属于同一部门,其合作往往会更密切。但是调查也表明,任何一种组织安排都可以进行工作,并且机构组织上的联系并不必然意味着合作的密切。图书馆员和研究人员间可能有种紧张的关系,这经常体现于议会的报告中。有效的组织可以确保图书馆和研究服务机构相互理解彼此的作用,确定如何合作,即只有通过互补而不是重复才能为用户提供一种无缝服务。

组织上的差异决定研究服务机构在规模上有很大的变化,并且作为结果,他们能提供规模和专业化的服务。但无论规模如何,进行研究服务的原因以及他们的基本特征是具有很多共同点的。

为何会有研究服务?在许多议会中政党会配置研究人员,并且议员个人可能雇佣一个或者多个研究人员。这些工作人员将支持政党的意识形态和政策或者他们为之工作的国会议员。议会研究服务将为所有的议员提供独立的无党派的服务。这两个群体发挥着宝贵的作用,并且政党和议员个人经常觉得有必要与他们具有相同政治信念的工作人员协商和讨论政策问题。政治公正的服务可以提供建议和分析,如果运行良好,所有政党的议员都会对其保有信心,并且其提供的分析和事实简报将作为准确的内容被普遍接受。它可以提供那些可能来自政治顾问的相反的论点,该论点在给定政策的预评上以及确保该政策的强健上可能有用。它也可以依靠集体记忆,并且呼吁曾在其中工作的人员的集体知识和经验。它可以提供具系统性的可靠信息来源。

但是如何去定义议会的研究服务呢？一个简要的定义是，它为国会议员提供专业的积极建议和分析。参考或者信息服务则是针对给定的主题检索出一定的资料和信息，然后检验它们与所提问题的相关性。但是随着所选资料被提交给咨询者用于更进一步的研究和评估，评定的过程也即停止。在一个立法研究服务机构中，分析者完成资料评定过程后，对数据进行评估，并且据此创建新的增值信息产品。从另一个角度来看，研究性的咨询需要提供良好的学科专业知识进行回复，与需要检索技能而不是学科专业知识技能的参考性咨询形成区别。因此，对研究性咨询的回复其实可以是很短的口头简报。

资深的研究人员将利用他们或者她们的专业知识提供一个不带偏见的分析，该分析可能是多个来源的合成。在议会背景下"研究"一词比其在学术背景下有不同的内涵。学术研究往往传达纯粹的研究概念，或者为了推进知识和理解，通过长期持久的努力发现真理和社会活动中的基本关系。而立法机关的研究本质上是寻求借鉴广泛范围内的现有知识，以一定的形式进行综合后提交给忙碌的国会议员，用于对具体问题的理解和解决。事实上，有人可能质疑"研究"一词的使用是否合适。"政策分析"是另一个经常使用的术语，并且它或许给出了更为准确的概念。然而，"研究"和"研究人员"在一般意义上使用，并将继续在这里使用。

适用于立法研究人员所从事的活动的一个有效概念即是"信息代理人"：不断的扫描外界的知识和概念以阐明公共政策问题的性质，然后重铸这些概念使得其能在立法中更易使用。"研究代理人"汇集了思想和行动于一体。代理人在这"两个世界"中都很自在，并且是"双语"的，就是说，他能流利的表达研究和政策两种语言。代理人还善于理解和分析可能被用于解决社会中一些问题的不同政策方针，并以政治中立的方式解释这些不同的做法。代理人需要意识到，在媒体上报道和讨论的问题在某种程度上缺乏适当的知识和对问题的理解。代理人需要认识到，即使讨论是一知半解的，但它仍然可能定下了公共辩论和讨论的基调，政客们常常被当天的报纸头条所带动，其程度往往大于他们应该做出的反应。立法研究人员在制作没有倾向的信息和分析从而对一些问题进行适当理解时，应该考虑到这些。

研究代理人的概念也反映了这样一个事实，即时间是有限的，特别是对于有严格的期限而经常开展分析的议员们来说尤为如此。所谓期限在许多学术环境下是不可能的。代理人必须明白他/她的角色就是代理：协助立法机关获得和使用制定健全的公共政策所需的信息。很重要的一点是，一旦特定的立法被通过并实施后，政策的制定不能被视为已经结束了。越来越多的国会议员有兴趣研究立法如何在实践中发挥作用，以及它是否达到了人们希望实现的目标。与学术研究相比，政策分析也更多地关注具体实施问题和行政上的可行性。在分析中，讨论的边缘化所带来的政治限制发挥着比在学术事业中更为中心的作用。

然而，协助立法机关制定健全的公共政策并不意味着会出现针对特定问题的某一"研究"观点。议会研究机构不应该被比作针对某些问题进行调查并做出建议的调查委员会。立法机关的不同成员对任何问题都有各种不同的观点，并且可能使用研究服务来支持他们的观点。在多数议会中，在政党和政党之间最明显的分水岭是是否支持当权政府。政府的支持者更有可能寻求证据支持政府的政策，而反对党的支持者则希望找到错误或寻求替代政策方案。但是政党路线的分歧当然不是研究人员唯一需要注意的。议员们不一定会完全支持其所属政党的政策，例如，当强大的选民群体权益和所属政党政策对立时，他们会倾向前者。而且在很多极具争议性的社会和道德问题上,政党之间并不存在分歧。在其他情况下,政党之间可能在政策方向上有一个广泛的共识,但会进行相当多的讨论并在最佳实施方式上有所分歧。在所有这些情况下,国会议员可能都会寻求研究服务的支持。

完全高效的立法研究服务在本质上应是跨学科的。许多政策问题不可能在单一学科得到解决。例如,对犯罪的政策,显然需要涉及律师,但是如果只涉及律师而不包括例如教育专家和经济学家,它可能会是一个不那么有效的政策。如果对政府运作下的政治现实和政策原则不了解,那么制定出的政策也不会有效。议会研究服务机构可能没有资源确保现代立法所要求的跨学科的专业知识的广度和深度,这可能正是一些研究工作被外包的原因。但是这只出现在有关机构了解国会议员的特殊需求并在他们可控的时间尺度内的情况下。

研究成果

有效的议会研究服务需要兼具主动性和被动性。也就是说,它需要预测国会议员的需求并做出回应。换句话说,一般会向议会提供一些整合的研究产品(主动性),并且也会对议员个人的咨询进行回复(被动性)(该区别已在第五章进行了详细的论述)。在许多研究服务机构中,成果的重要形式即是通过提供背景研究和信息来支持委员会的工作。在一些议会中,这是研究服务工作的一个核心部分,而在其他议会中则是边缘化的。但是近年来它已变得日益重要。

预测需求意味着几件事情:它意味着研究人员需要了解计划辩论的立法背景,以及公众可能讨论的其他政策问题。这些问题可能在政府自己的议程上,但是也可能是强加给国会议员和政府的问题,例如因为他们已经在媒体上受到了大量的关注,因此国会议员需要进行回应。为了能够在问题发生时进行应对,研究人员需要有良好的学科专业知识,熟悉访问信息和文件的主要来源的过程,并且与相同政策领域的官员和其他工作人员保有良好的联系。这使研究人员能够制作出普遍适用的研究文件。不同的议会之间,这些文件的性质也不相同,为满足不同的需求,同样的研究服务机构可能制作不同种类的产品。一方面,有可能是分析背景和一般立法内容或者当前政治问题的有实质性、有分量的研究文件。另一方面,也有可能是针对当前特定热点中常见问题的简要说明。这种资料可以被制作成印刷型文件,或者制作成可供用户在议会局域网下载的文件。最有可能的是二者的组合。

议会研究服务的被动性部分涉及对来自议员个人的需求的回应。需要回应的范围可能相当广泛并且可能根据议会的职能而发生改变。范围可能包括:从国会议员感兴趣的重大政策问题的需求到在媒体上刊登的快速简报,或者国会议员选区的当地问题。

许多议会报告了近年来在研究工作的平衡性上从被动性到主动性的转变。这有很多原因,但是其中最重要的是多数议会中局域网的发展和互联网的发展。如果有议会局域网,则图书馆和研究服务机构希望在局域网上有强大的业务并且把他们的很多产品放在局域网上以供使用。这意味着国会议员和他们的工作人员可以从议会局域网上找到他们需要的问题的答案,因此无需再提出个人咨询。在国会议员和他们的工作人员无法进入局域网时,将资料放置在互联网上则十分有用,同时也可被视作对公共辩论的贡献。

然而,正如在第五章所论述的,重要的是不要过分强调这种转变。议会研究服务一直依靠的是工作人员的集体专业知识和经验。这是人们头脑中的专业知识。但是研究服务要求快速收集来自有用来源的资料,无论是纸质的还是电子的。他们也提交以前的研究成果,因此在需要时,资料易于被重新使用和更新。所发生的变化是,用户可以更容易地将专业知识变为书面形式,使得任何访问议会局域网的用户都可使用。重要的是图书馆服务部门了解新资源,因此他们才能了解什么才符合用户的利益。

然而有一个潜在的不利之处。如果研究成果很容易通过局域网获得,国会议员(或者他们的工作人员)和研究人员之间的个人接触将会减少。这意味着有这样一种风险,即研究人员和其他议会工作人员,因为直接接触较少而导致对用户的需求的直接了解也较少。他们可能花费时间制作一些并不符合国会议员需求的资料。对用户需求的了解和评估将在第九章做更多的讨论,但是针对这个问题图书馆应确保有效跟进局域网的使用,并且进行定期的用户调查。

组织

研究服务的规模大小不一,不可能对其进行概括或者规定有关组织的情况。很明显,一个拥有100人或者更多人的服务机构比一个只有一个或者两个研究人员的服务机构更需要去考虑组织管理。根据研究服务机构是属于图书馆还是信息服务部门以及关系是否密切也会有所不同。然而,有一些一般性的原则是可以遵循的。

基于艾莉·瓦伦蒂(Ellie Valentine)在议会中的工作经验,她指出,对于一个有效的服务需要多少研究人员并没有一个神奇的公式,它主要取决于作为整体的机构的性质、成员的数量、委员会的数量、为成员工作的工作人员的能力以及委员会可以确定的最优的服务因素。可以试着讲,研究人员与成员的比例应是1:5或者1:10,或者研究人员与委员会的比例是1:1,但是研究人员的能力需满足成员的需求是最重要的。对一些新的研究服务机构来说,拥有两到三个可以证明服务价值的优秀的研究人员,然后逐渐增加合格的同事服务于逐渐增长的需求,胜过那些根据公式建立并有很多需填补的空位、没有达到一定的能力和水平并需要更多的管理投入的服务机构。

在小型的覆盖相关政策领域的合作团队中,例如经济政策或者社会政策,研究服务可能是最好的。另一方面,有这样一种风险,即这些团队变得过于独立并且彼此脱离。正如已经讨论的,当越来越多的政策问题彼此相互关联时,相关政策领域的合作是十分重要的。

研究服务需要一系列的技能,一方面是图书馆员的组织、分类、检索技能,另一方面是研究人员的分析、写作技能和学科知识。无论议会服务的组织结果如何,这两类人员应该一起合作。但这并不总是发生,并且两类人员之间的紧张关系并不少见,但并非不可避免。重要的是最有效地利用现有资源,为国会议员提供最好的服务。

第八章 质量界定

国会议员在很大程度上依赖于信息,如果议会和公众的辩论、讨论的标准较高,并且议会在立法和推进政府决策方面的作用是有效的,那么他们需要高质量的信息和分析。本章首先着眼于工作人员在信息选择方面的标准设定,然后述及如何将信息提供给用户。以下阐述的是对提供高品质服务的一般性意见,一些更具体的意见将在其他章节中阐述。

选择信息

对议会图书馆来说,选择可靠并且权威的信息是一种挑战。在电子时代之前,各种信息源中充斥着不精准的信息(例如,新闻报纸经常依赖于传闻和有倾向性的报道)。但是今天不缺少信息,而是有“海量的错误信息”,挑战是对信息进行评估并从无价值的信息中挑选出有价值的。

近年来,国会议员的压力有所增加并且对信息服务的需求也在加大。来自游说者的压力在增加,媒体的审议在增多,选民的要求在提高。这导致了国会议员对自身所获得的服务的更大的期望。

与此同时,电子资源使得 24/7 的全天候服务成为可能。任何可以访问互联网的人都可以在白天或者晚上的任何时间得到基本问题的解答。用户的访问方式在增加,不仅仅限于笔记本电脑或者办公室电脑。黑莓机和其他移动设备正越来越多地提供信息内容,并且对经常在旅途中工作的国会议员很有吸引力。国会议员和工作人员越来越多的自行解答参考问题而不必前往议会图书馆网站完成。这方面的发展也意味着来自其他信息提供商的竞争加剧。议会图书馆和研究服务机构正越来越多地采用战略开拓出竞争有利位置。

虽然可用的信息在成倍增加,但是其中有很多质量都存疑。电子信息资源和互联网的引进增加了信息的可用性。信息的增加使得回答那些通过印刷资料无法回答的问题或者只能通过专业图书馆回答的问题成为可能。但是随着信息量的迅速增加,信息的质量、可靠性、可信性和真实性越来越成为问题。更多的信息并不必然意味着更好的信息。网站被不小心的用作主要资源后,用户通过检索引擎获得不准确的陈述然后进行重复。即使学术刊物也不能免于发布虚假研究成果,并且商业组织可能会出于他们自身的目的使用有利于其的研究,而省略那些不利于他们情况的结果。新的通讯形式意味着更多的信息需要评估。错误的信息在传播,但是那些有价值的、瞬间消失的信息面临丧失的危险,议会图书馆需要努力寻找确保他们的用户可以继续使用这些信息的方法和工具。

专业化的信息其主要功能是信息资源的评价和选择。决策者在评估所使用的信息时我们应看到什么呢?高质量的信息是可靠的。这意味着信息是:

- 权威的
- 及时的
- 准确的
- 客观的
- 符合客户需要的。

我们依次来阐述每一项内容。

权威性。字典对“权威”的定义是官方的、可信的,因为它来自专家或者具有适格资质的人。要问的问题包括:

- 是官方的吗?对一些种类的信息(例如法律文本或者政府统计数字)来说,其来自一个官方资源或者具有显而易见的可靠性的资源十分重要。
- 是一次文献还是二次文献?它展示的是原始性工作还是对其他人工作的总结?
- 作者的资格。什么是作者信用?他们援引的是可靠资源吗?对于组织机构,他们的成就是什么?提供可核查的信息的网站上有“关于我们”吗?

- 文档。是否有可跟进和可核实的文件引述来源的脚注或者链接?

及时性。信息是最新的吗?不注明日期的网站对那些试图评估信息的人提出了一个问题。作为使用者我们需要知道网站何时最后一次更新并且我们也应该将这一信息提供给用户。自动脚本意味着今天的日期可以自动的出现在页面上,这使得上述标准更难适用。注意避免"最近"或者"上周"这些存在潜在困惑的词语的使用。

准确性。准确性说明信息是无可辩驳的、完整的。为了快速在网络上发布信息,可能会省略验证这一步。信息可以从其他来源得到证实吗?如果数字化的信息缺乏真实性,那还能找到其他可以考证的信息源吗?

客观性。公正、客观的信息是议会图书馆的主要质量标准。在选择资料时,文章和研究报告是客观、公平的十分重要,或者如果他们针对特定情况进行讨论,很明显也要求如此。为了确保问题的所有方面都被涵盖,提出一系列的观点是可取的。企业或者利益团体的网站通常呈现特定的观点,这需要被予以考虑并且如有必要应予以明确。运用博客需谨慎,因为博客上的内容常常非常武断。

符合客户需要。在选择资料时记住这条也很重要,即无论它在其他方面表现出如何高的质量,对客户必须是有用的。对繁忙的国会议员来说,优秀的学术研究的价值可能也是有限的。

呈现信息

我们已经看到了议会图书馆评估用来提供信息的资料的一些标准。本部分着眼于当我们将信息呈现给用户时的质量。它注重书面信息,但是不论呈现给用户的信息的形式为何,基本原则都是适用的。

准确性和客观性。所提供的内容应该是准确的,并且使用了多种来源,应铭记已经制定的选择资料的标准并且确保其有效性。不应对二次文献过度依赖并且应对资源适度引用。如果使用报价或者统计数据,它们的准确性十分重要。原则上,用户(以及工作人员为以后的工作寻求重新使用资料)应该核实来自引用文献资源的报告,并且如果有需要,可以进行追踪。所提供的内容还应该是公正的,应该考虑上一节所提出的"客观性"标准。

介绍。目的是以一种能够帮助接收者理解内容的方式进行回应。这意味着:

介绍和布局应该使接收者很容易吸收和利用所提供的信息。顺序应该是合乎逻辑的,并且应该引导阅读者从一个点到下一个点。

写作应该是明确、毫不含糊的,并且应该尽可能地避免使用学术用语。当有必要使用专业术语时,应对它们的含义进行解释。

应尽可能地避免语法、拼写和印刷错误。小错误可以降低阅读者的理解力。一般来说,一系列的小错误可以减低读者对资料整体准确性的信心。

及时性。由于国会议员的忙碌以及压力,议会图书馆中的多数工作都是以期限为主导的。符合期限要求十分重要,否则该工作则可能没有价值。例如,如果某项工作是用于会议厅内的辩论,如果直到辩论结束还没有收到相关资料,则该资料没有任何用处。当咨询提交时确保时限是非常必要的。这意味着我们要明白需要对什么进行回应。如果不是针对例如辩论等特定事件,在工作压力很大的情况下,则可以通过商谈对时间有所延缓。但是通常情况下,都需要提前完成而不是很晚交付工作。尽可能得到一个具体的期限是可取的;要求

"尽快"回复并不十分有益,并且可能对不同的人来说"尽快"的含义也不尽相同。

符合目的。在提出个人咨询时,弄清楚查找信息的目的至关重要。这可以使咨询的回复符合需求。对一般性工作来说,使它符合目的意味着铭记这是供忙碌的立法者使用的,例如不是为了学会期刊的演示或者学术研讨所用。这不意味着准确性的标准降低了,而是在有限的时间内以有用的方式向议员们提供了信息。

结论

非常重要的是,议会研究服务部门在特定背景下,要认真考虑服务"质量"指的是什么。尽管任何的信息服务都希望注意到其提供的信息的准确性和表现形式,但在议会研究和信息服务中仍有特定的需要注意的因素。这些因素中有很多来自高知名度的用户,以及如果他们使用了不正确的资料可能会带来的问题。议会图书馆和研究服务部门应该认真思考在他们自身的背景下由什么构成了一个高质量的服务,并铭记他们的处理措施。在这种背景下工作人员了解用户希望他们做什么是可取的。确立一种对所希望达到的结果有共同理解的"质量标准"对工作的完成是非常有帮助的。

第九章　用户需求认知

我们已经在第五章讨论了当图书馆工作人员收到和回复来自议员个人的咨询时,明确用户的需求的重要性。本章将更广泛地着眼于了解用户的需求以及对用户的培训,简而言之即是如何推广图书馆服务。当《指南》的第一版出版时,与议会图书馆相关的营销概念看起来还很怪异,并且一些人对于这一概念从商业领域转到与之非常不同的议会图书馆并不理解。然而,营销概念其根本意义是:

- 了解客户的需求
- 确保产品满足这些需求
- 确保客户了解什么产品是可用的并且如何获得——在此背景下通常称为"用户培训"。

如第二章所讨论的,国会议员(以及议会图书馆的其他用户,例如为国会议员工作的人员)构成了具有特殊信息需求的专业用户基础。除了议会图书馆之外,他们也有许多可用的信息来源,因此图书馆需要搞清自身的作用是什么以及如何解释图书馆可以做什么。未能了解用户的需求并且未能适度解释会使图书馆产生被用户放弃的风险:感觉图书馆不能满足其需求的用户或者不知道图书馆可以为其提供什么的用户可能去其他的地方寻找服务。图书馆在为用户提供其所需要的服务方面系统的收集反馈十分重要。

尽管了解用户的需求、开发满足需求的产品以及进行用户培训在概念上是分开的,但在实际制定策略和实施方面经常会交叉重叠。例如,如果图书馆对它的用户有一个走访计划,则对了解特定的国会议员的需求和对其在如何获得最好的服务方面进行培训都有所作用。因此,尽管在这里对它们分别描述,那些负责实施的人需要灵活应对,在条件允许时既从国会议员处寻求信息也为其提供信息。

了解用户需求

了解国会议员的需求很重要的一点是了解他们的生活。尽管在这一点上各国的情况又不相同,但令人吃惊的是国际上的讨论提出了很多相似之处。他们都有时间压力,经常工作于多重角色中,且角色的发挥之间还互有冲突。例如,他们可能有自己在选区中的角色、在委员会中的角色、在议会会议厅中的角色或者在他们的政党中的角色。他们可能被要求发表演讲、在广播或者电视上出现或者写文章。他们经常在很短的时限内处理最紧迫的优先事项,并且那些优先事项可能会不断改变。他们经常作为中间人进行工作但往往会成为公众的焦点。他们时间紧迫并且被信息淹没。他们可能更愿意口头咨询和接受答复,图书馆和研究人员可能更多的是提供书面建议。但是他们都是个体,是有不同的信息需求和不同的获取能力的个体。他们的需求也会在不同的背景下有所不同。例如,在他们有专长的主题上,他们可能要求具体的和复杂的信息。在其他的主题上,他们可能希望信息灵通但是只会对主题进行易于吸收的快速概览。

在全世界的国会议员都过着复杂和忙碌生活的背景下,议会图书馆应如何设置以了解用户的需求,可能并没有固定的一成不变的规则。不同背景下国会议员的不同需求以及他们的接收和获取信息的不同偏好,意味着得出这样的规则是不实际、是永远无法完成的工作。了解用户的需求需要有务实的、策略的办法,并且也要认识到了解需求并没有单一的办法。可行的办法包括:

了解国会议员如何工作。如果议会图书馆的工作人员不了解国会议员如何发挥其功能,不了解国会议员在他们的工作中承受怎样的压力,那么就很难设计符合他们需求的信息服务。这意味着要超出教科书中有关国家立法机关角色描述的理解,意味着要了解他们每天如何安排工作。

用户调查。许多议会定期对他们的用户进行调查。这样的调查可以为关于什么工作做得好、什么工作做得不好提供有用的信息。然而,国会议员可能因"调查疲劳"而使得回复率不像期望的那么高。对于议会图书馆的总体评价调查,很难有深刻的回复。理想的调查应该由独立调查者进行。应该确保调查设计适宜并且对其分析不具偏见。经费上可能不允许这样的方式,但至少调查应该认真拟定然后对小部分人进行测试以确保调查的问题是明确的并且回复可能是有用的。

与国会议员面谈。结构良好的访谈可以深入表面信息之下进行调查。访谈可能与调查相关联,是对需要进一步调查的结果进行跟进的一种方式。访谈可能是与新成员访谈计划的结果,或者是对咨询回复的一种跟进方式。与很少或者从不使用图书馆的国会议员进行访谈,这可能是一个好想法,如此可以试图去发现为什么他们很少使用或者从不使用图书馆,也可以试图去了解为了鼓励他们使用服务,图书馆需要做些什么。这样的访谈,可能作为联络官员计划的一部分进行,或者作为焦点小组式的会议的一部分进行。

联络官员计划。一些议会根据其工作人员的成员作为国会议员和他们的工作人员间的联络点,运行此计划。他们可以多种方式运行,但是基本的原则是工作人员的成员作为一部分国会议员的联络点,尤其是新当选的议员,工作人员需要努力花费时间以对他们的服务进行解释并了解信息需求。该过程的下一步是获得关于服务的评论或者反馈。

鼓励反馈。图书馆需要鼓励来自国会议员和其他授权使用者的反馈,并且利用每一个机会获得这些反馈,从正式的到非正式的(利用聚会或者其他与用户讨论的时机),以便更好地了解他们的需求。

表明你已知道。告诉用户你如何处理他们的反馈并且鼓励用户使他们感觉他们的意见是有价值的,这是很好的做法。可以通过个别的方式、简讯的方式或者类似方式完成。

可视的。如果图书馆或者研究服务机构不在议事厅或者国会议员经常去的议会的其他部门附近,可视就特别重要。在这些情况下,在议事厅附近建立某种形式的服务,可能会有所帮助。

确保产品满足用户需求

制订了解用户需求的有效计划显然是确保产品满足这些需求的起点。第五章讨论了提供可行的产品和服务的方式,并且很明显的,实用性是确保需求得到满足的关键因素。如果用户不知道如何获得或者选择不获得,优良的产品没有任何意义。另一个关键因素是内容和形式。所有的信息产品如果以用户认为无用的形式出现,那么产品就没有任何意义。经验表明,繁忙的国会议员通常寻找简明扼要的信息,也许口头提供,适应这种需求有时对议会图书馆的工作人员来说是种挑战,尤其是当他们具有一定的学术背景的情况下。但是也有其他的国会议员,他们具有特定主题的专业知识,并且希望从图书馆得到有深度的回复。作为了解用户需求过程的一部分,可以从特定的产品中找到回应。纸质产品或者电子产品可以包含反馈表(尽管回应可能会少)。对个体咨询的回复可以通过电话或者访谈的方式跟进,以发现回复是否有一定的作用。要抓住任何机会获取国会议员对于信息服务产品的反馈信息。

用户培训

用户培训,即向用户告知可提供的服务的过程,但往往同时忽略了一个主题即如何最好地利用这些服务,《指南》的第一版并未对此真正进行讨论。然而,正如在议会图书馆员国际会议上定期讨论所证明的,现在这是一个相当有意思的话题。例如,2007 年 1 月国际图联议会图书馆研究服务专业组的通讯,报道了 2006 年首尔国际图联会议的这一主题研讨会。这一变化可以看作是可用性信息爆炸的结果,意味着议会图书馆需要努力向他们的用户明确他们所处位置可做出的独特的贡献。在一些议会中它也是认识的结果,提供可行的服务,无论该服务多好也不意味着国会议员会使用该服务。据观察,即使在繁忙的议会图书馆,也可能有大量的实际上没有采纳或者较少采纳提供的服务的潜在用户。这可能是因为他们有其他的信息来源,并且感觉不需要议会图书馆所提供的服务。但是经验表明,在许多情况下这是一种对可用服务成果的忽视所造成的结果。

对于了解用户的需求,并没有横跨服务获得信息的单一方式。一个策略是,利用可能需要的一切机会。一些可能有用的方法是:

制作图书馆服务的指南或者宣传册。这可以解释什么是可用的以及如何获取。设定服务的界限是可取的,也就是说,有些服务是不能提供的(参见第五章论述)。这样的宣传册既可以是纸质的形式,也可以在议会的局域网使用。此外,可以制作 DVD 或者视频来宣传可以提供的服务。

新国会议员的入职培训。许多议会在选举后为新当选的国会议员开展入职培训,说明图书馆的服务可以作为该培训的一部分。如果没有这样的入职培训，那么图书馆可以自行开展自己服务的宣传。

参观图书馆。说明哪些设备可用，展示如何获得服务。所面临的挑战是如何将国会议员邀请到图书馆来。

报告。这些可以面向有兴趣的国会议员或者党团。

联系官员。这些已经在用户需求部分讨论过。他们在向新国会议员说明服务的过程中有特殊的作用，但是也要更新现有服务的发展情况。

通讯、简报等。这些(纸质形式、电子形式或这两种形式都有)可以说明新产品或者服务的其他变化。

具有策略性的方法。在寻求反馈的过程中，当图书馆的工作人员与国会议员或者他们的工作人员取得联系时，图书馆的工作人员被鼓励去利用任何机会说明图书馆可以为他们做什么。

营销过程不是一次性的也不是对所有人的，应该被视为具有连续性的事务。服务的营销确保服务满足用户需求并且令用户了解图书馆可以为他们做什么。

第十章　员工需求

对任何一个组织而言，无论他们是否善待员工以及对解决员工问题是否投入足够的精力，几乎所有组织都宣称"员工是我们最重要的财产"。但是该如何超越这些陈词滥调而关注议会图书馆如何招聘、培训和发展员工呢？本章旨在解答这一问题。影响答案的因素有：

- 员工的类型。提及的员工是研究分析人员、信息专家还是其他类型的人员(例如信息通讯技术方面的人员)。
- 图书馆/研究服务部门的规模。小型图书馆或研究服务部门的职员，可能更多地起到多面手的作用，而大型的图书馆或研究服务部门则倾向于聘用负有专门职责的专家。
- 服务角色的范围。虽然绝大多数议会图书馆和研究服务部门基本上都有自己的核心业务，但是这些机构同时也扮演着某种专家的角色，例如提供信息通讯技术服务等。这些服务可能成为图书馆提供服务的一部分，并需要专业人员。

人员招聘

议会图书馆的工作人员在高度政治化的环境中工作，因此除了具有所需资质、技能和态度之外，还需要具备对政治进程的理解。然而，也正是因为所处的高度政治化的环境，也令工作人员的招聘存在一定的政治风险，即可能会危及独立性和政治中立，而独立性和政治中立是议会图书馆服务的核心精神。如果这种情况发生，那么议会图书馆的权威性和公正性将遭到质疑。议会图书馆的职员往往会有很强的个人政治观点，但是只要他们明白这些只是个人的观点而不应带到本职工作中就无可厚非。

因此招聘的前提基础就是招聘的人员不能够与政治家、政治家的工作人员以及政党有直接联系。正如我们所了解的，无论是为议员个人还是为政党工作，行政职员在议会中的角色都是独立的、重要的，这要与以政治中立的立场为议会提供客观性的研究、分析和信息服务相区别。议员们能够理解这种区别是非常重要的,并且在招聘过程中也更容易顶住相关的压力。议会的核心职员在政治上要保持中立。这一原则除了议会图书馆的职员要遵守,也适用于整个议会。在一些国家的议会中抵制这种政治压力是不太容易的,但这种抵制是必要的。为图书馆的荣誉,要努力使议员和议会的高级职员认识到保持中立性立场的重要性。

那么,议会图书馆在招聘工作人员时应如何寻找合适人选呢?当然,有些要求取决于工作性质:如果要聘用一个专业的图书馆员,则要寻找具有优良资质和较高技术专业水平的人选。同样的,如果是要聘用一位从事研究服务的经济专家,则受聘人员需要具备经济领域的高水准的资质认证。具备相关的知识和资历固然重要,但是只能作为寻找合适受聘者的起点。招聘的职位不同,对应聘者的技能和态度的要求也会有所不同。虽然需求会根据议会的特定性质而有所改变,但是在招聘之前都应考虑招聘职位需要的技能是什么,这样可以根据所掌握的情况来判断应聘者是否合适。举例来说,研究分析专家的职位应具备的技能可能要包括:

- 一个良好的大学学历和其即将工作的政策领域内的相关知识。智力要求很高的工作通常需要良好的教育水平,研究服务规模不同对应聘者的专业知识水平的预期也会不同。大的研究服务部门需要招聘具备专门知识的专家,比如具有移民法律政策或者环境科学知识的专家,而小的研究服务部门则无此需要。他们可能想招聘一位律师或者经济学家,但是应聘者所需要从事的工作的宽度意味着如果局限于寻找知识水平过于专业的人将会一无所获。值得注意的是,专业知识相对于良好的智力能力以及这里所列的其他技能来说,是工作中最容易学习的一部分。事实上,由于政策和法律的不断发展,所有的研究人员必须定期重新学习。

- 对政治进程、议会职能和议员如何工作的了解。无论研究分析专家具备多么熟练的技能,如果他不了解议员的工作方式,那么将无法让其工作契合议员的需求。

- 良好的研究和分析能力。这意味着他们可以从各种信息源中整理材料,消化吸收复杂的技术材料,并从中挑选出议员可能关心的关键信息。

- 包括谈判技巧在内的良好的口头和书面沟通技巧。无论他们是否是正在讨论的议题所在领域的专家,都能够有效而简洁地与工作繁忙的议员进行沟通。无论知识量有多么大,研究工作质量如何好,如果不能向议员及其工作人员进行很好的陈述,都是没有意义的。口头和书面沟通技巧都很重要:国会议员更多是通过口头叙述来了解信息,而研究人员则更愿意采取书面沟通的方式。

- 能够有效组织时间和工作资料,并具备在时间紧迫的条件下完成工作任务的能力。对议员提出的咨询进行答复,例如辩论所需材料的答复是在辩论发生后才提交的,那么这个咨询结果就毫无意义了。分析专家需要有能力管理他们的工作量和区分咨询工作的优先次序,这样才能够及时满足竞争需求。某些具有学术背景的职员在这样的情况下可能会感到很痛苦。

- 具有团队合作能力和人际沟通技巧,能够支持他人的工作,在有需要时能够担负自己的专长之外的工作或改变自己的专长。如果研究人员只能全神贯注于他们自己的主题领域,他们就无法有效地为团队做出贡献,这是很危险的。根据政治重要性的变化,特定领域相关工作量会进行相应的增减,所以研究服务部门需要相应地调整特定领域的人员配置。

如前所述,如果优秀的专业人员在其他领域拥有良好的技能,他们可以获取新的专业知识。

• 接纳和适应变化的能力。近几年,信息和研究领域发生了巨大变化(如第一章所述)。自1993年第一版《指南》出版以来即是如此。有时那些僵化的研究人员不愿意接受这些改变,所以适应能力是很重要的。

对于信息专家而言应具备将不同技能集合的能力,即使这些技能可能会包含某些相同的元素。沟通技巧、团队合作能力、理解政治进程、区分工作的优先级以满足时限要求、理解议员如何履行职责以及具有接纳改变的能力,这些对于研究人员来说都很重要。其他的重要技能,根据具体的工作性质可能还包括以下几点:

• 具备能够运用正确的检索策略快速而有效地从数据库中检索信息的能力。

• 能够对资料进行选择、组织和分类,以便存档和日后的检索。其他信息专家、国会议员或者议员的工作人员,或那些完成研究成果而需要资料的分析专家们,可能会再次检索和利用这些资料。

• 能够很好地理解信息通讯技术及其在信息存储和检索方面的应用,并具备适应这种快速变化的能力。

对其他职员来说,能够与繁忙的国会议员沟通并具备接纳改变的能力同样十分重要。其他的标准,无论是基于学术的还是基于技能的,需要根据具体的工作予以考虑。

无论招聘何种职位,在招聘过程中都要遵循一定的指导思想,即招聘过程应该公平、公开、无歧视。同时还要考虑:是否仅需要面试、是否需要某种形式的笔试、招聘过程是否应包括像口头阐述之类的环节。无论采用何种招聘形式,招聘过程都应该全方位评估应聘者的知识、技能和适应能力。

员工培训

议会图书馆工作人员的培训工作是有其特殊性的。新员工需要有对其即将从事的工作的说明和指导,并且随着时间推移,需要不断更新他们的技能和知识。为议会服务所需要的培训内容应该包括:

• 对于议会如何工作的说明。虽然有些应聘者对此可能已有较好的了解,但并非所有人都是这样,而且那些对此已有所了解的人,仍然会受益于业内人士的见解。

• 对于议会管理结构的说明。这将使新员工能够找准议会图书馆在议会管理结构中的定位并且了解其他机构的工作,包括他们可能会与谁打交道以及如果他们有问题可以向谁询问。

• 对于图书馆和研究服务部门的结构以及其内部不同团队的角色职能的解释说明。在大型图书馆和大型机构中,图书馆和研究服务部门分属不同的部门,这一说明就更为重要。这是由于各自独立的团队容易缺乏对其他团队作用的认知,也不能全面理解他们所承受的工作压力。

• 对于如何管理与议员之间关系的建议。少数员工能够进入议会与议员进行直接接触,其中一些人会对前景感到有些沮丧。他们很难在接受或拒绝不适当或不合理的要求之间找到平衡。

• 沟通技能。沟通能力不仅对研究人员来说尤为重要,其他职员也应具备。国会议员们并不愿意阅读长篇大论,而这正是一些研究人员(或其他人员),尤其是那些具有学术理论背景的研究人员倾向于提供的。将复杂问题浓缩为内容精炼的短文或有结构层次的文件,可以令人很容易抓到关键点,而深层次的、过于详尽的文献资料通常是不受欢迎的。同时,议员可能经常需要口头解释,所以有效的口头沟通能力的培训也是十分重要的。

- 对于政治中立性的理解。招聘文件将会对政治中立性的需求进行说明,但是其实际细节应被列为初期培训计划的组成部分。

员工发展

培训不能被认为是个一次性的过程,在初期培训之后应有所延续。职员需要定期地更新他们的技能和知识。让接受培训人员在机构内部的不同部门工作,例如通过轮岗计划,实行岗位交换,或者较长时间的工作调动等,是对职员开展继续培训和发展教育的一种有益的方式。一些具有很高专业性技能或知识的人员可能不太希望这样的培训过程,但是这对于使职员们理解图书馆其他部门的工作来说仍是个好想法。

在可能的情况下,鼓励和促进职员去获取相关的、公认的资质认证也是可取的。图书管理学专家资格和信息科学认证显然是有益的认证,但是其他认证比如研究人员所学领域的更高一级的学历也是很有用处的。如果想获得这类的认证,通常要考虑进行半脱产的学习。同意这种培训(可能还会有附带条件,比如职员要投入部分自己的时间)的同时,如果资金允许,图书馆应该以其他方式进行支持,比如承担学习用书的费用、许可学习时间等。在职员对这种培训需求很高的情况下,预先对参加此类培训的员工数量有所限制是个好办法。如果半脱产学习不可能实现,那么也可以选择让员工通过职业休假去完成培训。虽然很难管理这样的培训计划,但是从提升和激励员工的角度来看是很有益处的。

议会会全面制定对于员工的年度评估计划或者其他的常规评估计划。如果使用得当,评估计划将是一个很有价值的工具,它可以确保员工明白对他们的期望是什么,做得好会得到赞扬,没达到要求会被鼓励予以改善。如果要证明有必要惩戒或开除工作表现欠佳的员工时,评估也可作为证据。如果没有议会范围的评估计划,那么议会图书馆应该制定自己的评估计划。在任何情况下,定期的评估反馈都是可取的,虽然大部分员工都想努力工作,但是这样的评估反馈会促使他们尽最大努力去做好工作。

第十一章　信息通讯技术与议会图书馆

本章主要关注议会内部信息通讯技术政策,图书馆的潜在作用以及议会局域网和互联网可能包含的内容。本章还关注了“Web 2.0”作为社交网络工具在议会中的发展空间,该工具是图书馆和图书馆使用者之间进行沟通的手段,同时也是议员与公众之间的沟通工具。

《指南》清楚表明,议会局域网是获取信息和研究服务产品以及议会文件的重要途径。IT 人员负责设计能够承载信息的系统,而图书馆和信息服务人员则应具备使用管理系统中包含的信息内容的技能。这就好比自来水的供应,水管工安装能够将水送至住户水龙头的水管,而自来水公司则负责供给可供饮用的清洁水源。虽然信息通讯技术和信息内容建设应该分属不同的部门,但是在一些议会中它们是由同一个部门比如图书馆/研究服务部门来进行管理的。无论是何种组织架构,都要有紧密的工作安排以确保议会信息通讯技术能够支撑议会所需的信息服务。除了图书馆和信息服务部门,其他部门也会有兴趣了解议会职能中的信息通讯技术是怎样工作的。

信息通讯技术使用的关键原则

议会图书馆利用信息通讯技术的程度依赖于国家的信息通讯技术基础结构的水平、资源的可利用性以及图书馆管理者的眼界和决策。而成功的关键因素是要制定出一个能让机构领导者和政治领导者都赞成和支持的战略计划。战略计划的制订需要与 IT 专家进行合作,这些专家包括机构内的,也包括因机构缺乏相关专家而外聘的专家。战略计划应该描述出计划达到的目标以及达到目标所需要的步骤。合作开发战略计划有助于探索信息通讯技术不同的服务途径,通过这些途径可以帮助立法机构履行职能并能够支持议员们的工作。在立法机构内部及外部,广泛征求意见,将有利于支持和促使员工关注发展,这将会令最广泛的相关群体受益。负责议会议事程序和议会会议录的员工,以及政府部门中负责信息通讯技术的人员的意见尤为重要。

在立法机构中发展信息通讯技术的主要原则包括:

- 采用同立法机构使用的相同的硬件和软件。即使目前还没有网络,在恰当的时机,一个公用的平台经过微调即可建立起网络。
- 议会议员如何以及从哪里可以进入信息通讯系统。
- 哪些是信息通讯技术要实现和改进的优先服务(比如,会议录报告的在线访问;问询、提议和修正案的在线列表等)。
- 由议会雇员或服务承包者提供的持续的技术维护和开发。
- 系统内容的管理和开发。数据捕获时建立主题和关键词索引可以让使用者能够成功地检索到数据。以后再添加主题和关键词会更难于管理,但是无论哪种情况,信息专家的意见都是十分必要的。
- 对职员和议员们的培训需要做好足够的准备。
- 接受承担和执行未来战略决策的责任。

议会图书馆的主要职责之一就是让使用者能够更加便捷地访问议会议程的记录。这可能涉及议会出版物,包括法律以及能够让搜索引擎检索出正确结果的主题索引。如果核心记录能被电子化地存储和分析,那么就能形成立法机构知识库,这个知识库在立法机关内部和外部都可被访问。

维护已完成工作数据库也是很有用处的,这类数据库中包括了过往咨询工作和研究工作的结果,这样可以避免不必要的重复劳动。这类数据库的使用要考虑信息的机密性、系统中个人数据的安全性以及信息访问权限范围。

局域网和互联网

议会可能同时拥有公共的互联网网站和内部的局域网。通过局域网,可以向议员或者议会职员快速、安全地传送信息。议会图书馆职员可以从这些信息中获益,这些用于内部分享的信息可以简化他们的咨询工作,甚至可以让咨询者自己找到答案。无论是否有信息立法的自由,议会图书馆都具有能将尽可能多的信息放在立法机构公网上的明显优势。根据各国议会联盟的《议会网站指南》设计出的界面友好的网站,可以使议员和公众不受时间限制,并且无需提出申请就可获取议会信息。在通常情况下,局域网和互联网上的信息不需要互相复制,但是局域网的使用者应该能够自由移动信息,并且清楚明白他们所阅读的资料是在互联网还是局域网上发布的。

互联网

在各国议会联盟《议会网站指南》中,对适合于在公网发布的内容类型做出了规定:

• 议会的一般信息。议会网站是公众了解议会历史、议会的工作和议员的重要途径。其包括:

参观议会。既可以是实地参观也可以是虚拟式参观。

历史和作用。包括议会的立法职责以及主要的宪法文件。

功能、构成和活动。包括两院制议会每一院的概述,委员会结构,议会的业务信息、现在与未来的预算,员工和各种活动信息等。

议会议长或者议会发言人的信息。

议会议程的官方报告。

议会中的议会委员会及其他机构。包括委员会作用、成员和出版物的详细信息。

议员。包括议员们个人简历、社会关系、议员个人网站的链接和联系方式。

议会政党。附有各个政党的网站。

选举和候选人体系。包括对于选取程序和选举结果的解释说明。

议会的行政部门。关于议会行政部门组织架构的信息。

出版物、文件和信息服务。描述出版物的类型并附有出版物内容的链接,包括研究和信息服务出版物。

相关网站的链接。

以上所有内容中以年轻人为受众的资料。

• 关于立法、预算和监管的信息。各国议会联盟《议会网站指南》指出不同的议会在执行这些职责时达到的程度各不相同,所以指南需要做出相应的调整。信息传递的准确、及时和完整是很重要的。

立法机构、预算和监督行为的总体信息。包括议会现在和将来的业务,并提供相关程序的术语解释。

法律。现行法律及其修订的文本,已颁布的法律的文本。

预算与公共支出。预算是如何制定的,议会在预算制定过程中的作用是什么,包括有关现行预算和正在提出的预算的信息。

监督/核查。这是由议会行使监督政府职责的过程,议会在此程序中通过委员会、议会问询及其他方式对政府进行监督,核查相关文件。

局域网

比较有限的资料被认为仅适合于在议会局域网中使用。出于对信息公开的兴趣(或者也因为当议员们离开议会仍能够简便地访问资源的需要),人们希望公网上能够尽可能多地承载信息。然而,出于对避免议会互联网网站信息量过载、某些信息涉密、某些信息并不为大众所感兴趣等因素的考虑,一些信息只能放在局域网上。虽然有些议会决定某些资料只

能放在局域网上,但是公众还是希望议会的信息能够尽可能地公开。适宜在局域网上发布的内容包括:

- 职员的联系信息,包括组织图表,职员照片以及工作描述。
- 由不同团队提供的服务的信息。
- 图书馆目录。
- 办公程序指南(包括人力资源手册、房间预订程序等)。
- 餐厅菜单。
- 一些只在议会内部可访问的涉密资料。比如,某些职员的资料。

议会图书馆职员的作用

议会图书馆职员的主要任务是对议会互联网和局域网上的信息内容进行组织和管理。网站上的绝大部分信息由他们提供,当然议会图书馆不是唯一的信息内容提供者。信息内容管理系统的使用最大限度地缩小了职员手动上传的信息量。由各个信息内容提供部门构成的信息网络,拓展了内外网资源的深度和有用性,并能保证信息的更新和维护。

需要考虑的政策问题

访问。信息通讯技术系统应该足够灵活以能够允许用户群不同的访问级别。比如,是否签约用户都可以访问局域网,或者只有议会的长期和临时雇员可以访问,还是只有议员可以访问?使用者是否必须登录网站,或者部分登录,或者网站是否可以对外开放?

设计。议会的互联网网站对于其访问用户来说代表了议会的形象。网站需要进行专业的设计,用户界面要友好,并且要提供备用方案以应对图像或其他损坏的情况。即使信息通讯技术还没有得到广泛使用,但是那些使用信息通讯技术的人通常是社会舆论导向者。

互动。信息通讯技术提供了许多双向沟通的机会,无论是在局域网还是互联网。局域网上的沟通如同通过电子表单或者电子邮件发送对图书馆服务项目的申请一样简单。在互联网网站上,可以实现电子邮件咨询,向委员会咨询,同时还可以递交电子请愿书、开办讨论座谈会或者博客等具有“电子民主”特征的内容。简而言之,是对将在下一部分讨论的“Web 2.0”工具的使用。

存档。由于许多信息是以电子形式创建的,所以需要制定存档规则以确定什么应被保存,什么可以舍弃。与国家档案馆职员的协商与合作是十分必要的(请参阅第十六章①关于存档内容的论述)。

“Web 2.0”工具的使用

议会图书馆实践证明,“Web 2.0”工具的使用正在日益广泛。“Web 2.0”不是一个单一的工具,它被定义为一个变化的工具集群,这个集群处于快速发展之中。相对于工具本身的命名,人们对“Web 1.0”变成“Web 2.0”并无固定的观点。保罗·安德森(Paul Anderson)在提交英国联合信息系统委员会的报告中将其描述为“狡猾的用户”。他给出的定义是:

简而言之,对于很多人来讲,“Web 2.0”是将博客、维基、播客、内容源订阅等内容深度

① 原文有误,此处为译者更正。

关联在一起的技术手段，它们促进了社会性网络的发展，给每个人都可以进行添加和编辑信息的空间。较完整的定义则相当复杂，它涉及经济学、技术、社交的新理念等。

在议会图书馆，正不断地进行试验，即如何将这些工具用于信息共享和图书馆员工之间的联络。新西兰议会图书馆馆长莫伊拉·弗雷泽（Moira Fraser）在 2009 年罗马召开的专业组会议上，报告了对国际图联议会图书馆研究服务专业组委员们调研的结果。虽然调研范围不很广泛，但是该调研结果仍能证明博客和维基已被使用（这项调研对象范围很小，所以可以看作是定性的而非定量的）。这些工具并没有取代那些已经确立的团队合作方法（比如跨组织项目团队）。并且这些工具的使用地位有时上升，有时会下降。

澳大利亚议会图书馆馆员罗克珊·米辛哈姆（Roxanne Missingham）提供了一个关于使用社交媒体或社交网络工具的例子。她描述了维基如何被 12 个检索引擎使用以存储和访问复杂信息。英国议会的约翰·普林格（John Pullinger）描述了使用社会媒体工具可以让研究人员在撰写研究论文时能更好地协商合作。普林格（Pullinger）注意到工具之所以成功是因为满足了某一需要，在导航中这个需要并没有被成功地锁定为目标。他总结出："社交媒体工具的使用仍然处于实验阶段，迄今导航引导已经提供了很多经验教训而非实际利益。我们将继续研究社交媒体工具的发展潜力。"

当然，鼓励议会图书馆的职员进行合作以及为他们的合作提供便利并不是新生事物。这对于任何一个成功的组织都很重要，尽管实现这一目标并不容易，并且当许多政策问题变得越来越复杂，涉及更广泛的学科范围时，如同在第三章中所讨论的，研究者和信息专家作用的界限变得越来越模糊了。"Web 2.0"工具在促进和鼓励议会图书馆内部合作和信息分享方面会起到越来越大的作用。正如莱恩·瓦特（Lain Watt）指出的，这些工具"比起较为结构化的纸质体系，更接近于传统的人际沟通模式"。

与选民的沟通显然也属于社会媒体的使用范畴，将在第十五章中进行讨论。

"电子议会"的概念

2008 年世界电子议会报告（该报告是联合国经济事务部和各国议会联盟的联合产品，是作为议会信息通讯技术全球中心的部分工作而筹备的）将"电子议会"定义为"一个通过使用信息通讯技术而变得更加透明、亲民和更负责的立法机构。通过提供更多的访问议会文件和相关活动的授权，让不同类型的人们更多地参与到公共生活中"。议会图书馆员具有构建电子议会所需要的技能和经验。2008 年 11 月 25—26 日，在欧洲议会组织的世界电子议会会议上，议会信息通讯技术全球中心的执行官盖拉尔多·卡西尼（Gherardo Casini）在其所作的总结发言中描述了一些地区的发展情况：

- 立法文件系统和可扩展标记语言标准是用以支持议会知识库的关键组成部分。
- 议会信息部门和研究服务部门包括图书馆，在确保立法机构信息通达方面发挥了至关重要的作用。为了更好地满足议员的信息需求，议会需要整合信息服务和研究服务，有效地利用新技术，并提高服务意识。
- 议会尝试着通过新媒体影响和吸引公民。议会受邀全面评估那些正在研发的新的交互技术，并与其他议会分享相关成果，同时继续寻求令公民能更充分地参与民主进程的机会。

议会图书馆需要考虑的是，它们怎样才能为实现这些目标做出贡献。

第十二章 财务

议会图书馆如何编制自己的预算和财务流程？议会作为一个整体预算部门，要有一整套的财务操作流程，议会图书馆也要遵从该流程。这些流程可能同样适用于更广泛的公共领域。对于可能已经存在的财务流程制定指导方针是困难的。不过，对于议会图书馆如何处理收入和支出的业务是可以进行讨论的。议会是立法机构而不是行政机构的组成部分，所以议会原则上应该可以决定自己的开支，但在不同的国家具体情况会有所不同。了解议会的财务流程和财务计划日程，对于图书馆的员工来说是很重要的。与那些负责制定财务计划的人以及与那些为图书馆提供诸如 IT 重要服务的人建立良好关系，也是非常重要的。

图书馆财务预算如何做，将取决于议会财务预算是如何归集处理的。例如，关于员工培训、办公设备的预算，或者图书馆草拟自己的预算，议会是否有一个集中审批的机制？一般来说，这有助于图书馆尽可能地控制其常规支出。这意味着要控制局部的预算，使其能掌控资金的使用。然而这种权力下放的财政预算并不总是令人满意。如果出现了预算外但又不可或缺的（或至少是非常需要的）支出项目，相对于中央预算，在当地小预算中，很难找到可动用的资金。从议会整体的角度考虑，集中支出是最有效的，所以要经常面对集中支出的压力。如果以集中方式开支，图书馆员工则很可能与其他部门争资源，面对众多的读者，他们会不遗余力地调整预算。无论如何安排，都可能出现经费上的竞争。

财务流程由三个阶段组成：

- 预算或评估。这个过程是确定下个财政年度（或者任何确定期限）中可用经费的金额。
- 支出。是指在人工、用品和服务上的经费。
- 审计。是指在资金支出之后，检查资金的使用是否合理。

预算

如前所述，图书馆有哪些直接经费、在一定层面上经费数额多少的确定，可能存在着许多政策变化。无论过程如何，图书馆都需要想方设法得到当初根据需要所估的预算经费。在实践中，当国家的财政状况捉襟见肘时，那么议会及其图书馆也将难以得到所希望的经费数额。无论是在议会还是在地方的特别项目预算中，要有一套机制，以便在编制预算时确保图书馆的需要，这对于图书馆来说是非常重要的。比如，如果图书馆知道下一年度将会有大笔支出用来支付员工使用新数据库的培训费用，那么就需要有相关机制能够确保这项需求会被考虑到。议会从全局角度，将会有一个年度预算进度表，图书馆中负责财务的人掌握该预算进度表并按时完成就很重要了。

预算编制过程可能涉及对包含清单和代码的经费项目进行投标、评估。支出分为资本性成本和收益性成本。区分二者一般比较简单，但在实践中，两者之间的分界线是模糊的，这就需要国家制定相应的规则。从广义来讲，收益性支出涵盖在每日的各项费用中，比如工资支出、办公用品支出，这是可预见的日常经费。资本性支出是一次性支出比较大的项目。最明显的例子是购置或者建设一个新的建筑物所需要的成本，也包括诸如大型电脑硬件支出等其他项目。虽然不同议会所执行的制度不尽相同,但在议会别的部门预算中,可能也包含下面所述的费用预算项目。主要费用支出项目如下:

• 人员费用。这很可能是最大的成本。主要包括有关人员的薪金,以及与之直接关联的费用比如养老金。也有一些其他的与工作人员相关的费用,包括招聘、培训、差旅以及参会所需的生活费(包括出席议会图书馆员会议和国际图联会议的费用)。如果议会图书馆需要专家提供咨询意见的,那么所产生的成本费用就从该项目中列支。

• 住宿费用。包括建筑物的租金。无论建筑物是新建还是翻新的成本费用都包含其中;还包括日常维护、取暖、照明、清洁、供水和污水处理的费用。

• 通讯。这里最主要的项目可能是信息系统,包括 IT 硬件和软件,网络成本和互联网接入费用;电信和邮资费用也列在本项目之内。这里可能还包括了印刷成本。

• 办公费用。包括家具、像复印机之类的办公设备(无论是购买还是租赁的)以及像纸和笔之类的办公耗材。

• 图书馆物资。包括图书、期刊、在线数据库订阅、报纸等。装订和保护的成本也可列在本项下,特别是当议会图书馆要负责议会材料的存档时,档案的装订和保护就会更为重要。

这些成本是可以每年进行预测的。例如,只要员工人数、级别一确定,预测员工薪酬就变得很容易;津贴的金额需要根据实际来确定,即工作时间长、经验丰富的员工的薪酬成本,要高于那些新招募的工作经验很少的员工(然而后者需要投入更高的培训成本)。同样,每年办公用品费用的预测也很容易。但是 IT/IS 的成本就不那么容易预测,当引入一个新的数据库和一个新设备,其支出就会大幅度提升。一个新的 IT 项目需要增加的时间费用也不容易预测,那些参与到这些项目的人们都知道,这些项目并不总是按照计划进行的。

预算的详细程度根据不同国家所采用的体系不同会有所差别。例如,“图书馆物资”项目之下所列的所有事项可以被当作一个单个的预算,或者每一个分项所需经费需要逐一进行审批。显然,如果支出项目规模庞大并且涵盖的事项众多,则预算的制定会更容易,这是由于这种情况会带来更大的灵活性。如果项目间支出转移比较容易操作,即可以根据需要很容易地将经费从一个项目转到另一个项目,那么具有大量不同但相关的事项就能够减弱对于各个事项做出单独预算的刚性。转移通常在某些情况下会被禁止,比如在资本性支出与收益性支出之间,或者人力资本与非人力资本之间。即使支出项目很大并且包含事项范围广泛,起草一份对于单项所需经费的大概预算对图书馆来说也是个好做法。这将确保预算能尽可能精确,也使年收支监察更为容易。它还可能有助于审计过程中的问责制(在本章稍后的部分描述)和产生有用的统计,这将有助于编制未来的预算计划。

预算可能是一个年度的,但是编制预算时通常要关注一个更长时间跨度比如三年的经费支出。对于长期性支出,比如建筑物翻新或者信息技术升级所需经费,通常很难编制详细的预算。

充分考虑项目执行中的需求和某些特殊需求,对于编制预算十分有益。特殊需求是为开辟新的服务项目而提出初始投资支持,比如增加研究项目。启动初始投资之后,就需要考虑相应的预算以支持正在进行的项目。对正在进行的项目,考虑一次性支付是很有用的。

提出预算需求时要讲究方针和策略,尤其当你在要求增加经费的时候,要形成书面文件。预算究根结底是资金需求的竞争,这里很重要的一点,是要说明拨付给议会图书馆新增服务项目的经费是很有价值的。因此,做好诸如资源使用和工作量的统计就显得至关重要。同时,高级职员需要有良好的表达能力和谈判技能去说服决策者。

支出

议会需要一套支付系统来向供应商支付钱款。图书馆是不可能直接向供应商支付资金的(除非资金的数量非常小)。但是图书馆应该密切参与交易过程,以确保资金的支付和用品、服务完成交付时同时进行,供应商在合理的时间内能收到钱款。虽然根据国家规定的相关的金融协议,交易过程会有所不同,但交易过程大致包括以下几方面。

- 供应商给图书馆提供发票。
- 负责支付的职员在确认货物已经收到且物品完好、数量准确,然后才授权支付。
- 通常需要有更高级的工作人员的联名授权。这有助于确保只有真正的支付是得到授权的。
- 将发票递交给议会负责付款的部门,完成支付。
- 交易已完成的确认信要发送到图书馆。这项工作可能是定期的,比方说每月一次。这些报表涵盖了图书馆预算周期内所有的预算开支,并且能够核查所有应该支付的款项是否已经支付完成、一个财政年内的支付水平以及与这一年总体预算的比较分析情况。

因此,制定的支付流程是要确保只有当用品收到或者服务已提供时才能进行支付,支付流程还有助于通过其相互牵制制度来保证金融诚信,即意味着没有一个人能单独完成付款,并且使资金得其所用。

审计

财政周期的最后一个阶段是审计。这实质上是回顾资金使用情况的过程,其目的是确保资金的使用是恰当和有效的。审计基本上有两种:财务审计和资金使用价值审计。单纯的财务审计是检查付款得到了适当的正确授权,还要检查所购买的用品是否收到、服务是否已提供。它关注支付过程是否遵循了正确的程序、是否有欺诈的迹象。资金使用价值审计就比较宽泛,它特别关注重大项目的开支,也核查每天的相关支出。资金使用价值审计潜在的核查范围包括:

- 核查得到的用品或者服务是否物有所值,或者同样的用品或者服务是否更便宜。
- 核查潜在供应商,确定资金是否得到最佳的使用。
- 核查是否有不按正确投标程序办事、与供应商相互勾结的情况。
- 核查支付过程是否得到适当的授权。
- 核查项目中是否存在浪费资金的现象。

所有这一切都说明,保存适当的记录是很重要的,这样便于证明资金得到了充分、有效和经济的使用,还要保证资金支出是按照正规程序执行的,不存在欺诈或其他不当行为。

结论

正如我们看到的,财务程序是将议会作为一个整体进行制定的,事实上,这些程序可能与公共部门的其他组成部分的财务程序是相同的。议会图书馆也必须要遵循这些程序。然而,在正式的程序中可能存在一定范围的不太正式的程序。对于图书馆来说,重要的是要了解是谁在这个财务程序中起关键作用和谁掌握着钱袋子。图书馆要确保这些人能够理解和支持图书馆的需求。即使图书馆员不能全面控制图书馆的预算,但是每年准备跨年度的预算并与议会的预算官员共享预算结果对图书馆来说也是有益的。这样做可以积累大家对图书馆的信任和信心,使大家相信图书馆知道它的需求是什么,信任图书馆能够战略性地考虑和编制预算,同时能够避免不必要的花费。

对于大额支出比如显著增加的员工费用,如果出现直到写入正式文件之前,预算官才首次获知的情况,那么有可能就太晚了。图书馆的高级职员需要提前打听出关键的决策人员,以便向他们解释预算项目之所以重要的原因,要观察他们是否赞成预算项目或者项目经修改后是否会获得批准。尽管预算关键决策者在不同的议会中会有差别,但决策者可能包括议长、议会秘书,议会主管财务的领导或者图书馆委员会的领导。有效的游说和宣传是图书馆影响财务管理的重要手段。即使是具有充足资源的议会也需要对预算有所约束,并让资金支出得其所用,所以通常需要证明图书馆在资金花销上是正确的。

第十三章　议会图书馆与议会其他部门的关系

议会图书馆研究服务怎样适宜于议会的组织结构?本章关注于组织架构的不同存在模式,同时要讨论通过图书馆委员会或者其他途径,议员们在决定图书馆发展方向上可能起到的作用。

图书馆和研究服务部门怎样适合于议会的总体组织架构

几乎所有的议会都同时拥有图书馆和研究服务部门。2006 年 8 月首尔举办了第 22 届议会图书馆研究与服务专业组会议,会前预先对 34 个参会对象进行调研,除了一个调研对象之外,所有的议会在拥有图书馆的同时也有研究服务部门。2009 年 1 月,我们还调研了国际图联 PARL2 的成员,了解他们各自国家议会工作安排的相关情况。在 35 个被调研对象中,只有两个国家的议会只有图书馆而无研究服务部门。但是虽然二者并存已经成为常态,但他们之间的组织关系却是相当多样化的。2009 年电子邮件调研的反馈结果显示,有 20 个议会的图书馆服务和研究服务是在一个部门。然而 2006 年调查问卷的反馈结果表明,图书馆服务和研究服务归属于同一个部门并不一定就意味着这些服务就能完整地整合并紧密地工作在一起。另一方面也显示出,如果图书馆服务和研究服务分属于不同部门,他们之间的工作关系可能会更好。有证据表明当图书馆服务和研究服务在组织架构上最相近的时候,他们之间的合作会最有效(也有一些意见表明物理实体的靠近也会对此有所帮助)。对调研的反馈结果表明,即使对于图书馆服务和研究服务合作的总体感觉还不错,仍然有观点认为将图书馆服务和研究服务这两项职能在编制上进行结合效果会更好。加强对以下这些内容的理解是很重要的:

- 议会中的图书馆员与议会研究员之间的关系经常很紧张。有必要持续努力以保证他们彼此能够相互尊重、理解各自的作用、明白最好的价值来自于他们的技能以及在本机构组织中工作的其他人员的技能。
- 如果明确规定应该做什么,那么任何一种组织架构都能够顺利进行工作。

- 在同一部门工作的图书馆员和研究人员要有意识地建立紧密的工作关系，有证据表明将两种服务进行紧密整合会更简单易行。

在组织架构中，图书馆/研究服务部门与议会其他部门之间的关系是一种什么样的关系？涉及的问题包括：

- 图书馆和研究服务部门是各自独立的部门还是作为一个大部门的组成部分？
- 如果图书馆和研究服务部门是大部门的组成部分，那么这个大部门如何提供其他服务？
- 如何使图书馆服务和研究服务适合于整个组织架构？
- 如果议会是两院制的，那么是需要各自都配置图书馆还是只设一个图书馆？

对2009年国际图联PARL2群发邮件的反馈结果显示，“图书馆/研究服务部门各为独立部门”与“两者是同一大部门的组成部分”这两种情况大致平衡。如果它们是一个大部门的组成部分，那么这个大部门则承担着不同范围的职能。有很多例子说明信息通讯技术功能是这个大部门所履行的一项职能（如肯尼亚、纳米比亚、德国和新西兰议会）。大部门所履行的另一项职能是官方报告（如挪威、苏格兰、澳大利亚议会）和有关公共信息（英国、德国、冰岛）。其他例子则很少见。鉴于很多议会似乎认为应以组织结构的变革（或者只是组织理论的变革）来应对环境的变化，所以在《指南》中所列举的例子可能在出版之时已经发生了变化。

2009年电子邮件调查问卷中问到了在议会中有多少个行政部门。应该谨慎对待这个调查点，因为调查对象对于“部门”一词可能赋予了不同的含义。虽然对于议会组织结构的研究是很有意思的，但是由于它与这些准则不是直接相关的，所以对于调查的回应并没有继续跟进。很明确的是，不同的议会所具有的部门（无论如何定义的）数量存在着很大的不同，多则20余个，少则仅有2个。

两院制议会的反馈表明，大多数的图书馆是同时服务于议会两院的。虽然如果上下两院都有自己的图书馆，会使服务更有效率，但是如果两院目前还不具备独自的图书馆，那么情况则不太可能进行改变，因为具有独立的图书馆会让两院因其独立性而遭到妒忌。意大利议会两院的图书馆最近进行了合并，这表明两院图书馆的合并是具有可操作性的。2009年8月在罗马意大利国会举行的国际图联议会图书馆研究与服务专业组会议上，介绍了意大利国会两个图书馆合并的过程。在任何情况下，以相互扶持和避免不必要的重复为目的的密切合作都是非常可取的。意大利两院图书馆在组织架构上进行合并的同时保留了各自的阅览室。

从图书馆服务和研究服务的视角出发，什么样的议会组织架构是理想的模式？尤其是，图书馆和研究服务部门是作为独立的部门还是作为一个大部门的组成部分，哪个更好？这些问题并没有明确的答案，并且答案在很大程度上取决于议会的性质。无论组织架构如何安排，各部门之间以及各部门与秘书长/首席执行官之间良好的工作安排是必要的。如果这些良好的工作关系已经确立，那么任何一种组织模式都可以进行工作。图书馆作为独立部门存在的优点是，它可以迅速地决定和执行关于服务的各项决议，而不需要寻求那些可能是很耗时的官僚机构的权威决断。另一方面，它易于执行各项决定而不用与议会其他部门合作。就如在第十一章中所讨论过的，对于信息通讯技术尤其如此。议会需要良好的工作安排，安排哪些人负责制作议会出版物、哪些人负责安排住宿等。大量具有综合性的决策使得很多国家(英国下议院和澳大利亚议会)在近年来减少了议会中的部门数量。电子邮件调研的反馈表明,许多议会认为已经没必要,或者至少没有必要沿着这条路走下去。无论议会的组织安排是什么模式,议会图书馆服务或者研究服务都不能独立于其余的议会行政部门。

议员的作用

议员在图书馆的运作中应起到什么样的作用? 当然,图书馆和研究服务有必要去理解作为主要服务对象的议员及其工作人员的需求。第九章中曾讨论过通知用户及了解用户需求的相关内容。我们在这里关注的是与之截然不同的,关注的是议员在图书馆管理和行政执行中的潜在作用。议会(或者两院制议会中的个别议会)具有某种由资深议员组成的委员会,委员会起到同意议会总体管理计划的作用。议会主席或者议长在这里是重要的角色。此类委员会并不希望关注一个特定部门(比如图书馆)管理的每个细节,尽管在较小议会中的情形是这样的。

议会可能有一个图书馆委员会,或者一个管理范围包括图书馆的委员会。这样的委员会可能进行决策制定或者仅仅提供咨询。关于委员会的价值,以及不具备委员会的图书馆去新建一个委员会的想法是否得当,人们持有不同的观点。委员会如果运作良好,尤其是当它拥有即使是少数对其感兴趣并愿意花时间来处理图书馆事宜的议员时,委员会可以为图书馆提供支持并能让大家重视图书馆对改善服务而提出的请求。委员会对于图书馆的价值还在于它可以作为图书馆发展服务的宣传媒介(但是我们在第九章中曾讨论过,其不能作为市场营销的替代途径)。委员会更进一步的作用在于,它可以支持图书馆遵循运作准则。图书馆委员会对于"合理问询"已经给出了明确定义,这对于面对给图书馆提出难题的议员时,判断其问询是否合理会很有用处。另一方面,一些议会发现委员会并不能真正代表广大议员,委员会的一些成员利用议程及会议去讨论他们自己所感兴趣的主题,这些主题对于其他人来说可能不是很有吸引力,所以很难说服其他成员来参加委员会会议并对议题感兴趣。即使委员会只是提供咨询,然而在实践中委员会所提出的建议也是很难被反对的,即使这些建议并不代表广大议员,也不被议员们普遍接受。简而言之,虽然图书馆可以从运作良好的图书馆委员会获取很多的潜在利益,但让两者一致地实现目标和进行管理并不容易。无论是否有图书馆委员会,议会图书馆都能够找到适合的方法令议员们成为其拥护者。

图书馆和研究服务部门有时候不得不面临很令人厌烦的干预,即议员们提出将他们自己的候选人指派到图书馆员的工作岗位。抵抗这种做法是很重要的,但有时候抵制很难做到。如果图书馆没有抵制而是妥协,则会令政治公正面临严重的风险。而政治公正恰是服务的基石。

第十四章 议会图书馆经验共享

本章主要关注议会图书馆之间良好经验的分享。既包括国际组织的经验分享,也包括双边支持的国家间的经验分享。

国际图联议会图书馆研究与服务专业组

议会图书馆研究与服务专业组是国际图联中最活跃的专业组之一。到 2009 年,这个专业组已经有来自 50 多个国家的 111 位成员。该专业组在国际图联网站主页上陈述了其目标。

该专业组的目标适用国际图联对议会图书馆、单一制国家的国家立法机构、联邦制国家的国家立法机构和二级立法机构的总体目标。议会图书馆服务是一种有特色的信息工作形式,主要是为立法机构的成员提供服务,这些人在很大的工作压力下使用和创造信息,因此他们需要足够的信息支撑。在过去的二三十年中,这项工作无论在数量上,还是在质量上和深度上都取得了很大的进步。研究服务和其他例如经济模式等专业服务纷纷出现。无论这些服务来自于图书馆或者不依赖于立法机构的行政体系,议会图书馆研究与服务专业组对这些由立法机构或个人掌握的信息形式都给予关注。该专业组的目标如下:

- 根据世界各国议会的兴趣、需求及其发展阶段,通过提供帮助和支持来促进各国议会图书馆的发展,鼓励双边援助和发展项目,作为实现这些目标信息交换的枢纽;
- 激励计划以加快议会图书馆服务对于最新信息技术的适应速度;
- 调查议会承担的研究工作与公共或私人机构所做的研究工作之间的关系,调查议会对于议会图书馆和研究服务的需求。
- 调研议会内部关于图书馆、信息和研究服务的行政安排。
- 加强各国议会联盟和议会图书馆之间的合作,并探讨联合方案和执行的可能性。
- 鼓励构建地区性的议会图书馆团体,比如欧洲议会研究文献中心。

在参加每年的国际图联大会的同时,专业组也会在国际图联主会之前组织一个会前会,会期 3 天。2009 年在罗马举行的是专业组第 25 届会议。这些会议为广大的议会图书馆及从事研究服务的工作人员提供了一个极好的机会和场所,让他们可以聚在一起,通过主题讨论来交换信息和想法。

专业组定期发布通讯和其他出版物,所有专业组成员都可以参加国际图联 PARL2 电子邮件列表,它既是专业组进行信息传播的手段,也是专业组论坛。

此外还有一个与专业组相关但不是由它管理的网站,即 Parlanet 网站。该网站对自己的描述是:“博客网页作为工作工具被设计出来,用来交换信息、创意、经验以及分享工作领域中的忧虑和发展,就像它们就在我们周围发生一样。”

各国议会联盟作为一个组织,越来越多地关注议会图书馆及其研究服务。当然这是一个经过长期建设的组织。《指南》(修订版)的第一章和第二章引用了该组织 2006 年出版的《21 世纪的议会与民主:最佳实践指南》,第十一章中引用了《议会网站指南》。2008 年 10 月 16 日,各国议会联盟、国际图联以及议会秘书长协会在日内瓦联合举办了主题为“告知民主:构建满足议员信息和知识需求的能力”的会议。

地区性议会图书馆协会

与国际图联一样,有许多地区性议会图书馆协会在负责举办会议和交换信息。主要的协会组织有:

东南非议会图书馆协会(APLESA)

加拿大议会图书馆员协会 2006 - 07(APLIC/ ABPAC)
亚太地区议会图书馆员协会(APLAP)
澳洲议会图书馆协会(APLA)
欧洲议会研究和文献中心(ECPRD)
各国议会研究和信息网(IPRIN)(覆盖英国、爱尔兰以及英联邦国家)
国家立法机构、立法研究馆员全国会议(美国)
北欧国家

其他地区性组织过去就已存在或者已经计划成立,虽然随着议会图书馆的发展有些情况会发生变化,但是上述所列出的地区组织在本版《指南》修订中积极活跃并给予了很大支持。

北欧地区联盟的活动各不相同,包括:

- 交换资料,比如议会报告和研究文件(尽管网络的发展减弱了共享实体文件重要性)
- 联合研究对地方产生影响的问题
- 交换工作人员
- 通过会议共享创意

议会图书馆之间的双边关系

同代表议会图书馆和研究服务中心的国际和地区组织一样,议会图书馆之间的双边关系的存在也很普遍。在柏林墙倒塌之后的时期,民主政治在很大的区域,不仅仅是在东欧而是在世界各地出现(或重新出现)。双边关系通过许多方式得到了发展:

- 已建立的议会图书馆或其他机构的职员,或其他具有相关经验的人员,对那些正在发展议会图书馆的议会进行拜访,并推荐给他们新的开发项目。
- 作为回访,新发展中的图书馆去学习如何建构图书馆。
- 通过长期的双方互访,在这两个图书馆之间就会建立起常规的职员和资料交换机制(或者议会图书馆与其他图书馆之间建立起双边关系)。

毫无疑问,这些项目具有不同的价值,但是在实施过程中都需要认真地计划和管理以确保其效果。访问一个图书馆时只是简单地四处参观是不够的。提前制订计划十分重要,要明确访问的目的,并且要确保选用了合适的人选。尽管对于需要多少计算机、图书和报纸提出建议是有用的,但是仅提出这些建议是不够的。重要的是要了解受访国家的传统和政治文化,并在其基础上提出建议。如果只是根据访问者本人自己的经验而提出建议是有风险的。事实上,他们要摆脱已掌握的经验,思考那些他们做得不好的事情而不是只是回想他们做得很好的事情,即帮助他人从自己犯的错误中学到经验同传授成功经验一样具有价值。

最初只是一些成功建立起议会图书馆的国家,比如美国、瑞典和英国,愿意向其他国家传授他们的经验。尽管历史悠久的图书馆已经比较发达并且他们所在的国家已经完成了向民主国家的过渡,但是他们自身所处的环境也可以给其他国家一些建议,所以这些议会图书馆在与发展中的议会图书馆的合作中发挥了重要的作用。这一观点是由拉多维亚共和国信息部部长安尼塔 · 杜杜内(Anita Duduna)在向各国议会联盟提交的一份报告中提出的,文章指出拉脱维亚民主化的经验使他们成为好的调解员,相对于老牌民主国家,拉脱维亚具有新的民主过渡经验的优势。处于民主过渡时期国家之间比与老牌民主国家更可能分享他们的经验。其他国家发现他们也面临类似的情况。毫无疑问,历史悠久的图书馆对于成功新建的图书馆有很多潜在的需要学习的东西,这种学习有助于传统的永久延续。也许理想的建议的结合来自于长期服务和新服务的结合。当然通过国际图联议会图书馆和研究专业组就能实现这种结合。

任何一个新建设的议会图书馆都能从国际图联议会研究和服务专业组所提供的具有广度的经验中获益,获取经验的途径包括:资金允许的情况下参加国际图联大会,可以注册大会电子邮件列表,或将专业组看作是一种资源来加以使用。那些愿意和能够提供双边建议的国家可能已经是专业组的成员了。

第十五章　为公众和学校提供的信息服务

议会越来越需要向公众和学校提供信息,特别是有关议会的职能、业务和历史记录等方面的信息。在很多国家,人们普遍对于议会不甚了解,或对政治持有很高的怀疑态度,并且人们普遍不认为大众媒体会尽一切努力改善这种情况。事实上,失实的媒体报道正是这些问题的一部分。除非责任教育被确定为教育课程的组成部分,否则教育体系并不能造就出未来的有公民责任感的公民。在许多国家,公众对于议会职能和工作都存在着很大程度上的无知,当然这些国家的议会也正在日益意识到要努力去纠正这一状况。虽然这并不是议会图书馆必须具有的职能,但是议会有应具备此项职能的理由:议会图书馆员工本身应该有丰富的有关议会的知识,图书馆是信息的知识库,图书馆职员应该能够以让并非专家的公众能理解和接受的方式传播知识。

为公众提供信息服务

议会工作的政治性可能令人感到有些神秘。一些对于议员和在议会工作的人显而易见的事情对其他人来说未必也是如此。因此议会通常需要几个办公室或办事处来发布信息,对象不仅包括公众,还包括新闻记者或组织机构,这些对象希望与议会打交道或希望了解在确定时间和地点,什么事情正在发生。办事处可以发布的信息的主题类别涉及的范围很广,比如:

- 议会的现在和未来
- 议会的历史
- 议会的程序和相关术语
- 关于过去的辩论或者一部特定法律或一项决议相关讨论的信息
- 议员个人及其在议会中的活动的传记信息
- “谁是议员”? 如何联系他们

上述这些信息内容可以通过很多的方式进行传播:

- 议会网站可能是信息的主要来源,并且任何一个信息服务点都被期望能够提供容纳以上所述主题的信息,并保证所提供的信息易于理解和获取。
- 电话咨询处要能够恰当地响应和回答那些由无法进入互联网的问询者或自己无法找到信息的问询者所提出的问题。

• 访问议会和参与辩论会的信息。

• 一个“联系我们”的电子邮件地址和一个可以通过纸质信件提交咨询的邮寄地址。

• 出版物,比如针对大众感兴趣的某些主题内容的说明或者现有业务的通告。这些出版物的形式可以是可邮寄的纸质版,也可以是可发电子邮件的电子版。议员及其工作人员也能使用这些出版物,这样他们就可以将其发送给选民。

• 延伸工作。可以担负很多种类的工作,比如与地方图书馆合作以确保他们拥有重要的议会资料并向其解释资料的含义,或者向地方组织提供谈话记录。

有很多不同的传播途径,但是无论向问询者提供信息的方法有何不同,所提供的信息是相似的。比如,可以通过网站、电话问询处或者邮寄,让大众得到其感兴趣的内容说明。

图书馆之所以担负公共信息服务职能的一个很好的理由,正如上述指出的,是因为它已经具备了相关专业知识,需要整合职能,尽可能地与那些具有相似知识和技能的人们分享知识。这样可以避免机构中不同部门以不同的方式收集和存储相同的信息。

为学校提供信息服务

因为担负着为公众提供信息服务的职能,各国议会和议员均认为,为学校各年龄段的学生提供准确而适当的议会信息是十分重要的。这些信息在某种意义上可以被看作是公共信息的一个组成部分。但是这些信息也有其特殊性,学校的信息需求可以被看作是教育内容的组成部分,所以其内容会比那些向议会公共信息咨询处问询的信息(比如,那些特殊的关于业务或议员个人信息的问询)的内容更为普遍。提供的信息要根据特定的年龄段进行相应的调整,并适合该国任何广泛的“公民教育”计划。在很多国家,参与投票的年轻人的人数少于年长者,所以十分有必要向年轻人解释为什么议会事务对他们来说很重要。这样做不仅仅是要告知年轻人议会在做什么,而是要他们参与进来,这样他们才会明白为什么议会事务是与他们相关,他们能够得到授权,这样他们才会在参与政治进程的过程中充满信心。他们不仅仅是要投票,而是更积极地参与政治事务。

要做到这一切只掌握议会信息服务的基本技能(比如具备议会知识、可以向外行人解释议会如何运作的能力)是不够的,还需要其他技能。具有合适的教育家和教师十分重要,他们要热心于儿童教育,并能编制出适合特定年龄段的教材。因此,对于任何一个想要创办教育服务的议会,确保提供教育服务的人具有相应的教育技能都是十分重要的,同时这些人还要能与那些具有议会专业知识的人们共同工作。

议会的教育服务可以提供不同的服务项目。包括:

• 儿童议会访问项目。可以采取很多方式,比如参观活动(旨在解释议会的工作,要多于描述议会的建筑,即使议会恰巧拥有有趣的建筑物)。模拟辩论是可以采用的另一种有益的方式,比如可以让议员与儿童们进行交谈。

• 教师议会访问项目。为那些对于在议会中散发材料感到不太自信教师们,以及那些想要知道更多信息的教师们设立培训日。

• 专题展览。专题展览可以在议会举办,或者如果有拓展的计划,可以进行巡展。它们可以是令儿童感兴趣的历史主题,或者可以是更普遍的主题,比如从只有少数人有投票权到所有成年人拥有投票权的历史演进。

• 为学校提供书面材料。作为教师的教学辅助资料,可在教室向儿童分发。

• 拓展项目。访问学校的项目的工作人员在学校与教师一起商讨如何向学生解释议会,工作人员则可能要亲自向儿童授课。

• 学校公民教育课程内容。根据特定国家教育服务体系结构,内容可能由教育部与中央(或州)政府决定,或由当地政府决定,或两者兼而有之。这项工作有助于在国家公民教育计划中正确地解释议会的作用。除非内容来自那些具有特定议会知识的人,否则当对于政府作用的阐释多于对议会的解释时会产生不利的影响。

• 青年议会。这可能是议会访问计划的一部分,或作为拓展方案的一部分而运行。

• 网站。面向年轻人的网站。它可以是常规议会网站的组成部分。

• 与非政府组织的合作。与教育或青年非政府组织的合作,为青年人开发的教育项目可能是一种互惠互利的方式。

无论方案是否是由议会的教育服务提供,重要的是这些项目要适合于学生的年龄。显然,一个适合年龄段为 16 到 18 岁的项目是不适合 6 到 8 岁年龄段的孩子的,反之亦然。这也说明服务团队中具有教学技能和相关知识的组成人员的重要性。一个运作良好的教育服务功能设计,会在加强青少年有关议会的知识、提高他们的公民意识上发挥出重要的作用。

第十六章　议会资料的存档

我们在第四章中讨论过,出于馆藏发展的需要,议会图书馆要全面收集作为工作文件的议会文件和讨论报告。议会在完整保存议会文件的同时还要制定一个用于未来保留和存档文件的政策。越来越多的档案馆在寻求令这些文件能够以数字化的形式被利用的途径。现在许多资料都是以电子文档的形式创建的。这意味着存档的文件可以得到更广泛的使用,但同时也引发了数字化文献资料如何进行长期存档的新问题。议会档案馆并没有被认为应该成为议会图书馆的一部分,但是出于公共信息职能的考虑,议会档案馆和议会图书馆应该紧密合作。档案馆需要同议会其他部门也保持合作,比如委员会办公室,以保证相关文件都能够被很好地存档。议会档案可以作为独立资源由议会自己持有,也可以作为馆藏资源的一部分保存在国家档案馆中。

档案应该包括什么

议会档案要保存广泛的与议会相关文件。档案应包括官方文件及其他文件。档案包括:

• 议会法案和法律的原件

• 议会议员辩论报告

• 正式出版的委员会报告和文件

• 委员会尚未出版的文件,比如向委员会提交的未出版的证据以及委员会的内部工作文件

• 议会下议院的会议录及其他会议相关文件

• 由议会通过的决议

• 议会行政部门的管理记录

• 议会建筑物的建筑历史记录

- 议会会议录速记稿
- 议员及其他议会工作人员的私人文件
- 议会和议员的照片、录音及其他影像资料

这里所列的清单并不详尽,人们希望档案能保存任何相关议会起源、历史和活动的原始文件。

档案管理政策

任何一个议会档案馆都需要制定档案管理政策,用以恰当地决定何种记录应被保留,何种记录应被舍弃。一些文件会被认为将不再需要,比如某些由议会办公室起草的工作文件。将议会档案馆中数量很大的一些记录处理掉,比如那些从未被使用过的议会文件和讨论报告记录,乍一看到这个提议也许会让人感到惊讶。然而,就像上面所列清单指出的,档案馆可以保存比这种办公资料更有价值的信息。举个小例子,人们可能认为应该保存那些议会餐厅的菜单,未来的历史学家也许会对这些资料感兴趣。但是如果菜单是每日变化的,并且议会有很多餐厅,那么保存所有的菜单就是不值得的。举个比较严肃的例子,议会委员会拥有大量的工作文件,比如报告的连续性草案,保存这些连续性的草案是有价值的,单独保存某个则没有必要。档案管理政策就是要帮助档案馆决定文件是否应该被永久保存,并确保能以适当方式去存档那些应被保存的文件及销毁那些应舍弃的文件。对于永久保存记录的建议规范,是用来指导档案馆将其保存的档案根据文件的证据价值、信息价值和历史价值进行存档。将记录附加上恰当的元数据可以令记录在被需要时得到有效的使用。档案管理政策的详细内容需要经过档案馆档案保管员和国会办公室工作人员共同讨论。

数字化存储

数字化存储越来越引起重视,其原因是越来越多的资料(议会自己起草的绝大部分资料)是以数字形式创建的。将已存在的资料数字化的成本的降低,也是令数字化存储越来越引起重视的原因,这意味着越来越多的资料能通过这种形式被使用,也意味着任何有需要的人都可以通过网络检索这些资料。当然在这里并不是要讨论在信息社会存在了很多年的数字化存储这一复杂问题。坦白而言,如果不加以认真对待,当平台和硬件改变的时候,则可能会面临数据丢失的风险。纸质记录会随着时间推移而腐坏,并应保存在合适的可调控的环境中,但只要稍加努力去保存,它们就有可能被保存长达几百年。甚至羊皮纸和石雕品的保存也是这样的情况。然而,如果当技术改变时没有采取有效的措施,数字记录将变得不能使用。如果有被正式鉴定过的纸质原件,那么这种情况只是严重的问题而不是灾难,只要提供时间和资金,就能创建一个新的数字记录。对于那些只以数字形式存在的记录,数字记录不能使用的情况则是灾难。政府部门并不擅长解决这个问题,看上去议会更加重视这个问题。相较于保存纸质记录,数字化记录的保存需要更有意识的努力和合作。数字化记录的保存并不是简单的事情,需要解决许多问题,比如元数据、适当的存储条件等,这些需要处理的问题将会持续很多年。数字化材料的保存已经成为国际图联会议上经常被提起的议题。

档案使用

议会的作用之一就是要让有需要的人可以使用议会的资料。大多数的议会已经采取了

实质性的步骤以确保人们可以简便地使用电子形式和纸质形式的讨论报告、委员会文件等资料。议会档案馆有公共阅览室以满足公民查阅档案馆馆藏的需要。但是议会还有保存其他历史资料的机构,比如国家档案馆和国家图书馆,所以议会要做得更加深入。有许多项目用来完成非数字化创建的资料的数字化。比如由捷克和斯洛伐克议会图书馆联合做的一个富有挑战性的项目。伊娃·麦克拉科娃(Eva Maclakova)(斯洛伐克议会图书馆馆长)和卡雷尔·索斯纳(Karel Sosna)(捷克共和国议会图书馆馆长)在2006年8月首尔召开的国际图联会议上描述了这个项目。这个项目包括了捷克和斯洛伐克议会及立法机构的所有记录的数字化,记录要回溯到1848年。

2009年,这个项目在继续完成其历史部分内容的建设。还有一个是捷克(波西米亚)立法机构数字图书馆项目,数字化资料回溯到11世纪。另一个新项目是英国议会议事录数字化项目,资料回溯到1803年。2008年8月,爱德华·伍德(Edward Wood)在渥太华召开的国际图联议会图书馆研究服务专业组研讨会上发表了一篇关于此项目的文章。此类项目有着巨大的潜在价值,并且有证据表明,由捷克和斯洛伐克共同完成的项目已经得到了很好的使用。然而,尤其是对于非专家的使用者来说,文件可能经常被混淆,所以要保证能提供有效的使用帮助。比如,捷克议会允许用户通过电子邮件或电话了解如何使用系统。

议会通常拥有丰富的资料资源和档案资源,而为公众提供纸质的和电子的议会档案使用服务,是议会的一项重要职能。

第十七章　结语

第一版《指南》回顾

1989年柏林墙倒塌象征性地代表了世界政治格局的迅速变化,当时《指南》尚在制定之中,该《指南》于1993年发表。从某种程度上来说,正是由于这样的局势,才使得《指南》成为如此有用的工具。厄恩斯特·科尔(Ernst Kohl)时任国际图联议会图书馆研究服务专业组主席,他在《指南》的前言中引用了沃尔特·巴吉特(Walter Baghot)所著的《1867年英国宪法》中的一句话:"一个国家如果没有一个讨论型的政府,那么它就不是一个一流的国家。"科尔(Kohl)指出,政府要想获得成功和让"讨论型政府"有效工作,就需要有简报和分析来做支撑,显然,议会图书馆提供了这种支撑。议会图书馆的发展恰逢许多"新兴民主国家"的出现,这并不是偶然的情况。

认为第一版《指南》的出版过程是一帆风顺的,或者认为该《指南》已经达到了较高的期望水平的想法是不明智的。但是尽管如此,政府还是一个民主的"讨论型政府",大部分的政府工作人员都希冀把工作做得更好。那些在议会图书馆工作的人们几乎总是对于民主进程表现出真正的承诺,特别是对于立法过程中的公开辩论以及政府行政部门的审议工作给予积极的支持。不难发现,许多国家议会图书馆的工作人员是在困难和棘手的环境下提供支持服务的。即使他们经常要面对政治进程的不确定性以及政治决策者的行为,甚至是辞职等现实的问题,但没有迹象表明这种承诺和理想主义在衰退。

当然,自《指南》第一版出版以来,不只是议会图书馆所服务的政治环境发生了迅速的变化。虽然提供客观的研究、分析和信息服务这些核心业务被保留了下来,但是提供服务的方式发生了根本性的变化。图书馆不仅要跟上和有效使用新技术,更要思考应如何运作。一个很重要的认识是图书馆是在市场中运行,与过去相比议会的议员们能够很容易从互联网和游说者那里获得大量的信息(不一定准确或客观)。因此,议会图书馆需要不断证明他们提供的准确、客观、符合议会议员需要的信息服务的价值。对新技术的最高需求点就是能够让服务更有效地推送,在常规工作过程中需要通过有效的市场营销来理解用户需求。

未来展望

未来是什么?《指南》第一版指出"将目前为议会提供信息服务表现出的动态环境拒之门外是错误的",但第一版并未对理由给出结论。"动态环境"今天依然存在。2009 年 11 月 3—5 日,众议院议员代表们在华盛顿举行了 2009 年世界电子议会会议。在会议最后举行的新闻发布会上发布了以下共识:

- 议会有机会雇佣新一代的公民,信息通信技术是新一代公民在政治和议会进程中生存方式的核心。在讨论和决议重大政策和立法时,通过信息通信技术能够听到并考虑他们的意见。
- 采用开放式标准将会让议会更加透明和负责。议会也将得到更好的配备用以促进区域性的和全球化的合作和一体化。事实上,在现今全球化的世界,许多需要采取立法来解决的问题,是需要协商解决的共同问题。
- 信息不仅能够支持公民参与政治进程,也确实支持了议会议员们的工作。议会图书馆工作有效、资源充足,科研服务充分利用新技术来进行收集、管理和共享信息,这些很好地满足了议员们巨大的信息需求。

在所有地区,议会图书馆和研究服务都具有潜在的重要作用,同时也证明了《指南》第一版中提出的"动态环境"。

虽然尝试在动态环境下确定未来的主题是存在风险的,但是现在一些新的发展趋势正引起对于议会图书馆性质的质疑。欧洲议会图书馆的莱恩 · 瓦特(Iain Watt)在 2009 年米兰召开的国际图联大会上发表论文指出,议会图书馆抱有这样的理想,他们认为议会议员们的决策是在"无限理性"的环境中得出的。他指出,现实情况却是:时间的压力往往意味着议会议员们要以有限的信息和不太合理的方式来进行决策,同时也要求议会图书馆理解和接受这样的现实。关于这一点我们在第九章讨论了市场营销问题,真正理解用户信息需求远比信息提供者猜测用户的信息需求更重要。在此次会议上,意大利参议院图书馆的安娜 · 加卢齐(Anna Galluzzi)也发表了一篇论文对议会图书馆的未来进行了预测。她提出,议会图书馆要从两个方向中选择其一来重塑自己。他们要么扩大其职能,在机构的直接职能之外,成为议会和人民之间的联系纽带(我们已经看到议会图书馆越来越普遍地涉及学校和公众工作中),要么更加注重内部建设,尽可能发展数字化服务,并与议会其他部门进行合作和整合,她还指出"做真正的图书馆而不仅仅是看上去像而已"。我个人认为,议会图书馆的发展不是这样简单的选择。这两篇论文质疑了一些议会图书馆的运作方式背后的基本思想,表明了我们正处于对未来并不确定的时期。这并不意味着议会图书馆不能拥有充满活力和价值的前途,而是意味着他们需要不断思考自己的角色和用户的需求并相应地进行调整。

此前我们已经明确的方针是:

- 技术变革的步伐仍在继续,它将推动图书馆运作方式的变化。

- 议会图书馆才刚刚把握社会网络工具的潜力。
- 伴随在线使用的信息资源的比重的增加，实体意义的图书馆的重要性将继续下降。图书馆需要考虑其物理空间如何得到最佳的利用，甚至考虑是否有保留的必要。
- 要更加努力地了解用户的需求及他们如何使用信息，要承认议会议员及其工作人员是一个多元化的群体，他们的需求是多样化的。
- 需要在信息专家和研究人员之间建立起更加紧密的工作关系。
- 在信息超载的时代，议会图书馆要寻找合适的途径以避免将这种信息超载加诸到用户身上。“信息经纪人”的概念变得越来越重要。
- 要求议会和政府职能更加公开的持续压力，为议会图书馆提供了助推这一成果的机会。

《指南》第一版中的部分内容现在仍然适用。因为“每一个国家的政治文化以及所有相关内容都有其强烈的本土特色。每一个国家的立法机构和其图书馆都必须决定要走多远、以何种方式发展”，所以“绘制一个理想图书馆的蓝图可能是个错误的行为”，这个观点在今天仍然是对的。修订版旨在遵循这些原则，并沿此思路提出可供思考的一些指导方针。

国内篇

全国人民代表大会立法决策信息保障与服务[①]

乔　菲

一、人民代表大会制度概况

1. 人民代表大会制度建立

1949年9月，在中国人民政治协商会议第一届全体会议上，全体通过了《中国人民政治协商会议共同纲领》。这部在当时起到临时性宪法作用的文件中，首次明确了中华人民共和国的政治制度是民主集中制的人民代表大会制度。但由于当时全国普选的条件还不成熟，自上而下地建立各级人民代表大会难以进行。所以在新中国成立初期，确定由中国人民政治协商会议第一届全体会议代行全国人民代表大会的职权。

经过几年的过渡和积累，1953年，中国进行了第一次大规模的普选，自下而上逐级召开了人民代表大会。1954年9月，第一届全国人民代表大会第一次会议召开，通过了新中国第一部宪法，其中明确指出：中华人民共和国的一切权力属于人民；人民行使国家权力的机关是全国人民代表大会和地方各级人民代表大会。至此，我国人民代表大会制度以根本法的形式正式确立。

2. 人民代表大会制度特点

全国人民代表大会制度是我国的根本政治制度，它是由权利属民制度、代表选举制度、民主集中制度、人大工作制度四个部分构成，人大工作包括政治性（党性、人民性）、法律性、合议性、程序性、公开性五个特点。

全国人民代表大会实行的是一院制，由其统一行使国家最高权力。各级人大由民主选举产生，对人民负责，受人民监督；政府、法院、检察院都由人大产生，对人大负责，受人大监督。全国性的重大问题经过全国人大及其常委会讨论和决定，地方性的重大问题经过地方人大及其常委会讨论和决定，而不是由一个人或少数几个人决定。

3. 人民代表大会组织制度

（1）全国人大常委会

由于全国人民代表大会代表人数较多的特殊性，不便经常集中议政、举行会议、行使职权，所以在非全体会议期间，为了保证国家机器正常有效运转，能够充分发挥国家最高权力机关的作用，采取了以下方式：在全国人民代表大会中选举产生出一个人数较少的，便于经

---

① 本报告成文主要依据全国人大，或在全国人大工作的官员、研究专家所发布或发表的相关信息和研究成果，包括政务公开、著述论文、新闻报道等各类信息源。报告中所陈述的内容以及相关总结分析仅供参考。

常召集会议、行使职权、讨论决定有关事项的机构，即全国人大常委会。

全国人大常委会在全国人大闭会期间，负责行使宪法和法律规定的职权，制定法律、做出决定并监督其实施，这也是人民代表大会组织制度的一个重要特点。全国人大常委会作为国家最高权力机关的常设机关，组成人员（近几届）都在155人左右，常委会一般每两个月举行一次会议，每次会期7天左右，这样全年有40多天可以召开会议、行使职能。

全国人大常委会由委员长、副委员长若干人、秘书长和委员若干人组成。上述组成人员由全国人民代表大会从代表中选出，并可由全国人民代表大会罢免。全国人大常委会对全国人民代表大会负责并报告工作。全国人民代表大会有权改变或者撤销全国人大常委会不适当的决定。

全国人民代表大会及其常委会共同行使国家立法权，除基本法律由全国人民代表大会制定以外，其他法律都可以由全国人大常委会制定。全国人大常委会有权解释宪法和法律，监督宪法、法律的实施，监督国务院、中央军事委员会、最高人民法院和最高人民检察院的工作，以及行使宪法赋予的其他职权。

这种特殊的组织制度安排，使得全国人大常委会实际上成为了中国人民代表制度的核心权力机构，承担了最重要的以及大部分的代议职责。

全国人大常委会办公厅

为确保全国人大常委会持续正常、高效地运转，就要依靠常设服务机构从事大量的日常工作，必然要设立具体的办事执行机构。全国人大常委会办公厅就是承担这一职责的主要办事机构及综合服务机构，也是全国人大具体工作的实施执行机构，办公厅在全国人大秘书长的领导下工作，秘书长兼办公厅主任，负责机关日常工作。

全国人大常委会办公厅下设秘书局、研究室、联络局、外事局、新闻局、信访局、全国人大信息中心、全国人大图书馆等机构。

全国人大常委会设有工作委员会，包括法制工作委员会、预算工作委员会、香港基本法委员会、澳门基本法委员会。全国人大工作委员会的组成人员由全国人大常委会任命，不要求必须是人大代表。

全国人大工作委员会没有提案权，也没有审议权，它的工作职责是在常委会领导下，为常委会审议法规服务。

法制工作委员会是全国人大常委会领导下专门负责立法的工作机构，也是全国人大法律委员会的协助工作机构，一般由法律委员会副主任委员兼任法制工作委员会主任，下设研究室、国家法行政法室、民法室、刑法室等。法制工作委员会还承担着进行立法方面的法理研究、比较立法研究，以及组织法律的汇编、翻译和出版等工作。

全国人大常委会预算工作委员会是全国人大财政经济委员会的协助工作机构，一般由财政经济委员会副主任委员兼任预算工作委员会主任，下设办公室、经济法室、计划预算室、研究室等。

（2）全国人大专门委员会

为完善人民代表大会制度，充分发挥全国人大及其常委会职能作用，“七八宪法”规定，全国人民代表大会和全国人大常委会可以根据需要设立若干专门委员会，赋予了全国人大常委会设立专门委员会的权力。

全国人大专门委员会是全国人大的常设工作机构,由全国人民代表大会产生,开会期间受大会主席团领导,闭会期间受全国人大常委会领导。专门委员会是全国人大及其常委会的工作机关,不是最后决定问题的权力机关,没有独立的法定职权,有提案权和审议交付议案的权力,其主要职责是研究、审议和拟定有关议案。

目前,全国人大根据宪法的规定和实际需要共设立了九个专门委员会:民族委员会、法律委员会、内务司法委员会、财政经济委员会、教育科学文化卫生委员会、外事委员会、华侨委员会、环境与资源保护委员会、农业与农村委员会。各专门委员会的组成人员必须在代表中提名产生,而且要由全体代表大会通过。近年来,参加专门委员会的常委会委员比例比较高,许多常委会委员也是专门委员会组成人员,参与到专门委员会的工作中去,非常委会委员的专门委员会委员也可以列席全国人大常委会会议。

全国人大各专门委员会由主任委员 1 人、副主任委员若干人和委员若干人组成。各专门委员会分别设有具体的办事机构,下设研究室、法案室等部门,负责组织专门委员会履行职责。

全国人大专门委员会工作的最大特点是专业化和经常化,专门委员会委员一般都是相关领域的专家、学者和实际工作者,或在某一领域长期工作的人士。他们对相关问题比较熟悉,且人员较少,便于分门别类地研究、讨论问题。同时,全国人大一般每一年举行一次会议,全国人大常委会一般每两个月举行一次会议,而专门委员会的工作则是不间断开展,不因全体会议及常委会会议闭会而停止工作,可以协助全国人大及其常委会进行经常性工作。因此,全国人大专门委员会的工作,对全国人大及其常委会有效地行使立法、监督、决定、任免等各项职权,更好地履行国家最高权力机关的职能,起着不可替代的作用。

全国人大专门委员会负责审议全国人大主席团或全国人大常委会交付的议案。向全国人大主席团或者全国人大常委会提出属于全国人大或全国人大常委会职权范围内同本委员会有关的议案。审议全国人大常委会交付的被认为同宪法、法律相抵触的行政法规、决定和命令,地方性法规和决议,以及省级政府的决定、命令等,并提出报告。审议全国人大或全国人大常委会交付的质询案,听取受质询机关的答复,必要时提出报告。对属于全国人大或全国人大常委会职权范围内同本委员会有关的问题,进行调查研究,提出建议。

全国人大专门委员会全体会议一般每个月举行一次,专门委员会主任会议一般每半个月召开一次。一些涉及领域比较多的委员会,还设有若干专题研究小组,可随时召开会议,进行活动。并经常就本委员会范围内的问题有计划、有重点地开展调查研究,派出调查组深入基层,广泛征求意见,掌握大量第一手材料,并及时向全国人大常委会和国务院有关部门反映,提出意见和建议;它们还经常保持与“一府两院”有关部门的对口联系,出席有关会议,掌握有关情况,并听取它们的相关工作汇报等,参与立法、协助监督。

可以说,全国人大及其常委会的大量工作,都是由专门委员会承担的,专门委员会是全国人大及其常委会的得力助手。

二、全国人大的主要工作方式

根据宪法规定,全国人民代表大会是国家最高权力机关,被赋予立法权、重大事项决定权、监督权、选举任免权四大职权,其行使权利、履行职责,主要通过听取汇报、审议法律案等方式展开。其中最重要的两大职权是立法工作和监督工作。监督工作指工作监督与法律监督,主要包括全国人大常委会对国务院、最高人民法院、最高人民检察院的规范性文件的审查和对法律的实施情况等进行检查监督。除了立法权,按照宪法规定,全国人大常委会还有权撤销国务院制定的同宪法、法律相抵触的行政法规、决定和命令。全国人大行使职权的工作方式主要包括以下几种:

1. 专题调研

全国人大在法律起草的过程中,实行立法工作者、实际工作者与专家学者相结合。在制定法律特别是市场经济方面的法律时,研究、比较国外有关法律的规定,从中汲取可参考借鉴的部分,对其中反映市场经济规律性、共同性的内容,以及国际交往中形成的国际法规范和惯例,予以吸收和借鉴。

全国人大常委会会议有大量法律案需要审议,其中相当数量的法律专业性比较强,这就需要常委会组成人员在常委会闭会后,做大量艰苦细致的调查研究,对立法工作中遇到的重点和难点问题能够熟悉和了解,以便在法律案的审议和表决中做出明确的决断。为此,全国人大常委会人员通过深入基层、深入群众,调查研究,就法律案的修改完善征求各方面的意见和要求。

每年全国人民代表大会召开前,都要组织人大代表进行集中视察、了解情况,为审议列入全国人民代表大会的各项议题做好准备。对审议的法律草案,通过召开座谈会等其他方式,广泛征求听取各地方、各有关部门、专家学者和人民群众的意见,特别是一些重要的、与人民群众关系密切的法律案,还会向社会公布,征求意见。

2. 执法检查

立法的目的是为了实施,开展对法律实施情况的检查监督,简称执法检查。执法检查是全国人大常委会近年来实行的一种重要的法律监督的形式。执法检查的主体是全国人大常委会和全国人大专门委员会;对象是国务院及其部门、最高人民法院和最高人民检察院;内容是法律实施主管机关的执法工作;方式是组织执法检查组,到各地检查法律实施的情况,作为评价有关部门执法情况的依据;目的是为了督促法律实施主管机关改进执法工作,促进法律的有效实施。

每年年初,常委会将对执法检查进行事先安排,各专门委员会也可以就相关法律的实施情况,组织检查。由常委会组织的执法检查,一般由一位副委员长牵头,依托一个相关的专门委员会具体组织实施。检查前,要听取国务院有关部门或“两高”的执法情况汇报。然后检查组分成若干小组,赴有关地方进行检查。

执法检查采取多种方式进行,如对国务院有关部门的检查与对地方的检查相结合,自上而下的检查与地方自查相结合,事先安排的检查与临时抽查相结合。在检查中,深入实际,深入基层,通过召开座谈会、实地考察、个别走访等方式,掌握法律实施的真实情况。根据情况,还可召集有关部门就法律实施中存在的问题听取专题汇报。

检查结束后,检查组整理出执法检查报告,对法律实施情况做出全面评价,对法律实施中存在的问题及原因进行分析,并提出改进执法工作的建议。执法检查报告都列入常委会会议议程,进行审议,法律实施主管机关的负责人到会听取意见、回答询问。常委会会议的审议意见,由委员长会议以书面形式交法律实施主管机关,要求其在6个月内提出改进执法工作的措施并向常委会做出反馈。

3. 听取报告

听取和审议工作报告也是全国人大履职的一种重要方式。每次常委会会议都会安排听取和审议有关工作报告的议程。听取工作报告,有些是例行的,如每年6月的常委会会议,都要听取审计工作报告、前一年度中央决算的报告等。其他工作报告大多围绕国家的中心任务、发生的重大事件以及人民群众关心的"热点"问题进行的。比如,1998年夏,中国遭遇特大洪涝灾害,全国人大常委会在当年8月份举行的常委会会议上专门听取了国务院关于抗洪抢险的报告。再如,针对审判、检察机关存在司法不公,人民群众反映强烈的问题,第九届全国人大常委会第七次会议听取了最高人民法院、最高人民检察院所做的关于开展集中教育整顿工作的汇报。

4. 专题质询

提出质询也是全国人大常委会进行工作监督的一种手段。在全国人大常委会会议期间,常委会组成人员10人以上联名可书面向常委会提出对国务院及其各部门、最高人民法院、最高人民检察院的质询案,由委员长会议决定交受质询机关书面答复,或者由受质询机关的负责领导在常委会会议上口头答复。

5. 其他方式

例如,在闭会期间加强人大代表与选民的联系。通过代表视察,人大机关接待群众来信来访,受理申诉、控告或检举,建立代表接待日制度,开展代表小组活动等,同人民群众保持密切联系,反映群众的意见、倾听群众呼声。

三、全国人大立法决策工作的信息支撑

全国人大的立法决策信息支撑采取了多种实现方式,除了机构设置、制度安排外,还体现在其工作流程规则上。

1. 内部立法决策信息支撑

从全国人大常委会办公厅自身的办事服务机构来看,研究、咨询服务是其最重要的职能之一。具体包括围绕全国人民代表大会和常委会行使职权的有关问题,围绕人大制度建设

和民主法制建设,进行调查研究、理论研究和咨询服务。

全国人大内部立法决策信息支撑、咨询服务职能是否健全、发挥作用,受制于机构设置情况,而机构设置又取决于全国人大制度建设情况。从全国人大发展历程中不难看出,凡全国人大制度建设加强,全国人大常委会办事机构就随之加强、人员也得到充实;凡全国人大制度建设削弱,其机构和人员也相应削弱,甚至部分取消。可以说全国人大内部立法决策信息咨询机构的发展,初步兴起于1954年,在"反右""文革"等政治运动爆发后全面停滞,直到党的十一届三中全会提出加强民主法制建设后才得以恢复、重建、持续发展,并逐步完善。

全国人大内部立法决策信息咨询服务主要依靠以下几类机构来实现:

(1)研究室系列

①办公厅研究室

1954年,时任全国人大常委会秘书长的彭真同志,在全国人大常委会机关干部会议上指出:"常委会的办事机构就要围绕着常委会的任务来工作,而常委会面临的一项重要任务是立法,要做好起草法律、审查修订法律效力和揭示法律这三方面的法律工作,就必须学习理论、熟悉情况和法律。有正确的理论指导,真正了解实际,才可能有正确的政策;有正确的法律理论和熟悉情况,才可能制定出正确的法律条文。如果缺乏正确的理论指导和对实际情况的了解,闭门造车,制定的法律就行不通。"①

为此,彭真同志提出全国人大常委会办公厅要成立研究室、法律室和编译室,以系统地研究法律、实际情况以及立法经验等,翻译学习外国的尤其是前苏联的法律著作,编印中国古代的法律著作。1955年,在第一届全国人大常委会会议上,正式决定了全国人大常委会办公厅的组织构成,办公厅设置了研究室、法律室、编译室、秘书室、顾问室等部门,办事机构初具规模。但遗憾的是,仅在三年后,全国人大研究室就在1958年的人大机构改革精简调整中被取消。直到1978年,根据十一届三中全会加强民主法制建设的精神,全国人大办公厅办事机构重新进行了调整,恢复了下设的研究室。1985年,中央书记处对全国人大办公厅研究室的设立做出批示,研究室下设综合组、经济组、政法文教组(1987年分为政治组和理论组)、国际组,并代管全国人大常委会办公厅图书馆。全国人大办公厅研究室曾一度实行研究员职称聘任方式,但1988年后全国人大常委会办公厅不再授予专业技术职称,研究室人员按照中央国家机关公务员聘任方式,以行政职务为主。1993年,研究室分为政治组、经济组、信息组和国际组。

1995年8月,中共中央办公厅下发了《全国人大机关机构改革方案》的通知,其中要求按照加强、理顺的原则考虑机构改革,该加强的加强,注意充实熟悉法律、经济等方面的干部。在这次改革后,全国人大常委会办公厅研究室,由原来的局级正式升级为副部级的综合性研究工作机构,同时也是全国人大常委会领导的参谋办事机构,作为全国人大内部最重要的立法决策信息支撑,办公厅研究室对于全国人大常委会职能作用的发挥、工作效率的提高产生着重要影响,其地位和作用是其他机构不可代替的。

全国人大办公厅研究室是全国人大内部具有一定政策水平、理论素养、研究能力和文字功底的人员所组成的"智囊团",专门从事理论探讨和工作研究等工作,直接为常委会行使职权和开展工作提供参谋、咨询和综合服务。

---

① 彭真.彭真文选[M].北京:人民出版社,1991:260-265

改革开放后,全国人大办公厅研究室的主要职责是为全国人大常委会和委员长会议提供研究和咨询服务,具体包括:围绕全国人民代表大会会议和常委会会议审议的议题,开展调查研究,提供有关的调查研究报告和国内外资料;负责全国人民代表大会会议和常委会会议的简报和快报工作;参与起草全国人大及其常委会的重要文件、工作报告等;研究人民代表大会制度和人民代表大会工作有关的法学、政治学理论问题,还负责管理指导全国人大图书馆、中国民主法制出版社以及全国人大培训中心等机构的工作。[①]

全国人大办公厅研究室下设若干副局级机构,按照分工履行各自职责,同时每个下设机构负责与其相对应的专委会或工作委员会进行联系。但是,由于全国人大内设机构保密等原因,并未在公开信息源中获得全国人大办公厅研究室下设机构名称及职能。

全国人大办公厅研究室的主要工作:

文稿工作。会议是全国人大及其常委会行使职权的主要形式,研究室是参与常委会等重要会议与活动的服务机构,负责完成重要文件报告、领导讲话稿和会议材料的撰写;宣传、记录、简报编发(负责全体会议及常委会会议简快报)等工作。此外,参加常委会组织的执法检查、视察、调查等重大活动,宣传报道、综合文字材料等服务工作也是研究室的职责。可以说,编制简报、讲话起草等繁重的文稿任务占到了研究室工作职责的较大比重。

理论研究。从名称来看,研究室本身就具有研究和探讨的含义,因此组织开展人大制度理论和工作研究、外国议会研究以及有关法学理论研究等是全国人大研究室的重要职责。研究室制订相关的人大工作研究计划及课题,开展人大理论自主研究工作,或者集中、组织、协调相关外部研究机构的力量,选择重点课题进行委托研究。虽然有部分中短期课题是由全国人大联合或委托相关机构进行,但一些基础性研究工作还是集中在全国人大办公厅研究室。相关研究完成后,撰写、提交具有针对性、指导性和前瞻性的理论文章或研究报告。

调查研究。作为全国人大常委会的立法决策参谋机构,研究室的职能还包括进行各类调查研究,提供咨询服务,围绕咨询提供各类资料和调查研究报告。具体包括:围绕全国人大常委会的中心工作、行使职权中的重大问题、重要审议议题、重大活动和社会经济生活中的热点难点问题等开展调查研究,为其提供咨询报告。例如,对于常委会领导关注的重点问题、事关全局的重要情况、各地人大的新鲜做法、重要的社情民意等,通过广泛收集资料,进行综合分析、整理,把对常委会工作可能产生重大影响或对常委会决策起作用的信息及时筛选出来供领导参阅和参考。

②各委员会相关机构

除了全国人大常委会办公厅研究室,各委员会(专门委员会、工作委员会)也设有承担类似职能的部门,主要包括各专门委员会(或工作委员会)下设的调研室、法案室、条约室、刊物编辑室、专题业务室等,这些机构都不同程度地承担着立法决策调查研究,调研报告撰写,专题资料及动态信息的收集、分析、研究、提供,编辑报送内刊等工作。这些部门大多并非专门负责、独立承担立法决策信息支撑、咨询服务这一职责,它们还担负着多项其他重要职能,比如为委员会审议、拟定议案、法律案提供服务,进行备案审查、组织实地调研、执法检查、会议等重要稿件起草,等等。

---

① 全国人大常委会办公厅研究室.全国人民代表大会工作手册[M].北京:中国民主法制出版社,1989:89

各委员会都有自己的一套办事机构，一般设有一个办公室和若干业务室。根据全国人大各专委会所负责的领域与职能不同，内设机构也各异，大部分专委会将较为接近的工作职责进行集中，由专门部门负责（例如调研室、法案室等），而另一部分专委会则根据专题领域进行统一划分，同一专题领域下，从具体的立法、会议等工作到相应领域的决策信息支撑、咨询服务都由一个处室来承担，同时也有采取将这两种模式加以结合的委员会机构设置。

专门委员会办事机构的主要任务是为本专门委员会会议服务，为专门委员会行使职权服务，也为全国人民代表大会和常委会行使职权服务，其承担的决策信息咨询服务职能主要包括围绕全国人民代表大会和专门委员会的职责进行调查研究、提供调查报告，为专门委员会会议做好准备工作。

③决策信息支撑咨询服务方式

研究室影响决策并对决策进行信息支撑、提供咨询服务主要通过以下方式①：

书面报送。采用各种方式、通过各种渠道，让决策层了解其研究成果。具体包括，向领导决策层提交调查报告、研究报告，印发"送阅件"等内刊，如全国人大办公厅研究室会将相关资料、调研报告、研究成果等内容形成固定或不固定形式的内部刊物（如原《全国人大常委会办公厅研究室材料》）、文字材料等，供全国人大领导决策参考；将与决策领导层取得共识的意见和观点，写进常委会工作报告、领导讲话等其他重要文稿中，将研究成果直接转化为领导决策。

公开出版。将部分适宜公开的理论研究或专项调研成果，进行综合分析、系统整理、编辑出版。以专著、文章等形式进行公开出版或发表，进一步扩大研究成果的社会影响。将部分具有现实指导意义的研究成果，以专题编印成小册子，发挥更大作用。如原办公厅研究室政治组编撰出版的《中国宪法精释》，基于当时制定、修改宪法的原始档案资料，对宪法条文的含义和特定背景，以及条文中的重要关键词、句等进行立法原意的解释，对于准确理解宪法本意及实施和执行宪法都具有较强的现实指导意义。

会议发言。通过参加各类会议的机会，在讨论中阐述观点，以便交流思想，主动召开理论研讨会，请决策领导同理论研究工作者一起，对有关问题共同进行探讨，通过这些方式力争在某些重大问题上达成共识。

日常问询。通过与决策领导的日常交谈、议事等机会，对一些重要问题进行讨论，进一步充实和完善研究成果，并为研究成果尽快转化为领导决策创造条件。

④机构特点

全国人大常委会办公厅研究室及研究室类型部门，所承担的职能和充当的角色更多介乎于"综合秘书"班子与"调查研究"班子之间，既做具体的文稿起草等事务性工作，又做相关信息搜集、调查研究工作，为领导决策层提供相应的调研报告及资料等支撑。

这种双重职能定位的特点在研究室类型的决策信息支撑咨询部门中较为常见，也具有中国特色。首先，"综合秘书"的角色，使得研究室工作人员与决策领导层的关系更加紧密，有利于了解其决策过程等实际情况，通过承担文稿起草等工作，更便于把研究室的咨询参谋建议、意见转化为领导决策或国家权力机关的意志。

这种职能设置，弊端在于大量的文稿起草等事务性工作占到较大比重，这种情况下无暇

---

① 任延石. 研究室如何给人大常委会当好参谋[J]. 人大研究，1992(11)

集中精力投入系统的调查研究工作。文稿起草耗时耗力、修改审定周期长，特别是与调查研究工作这种长线任务相比，领导满意度权重较大，更易获得重视。此外，决策领导的意见对于文稿影响较大，所以上下级行政性的服从情况较为常见，很难实现提供客观独立的咨询参谋效果。

但换一个角度来看，如果没有这样的体制设置，仅将独立的调查研究作为其工作职能，虽然优点是可以实现较为深入系统的资料调查、理论研究，思考问题客观冷静，提出的意见科学准确，但可能出现的问题则是，不熟悉领导决策过程，没有理论联系实际，难受重视，咨询参谋意见一时难以转化为领导决策。

正是由于这种背景和原因，全国人大研究室类型机构以扮演双重角色的方式，来完成对于立法决策层的决策信息支撑职能。研究室的发展目标是集人大理论研究中心、咨询参谋中心、资料信息中心于一身。

研究室这种纯体制内（机关内部，非下属事业单位类型）决策信息咨询服务机构，由于其属于全国人大核心决策部门，甚至直接参与决策，同时扮演决策与决策支撑的双重角色，所以可以接触到大量的第一手立法资料、档案等，可以获得一般学者及智囊机构所无法拥有的学术研究条件，建立在这种体制内的研究或决策信息支撑，具有以下特点：

调研专题与决策需求紧密契合。全国人大的各项立法、监督工作，都紧密结合当前国家所处的政治、经济、文化、社会等环境，研究室有条件实时、准确地掌握当前全国人大决策领导层所面临的最紧要迫切、亟待解决的实际问题（部分属于前期调研保密期）。在这种情况下，其所做的各项调查研究，都是有鲜明的目的性与必要性，且可以与需求达到最大程度的紧密对接。

决策支撑更加"理论联系实际"。研究室特殊的位置与职能，使得其研究人员具备区别于一般学者的宏观视野与学术眼光，对于"高级的民主理论与初级阶段的民主实践"①存在一定的差距，以及其他一些具有中国特色的特殊性问题，具有更加深刻的理解，其调查研究的角度与深度更具有"理论联系实际"的特点。调研成果对于决策领导层，更加具有实际应用价值，而不是"漫无目的"或"自说自话"。

（2）全国人大图书馆

①发展沿革

全国人大图书馆原名"全国人大常委会办公厅图书馆"，成立于1955年1月。建馆之初，全国人大图书馆主要开展馆藏整理、编译、采编、借阅等工作。1969年，因"文革"停止业务工作。

1980年，全国人大图书馆重建。1996年更名为"全国人大常委会图书馆"，由中央国家机关单位改为中央国家机关直属全额拨款事业单位。之后，全国人大图书馆除了建立完善各项管理制度和业务工作流程外，开始尝试业务工作自动化，1997年开始采用"图书馆文献管理集成系统"管理馆藏文献。

2000年以来，全国人大常委会图书馆逐步从传统服务型向研究服务型转型，一方面加强对现有人员培训，招收信息技术专业、法律专业、图书馆学专业、管理学专业背景的应届本科生和研究生；另一方面重新规划馆藏结构，开展数字图书馆建设，加大资源开发力度，拓展服

---

① 蔡定剑. 中国人民代表大会制度[M]. 北京：法律出版社，1998：514

务内容和服务手段。

2002年,全国人大常委会图书馆数字化一期工程完成,“图书馆之窗”网站在机关内网开通,提供数字资源服务,开始走向数字化、网络化。2005年,增设咨询部,着力加强资源开发和专题咨询服务,并首次与地方人大图书馆资料部门、国外议会图书馆开展交流活动。

2006年,更名为“全国人大图书馆”,进一步扩大服务范围。完成数字化二期工程,数字资源增加并实现整合,网络服务功能增强。

2007年,全国人大图书馆开始直接为全国人民代表大会和常委会会议提供专题资料服务。之后进一步为委员长会议、全国人大常委会组成人员、专门委员会组成人员、全国人大代表和机关工作人员提供文献信息。

2008年,正式开通全国人大图书馆网站,并且开始建设人民代表大会制度专题数据库。

2009年,提出“具有人大特色的研究服务型现代化图书馆”的建设目标。

2011年,迁入新建成的全国人大办公楼中的新馆舍,5月16日全国人大图书馆新馆开馆。

2011年全国人大图书馆进行了部分馆藏法律文本资源展示和部分珍贵馆藏资源及资源开发成果展示。

②服务对象及定位

目前,全国人大图书馆的服务对象包括:为全国人民代表大会、全国人大常委会会议、委员长会议服务,为全国人大常委会组成人员、专门委员会组成人员、全国人大代表和机关工作人员提供文献信息。2009年,提出“具有人大特色的研究服务型现代化图书馆”的建设目标。

③机构设置

全国人大图书馆设有四个部门。办公室负责馆内日常行政管理、后勤服务、馆际互借服务等;图书部负责馆藏图书资源的建设、管理工作及新书推介服务;报刊部负责馆藏报刊资源建设、管理、服务与报刊资源开发工作;咨询部负责数字化建设与技术维护、参考咨询服务、资源研究与开发等。

④馆藏文献

文献以政治、法律、经济类为主,兼顾其他学科。馆藏纸质文献近40万册,电子资源包括自建专题资料库和50余个外购数据库,收录的文献类型包括电子图书、期刊、报纸、学位论文、会议论文、法律法规、年鉴、百科全书等。特色馆藏包括常委会组成人员、专委会组成人员编著的文献;有关人大制度、民主法制建设及各国议会制度的文献资料;法律法规资料等。

⑤服务项目

文献提供服务。具体包括:为领导配备工作用书;为机关内读者提供馆藏书刊和国家图书馆基藏库图书借阅服务;通过机关内网提供50余个网络数据库和图书馆自建专题数据库的浏览、检索、下载服务;通过外网为全国人大代表提供部分数据库服务。

书目信息服务。具体包括:提供馆藏文献目录的在线检索;通过全国人大图书馆网站的“专题推荐”栏目,推荐介绍新到书刊、热点专题文献等;编制馆藏报刊分类目录供机关读者查阅。

资源整合服务。具体包括:通过内网跨库检索系统整合若干个异构数据库,提供“一站式”检索服务;通过内网提供网络资源、数据库资源的分类导航服务,包含“法学法律资源”“人大研究资源”“中央国家机关图书馆”“世界各国议会图书馆”“在线工具书”“试用数据库”六个导航栏目。

参考咨询服务。一般咨询包括通过面谈、电话、电子邮件、读者留言方式及网上咨询系统(内网)解答图书馆资源和服务的相关问题,通过全国人大图书馆网站“常见问题”栏目提供图书馆利用指南。专题咨询包括根据读者的专题需求,检索特定范围内的信息资源,提供文献资源目录、提要或全文。完成的咨询专题包括西方社会保障制度研究、金融产业政策与金融安全研究、婚姻法立法背景资料等。

专题开发服务。根据全国人民代表大会和常委会会议议题,选编专题资料,在中国人大网“代表服务专区”开设专栏,发布资料全文,供代表参阅。不定期向常委会委员发送三种纸质馆刊,分别为《馆藏资料目录索引》《立法参考资料目录》和《立法专题全文资料汇编》。自建“人大制度(与立法)研究数据库”等多种专题数据库,在内网上提供服务。与全国人大办公厅新闻局和信息中心合作,为仅供全国人大常委会、专委会领导参阅的内部资料《人大舆情动态》提供相关报刊信息资料。

⑥信息服务产品

全国人大图书馆围绕全国人大中心工作,根据全国人大及其常委会的立法规划、立法计划以及立法工作部门的需求,进行了文献资源开发,制作了各类信息服务产品。

内部刊物。具体包括:《我国宪法及人民代表大会制度图书报刊专题资料索引》,该索引是为了纪念“八二宪法”颁布十周年编辑发行的内部资料,汇集了中华人民共和国第一部宪法产生(1954 年)至 1992 年国内出版的大部分有关宪法的图书报刊资料;《全国人大常委会图书馆馆藏资料目录索引》,1996 年开始编辑,旨在快速、全面地报道和揭示馆藏报刊中的政法类文献,按内容分类;《立法参考资料目录》,2005 年开始编辑,该书有计划地选择了部分法律,搜集相关的立法背景资料,分专题编制,提供文献题录和摘要信息;《立法专题全文资料汇编》,2005 年开始编辑,选择热点法律,将具有一定代表性、权威性和参考价值的文章进行汇编。

正式出版物。具体包括:《全国人大图书馆馆藏资料目录索引》,是在同名内部刊物的基础上汇辑而成的连续性出版物,由中国民主法制出版社出版发行,该索引分为社会主义民主与法制建设、人大制度与人大工作、立法研究、宪法研究等专题,之后又增加立法参考资料目录分册,汇辑全国人大图书馆所做的立法背景资料专题,收录相关文献信息条目。《人大文撷》是与中国民主法制出版社合作出版的连续性出版物,2006 年冬开始每季度出版一辑,内容分为立法工作、监督工作、代表工作、自身建设、理论探讨和外国议会六个部分,系统反映我国专家学者和人大理论研究工作者的研究成果。

专题数据库。具体包括:“人大制度(与立法)研究专题资料库”,2002 年开始建设,2009 年 8 月正式立项,被称为“人民代表大会制度专题数据库”,目标是建成集文章库、著作库、书目库、人物资料库、人大系统内部出版物库、文件报告库、史料档案库等十余个子库于一体的综合性数据库,项目共分四期,一期建设已经启动;“‘十一五’规划专题数据库”,2006 年开始建设,收录近年来发表在核心期刊和重要报纸等出版物中的近千篇专家、学者文章;“立法参考资料数据库”,2006 年开始建设,将原有内部刊物《立法参考资料目录》加工为数据库,提供部分文章的全文链接,并持续增加新的法律专题;“馆藏报刊资料索引数据库”,2006 年开始建设,为内部刊物《馆藏报刊资料目录索引》的网络版。

⑦机构特点

全国人大图书馆在发展过程中,意识到突出特色才是加快自身发展、提高服务能力的必由之路。近年来,全国人大图书馆提高文献信息服务的针对性,逐渐将工作重心从文献资源的收藏、管理转移到文献信息的开发、利用,以及对服务对象需求的分析和把握上。通过规划、组织有针对性的各类专题资源数据资料库,为全国人大的立法决策工作提供了丰富的背景资料信息支撑,且注意形成纸质、电子等多样化信息产品。这种在现有形势下所选择的特色化专题文献研究服务发展思路,可以说是近年来全国人大图书馆的一大亮点。

由于全国人大图书馆的机构职能权重、规模预算限制等因素,虽较强于其他中央国家机关图书馆,但与世界发达国家议会(国会)图书馆相比,仍存在一定差距。

从职能定位上来看,虽然全国人大图书馆的发展目标是具有人大特色的研究服务型现代化图书馆,但鉴于目前的机构设置、文献研究服务力量,还需要各种条件的支撑。比如从部门设置上,没有体现出专题学科化的特点,立法工作涉及国民经济、社会发展方方面面,如果采取通识式的粗放型服务模式,只能做到一定层级的文献信息服务。

2006 年,各国议会联盟在其发布的《21 世纪的议会与民主:最佳实践指南》中指出,一个实力雄厚的议会除拥有其他设施之外,还要有"综合的图书馆和信息服务"。这里所指的"综合",既包括对于各类立法信息的综合集中管理,也包括利用这些信息提供综合服务的能力,议会图书馆应在广义理解的立法机构信息管理及服务领域(文献、档案、政务信息等)发挥更重要的作用,承担立法机构知识库及信息服务中心的职能。目前,全国人大图书馆采取传统图书馆的职责划分方式,还远远不能满足全国人大立法决策信息支撑的需要。

(3)全国人大信息中心

①发展沿革

第十届全国人大以来,全国人大常委会各级领导开始高度重视人大和人大机关的信息化建设工作,强调要充分运用先进的信息技术提高人大和人大机关的工作效率、工作质量和工作透明度,密切全国人大与人民群众、人大代表和地方人大的沟通和联系。

根据中央编制委员会办公室的批复和全国人大常委会机关党组的决定,1997 年 6 月全国人大信息中心正式成立,由全国人大法制工作委员会指导其工作。

②职责定位

全国人大信息中心的主要职能包括:承担全国人大常委会机关的办公自动化工作,建立包括国家最高权威的法律法规信息系统在内的人大综合信息系统;配合国家的立法和监督工作,向社会提供权威的法律法规信息查询及法律咨询服务,促进我国的民主法制建设;配合国家的议会外交工作,对外宣传全国人民代表大会制度和中国社会主义法制,开展国际间的法律法规信息交流,促进中国的对外开放。

③机构设置

全国人大信息中心下设办公室、信息部、系统部、技术部、服务部、法律法规部、网站总编室、网站采编室、网站值班联络部、财务室等部门。

④重点工作项目

a. 人大综合信息系统

全国人大信息中心从 1998 年开始机关局域网的综合信息系统建设,该系统规划包括整体的政务信息网络系统建设与政务信息内容建设,涵盖“法律法规信息系统”(该系统之前一直由全国人大法工委负责建设)、“代表信息库”等等。全国人大信息中心在建立初期,还曾经组织地方人大开展代表信息数字化的工作,通过代表信息库统一进行系统管理。

2002年8月5日,中共中央办公厅、国务院办公厅共同转发了《国家信息化领导小组关于我国电子政务建设的指导意见》,其中明确表示,要加快12个重要业务系统建设,相应构建标准化体系和安全保障体系,进一步推进电子政务的发展。此后,全国人大信息中心的电子政务工作进入快速发展时期。

“全国人大办公业务资源信息系统”项目,2005年获得国家发改委对项目建议书和可行性研究报告的批复,2006年获得国家发改委对初步设计的批复,2008年10月基本完成项目的各项建设任务,同年12月通过初步验收。经过9个月的试运行及系统完善,2009年10月16日通过了最终验收。该系统是全国首个按照国家发改委令2007年第55号《国家电子政务工程建设管理暂行办法》,完成项目建设任务并通过竣工验收的项目。

全国人大办公业务资源信息系统项目总投资额7042万元,建设任务包括:网络系统建设、应用系统建设、信息服务系统建设、安全体系建设和标准规范体系建设。其中属于核心内容的应用系统建设由代表工作管理系统、会议工作管理系统、立法工作管理系统、监督工作管理系统、机关工作管理系统和综合信息系统共计6大系统32个子系统,以及“中国人大网”组成。通过中国人大网网上直播系统,全国人大召开的各类全体会议、座谈会、论证会、研讨会等都可以向各省(区、市)人大或社会公众全程直播。这些信息技术手段加快了人大信息化建设步伐,密切了全国人大与各省级人大的沟通和联系。

b. 中国人大网

中国人大网是全国人大常委会的官方门户网站,由全国人大常委会办公厅主办,是全国人大常委会的重要舆论媒介。

中国人大网,2004年2月25日试运行上线,2005年2月25日正式开通,2006年2月25日开通英文版。2007年第十届全国人大五次会议,中国人大网首次开通了代表服务专区,为全国人大代表提供电子信息资料服务。

中国人大网所包含的信息内容主要包括以下几类:新闻(具体包括重要发布、立法工作、监督工作、代表工作、选举任免、对外交往、地方人大、人大论坛、人大知识等),互动服务(具体包括代表服务专区、征求意见、访谈等),专题资料(具体包括法律法规库、文献资料、公报等),子站(包括全国人大常委会各部门、地方人大等)。

全国人大常委会各个相关部门,均向全国人大信息中心提供相关的稿件等信息,在网站建设的政务信息完整性方面予以配合。

网上征集立法建议

近年来,随着我国政府决策民主化、法制化进程的不断推进,全国人大将问计于民、直接倾听人民群众意见作为完善立法工作的重要方式。特别是中国人大网开通后,通过网络方式公开征求立法建议、意见成为现实,并且具有真实性、广泛性、直接性的特点,国家最高权力机关在立法进程中可以广泛、直接地聆听基层民声。

2005年7月至8月,中国人大网全文公布《物权法》(草案),一个多月的时间里,全国人大常委会法工委共收到11 543条修改意见,其中9605条是通过中国人大网收集到的。2005年9月,全国人大法律委、财经委和全国人大常委会法工委联合举行了全国人大及其常委会历史上第一次立法听证会,直接听取公众和有关方面关于个人所得税工薪所得减除费用标准的意见。这次听证会共有4900多人报名,其中通过中国人大网报名并表达自己观点的有4600多人。2006年3月20日,《劳动合同法》(草案)全文公布,总共征集到的191 849条人民群众意见和建议中,其中187 744条是通过网站征集到的,在这19万多条意见中,65%来自基层劳动者。

网上征集立法建议这一做法,不但在立法民众参与机制的技术层面上实现了突破,而且对于推动立法理念转变也有积极作用。通过法律案网上公布、公众进行评议、讨论修改后再公布,在这一过程中公民的地位得以提升,加强了立法的合法性以及民主性,是一次难得的、广泛的、高质量的普法教育过程。

中国法律法规信息系统

从20世纪80年代初开始,全国人大法工委确立了建立中国自己的国家法律法规数据库的目标,规划包括国家法律、地方性法规、行政法规等各类法律法规信息。

目前,中国法律法规信息系统通过中国人大网进行服务,包括法律法规司法解释(包括法律及有关问题的决定、中共中央国务院法规及文件、司法解释及文件、部委规章及文件4部分)、地方性法规规章两大部分。

中国法律法规信息系统,不但通过中国人大网提供公开服务,在全国人民代表大会期间也为全国人大代表服务,为其参政议政寻找法律依据做信息支撑。中国法律法规信息系统在全国人大机关内网上的点击率非常高,占到整个全国人大机关综合信息系统点击率的三分之二以上,对于全国人大立法与决策提供重要的信息支撑保障。

c. 全面信息服务支撑

全国人民代表大会信息服务

全国人大全面开展大会信息服务始于第七届全国人大三次会议(1990年),从此开启了为全国人民代表大会进行信息服务支撑的序幕,最初由全国人大法工委负责提供法律方面的信息服务,并逐步与国家统计局、国家图书馆等外协信息单位开展合作,通过在人民大会堂现场设置信息查询处提供服务,这种模式持续了近20年。

在第九届全国人大二次会议(1999年),全国人大信息中心负责人民大会堂现场的信息查询服务工作,并围绕大会议程提供大量专题参阅资料和背景材料,为全体人大代表服务,全国人大图书馆也参与了文献信息内容准备的工作。

从第九届全国人大三次会议(2000年)开始,由全国人大信息中心负责制作大会专题资料,人民大会堂信息查询处提供的查询包括人大代表信息、大会专题资料信息、国家统计信息、经济信息。当时还包括信息服务外协单位国家图书馆等所准备的各种类型的纸质参考资料。

在全国人民代表大会召开期间,还提供24小时信息服务值班热线,代表可以直接通过联系提出需求,对于保障人大代表的知情权,帮助其了解掌握相关信息起到了重要作用。

从第十届全国人大第五次会议开始(2007年),全国人民代表大会电子政务工作快速发展,中国人大网首次开通了代表服务专区,为全国人大代表提供电子信息资料服务。会前在收到出席证、座次卡的同时,代表们还收到了关于中国人大网电子信箱的使用说明,以及报到、表决和同声传译系统的使用说明。

这种信息服务模式一直持续到第十届全国人大结束,从第十一届全国人大第一次会议开始(2008 年),为了提高会议集中议事的效率,所有的服务机构均从人民大会堂现场撤出,改为在各代表驻地饭店设置专门电子阅览室的方式,提供信息服务。同时,随着中国人大网的建设完善,通过网络为全国人民代表大会提供信息服务条件业已成熟,尤其是 2007 年开通的代表服务专区经过一年的运行完善,可以稳步的负担更重的运维压力,原有的各类信息服务产品转而通过代表服务专区,以电子网络的方式开展服务。可以说,2008 年是全国人民代表大会信息服务的转型年,也折射出随着信息技术的不断发展所带来信息服务模式的巨大转变,以及服务效率的提高。也是从这一年开始,全国人民代表大会信息服务转由全国人大信息中心来整体负责。

2010 年,全国人大网代表服务专区的内容、功能都得到了进一步的充实,其中所包含的信息内容更加丰富与完善,会议会务信息、大会热点专题资料等,有了越来越多的参政议政信息支撑。

常委会信息服务

人大舆情信息是全国人大常委会领导关注的需求热点,自从中国人大网建立以来,就开始了舆情信息服务,具体包括海内外媒体关于全国人大机构及其立法工作、会议工作、监督工作、人大代表、社会热点动向、突发事件动态等各方面的报道与反映等,这些舆情信息服务都以专报形式,直报主管的副委员长、副秘书长等领导,便于领导随时掌握情况。

在常委会会议期间,全国人大信息中心负责会议议程热点专题的背景资料准备工作,通过内网为全国人大常委会提供服务。

此外,同全国人大图书馆类似,全国人大信息中心也为全国人大机关立法决策工作提供相关文献信息支撑,如为外事出访提供背景资料、为预算委了解相关情况提供信息服务,以及突发事件跟踪报道等。

⑤机构特点

全国人大信息中心最初的职责定位主要以全国人大电子政务建设为中心,但随着国家信息化建设速度的不断加快与电子政务的全面发展,逐渐转向信息服务内容的设计与规划。这种不单纯走技术路线的职能转变,对于全国人大信息中心在之后的发展中发挥越来越重要的作用至关重要。

全国人大信息中心最初由全国人大法工委负责指导工作,并接手其筹建的“中国法律法规信息系统”,这些发展历程使得全国人大信息中心从最初就掌握着大量信息,且这部分信息不同于传统文献类型。特别是随着全国人大电子政务建设逐年推进,代表信息、会议信息、立法信息等各类政务信息,都汇集于此,通过在内外网系统合理运维这些数据信息,全国人大信息中心对于能够对全国人大立法决策起到支撑作用的信息的类型结构都有了较为清晰、全面的判定和掌握。网络信息技术只是手段,能够发挥核心作用的重点还是所提供信息的主题内容、栏目结构等。作为中国人大网的运维负责机构,全国人大信息中心在初步解决了技术支撑问题后,规划合理的结构、内容的确立以及对于所产生的大量信息的管理,则成为全国人大信息中心之后的工作重点。

信息服务最核心的要素第一是对于信息的掌握,第二就是对于用户需求的掌握。除了对于全国人大立法决策信息的掌控,还有一点值得注意的是,由于全国人大信息中心全面负责内外网信息化建设工作,无论是常委会、专委会,还是各工作委员会,都随时向其提供信息,全国人大信息中心全面掌握了全国人大的各类立法与决策的活动信息,全国人大决策层的信息需求点可以从这些信息中得到充分反映，这对于全国人大信息中心有针对性地开展专题信息服务，以及通过这种紧密往来而产生的信息需求的易于获取，都是全国人大信息中心开展立法决策信息服务的优势所在。比如，每两个月一次的全国人大常委会会议，其议程在之前的委员长会议上确定后才可公开，而全国人大信息中心可提前获知会议专题，围绕专题准备相关背景资料，通过内网上传为其提供服务，类似这种高层信息需求的及时获取都是其他服务机构所无法实现的。

从第九届全国人大二次会议（1999 年）开始，全国人大信息中心开始负责全国人民代表大会信息查询服务工作，承担了服务规划、协调、实施等职责，作为全国人民代表大会信息服务的核心枢纽，同时负责技术支撑与内容支撑的整体把控，包括全国人民代表大会信息需求的集中分派、其他内外信息服务机构的职责分工等。除了全国人民代表大会信息服务，在日常信息服务中，全国人大信息中心也充当了常委会、专委会、工作委员会等立法决策核心机构的需求集散地，通过自身或与外协单位的合作进行相关专题信息服务。这种信息服务协调角色的定位，对于实现全国人大立法决策信息服务整体化、系统化起到重要作用，并且使全国人大信息中心具有较高的视野站位，可以进行更加合理的服务规划及实施。

（4）全国人大内部政务信息

①全国人大常委会档案资料

全国人大常委会办公厅秘书局档案处是全国人大机关档案管理部门，负责收集整理全国人民代表大会及其常务委员会依宪行使国家权力过程中形成的文件资料，负责收集整理办事机构、工作机构为权力机关工作服务过程中形成的文件资料，并将这些文件资料按照《档案法》的规定组成“全国人大常委会档案全宗”，同时为全国人大、中央国家机关和地方人大提供档案资料服务。

“全国人大常委会档案全宗”全面反映了国家最高权力机关依宪履职的历史面貌以及办事机构、工作机构的历史变化和工作情况。截至 2007 年年底，库藏档案 20 142 卷，包括会议档案、法律档案、专题档案、各专门委员会档案、机关文书档案以及照片档案、声像档案、科技档案、电子档案和实物档案。在全国人大每次重要会议和工作开展前，“全国人大常委会档案全宗”中的档案均作为有关工作的参考依据向相关领导提供。例如，每次全国人民代表大会的筹备及召开期间，许多工作都需要在查考历史的基础上不断推进，历史档案为各项工作提供了真实的参考依据。

②全国人大系统信息报送

系统信息报送是指全国人大系统内部进行交换的信息，既包括全国人大和地方人大在工作中产生和形成的各种信息，也包括人大工作所需要的其他方面信息。系统信息内容包括：全国人大工作开展情况、重要活动情况、突发事件等其他紧急情况及处置措施。

系统信息报送有严格的逐层报送、审签流程，具有时效性，强调重要信息、重要情况不漏报、不延误，各报送机构设有信息员，并且所有内容需经主管领导审核后才可统一印发。

2. 外部立法决策信息支撑

除了内部的信息支撑，依靠外部力量提高立法决策质量，也是全国人大立法决策信息支撑体系的重要组成部分。

（1）政府行政部门系统

部分立法工作依靠国务院行政职能部门力量是改革开放以来全国人大采取的工作方式之一。根据相关统计，在全国人大及其常委会通过的法律中，由国务院相关部门提交法律提案占总量的75%—85%[①]。此外，全国人大常委会一般还会将其审议的法律草案发到国务院相关部门征求意见，对其提出的意见建议予以充分重视。国务院行政职能部门在相关社会领域拥有知识和信息的绝对优势是这一立法策略形成的主要原因。

（2）专家学者系统

专家学者系统是全国人大常委会克服立法决策信息不足而采取的重要策略。历届全国人大常委会领导都非常强调专家参与立法的问题：万里认为做好人大工作除了全国人大及其常委会和国务院的努力外，还要依靠大专院校、科研单位的法律专家、学者的帮助，依靠大家的力量来加快立法工作；乔石提出无论哪个部门起草法律，都要吸收有关方面的专家参加起草工作。

第八届全国人大之后，全国人大常委会更加重视专家立法，某些法律草案直接委托有关专家起草。专家在立法信息上至少拥有两方面的优势：一是专业知识和技术上的优势。很多立法都涉及专业性很强的技术问题，如知识产权立法、金融证券立法等，需要相关领域的专家提供专业性知识、信息；二是国外有关信息上的优势。例如，法学专家一般都比较了解国外相关领域的法律学说、成文法或判例法的情况，可以为立法提供国外的制度性方案。这两方面的知识和信息可能是全国人大常委会的大多数组成人员和机关工作人员所缺乏的。吸收专家立法弥补了全国人大常委会自身在知识和信息上的不足。

专门委员会可以调动更多的专家来帮助其做好立法的前期调研、议案的审议工作，从而更好地协助代表和全国人大常委会的成员履行职责。全国人大常委会、各委员会还通过举办专题研讨会、研究课题委托的方式，征集各方专家意见或直接将立法专题研究课题交由研究机构来进行，如2003年委托中国政法大学的“现代立法理念与中国立法实践”课题、2009年委托中国法学会法律信息部有关“香港基本法”的研究课题等，委托课题以研究报告的方式进行提交，此外还有聘请外部专家作为全国人大特约研究员等形式。

（3）外协合作信息机构

全国人大常委会办公厅通过外协单位进行立法决策信息支撑，具有较长历史，主要合作单位包括国家统计局、国家图书馆等机构。

从1992年开始，国家统计局就开始向全国人民代表大会提供统计信息服务。为全国人大代表提供历年全国综合统计信息、国际统计信息和地区统计信息等，编印一些专题数据资料手册，并围绕热点问题组织专家及有关部门撰写文章、编辑专题统计资料等。

国家图书馆从1998年开始为全国人民代表大会提供信息服务。并先后与全国人大信息中心、全国人大图书馆等机构达成信息合作意向，通过协议等方式确定了长期合作关系，面向全国人民代表大会全会、全国人大常委会委员长会议、全国人大常委会全体会议及全国人大各专门委员会提供文献信息服务。服务内容涉及全国人大常委会会议中审议各项立法的各种相关背景资料、法律基本概念和定义，以及与之相关的文献资料。此外，国家图书馆还承担了全国人大在立法准备、立法审议、法律修订等工作中提出的法律专题咨询服务。

---

① 杨军. 国家各部委间存在利益博弈致使多部法律难产[J]. 南风窗，2006（年终特刊）

2008年,国家图书馆以现代信息网络技术为依托,通过国家图书馆开发建设的“中央国家立法决策服务平台”直接嵌入全国人大网“两会”代表专区,为“两会”代表提供远程服务。国家图书馆为全国人大的立法服务工作实现了从传统服务模式向以传统服务与数字图书馆技术相融合的新服务模式的转变。

此外,中国经济信息网(中经网)、国务院发展研究中心信息网(国研网)也是全国人大的信息合作伙伴。中经网从2001年开始为全国人民代表大会提供经济信息服务,提供《中经要报》等专题信息产品。国研网从2002年开始为全国人民代表大会专门设计、制作专题数据库。

四、全国人大立法决策信息支撑特点

全国人大信息服务工作是人大工作的重要环节,立法工作、监督工作、制度建设和理论研究等各个环节都离不开文献信息的支撑。其服务水平、服务状况,与全国人大的制度安排、工作方式等因素密不可分,主要特点表现在以下几个方面(此处主要指全局性特点,各机构特点之前已分别展开)。

1. 信息支撑体系与机构职责划分

纵观全国人大立法决策的信息保障情况,可以说是集研究、服务与资源为一体的全方位、多角度的立体支撑体系,分为三个层级。第一层级,决策建议、深度调研服务:研究室系列、外部专家学者系统等围绕具体的立法等政务决策,提供深度调查研究、判断建议服务。第二层级,综合资料服务、专题文献调研:全国人大图书馆、全国人大信息中心及国家图书馆等外协单位围绕专题所提供的综合文献参考资料。第三层级,电子及纸质文献信息资源建设:中国人大网、全国人大内部政务信息(包括全国人大常委会档案)等纸质及数字信息资源支撑。

在全国人大立法决策信息支撑体系中,承担各自职责的机构分设于全国人大常委会办公厅下的若干部门。信息支撑职能的承担方式有专职,也有兼顾。但无论是信息支撑服务,还是资源整合管理,都存在管理分散、职能交叉的问题。

以全国人大图书馆和全国人大信息中心为例,在专题文献信息服务层面已经形成比较明显的职能交叉。又如,全国人大及其常委会各类会议文件、快报、简报等会议档案属于全国人大常委会办公厅秘书局档案处管理,传统文献及部分数字资源由全国人大图书馆管理,政务电子信息等由全国人大信息中心管理,这种状态与实现科学化、专业化、系统化信息支撑服务还存在着一定差距。

此外,无论是全国人大图书馆,还是全国人大信息中心,从其部门设置及业务运转来看,仍以传统模式为主,专题化、学科化的分工与服务不足,而这一点对于开展有针对性的、深层次的立法决策信息服务至关重要,归属于各委员会(专门委员会、工作委员会)的研究室则较好地体现出专业化的分工和极强的针对性。

对于传统文献信息服务与立法决策信息服务异同的认知,是解决立法决策信息服务机构设置、职能划分问题的关键。

2. 服务集中供给与重点信息支撑

与其他国家不同,国外议员大多是专职的政治家和社会活动家。全国人大代表为兼职,来自全国各个省市,每年仅召开一次全体会议,会后仍回到原工作岗位,能否成为代表候选人,主要取决于是否有代表性以及个人的先进性,而非竞选产生,所以围绕全国人大代表的信息服务主要在每年全国人民代表大会召开时集中开展。而对于全国人大的核心决策机构全国人大常委会、专委会、工作委员会的信息服务,则体现出贯穿全年的持续重点支撑。这两种截然不同的信息供给服务特点,也充分反映出了全国人大所遵循的"民主集中制"这一原则,全国人大的信息需求重点还是体现在充分履行民主之后的核心决策机构的集中决策层面。

3. 现代信息技术与电子人大建设

随着计算机网络技术的发展,各国电子议会的建设也进入快速发展期。据 2008 年全球电子议会报告资料显示:在立法应用方面,55% 的受访者(议员或代表)表示有文件管理系统,70% 表示有大会辩论记录系统和备忘录,64% 表示有议案、条例草案及修正案的应用软件;在监督应用方面,超过半数的受访者表示有处理政府问题的系统,41% 表示有听证会的应用系统。立法机构信息应用系统建设对于提高立法决策效率、增加议会透明度、加强公众民主参与等方面都有着积极重要的推动作用。

近年来,随着全国人大综合信息系统、中国人大网的建设,我国电子人大的建设也实现了与世界范围的电子议会发展同步。现代信息技术融入立法决策信息服务,无论是对提高人大系统性的工作效率,还是推动科学化、民主化立法进程,都发挥了重要作用。目前,应该加强对于已有各类电子信息资源及应用服务系统的整合,使更多的电子信息资源得以高效利用,通过丰富信息内容来提高系统的实用价值,从而有助于全国人大更加有效地履行立法监督职能。

4. 立法决策信息服务的制度化保障

从世界范围来看,特别是同美、日等国通过立法来确定国家最高权力机关的机构设置及职能划分不同,中国法律对于全国人大常委会的服务机构设置只有原则性的规定。美国《国会图书馆法》对于国会图书馆的地位/职能/作用、财政预算、人事任免、图书馆员级别待遇,甚至图书馆的具体业务内容,均有详细规定。反观全国人大的内设机构及职能设置,大多通过会议决定等政策性文件来确立,无论是规范性还是稳定性,都无法与法律规制相提并论。

尽管全国人民代表大会制度与西方议会民主制度有着本质的不同,但是,通过法律形式确定图书馆等信息服务机构在国家立法体系中的地位和作用,不断提高文献信息支撑和保障能力,从而推动"我国各级政府科学执政、民主执政、依法执政",理应是我们努力和应该实现的目标。

参考文献

1. 徐振光. 中国共产党人大制度理论发展史稿[M]. 北京:东方出版中心,2011
2. 蔡定剑. 中国人民代表大会制度[M]. 4 版. 北京:法律出版社,2003

3. 蔡定剑. 中国人大制度[M]. 北京:社会科学文献出版社,1992

4. 刘乐明. 全国人大专门委员会委员结构及其问题研究——基于十一届全国人大专门委员会 271 名委员的统计分析[J]. 人大研究,2012(12)

5. 柴逸扉. 完善全国人大专门委员会制度的思考[J]. 改革与开放,2011(8)

6. 李早德,王宜南. 发挥地方人大常委会研究室职能作用的几点思考[J]. 人大研究,2011(2)

7. 本刊记者. 全国人大文献信息服务交流研讨会在汉举行[J]. 楚天主人,2010(8)

8. 郗卫东. 中央国家机关图书馆 2009 年发展报告[J]. 国外书刊信息,2010(9)

9. 谢有光,王凤鸣. 国外电子议会建设:经验与启示[J]. 人大研究,2010(6)

10. 张永年,刘文亮,刘占忠,等. 充分发挥政府研究室在政府决策中的参谋服务作用[J]. 发展,2009(10)

11. 黄文艺. 信息不充分条件下的立法策略——从信息约束角度对全国人大常委会立法政策的解读[J]. 中国法学,2009(3)

12. 王书国,穆荣庆,盖悦强. 关于做好新时期人大信息工作的思考[J]. 山东人大工作,2009(2)

13. 王贵松. 论立法中的电子革命[J]. 法学家,2005(5)

14. 任岩实. 加强调查研究 服务人大工作——全国省级人大常委会研究室工作座谈会综述[J]. 人大研究,2002(7)

15. 康翔. 深度挖掘促效率——访全国人大信息中心副主任王桂芬[J]. 中国计算机用户,2001(3)

16. 蔡晨风. 美国国会助理人员及机构[J]. 人大研究,2000(6)

17. 全国人大信息中心正式成立[J]. 山东人大工作,1998(1)

18. 张建军,王雷鸣. "两会"上的高新技术[J]. 农村实用技术与信息,1998(4)

19. 赵胜勤. 试论政府部门研究机构的设置[J]. 社联通讯,1987(2)

20. 何维凌,王彦单. 通道信息反馈体制析——国家决策过程中的信息反馈体制初探之一[J]. 学习与探索,1984(5)

21. 中国人大网(全国人民代表大会网站)[EB/OL]. http://www.npc.gov.cn

22. 中国共产党第十八届中央委员会第三次全体会议公报[EB/OL]. [2013-11-12]. http://news.xinhuanet.com

23. 卡宁厄姆. 议会图书馆指南(2009 年修订版)[EB/OL]. [2013-12-09]. 王琳,刘英赫,译. http://www.ifla.org/

国家图书馆立法决策服务的探索与实践（1998—2013）

李 凡 张曙光

国家图书馆是我国唯一的国家级图书馆,其前身是京师图书馆。1909 年 9 月 9 日宣统皇帝御批兴建京师图书馆,四品翰林院编修缪荃孙为首任监督,馆舍设在北京广化寺。辛亥革命后,京师图书馆由北京政府教育部接管,并于 1912 年 8 月 27 日开馆接待读者。1916 年正式接受国内出版物的呈缴本,标志着开始履行国家图书馆的部分职能。1917 年京师图书馆移方家胡同原国子监南学旧址,1928 年 7 月更名为国立北平图书馆,馆舍迁至中南海居仁堂。1929 年 8 月与北平北海图书馆合并,仍名国立北平图书馆。1931 年文津街馆舍(现称古籍馆)落成,成为当时国内规模最大、最先进的图书馆。1950 年 3 月 6 日更名为国立北京图书馆。1951 年 6 月 12 日更名为北京图书馆。1975 年 3 月兴建北京图书馆新馆(现称总馆南区),馆址设在北京西郊白石桥,1987 年 10 月建成开放。1998 年 12 月 12 日经国务院批准,北京图书馆更名为国家图书馆,对外称中国国家图书馆。2001 年 11 月国家图书馆二期工程暨国家数字图书馆工程立项,2008 年 9 月 9 日二期馆舍(现称总馆北区)建成并投入使用。

目前,国家图书馆建筑面积达到 25 万平方米,居世界国家图书馆第三位。截至 2013 年年底,馆藏文献已达 3244.28 万册(件),居世界国家图书馆第 5 位,是我国保存和传播先进文化的重要基础设施。

国家图书馆是国家总书库,国家书目中心,国家古籍保护中心,国家典籍博物馆。承担着为党和国家领导人、中央和国家机关在国家立法、大政方针制定和科学民主决策,提供全方位文献信息保障服务的重要职能。

一、国家图书馆立法决策服务历程回顾

国家图书馆的立法决策服务是一项以参考工作为核心内容,为国家立法机构及各级政府决策部门提供文献信息支撑和保障的综合性服务。历经不同历史时期的发展,国家图书馆的立法决策服务已成为国家图书馆最有特色的服务之一。

1.“遇有质问,必婉词答复”——参考咨询业务的发端

国家图书馆最早开展参考工作的记录,可追溯到《京师图书馆分馆民国七年度年终工作报告六,关于阅览人之接待事项》①。该报告记有:“馆中对于阅览人,向属谨慎周妥,取纳书籍必求迅速,茶水火炉,必求温洁,遇有质问,必婉词答复。凡馆中未备之书,只在阅览人之

① 京师图书馆分馆.京师图书馆分馆民国七年度年终工作报告[J].教育公报,1919(3):23-33

要求正当,决无不速为购买或设法介绍。”“遇有质问,必婉词答复”即是国家图书馆参考咨询业务的最早阐释,也是国家图书馆开启参考咨询工作的标志。此后,于1928年9月,“增设参考科”①,参考咨询成为常规化服务。

1928到1937年间,国家图书馆参考咨询业务得到了快速发展,除设咨询台解答到馆读者咨询外,还解答函件咨询。咨询服务中,也承接来自国民政府有关部门的咨询委托。例如,1933年8月,时任国民政府外交部长的罗文干亲自致函国立北平图书馆馆长袁同礼,感谢其提供南海诸岛地图,为政府维护领土主权提供有力支持②。1938到1949年,国家图书馆参考工作虽受局势影响,但从未中辍。

2. “为科学研究服务”——立法决策服务宗旨的奠定

1949年2月,中央政府接管国立北平图书馆。1951年3月,发布《改造北京图书馆方案》,其中第二项指出:“编辑整理参考资料,解答机关、学校团体以及一般读者的咨询。”③其中,“机关”当指立法决策领导机关,从而第一次明确了北京图书馆(现国家图书馆前身)肩负着为立法决策领导机关服务的任务。

1956年北京图书馆为响应党的号召,认真讨论了办馆方针,提出在为社会主义建设事业服务总方针下,将为科学研究服务,为全国图书馆事业服务,为国际文化交流事业服务,作为主要任务,由此奠定了立法决策服务的宗旨。

这个时期完成了大量服务于国家政治、经济、文化、外交国防决策之需的咨询。如1953年和1954年为海军司令部完成《海军参考资料》(中、西、日文)和《海战资料目录》(中文),这些资料为我国海军建设提供了重要参考。又如1953—1954年间为配合我国钢铁工业、采矿工业的蓬勃发展,开展了“文献报矿”工作。咨询馆员从馆藏文献中搜集整理出各种矿藏的珍贵资料,提交地质部,并形成3万多字的《祖国二千年前铁矿开采和锻冶》、12万多字的《中国古今铜矿录》等专题咨询成果。另查出有关铝矿、铅矿、锡矿、硝矿、油页岩等矿藏文献信息整理汇总,提交燃料工业部。此外,为配合外交部的勘界谈判,受外交部委托,1959年9月编制了《清末奏议、文集中有关中俄边界资料目录》,为中苏签订平等新约代替中俄不平等旧约,重新勘界立标提供了历史依据。1960年编制了《中国边界目录》《有关中越界务参考资料》《有关中朝界务参考资料》等,涉及中朝、中越、中蒙、中缅、中印在边界问题上的历史资料,为中国与周边国家的边界问题谈判提供了法理依据。

3. “为中央党政军领导机关服务”——立法决策服务的确立

1966年“文化大革命”爆发,其间,北京图书馆把为科学研究服务作为修正主义办馆方向进行了批判,为国家立法决策领导机关服务和为科学研究服务被作为为群众服务的对立面,片面提出为工农兵服务,对参考工作的正常有序开展造成了严重的影响。

1973年5月13日,国家文物事业管理局(73)文物字61号文件,转发经国务院办公室同意的《关于北京图书馆主要服务对象的请示报告》:“根据北京图书馆藏书的特点、所处的地

---

① 国立北平图书馆. 国立北平图书馆概况[M]. 北京:编者刊,1929:7

②③ 北京图书馆. 北京图书馆馆史资料汇编(1909—1949)[M]. 北京:书目文献出版社(今国家图书馆出版社),1992:383

位和当前的工作条件,应以中央党政军领导机关、科研部门、重点生产建设单位为主要服务对象,同时适当开展一般读者的阅览工作。”①这份文件首次明确了北京图书馆以中央党政军领导机关、科研部门、重点生产建设单位为主要服务对象的办馆方针,参考咨询工作遂逐渐恢复正常。

这一时期,北京图书馆为国家相关大政方针决策提供了大量的文献参考。1974年11月12日,外交部为了解法国占领时期越南的有关情况,要求查找“法国外交部文件中有关越南、印尼关系的文件”。咨询馆员在《法国外交部文件汇编》(英、法文版)中查到了有关越南、印尼关系方面的法国外交部文件,当日予以答复,为我国与相关国家交涉提供了背景资料,为维护我国领土主权提供了历史依据。

1977年1月,国务院和中央军委决定,由交通部和海军组织力量打捞第二次世界大战末期被击沉的一艘日本装载物资的油轮“阿波丸”号。配合打捞工作,咨询馆员对馆藏文献中的相关内容进行检索,最先将沉船位置的经纬度信息提供给相关部门。事后证明,该资料所提供的沉船位置与实际沉船位置十分接近,具有很高的精确度。

进入20世纪80年代以后,北京图书馆进一步明确了立法决策服务的职能。1985年7月,第二次全国图书馆工作会议确定北京图书馆的定位是,“国家图书馆、综合性研究图书馆”。其工作方针为:“坚持为人民服务,为社会主义服务的方向,履行搜集、加工、存储和传播知识信息的职能,为中央立法决策领导机关和重点科研、生产单位服务,为全国图书馆事业的发展提供业务服务,同时为一般读者提供一定范围的阅览服务,以促进社会主义物质文明精神文明建设。”

1987年10月,白石桥新馆投入使用。进入新馆后,北京图书馆提出了1987—1995年的事业发展目标。其中第二阶段即1989—1990年的中心任务之三为“深入开展文献研究和参考咨询服务,为党政军群领导机关和社会各界提供高质量的定题文献情报服务”②。由此,确立了为国家立法决策机关提供文献支撑的职能和定位。

1991年9月,北京图书馆对参考研究部进行了机构调整,撤销原社科参考组、科技参考组、书目编辑组、检索文献组,调整为参考咨询组、文献研究组、科学文献检索组、参考工具书组。文献研究组下辖中国学文献室、哲学文献室、马列室、软科学室。1991年10月24日,全国人大副委员长王汉斌约见时任馆长任继愈、参考研究部主任焦树安,商讨在北京图书馆设立“政策法规文献研究室”。不久,政策法规文献研究室成立,进一步从机构层面加强了为国家立法决策服务的职能。

4. 成立立法决策服务机构——立法决策服务体系化特征逐渐形成

20世纪90年代末至21世纪头10年,国家图书馆立法决策服务呈现快速发展的态势,立法决策服务体系化的特征逐渐形成。主要体现在机构设置、服务项目、服务产品、工作机制和规章制度等五个方面。

机构设置。1998年国家图书馆全面改革正式启动。1999年12月6日,国家图书馆推

① 《当代中国的图书馆事业》编辑部. 中国图书馆百年纪事:1840—2000[M]. 北京:北京图书馆出版社(今国家图书馆出版社),2004:195

② 李致忠. 中国国家图书馆馆史[M]. 北京:国家图书馆出版社,2009:322

出继续完善机构改革措施。12 月 6 日,经 1999 年第 29 次馆长办公会议研究决定:参考研究辅导部挂“国家立法决策服务部”牌子[①]与参考研究辅导部为一个机构两块牌子。在参考咨询服务业务框架下,重点突出了立法决策服务的内容,强调了国家图书馆为国家立法决策服务的职能,为促进立法决策服务机构对国家图书馆服务职能的认识,进一步开展面向中央国家领导机关的服务奠定了基础。其后,立法决策机构对国家图书馆的业务需求出现快速增长的势头。2008 年年初,在国家图书馆全面改革十年取得经验的基础上,独立建制的立法决策服务部在国家图书馆正式成立,下设全国人大与政协服务组、中央国家机关服务组、中国学文献组(即海外中国学文献研究中心)、法律文献组,2009 年增设系统保障服务组。2011 年年底,国家图书馆对立法决策服务部再次进行内设机构优化调整,调整后的业务科组由原来的 5 个增加至 7 个,即综合服务组、教科文卫组、社会经济组、内务司法组、外交与国防组、部级领导干部历史文化讲座服务组、服务推广与保障组。同时,立法决策服务部加挂“海外中国问题研究资料中心”的牌子。2012 年,为适应外交国防工作的需要,国家图书馆以立法决策服务部为依托,成立“中国边疆文献研究中心”。至此,国家图书馆立法决策服务机构形成了以“一部两中心”(立法决策服务部、海外中国问题研究资料中心、中国边疆文献研究中心)为核心、以中外文文献信息资源采编为基础支撑、以现代信息网络和数字图书馆技术为保障的综合服务架构,为开展更为专业化的立法决策服务提供了机构建制上的保障。

服务项目。这一时期,伴随着国家立法决策科学化和民主化进程的加快,国家立法决策机构对国家图书馆的立法决策服务需求也同步加大。除日常立法决策咨询服务外,国家图书馆通过合作或采取独立服务的方式,逐步推出服务于中共中央办公厅的“信息报送”和“新书推荐”,服务于全国人大和全国政协的“两会”服务,面向全国人大常委会和各专门委员会开展的文献信息保障服务,在中央国务院部委建立“国家图书馆部委分馆”,开办“部级领导干部历史文化讲座”,建立“国图数据资料库”(中南海网站)、开通面向中央国务院相关部委的“国家图书馆立法决策服务平台”、建设“中国学网站”,举办钓鱼岛、南海主权专题文献展等。其中,“两会”服务及其面向全国人大常委会的服务、国家图书馆立法决策服务平台、部级领导干部历史文化讲座已成为国家图书馆立法决策服务具有代表性的品牌服务项目。

服务产品。服务产品与服务项目相生相伴。截至目前,国家图书馆已经形成不同类型的服务产品,如根据用户特点和服务领域,以文献汇编和信息专报等方式为决策者提供参考的《汶川灾后重建信息专报》;按照不同学科领域连续跟踪编辑制作的《国图决策参考》(目前已形成文化、民族、宗教、内务、司法、工青妇、三农、科技、卫生、人口、教育、外交与国防、港澳台、环境与资源、财税等专题的决策参考资料);针对某个专题进行较为全面的文献汇编和综合提炼形成的《中外老年人权益保障文献综述》《国外文化产业发展政策汇编》《钓鱼岛文献图籍录》《中国南海主权文献集成》;以中外历史文化为主题、服务于部级领导干部的《部级领导干部历史文化讲座》系列出版物。而“国图数据资料库”(中南海网站)、国家图书馆立法决策服务平台、移动数字图书馆 Ulib2.0、中国学网站等,则是以信息网络和数字图书馆技术为依托所形成的数字化服务产品。这些丰富的服务产品,与上述立法决策服务项目,共同构成立法决策服务体系的组成内容。

---

① 李致忠.国家图书馆馆史资料长编(下)[M].北京:国家图书馆出版社,2009:1003

工作机制。国家图书馆立法决策服务的发展还有赖于行之有效的工作机制的建立。这主要体现在国家图书馆"国情咨询顾问委员会"和"国情咨询专家委员会",以及"国家图书馆信息联络员制度"的建立。

2010 年 6 月,国家图书馆聘请了 37 名长期在党政军领导机关工作,具有较高政策理论素养的领导同志,组建"国家图书馆国情咨询顾问委员会"。聘请 19 名学养深厚,在相关学科领域具有广泛影响力的国内专家学者,组建"国家图书馆国情咨询专家委员会"。这两个委员会的成立旨在围绕国家大政方针和法律法规制定过程中的重点、热点问题,定期为国家图书馆提出立法决策服务咨询的建议,为国家立法和重大方针政策制定提供科学依据。"国家图书馆信息联络员制度",于同月召开的"国家图书馆政府立法咨询服务座谈会"上正式建立,旨在国务院各部委政策法规制定部门与国家图书馆之间建立有效的信息沟通和日常联系机制,深化国家图书馆的立法决策服务,全面提高国家图书馆立法决策服务能力。国情咨询顾问委员会和国情咨询专家委员会的成立,为国家图书馆履行立法决策服务职能提供了有效工作机制,而国家图书馆信息联络员制度的建立和每年一次的工作会议,则使国家图书馆与国务院政策法规制定部门最终形成了以信息联络员为节点的广泛工作网络,从而推动了国家图书馆立法决策服务稳定深入发展。

规章制度。在为中央国家领导机关服务中,国家图书馆逐渐形成一套较为完整规范的业务规章制度,为立法决策服务的开展提供了制度上的保障。总体来说,有关立法决策服务的规章制度分为"立法决策服务规范和管理办法"和"有关立法决策服务业务的辅助业务管理规范"两大类。

立法决策服务规范和管理办法主要包括《国家图书馆为中央国家机关立法决策服务工作条例》(修订稿。国图业发〔2010〕52 号)《国家图书馆为中央国家机关立法决策服务保密工作管理办法》(修订稿。国图业发〔2010〕51 号)《国家图书馆部委分馆管理办法》(修订稿。国图业发〔2010〕60 号)和《国家图书馆立法决策服务项目收费标准规定》(修订稿。国图业发〔2010〕48 号)。

此外,为确保立法决策服务职能的履行,国家图书馆在制定上述核心业务规范同时,还制定相关立法决策服务业务的辅助业务管理规范,包括《国家图书馆读者证卡管理办法》(国图业发〔2010〕37 号)《国家图书馆基藏库入库证和参考咨询工作证管理办法》(国图业发〔2010〕41 号)《国家图书馆文献采选条例》(国图业发〔2010〕54 号)《国家图书馆文献利用数量规定》(国图业发〔2010〕56 号)和《国家图书馆文献利用条例》(国图业发〔2010〕57 号)等。

独立的机构建制、丰富的服务项目、多元化的服务产品、有效的运行保障机制,以及较为完备的业务规章制度,是国家图书馆立法决策服务形成体系化的重要标志。当然,从体系化建设的角度看,还应该包括用户体系、服务团队、资源建设、系统保障、产品设计、服务维系等各个方面的要素,这些内容重点在本文第二部分"国家图书馆立法决策服务框架体系"中做深入解析。

二、国家图书馆立法决策服务框架体系

1. 用户体系

根据《国家图书馆为中央国家机关立法决策服务保密工作管理办法》的规定:"国家图

书馆为中央国家机关立法决策服务是指由党和国家领导人、中共中央及其所属各部委、全国人民代表大会及其省级以上分支机构、国务院及其所属各部委、中国人民政治协商会议及其省级以上分支机构、中央军委及所属各总部直接委托的，或经由国家图书馆办公室和业务管理处转达的交由立法决策服务部或相关业务部门具体承办的咨询工作。”由此，确定了国家图书馆立法决策服务的用户范围。结合中国政治体制实际情况，国家图书馆的立法决策用户粗略的可以分为立法用户与决策用户两大类。立法用户主要包括全国人民代表大会、全国人民代表大会常务委员会和各专门委员会、全国人大的文献信息保障部门，以及国务院各部委的法规制定部门；决策用户主要包括党和国家领导人、中共中央及其所属各部委、国务院及其所属部委。由于立法决策服务用户范围的广泛性和中国立法体制的特点，国家图书馆的立法决策服务用户呈现出多领域、多层面、多维度和多机构交织的特点。

2. 服务团队

服务团队是立法决策服务的重要支撑，是构建国家图书馆立法决策服务框架体系的核心部分。服务团队建设，一直以来是国家图书馆立法决策服务的中心工作。结合立法决策服务的职能定位、工作任务、用户特点以及未来事业长远发展，国家图书馆构建了馆、部（处）、组（科）三级人才队伍架构，确保立法决策服务职能的履行。截至 2013 年年底，国家图书馆在编人员总数 1468 人（图办发〔2014〕9 号），其中本科学历以上人员占 78.4%，硕士以上人员达 45.5%，博士以上人员占 4.8%。立法决策服务部作为主要承担国家图书馆立法决策服务工作的业务部门，人员总数 63 人，硕士学位以上人员占 80%，博士占 10%，相比 2008 年独立建制立法决策服务部成立，人员数量增长 65.7%，形成了一支具 28 个学科专业背景、覆盖人文社会科学和自然科学多领域的专业人才队伍。正是在这样宏观有依托，微观有专职的人才队伍框架下，立法决策服务业务得以快速发展。

此外，国家图书馆在立法决策服务团队建设方面着眼于服务用户特点和用户需求，将服务团队角色定位为咨询、协调、推广、运维、技术保障等五个方面。咨询，是立法决策服务最为核心的角色，是支撑整个服务的关键团队。协调，是针对机构内科组以及馆内各个业务口进行业务协调与规划的角色，是保证服务顺利运行的纽带。推广，是为书找人，为服务找用户，为用户发现服务，以用户可接受的方式，让用户和资源，用户和服务得以对接的重要环节。运维，是获取用户服务满意度，改进用户关系，不断提升服务品质，持续健康发展的基石，是立法决策服务团队建设中不可或缺的角色担当。推广与运维，根据业务饱和度，有时会合二为一，但侧重有所不同。技术保障既是维护立法决策服务各类业务系统正常运转的保障，同时也是在数字环境下，以现代信息网络和数字图书馆技术为引领推动立法决策服务发展的重要角色。在立法决策服务业务日常运行当中，五个角色之间协同工作，有分工，有合作，我中有你，你中有我，彼此关联，共同促进。这一点从立法决策服务内设机构设置即可以看出。

3. 资源建设

国家图书馆的立法决策咨询服务是依靠全馆资源力量服务于党政军特定用户群体的一项服务。在为立法决策用户服务方面，基本形成了资源结构较为完整，资源层次较为清晰的三级资源体系。

根据《国家图书馆文献采选条例》规定,文献资源建设以中文求全,外文求精,多品种,少复本为总原则。截至2013年年底,国家图书馆馆藏资源总量已达3244.28万册(件),其中中文文献总量2104.19万册(件)、外文文献总量1140.09万册(件),善本古籍总量340 036册(件)、普通古籍总量160万册(件)、善本特藏(不含古籍)817 455册(件),数字资源总量874.5TB(网络信息采集45.7TB,自建数字资源737.9TB),外购数据库273个(中文数据库124个,外文数据库149个)(图办发〔2014〕9号)。资源类型多样、资源种类齐全、资源质量上佳的馆藏资源是立法决策服务最基础的保障,也是资源保障中的第一个层级的资源。

第二个层级的资源,是基于立法决策服务用户对文献信息资源的需求而建设的多个主题的专题资源以及专题数据库。这些资源主要包括以纸质和数字化的形式建设的文献研究与服务资源库,如中国边疆文献资源总库、国外主要发达国家文化政策资源库、国外智库机构中国研究报告、中华人民共和国法律法规系统等;又包括如各国背景资料数据库、中国国情资料数据库、各国议会数据库、国际组织数据库、民国法规数据库等十余个专题资源库。第二层级的资源建设针对性更进一步,构成了国家图书馆立法决策服务主要资源群体,成为立法决策服务用户日常工作网络中的资源库。

第三个层级的资源,是基于立法决策不同用户、不同机构特色而建立的个性化的资源库。该类资源主要围绕用户工作领域、工作内容,由咨询馆员遴选、组织文献资源,形成不同主题的专题库。如每年为全国"两会"准备的"两会"专题资料库。又如针对部委分馆建设的有关"养老""社会福利""民航事业""水利建设"等主题的文献资源库等。第三层级的资源保障侧重于个性化,嵌入用户工作领域,提供直接可参见的文献资源。

伴随着国家图书馆立法决策服务业务的深入发展,三级资源体系得到不断丰富和完善,是国家图书馆立法决策服务框架体系的物质基础。

4. 保障系统

从1998年到2013年,国家图书馆以现代信息网络及数字图书馆技术为依托,建立了专为服务立法决策用户的各类业务应用系统和相关管理系统,它们共同构成国家图书馆立法决策服务工作的保障系统。主要包括国家图书馆立法决策服务平台、中央国家机关内网平台、国家图书馆立法决策服务平台Ulib系统、国家图书馆立法舆情监控平台、部级领导干部历史文化讲座网站、中华人民共和国法律法规系统、中国学网站、全国省级公共图书馆立法决策服务协作平台、易瑞授权访问系统(Ukey)、立法决策服务平台触屏发布管理系统、全文检索光盘制作系统和国家图书馆立法决策服务机构知识库等。这类保障系统的建设源于国家图书馆立法决策服务需求,复又服务于立法决策服务工作。它是以立法决策服务为标志的应用系统、管理系统、工具系统、服务项目和服务产品的五位一体的集成。这种多功能的系统建设和应用,不仅满足了国家立法决策机关在立法决策科学化、民主化进程中的文献信息要求,也因其快捷、准确、方便的特性获得用户的青睐,改善了与用户的服务关系,对深化和发展立法决策服务业务起到了积极引领和促进作用,成为数字时代国家图书馆立法决策服务中最为积极活跃的要素。

5. 产品设计

产品服务,是国家图书馆立法决策咨询服务发展的重点,是基于充分调研和掌握用户需求,根据国家图书馆的角色定位和未来发展战略而制定的服务。国家图书馆的立法决策服务产品划分为服务于不同用户角色的单个产品、系列产品和产品组合包。单个产品,是针对某个立法决策服务用户和某项主题跟踪而设计的服务项目。这类产品主要包括针对全国人大常委会立法审议议题的《立法背景资料》,该产品自2003年制作提供服务至今,已是国家图书馆服务于全国人大常委会的核心产品之一。此外,类似的单个产品还包括《财税专报》《养老舆情》《热点报送》《观点摘编》《食药专报》《军事编译》《“两会”文献信息专报》《“两会”专题资料》《中国学文献资讯》《新书推荐》等十余种专题产品。系列产品,是在一个服务品牌名下,根据用户需求和服务重点,编制不同专题、类型和层级的产品。具体而言,以《国图决策参考》为机构品牌,分设教育、科技、卫生、人口、内务、司法、宗教、民族、文化、港澳、工青妇、三农、国防外交、环境与资源、财税等专题,根据所涉具体问题和内容,以论点摘编、舆情跟踪、信息专报、决策参考、研究报告等形式加以呈现。产品组合包则是将各类产品和服务以全新的组织方式打包为一个整体,服务于更为广泛的立法决策用户群体。“国家图书馆立法决策服务平台”即是国家图书馆立法决策服务产品集中展现的媒介,也是品牌化的产品之一。在具体服务产品设计中,国家图书馆注重本机构产品优势定位和对服务产品的持续研究与不断改进,特别是在相关产品设计中强化与服务对象的交流与沟通。如,“两会”服务产品是与全国人大和全国政协相关机构共同研究和确定主题以及表现形式,共同审定产品内容,提高了服务产品与用户需求的契合度。

6. 服务维护

立法决策服务用户、咨询馆员、文献信息资源、保障系统与服务产品作为国家图书馆立法决策服务框架体系重要组成部分,相互关联缺一不可。用户与馆员之间的良性互动,馆员、用户、资源之间的关系连接,用户需求的发现、引导,服务产品与系统的构建都需要通过服务维护来完成。

在立法决策服务实践中,国家图书馆主要通过用户需求行为研究和用户维护完成立法决策服务维护工作。

在用户需求行为研究方面,主要通过对新中国成立以来的立法决策咨询服务档案的规范化管理,系统研究立法决策服务对象的分布情况、身份角色,分析其需求类型、需求趋势、需求频度、需求实现程度、需求用途等,明晰用户结构和用户层级,根据用户差异性制定服务策略,保证服务效率和服务用户的契合度。如在“两会”服务期间,为提高服务的针对性,提供差异性服务,国家图书馆对政协委员的身份、界别、专业、工作领域、任职情况、会期驻地等进行分类统计分析,并根据驻地和界别进行不同产品的推送。通过国家图书馆部委分馆,针对该部委各司局进行深度的需求调研,以细化该机构信息需求的不同性,以便制订适于该机构用户的服务策略。

用户维护,最关键环节就是用户的沟通与联络,它是用户服务中常态化的内容。国家图书馆通过每年定期举办国家图书馆部委分馆馆长联席会议,商谈服务的改进以及服务的新举措,交流彼此的工作进展和工作计划,共商下一步的合作重点。通过立法决策服务年会以及信息联络员会议等,加强不同层面,不同类型用户的沟通与联络,强化服务的针对性,提高用户认同度。通过“走进政府”计划,以到用户机构培训的方式,将机构特色服务或已具品牌效益的项目推介给用户。上述种种做法,在强化和宣传立法决策服务的同时,也在一定程度上提高了立法决策用户获取文献信息资源的自我服务能力。与之对应的是通过专题讲座、专题展览、专题会议,让用户走入国家图书馆。通过走入图书馆,使中央国家机关用户开启认识图书馆服务的新视角,更为直观、全面地了解我们的服务,提高用户对国家图书馆服务的认知度,从而,有助于从机构层面上获得更多的支持。如国家图书馆每月一次的"部级领导干部历史文化讲座"、2010 年举办的"国家图书馆立法决策服务成就展""中国共产党建党 90 周年展"等专题展览,吸引了中央国家机关的用户,为服务的扩展开拓了良好的渠道。

用户体系、服务团队、资源建设、保障系统、产品设计、服务维护等作为国家图书馆立法决策服务框架体系的组成部分,其形成是顺应立法决策服务对象需求而生、伴随立法决策服务发展而发展的历史过程。对于历史过程的梳理既要客观也要全面,而对国家图书馆立法决策服务的经验总结,还有待于对其自身存在问题的不断反思和对未来发展定位的总体思考。

三、关于提升国家图书馆立法决策服务能力的几点思考

1. 完善服务规划

《国家图书馆"十二五"规划纲要》(国图办发〔2010〕82 号,以下简称《纲要》)中有关立法决策服务规划的总目标是:"强化立法决策服务,形成多层级立法决策服务工作网络;建设面向国家立法决策服务的文献信息收藏、研究与服务中心。"为实现这一目标,主要通过四个方面的子目标完成:

> 建立立法决策服务资源保障体系。加强立法决策服务相关文献的收集与整理工作,建立面向立法决策服务的文献信息保障基地。重点加强中国学、法律法规、国外政府统计数据、国外政府出版物、地方文献资源等文献信息的收藏;结合政府立法决策专向需求,加大数字资源整合力度,建设一批专题数据库;建设中外法律文献收藏、研究与服务中心,适时建立国家图书馆法律馆;建设中国学文献中心。
>
> 完善国情咨询机制。进一步完善"国家图书馆国情咨询顾问委员会"和"国家图书馆国情咨询专家委员会"的管理与运行机制,形成高水平的国情咨询团队,为国家图书馆事业发展和立法决策服务工作的拓展提供决策参考。
>
> 建立政府立法决策服务工作网络。与国务院各部委建立有效的信息沟通和日常联系机制,提供针对性的服务。继续扩大分馆覆盖范围,将分馆建成相关部委业务领域的文献信息最终查询基地。依托国家图书馆立法决策服务平台,与各部委政务网合作,加快建立计算机网络服务平台,提升中央国家领导机关和地方政府的政务信息化水平。
>
> 建立全国公共图书馆立法决策服务平台。与全国省级公共图书馆合作,建立面向地方政府的立法决策服务平台;开展立法决策咨询合作、业务研究和经验推广,规范立法决策服务工作,在整体上提高图书馆为政府立法决策服务的水平。

简而言之,《纲要》对立法决策服务的目标规划可以概括为三个层面:对国家立法决策机构而言,建立不同层级的立法决策服务工作网络;对图书馆业界,建立全国公共图书馆立法决策服务平台;对国家图书馆自身,建立立法决策服务资源保障体系,适时建立国家图书馆

法律馆,建设中国学文献中心。一方面我们要在《纲要》基础上不断完善纲要的各项目标,同时结合2012年国家图书馆成立的“中国边疆文献研究中心”的新的业务发展情况,在未来的立法决策服务发展规划中,可将目标更为清晰地描述为“一部一馆两中心”,即立法决策服务部、法律图书馆、海外中国问题研究资料中心和中国边疆文献研究中心,为整体提升国家图书馆立法决策服务能力打造立体业务发展格局。

2. 加强用户介入与交互

用户是咨询服务的核心,唯有以用户为中心,才能深度理解用户,站在用户的角度、以用户的方式和用户沟通,最终获得用户的认同和忠诚度。

用户作为信息服务的对象始终处于中心位置,用户的基本状况和要求不仅决定了资源组织的方式和服务的内容,而且决定了服务的机制和模式。立法决策服务用户有其一定的特殊性,用户“不可见”和用户的“间接性”特征明显。因此,了解和把握用户需求,让用户介入服务当中,加强与用户的互动性,是立法决策服务今后用户服务的重点。

国家图书馆立法决策咨询用户类型多元,服务渠道多样化,虽然用户服务体系基本形成,但服务的触角还未完全进入用户的整个决策过程中。用户的依赖性和认同度还不十分牢固,用户个性化和深度服务还远未达到。因此,一方面要通过机构知识库、立法决策服务平台等不同保障系统之间的建设,将用户、资源、馆员、技术等彼此作用、彼此影响的立法决策服务所必备的要素相统一相一致,形成有机的服务链和用户网络,动态、交互、纵向把握用户需求行为,构建更为健康的立法决策服务环境。另一方面,努力建立用户反馈机制,强化用户对服务的介入。通过国家图书馆部委分馆和业已建立的国家图书馆信息联络员制度,让部委分馆和信息联络员更好地发挥信息联络与服务反馈作用,使之成为用户与服务之间的直接桥梁。

3. 明确服务团队角色与分工

合理的团队角色定位和担当,是团队得以高效、有序开展服务的保证,而团队角色定位源自于机构目标。前面谈到,国家图书馆将立法决策服务团队角色定位为咨询、协调、推广、运维、技术保障等五个方面。每个角色又有其具体的任务和目标,角色之间又有协调和合作,形成了一支相对专业化的立法决策服务团队。但从国家图书馆立法决策服务未来发展而言,在服务团队建设方面,还需要进一步优化角色组成,明确角色分工,完善组织框架,增强团队核心竞争力。

目前,国家图书馆立法决策服务团队呈现年龄梯队不明显、经验趋同化的特征,不利于人才队伍的培养。同时,对于有效分配角色和任务,平衡各个角色的比重也带来了一定的影响。在今后的发展中,应着眼于立法决策服务未来发展规划,可考虑采用专职与兼职相结合的人才引进机制,补充团队角色经验趋同的不足,改进角色组成;充分发挥国家图书馆立法决策咨询顾问团队的作用,与国内外重要智库机构逐步建立合作关系,确立立法决策服务重点研究领域及研究重点,根据需求聘请咨询专家,通过专家培养人,逐步建立起高素质的立法决策服务专家力量和人才梯队。同时,明确立法决策服务中的五个角色条件、定位、任务、目标,将其列入立法决策服务未来发展规划及团队建设中的重点任务。

从组织架构上,国家图书馆目前的立法决策服务机构基本符合了服务用户的工作领域,为服务的专向对接与专业化发展,以及体系化、类型化服务团队的形成奠定了基础,但还远未达到专深化服务程度。随着发展,可适时调整机构建制,增强学科领域特色,形成专、深、精的服务团队。

4. 强化专题文献整理与研究

综合性文献服务是国家图书馆立法决策服务的优势,也是核心竞争力所在。基于国家图书馆机构特色,着力加强专题文献的整理与预研性研究应是今后贯穿立法决策服务始终的业务基点。虽然,每年有上千件的咨询服务,但相对而言,个性化和临时性议题为主,长期跟踪以及有所积累的特色专题咨询数量有限。在未来的发展中,应基于立法决策业务实践需求,以"一部一馆两中心"为目标,开展专题文献的整理与研究,并以此设立相关研究领域和专题,逐步强化立法决策服务优势。在法律文献方面,跟踪各领域相关法律的立法动态、立法背景,借鉴国外发达国家的政策及法律制度,开展比较研究及系统性研究,为国家立法工作提供参考;在中国边疆文献研究方面,基于国家图书馆馆藏边疆文献收藏情况,按区域(东北、北疆、新疆、西藏、西南和海疆海域等)与专题(宗教、民族、历史、经济等)相结合方式,确定中国边疆文献研究选题系列,并以"中国边疆文献文库"为统一研究成果目标定期发布出版,服务于国家外交与国防和社会经济建设;在海外中国学研究方面,系统梳理和研究海外有关中国问题的研究报告,分析研究动态,掌握研究方向、研究团队。与此同时,还应辅助开展立法决策服务用户行为研究、国内外图书馆用户服务发展走向研究、世界主要发达国家立法决策服务跟踪研究、立法决策服务规范研究、决策咨询服务质量评价体系研究等,整体提升立法决策服务的竞争力。

5. 推进服务产品品牌化

立法决策服务产品是根据用户需求以及国家图书馆文献资源特色推出的专题化、持续性、规模化的服务成果。产品的品牌化是一个持续改进的过程,也是不断提升内在价值的过程。作为图书馆的立法决策产品长于资料性、综合性、客观性、参考性,产品的持续打造与品牌化的影响力对于服务的推广尤为重要。产品品牌化,即是寻找目标市场、定位服务重心的过程,同时也是推广服务、发现潜在用户的过程。

国家图书馆在立法决策服务的产品设计中,注重服务产品的产品线规划以及具体产品的设计,有了很多的考虑和尝试。但在产品的品牌化、产品的规模化以及产品的效益化方面远未达到预期,产品的品牌化认知度还未形成。为此,首先进一步定位品牌产品,确立为谁服务,提供怎样的服务和如何服务,并制定服务的核心宗旨、方式和目标。由此,使产品特色和品牌理念清晰化。其次,需要建立内部完整、专业、独具特色的产品体系和品牌化管理模式。从细节着手,固化自身的一些产品元素,并持续的呈现到用户面前,潜移默化地传递品牌信息。其三,加强服务产品的持续改进与品牌的营销。这里包括,两个方面,一是产品的改进,二是用户认同。要建立反馈机制,听取用户的意见及反馈,深化彼此的了解,这样,对于了解和获取真正的需求,进一步改进服务方式和服务内容裨益无限。还有一点是通过改进服务,不断为用户发现和提供新的视角,在适当的时候改变现有的服务或引入新的服务,以满足用户不断发展变化的需求。用户认同的前提是,用户满意度和用户的信任度。对于立法决策用户而言,对服务方有无信任感,影响着服务产品的使用。产品的品牌化,是国家图书馆立法决策服务今后发展的战略选择，需要认真研究品牌服务策略，凸显服务产品的特色与核心价值，增强服务的优势。

6. 提升综合协作能力

国家图书馆立法决策服务的优势在于作为国家图书馆宏富的文献信息资源和专业咨询团队。对于立法决策机构和立法决策者的信息需求，既要重视发挥图书馆领域的服务优势，同时也要充分重视基于战略情报分析的研究和服务与图书馆立法决策服务之间的关系。在全国公共图书馆共同开展立法决策服务合作基础上（如全国省级公共图书馆立法决策服务协作平台的建立），注重与不同层级、不同类型的信息情报机构逐渐实现联合，弥补图书馆服务主体、服务产品和基于文献信息的情报研究的不足，以最有效的方式服务于立法决策这一特定类型的用户，全面提升国家图书馆综合协作能力，是进一步拓展和深化国家图书馆立法决策服务工作的现实要求。

国家图书馆的立法决策服务是一个在不断探索和实践中逐步完善和形成特色服务的过程。它所取得的成绩以及所面临的问题，对于中国图书馆事业以及图书馆界开展立法决策服务业务，都是一个值得分析和总结的实践案例。随着信息环境的变化，立法决策用户需求的提高，全面提升国家图书馆立法决策服务能力是未来国家图书馆立法决策服务发展方向所在。

数字图书馆技术在我国公共图书馆决策咨询服务中的应用

谢德智　马　谊

随着公共文化服务体系的建设和完善,我国公共图书馆在服务能力、服务理念、服务内容和服务成效等方面都取得了长足的发展和进步。先进的服务理念与先进的服务技术不断融合,推动了公共图书馆服务工作的发展。以国家数字图书馆工程建设为契机,数字图书馆技术在我国公共图书馆服务领域得到了广泛的应用,图书馆服务领域因此所获得的技术支持力度也得到了本质上的提升。

本报告旨在对我国公共图书馆调研①基础上,对数字图书馆技术在公共图书馆决策咨询服务中的应用情况进行梳理,以期对数字图书馆技术在我国公共图书馆决策咨询服务中所发挥的作用进行深度挖掘,为改进、完善公共图书馆的决策咨询服务提出建议。

一、数字图书馆技术与图书馆服务

1. 数字图书馆技术的发展与特征

"数字图书馆"概念自20世纪90年代在美国首次提出后②,迅速风靡全球,各类以互联网为背景的现代化信息技术成为数字图书馆得以发展的动力源泉。与传统图书馆相比,数字图书馆总体特征主要体现在以下几方面:

资源内容多媒体化。通过数字图书馆技术传播的信息在来源、内容及形式等方面都存在着多样性,众多的数字图书馆服务在向读者传递信息的同时,也极大地增强了用户的体验感。

服务形式交互性强。通过数字图书馆技术开展的各项服务,可以实现读者与图书馆员的即时互动与交流,并使双方都参与到服务内容的制定过程中,促进服务良性发展,同时也是数字图书馆最显著的时代特性。

服务内容个性化。面对不同读者的需求,全媒体时代的图书馆更关注读者个性化信息的组织与获取,并提供满足其个性化功能的服务。

服务范围时空跨度大。图书馆可以利用数字图书馆技术突破图书馆传统服务在时间、空间的限制,快速及时地把信息传播到任意角落,让读者无障碍、随时随地获取。

如今,通过文献数字化的文本识别和数字资源建设等数据库技术,基于Web2.0的网络

---

① 国家图书馆立法决策服务部于2010—2013年面向全国公共图书馆开展了三次规模性的调研活动。分别为:2010年10月21日—11月12日的问卷调查(30家图书馆);2011年7月—2012年4月的实地调研(20家图书馆);2012年11月—2013年11月的问卷调查(31家图书馆),辅以电话、邮件、QQ等即时通软件及网络舆情追踪,文内如无特殊注明,相关信息的使用均来自三次调研数据。

② 常春.数字图书馆概念分析[J].农业图书情报学刊,2006(11):115

技术,以及由通讯技术催生的无线通讯服务终端、电子触摸屏等新媒体技术服务手段,以机构知识库为代表的信息管理和挖掘技术等多维度技术的应用,共同构建了新媒体时代数字图书馆技术繁荣发展的新图景。

2. 数字图书馆技术在图书馆业务中的应用模式

数字图书馆技术特点大大拓展了图书馆的服务手段和方式,表 1 列出了数字图书馆技术在图书馆相关业务中的应用模式。

表 1　数字图书馆技术在图书馆业务中的应用模式

业务类别	数图技术	服务方式	具体内容及说明
文献采访	数据库技术	电子刊物	文献数字化,入库加工后提供服务
文献编目	数据库技术	编目系统	通过编目系统形成特定字段及元数据
检索、阅览	新媒体技术	WAP① 网站 智能设备终端	包括书目信息和馆藏电子资源的检索,并可在线或下载后阅览。这类业务适合采用 WAP 网站和手持阅读器(如平板电脑等)智能设备等方式提供
参考咨询	网络技术	参考咨询 协作网	通过 Web2.0 等技术创建全新方式的交互平台
证件管理 借阅管理	新媒体技术 信息管理技术	SMS② WAP 网站 业务管理系统	读者证挂失、续借、催还与到期提醒、借阅状况查询和图书预约等业务适合采用 SMS、WAP 网站的方式,并通过后台对读者身份、阅读行为等信息进行数值分析及数据挖掘
图书馆导航	新媒体技术	触摸屏 WAP 网站	图书馆概况,读者帮助及图书馆地图导航。可通过触摸屏和 WAP 网站来实现这类业务
资源点播	新媒体技术	数字电视	馆藏光盘资源可以统一的光盘塔形式提供服务,读者在家通过点播数字电视使用。既可避免光盘损坏,又可提高光盘使用率

通过表 1 可以看出,在图书馆每个业务环节,数字图书馆技术以其不同的应用模式已深深融入图书馆业务发展之中。

3. 数字图书馆技术在公共图书馆决策咨询服务中的应用环境

公共图书馆决策咨询服务是在传统的参考咨询服务基础上根据服务对象的专属性而独立出来的一种服务模式。它的参考咨询业务基础和特有的各级党政领导机关的用户需求决定了其业务走向与发展趋势。

首先,参考咨询业务的发展离不开数字图书馆技术的推动。数字图书馆技术有助于优化

① WAP:Wireless Application Protoco,无线应用协议。

② SMS:Short Message Service,短信服务。

资源建设,并借助网络提升信息服务水平,最终通过多渠道分发使用户能自主方便地学习和获取各类资源及服务。同时,咨询馆员也可通过信息技术完善网络信息导航,将各类数据库、搜索引擎、专题目录、业务指南以及咨询知识库等集成、整合以提供人工或自助咨询服务,从而促进参考咨询业务的全面发展,拓宽参考咨询工作的服务手段、服务内容及服务范围。

其次,图书馆业务是伴随着用户需求的变化而发展的。信息网络时代,如何用最短的时间从海量信息中安全便捷地获取所需资源成为用户最大的需求,这一特点对信息服务的时效性和安全性要求更为严格的决策咨询服务用户而言体现得尤为突出。因满足用户不断增长的信息服务需求而派生出来的各类数字图书馆技术及其应用,为用户无障碍获取定制服务及提升服务体验带来了无限可能。同时,图书馆借用新技术不断开创服务新模式,并因用户在不同领域对于图书馆业务深化的需求而呈现越来越多的跨界合作及新技术应用的探索和实践。

由此可见,不论是参考咨询业务的发展还是用户需求的引领,都为数字图书馆技术在图书馆服务中的应用提供了发展的土壤。

二、数字图书馆技术在公共图书馆决策咨询服务中的发展及应用成果

1. 数字图书馆技术在公共图书馆决策咨询服务中的发展

数字图书馆技术在我国公共图书馆决策咨询服务中的应用,大致可以分为萌芽、发展和提升三个阶段。

(1)数字图书馆技术在图书馆决策咨询服务中应用的萌芽

我国图书馆界早在20世纪50年代就开展了国家立法决策咨询服务①。1998年,国家图书馆在全国图书馆界率先建立了“全国图书馆信息咨询协作网”,使得利用数字图书馆技术推进图书馆决策咨询服务成为可能。2002年,针对网络环境下中央国家机关信息服务需求的变化,国家图书馆创新性地提出了“利用数字图书馆技术建立中央国家机关信息服务系统”的设想,并于2003年推出了面向国务院办公厅的数字化服务网站——“中南海网站”。这是目前所见资料记载我国最早利用数字图书馆技术搭建专用网站开展决策咨询服务的图书馆案例。“中南海网站”的建设开通,因在中国图书馆界开创了一种全新的服务模式而引起图书馆界的高度关注。在此之前,公共图书馆对领导机关的决策咨询服务还多以文献提供、专题咨询等传统咨询服务项目为主,即便是当时少有的几家图书馆通过网络技术开展了虚拟参考咨询,也鲜有面向地方政府开通数字化服务的案例。究其原因,一方面是因为数字图书馆技术刚刚兴起,尚处于理论研究阶段,未及全面推广应用;另一方面则是所服务的决策咨询用户信息网络环境还未成熟,其对图书馆的需求仍停留在传统的借、阅、参的使用模式上。

此后五年中,以上海图书馆、黑龙江省图书馆为代表的国内公共图书馆相继以数字图书馆技术为依托开通了面向政府的决策咨询服务,数字图书馆技术在图书馆决策咨询服务中的应用由萌芽阶段进入到全面发展时期。

① 姜平. 网络环境下公共图书馆为领导决策服务的新思路[J]. 图书馆工作与研究,2012(12):89-93

（2）数字图书馆技术在图书馆决策咨询服务中的全面发展

2008年，国家图书馆推出了面向中央国家领导机关的网络信息服务平台“国家图书馆立法决策服务平台”，开启了数字化决策咨询服务。与此同时，基于以专题性数据库系统及网站形式服务于各级领导机关用户的设想也在地方公共图书馆中付诸实施。

2010年，国家图书馆面向全国省级公共图书馆开展问卷调查，参与调查的30家公共图书馆中，有18家图书馆（占被调研图书馆总数的60%）在传统的纸质咨询成果基础上不同程度地引用了数字图书馆技术，以形成相应的数字信息服务产品。其中，13家图书馆（约占被调研图书馆总数的43%）拥有自己的特色资源库，5家图书馆（约占被调研图书馆总数的17%）拥有专门的决策咨询服务的数字化信息平台，27家图书馆在已有数字资源基础上通过网络媒体、移动媒体、新媒体等数字图书馆技术开展了数字信息服务（如网上参考咨询，手持阅读器，电子触摸屏等），占到省级公共图书馆的90%。可见，数字图书馆技术融入公共图书馆决策咨询服务已普遍而深入，它已不再是少数图书馆引以膜拜的独特手段，而已成为公共图书馆决策咨询服务体系的重要组成部分。

正是在这样的发展形势下，国家图书馆于2010年召开“国家数字图书馆推广工程启动仪式暨全国图书馆创新服务工作座谈会”，与会全国各省、自治区、直辖市公共图书馆、副省级城市公共图书馆的代表，就强化公共图书馆决策咨询服务沟通与交流，开展相关项目合作，共同提高立法决策服务能力等内容，达成《全国公共图书馆立法决策服务合作共识》①（简称《共识》）。决定利用数字图书馆技术进一步推动公共图书馆决策咨询服务的开展，共同探索数字环境下图书馆决策咨询服务新模式，共同筹建全国省级公共图书馆决策咨询服务协作平台（简称“协作平台”）。《共识》的形成是我国公共图书馆在决策咨询服务领域一种全新的业务服务协作形态建立的重要标志，也是数字图书馆技术应用于图书馆决策咨询服务全面发展的重要标志。2013年12月，协作平台在“第十四届全国省、自治区、直辖市、较大城市图书馆馆长联席会议”上正式发布。

2011年，天津图书馆为市政府机关开通一码通电子服务卡。2012年，南京图书馆为江苏省“两会”推出江苏立法决策信息服务平台。上述实践案例说明，公共图书馆正在积极努力探索应用新技术为地方政府立法决策服务的新模式，并且随着新媒体技术的发展与数字图书馆技术的不断融合，又衍伸出多种如电子触摸屏、手持阅读器等新型服务模式。

（3）数字图书馆技术在图书馆决策咨询服务中的提升

随着全媒体时代的到来，被称为“第五媒体”的新媒体作为新的技术支撑体系下出现的媒体形态正逐渐地被应用到各个行业中。2010年，国家图书馆为满足参加全国“两会”的政协委员获取信息的需求，创新引用触控新媒体技术，为政协委员提供了电子触摸屏服务，成为国内图书馆决策咨询服务的新亮点。随后几年间，各种以电子触摸屏、手持阅读器为载体的新媒体服务迅速在图书馆界推广。

由表2结果所示，2013年地方“两会”召开期间，共有11家省级图书馆②通过触屏、手持阅读器、二维码等新媒体技术开展服务，约占调查总数的35%。这一方面说明作为图书馆决

---

① 全国公共图书馆立法决策服务合作共识[J]. 国家图书馆学刊，2011(1)：93

② 吉林省图书馆、南京图书馆、浙江图书馆、福建省图书馆、江西省图书馆、湖南图书馆、广西壮族自治区图书馆、重庆图书馆、贵州省图书馆、陕西省图书馆、新疆维吾尔自治区图书馆。

策咨询服务对象的各级领导机关对于如何高效便捷地获取资源提出了新需求，另一方面也说明新媒体技术已经成为当下炙手可热的数字图书馆技术，成为近几年公共图书馆提升决策咨询服务的有效手段。调查中还发现，部分未开展新媒体服务的图书馆，如湖北、广东、河北等省级公共图书馆都计划于2014年陆续开通二维码、手机图书馆等服务。

此外，一批借助新技术而崛起的新型服务模式正由图书馆基础业务工作向决策咨询服务快速渗透，如首都图书馆联手北京朝阳区政府推出的“书香朝阳”24小时自助图书馆、湖北省图书馆为地方政府提供的“移动数字图书馆 ULib2.0”等。有理由相信，今后随着新媒体技术及其他新技术的发展，以及与数字图书馆技术的不断融合，还将衍伸出更多具有创新性的图书馆决策咨询服务模式。

2. 数字图书馆技术在公共图书馆决策咨询服务中的应用成果

通过笔者所在国家图书馆近年来的调查可以看到，数字图书馆技术在图书馆决策咨询服务中的应用可大致分为：服务产品设计中的数据库技术、服务推广中的网络技术、用户体验环节的新媒体技术和服务架构完善中的信息管理技术。

以图书馆决策咨询服务案例中最具代表性的“两会”服务为例，笔者对2013年全国省级公共图书馆开展的“两会”服务中数字图书馆技术的应用情况进行了跟踪调查（表2）。

表2　全国省级公共图书馆“两会”服务数字图书馆技术应用概览

技术名称	应用形式	服务项目描述及相关图书馆①	跟踪调查的图书馆数量
数据库技术	借助数据库技术实现为“两会”建立专题数据库借助数据挖掘技术查询信息	各类专题数据库（辽宁、吉林、黑龙江、上海、南京②、福建、江西、湖北、湖南、广东、陕西、新疆、大连、长春、深圳）	15（家）
网络技术	根据代表、委员权限（通过网络用户名及密码或读者卡/证），在各省级公共图书馆数字馆藏资源范围内（各省级公共图书馆网络平台/数字图书馆）提供服务资源	1. 网络平台（河北、上海、南京、浙江、福建、江西、山东、湖南、广西、贵州、云南、新疆） 2. 数字图书馆专用通道（黑龙江） 3. 数字资源服务卡/证（陕西）	14（家）
新媒体技术	1. 通过触屏设备提供电子报刊阅览及数据库资源展示 2. 通过手持阅读器提供电子书刊借阅服务 3. 通过扫描二维码登录移动图书馆或下载资源 4. 通过密钥访问馆藏数字资源	1. 电子触屏（吉林、江西、湖南、广西、重庆、新疆） 2. 电子读报机（南京、福建、贵州） 3. 二维码服务（浙江、陕西） 4. 移动图书馆（福建、江西、贵州、陕西、新疆）	11（家）

① 为简便起见，该表中省级公共图书馆直接以我国行政省的名称表达，市级公共图书馆以行政市的名称表达。

② 南京图书馆即为江苏省图书馆，表中其他处意义相同。

续表

技术名称	应用形式	服务项目描述及相关图书馆	跟踪调查的图书馆数量
信息管理技术	1. 业务管理系统分析用户行为、挖掘服务资源、指导信息建设 2. 自动化实现自助服务	自助图书馆服务(福建)	1(家)

另有数据显示,仅就地方"两会"一项服务为例,便有超过71%的图书馆应用数字图书馆技术为地方领导机关提供决策咨询服务。下面,我们将就具体的某项技术应用于服务中的案例逐一梳理,以此了解数字图书馆技术在公共图书馆决策咨询服务中的应用及服务成果。

(1)依靠数据库技术整合决策咨询服务成果

以往传统的决策咨询服务成果多以纸本文献或经扫描加工后的影印文献为主,如国内公共图书馆最早为政府开展舆情信息服务的广东省立中山图书馆于1991年创办的《决策内参》,被誉为"开创了我国图书馆界开发利用海外华文文献为党政军高层决策机关提供智囊性高端服务的先河"。随后两年间,广州市图书馆、佛山市图书馆、上海图书馆、河南省图书馆等先后创立了类似《决策内参》的内部刊物,2000年以后,各大省市级公共图书馆基本都创建了自己的内部刊物①。也正是在这一时期,数据库技术的发展和计算机的普及,为咨询产品设计中应用现代技术整合服务成果提供了契机。各种以纸本为主的决策咨询服务产品逐步被数字化,并以专题数据库形式提供服务和推广。

根据国家图书馆2010年的问卷调研结果显示,全国省级公共图书馆较为普遍地开展了面向地方领导机关的文献信息服务,并呈立体化服务发展趋势。在所有被调研对象中,有超过46%的图书馆开发了基于文本聚类和知识挖掘的专题数据库,例如湖南图书馆应省政协需求设计专栏,并建立数据库(数据库包括省政协调研报告数据库、各民主党派的数据库、提案数据库、社情民意数据库和湖南省情数据库)②。而在2012年抽样选取的20家省级公共图书馆中,无一例外都针对决策咨询服务制作了专题数字资源。对比前后两年的调研数据可以看到,依靠数据库技术整合决策咨询服务成果成为近两年来公共图书馆开展决策咨询服务的主要方式。这些成果也恰恰说明在现代信息网络环境下,简单的文献提供和网络获取已不能满足公共图书馆决策咨询服务对象的工作需求,用户更希望通过图书馆获得履职岗位工作所需的广泛、全面、形式多样、针对性强的专题知识库服务,并对服务全程提供全方位的多元化、综合化信息服务保障。从表3即可以看到这些成果。

①② 陈凤娟,卞海波,张浩. 副省级及以上城市公共图书馆立法决策服务研究[J]. 现代情报,2012(9):34

表3 部分副省级以上公共图书馆决策咨询专题数据库信息简表

图书馆名称	专题数据库	服务对象
辽宁省图书馆	会议服务专题资料汇编	辽宁省党代会、省两会、省委常委会
吉林省图书馆	决策内参	吉林省委、省政府、省人大、省政协等省直机关,以及长春市委领导及决策部门
黑龙江省图书馆	1. 新浪微博文摘 2. 舆情网络信息 3. 龙江讲坛	黑龙江省政府办公厅、"两会"代表及委员
上海图书馆	专题剪报(人大专题剪报)	上海市人大、政协、"两会"代表及委员
南京图书馆	1. 信息传真 2. 江苏负面新闻和国内外经济新闻 3. 港澳台及境外媒体舆情跟踪 4. 舆情信息 5. 专题信息资料	1. 江苏省四套班子领导及政府职能机构、各厅局一把手、省辖市主要领导 2. 江苏省委办公厅 3. 江苏省人大 4. 江苏省委宣传部 5. 江苏省社科院
福建省图书馆	决策信息参考	福建省委主要领导在内的党政机关领导
江西省图书馆	1. 信息与咨询——"两会"参考资料专辑 2. 鄱阳湖生态经济区建设	1. 江西省人大、省政协、"两会"代表及委员 2. 江西省党政机关及"两会"代表和委员
湖北省图书馆	1. 文化动态 2. 领导参考	1. 湖北省文化厅 2. 湖北省领导及相关部室领导;部分地市县馆,对当地领导及相关部室领导提供信息服务
湖南图书馆	聚焦2012·湖南图书馆专题文献	湖南省人大、省政协、"两会"代表及委员
广东省立中山图书馆	1. 决策内参 2. 警界参考	1. 广东省、市党政机关 2. 广东省公安厅、市公安局等警界及科研部门
陕西省图书馆	决策参考	陕西省相关厅、局级单位领导61名
新疆维吾尔自治区图书馆	东部看新疆	新疆维吾尔自治区人大、政协、"两会"代表及委员
大连图书馆	1. 网视大连 2. 网论大连	大连市委办公厅
长春市图书馆	决策参考数据库	长春市委、市政府、市人大、市政协、市纪委、市委宣传部等80多位领导
深圳图书馆	电视媒体舆情监测	深圳党政机关专网

(2)利用网络技术拓展服务渠道

快速增长的数字资源和逐渐普及的信息网络,对公共图书馆使用信息网络技术为用户提供更为便捷的服务提出急迫需求。

同样是2010年的调研数据,在被调研的30家省级公共图书馆中只有5家图书馆(约占被调研图书馆总数的17%)拥有专门的决策咨询服务数字化信息平台,到2013年已增至16个,涉及省级公共图书馆13家(约占被调研图书馆总数的42%)(表4)。短短三年间,利用网络技术搭建信息服务平台的公共图书馆呈指数上升的趋势,究其原因主要有二:一是随着决策咨询服务工作的不断深入,自建数据库的逐步建设,如何将不同咨询产品存储管理、整合展示、统一检索、提高服务效率,成为咨询馆员需要思考的新问题;二是随着信息网络技术的发展和在决策咨询服务对象内的普及,各级领导机关的信息服务需求已经从原来单一的传统图书馆文献信息服务转向了对于数字化信息服务的需求,并且希望通过网络的方式便捷地获取资源和服务。

表4 全国部分省级公共图书馆决策咨询服务网络平台信息简表

图书馆名称	网络平台	启动年	服务内容	服务对象	安全机制
河北省图书馆	省"两会"信息服务平台①	2013年	馆藏外购资源[R]②(含240万种电子图书,上亿篇电子期刊、报纸和学位、会议论文,100余个实用大型数据库,1000余小时财经、文艺视频等资源③)	河北省党政机关工作人员、省人大代表、省政协委员	首页设置访问限制(通过"数字文献查阅卡"账号、密码登录访问)
黑龙江省图书馆	数字图书馆专用通道	2008年	1. 馆藏外购资源[R] 2. 自建专题数据库[R] 3. 在线展览[R] 4. 讲座视频[R]	黑龙江省人大代表、省政协委员	首页设置访问限制(账号、密码)
上海图书馆	人大数字图书馆	2004年	1. 馆藏外购资源[R] 2. 人大专题信息[R] 3. 电子报刊服务(报纸网站导航、实时电子报[R]) 4. 图书推荐 5. 讲座视频 6. 网上参考咨询 7. 网上文献传递[R]	上海市人大常委会、机关工作人员	部分资源设置访问限制(IP段)
南京图书馆	江苏立法决策服务平台	2012年	1. 馆藏外购资源[R] 2. 政府决策专题信息[R] 3. 特色自建专题数据库[R] 4. 图书推荐[R] 5. 讲座视频[R] 6. 网上参考咨询[R]	江苏省各级领导机构、"两会"代表及委员	首页设置访问限制(账号、密码)

①③ 河北省图书馆"两会"信息服务平台[EB/OL].[2013-12-16]. http://jtxh.helib.net/sjy/lh/lhindex.html

② [R]指设置访问权限的资源。

续表

图书馆名称	网络平台	启动年	服务内容	服务对象	安全机制
浙江图书馆	浙江图书馆信息服务人大版①	2010 年	1. 馆藏外购资源[R] 2. 人大专题信息 3. 自建专题数据库[R] 4. 电子报刊服务[R] 5. 图书推荐 6. 网上参考咨询[R] 7. 网上文献传递[R]	浙江省各级人大常委会工作人员	部分资源设置访问限制(账号、密码)
福建省图书馆	“两会”服务平台	2011 年	1. 馆藏外购资源 2. 自建专题数据库 3. 在线展览 4. 讲座视频 5. 舆情跟踪(媒体报道、图片报道、视频报道)	福建省人大、省政协、“两会”代表及委员	全网公开
江西省图书馆	江西省直机关数字图书馆②	2012 年	1. 馆藏外购资源[R] 2. 电子报刊服务[R] 3. 图书推荐 4. 讲座视频[R] 5. 公网资源(部分设限)	江西省直机关工作人员	公网上部分资源设置访问权限; 机关内网 IP 认证
山东省图书馆	山东省政协数字图书馆③	2010 年	1. 馆藏外购资源[R] 2. 政府公开信息[R] 3. 自建专题数据库[R] 4. 电子报刊服务[R] 5. 专题文献信息服务[R] 6. 网上参考咨询[R]	山东省政协机关工作人员及政协委员	首页设置访问限制(账号、密码)
湖南图书馆	政协委员履职服务平台④	2011 年	1. 馆藏外购资源[R] 2. 政协委员提案数据库[R] 3. 电子报刊服务[R] 4. 讲座视频[R] 5. 查阅个人访问记录、提案记录⑤	湖南省全国政协委员、省政协委员、省政协办公厅和各专门委员会	首页设置访问限制(账号、密码)

① 浙江图书馆信息服务人大版[EB/OL].[2013-12-07].http://info.zjlib.cn/zjrendaold/

② 江西省直机关数字图书馆[EB/OL].[2013-12-11].http://www.jxlib.gov.cn/szlib/szlib.asp

③ 人民网[EB/OL].[2013-12-07].http://tv.people.com.cn/GB/150716/156856/158298/11517713.html

④ 政协委员履职平台[EB/OL].[2013-12-07].http://220.168.54.215/login.aspx

⑤ 张斌,关利娜,刘也.湖南省政协委员履职有了新平台[N].湖南日报,2011-12-01(3)

续表

图书馆名称	网络平台	启动年	服务内容	服务对象	安全机制
	人大代表文献信息咨询平台①	2012 年	1. 馆藏外购资源[R] 2. 自建专题数据库[R] 3. 电子报刊服务[R] 4. 讲座视频[R]	湖南省全国人大代表、省人大代表、省人大常委会机关工作人员	首页设置访问限制(账号、密码)
	湖南省党政机关信息服务平台②	2013 年	1. 馆藏外购资源[R] 2. 自建专题数据库[R] 3. 电子报刊服务[R] 4. 讲座视频[R]	湖南省党政机关工作人员	首页设置访问限制(账号、密码)
广西壮族自治区图书馆	“两会”信息服务平台③	2013 年	1. 馆藏外购资源[R] 2.“两会”专题信息汇编[R] 3. 馆藏图书[R] 4.“两会”服务 QQ 群[R]	广西壮族自治区人大、政协、“两会”代表及委员	首页设置访问限制(账号、密码)
贵州省图书馆	贵州数字图书馆④	2010 年	1. 馆藏外购资源[R] 2. 自建专题数据库[R] 3. 电子报刊服务[R] 4. 讲座视频[R]	贵州省人大、省政协、“两会”代表及委员	首页设置访问限制(账号、密码)
云南省图书馆	云南省数字图书馆⑤	2012 年	1. 馆藏外购资源[R] 2. 自建专题数据库[R] 3. 音视频资料⑥	云南省人大、省政协、“两会”代表及委员	资源权限限制(账号、密码或 IP)

① 人大代表文献信息查询平台[EB/OL].[2013 - 12 - 07]. http://220.168.54.215/rdlogin.aspx

② 湖南省党政机关信息服务平台网址[EB/OL].[2013 - 12 - 07]. http://220.168.54.215/dzjg/login.aspx

③ 广西壮族自治区“两会”信息服务平台网址为[EB/OL].[2013 - 12 - 16]. http://www.gxlib.org.cn/lianghui/lhzk.html

④ 周静.贵州数字图书馆使用率居全国公共图书馆第一位[N].贵州日报.2012 - 01 - 10(2)

⑤ 云南省数字图书馆网址为[EB/OL].[2013 - 12 - 16]. http://dl.ynlib.cn/ynlib

⑥ 云南网网站[EB/OL].[2013 - 12 - 16]. http://yn.yunnan.cn/html/2012-02/13/content_2040285.htm

续表

图书馆名称	网络平台	启动年	服务内容	服务对象	安全机制
新疆维吾尔自治区图书馆	新疆数字图书馆“两会”服务平台①	2012年	1. 馆藏外购资源[R] 2. 自建专题数据库 3. 视频资料 4. 媒体报道	新疆维吾尔自治区人大、自治区政协、“两会”代表及委员	部分资源设置访问限制（账号、密码）
	新疆数字图书馆·新疆政协数字图书馆分馆	2013年	1. 馆藏外购资源[R] 2. 视频资料	新疆维吾尔自治区政协工作人员及政协委员	部分资源设置访问限制（账号、密码）

此外，近几年大连、长春、厦门等副省级市公共图书馆也把利用网络技术搭建信息服务平台作为推进本馆决策咨询服务的重要手段，启动了面向市级领导机关的网络平台服务。

从表4中的服务内容来看，排名前三的分别为外购资源、专题数据库和电子报刊，这也从另一个侧面反应了用户现阶段对于资源服务的需求多偏重于知识型服务。同时大量的多媒体资源也为新媒体技术的引用埋下了伏笔。

（3）借助新媒体技术提升服务水平

基于互联网的决策咨询服务虽已得到深入发展，但移动通信技术的日新月异的变化，使得用户与图书馆在注意到这一新的信息技术与信息服务现象的同时，也对通过移动载体拓展服务渠道、增强用户体验给予极大的关注。移动载体等新媒体技术在图书馆服务环节中的实践与应用，为提升公共图书馆决策咨询服务能力提供了更具活力的技术支撑。

以近几年在我国公共馆借助电子触摸屏开展的新媒体服务为例，根据北京九星时代有限公司②发布的《2013年度市场运营报告》数据显示，全国有159家图书馆开通了该项服务。其中省级公共图书馆17家，地市级图书馆99家，高校图书馆24家，各级领导机关图书馆19家。地市级图书馆中以广东、江苏、福建三省居多，这一方面与沿海地区经济发达有关，同时也与省级公共图书馆的带动效应密切相关。而对于决策咨询服务各级领导机关用户中，北京地区占据了63%，均是由国家图书馆为其分馆或重点服务对象提供的服务；地市级领导机关中多以人大、政协、党校和部队为主要用户，如中共山东省委党校、山东省政协、广西壮族自治区人大常委会办公厅、广西壮族自治区公安厅、驻守黑龙江漠河的中国人民解放军某部队、中共江西省委党校。仅就电子触摸屏这一项新媒体服务的情况就足以说明，无论是图书馆还是用户，对于新媒体服务的应用已势在必行。

在决策咨询服务领域，根据2013年调查的31家省级公共图书馆的结果显示，有11家

① 新疆数字图书馆“两会”服务平台网址[EB/OL].[2013-12-16]. http://www.xjlib.org/000001950019_1.html

② 北京九星时代有限公司系电子触摸屏软件承建商，主要市场为图书馆及政府机关，目前国内省级公共图书馆所开展的触屏服务大部分由其提供。

图书馆（约占被调查图书馆总数的35%）借助新媒体技术开通了面向地市级领导机构的决策咨询新媒体服务（表5）。其中，有7家公共图书馆（约占被调查图书馆总数的23%）开通了以电子触摸屏为载体的新媒体服务，5家公共图书馆（约占被调研图书馆总数的16%）开通了基于移动通信技术的移动信息服务，还有包括浙江、陕西、福建在内的3家省级公共图书馆（约占被调查图书馆总数的10%）开通了基于二维码技术的新媒体服务。此外，新疆维吾尔自治区图书馆还表示将在2014年的“两会”服务中进一步引入如二维码、电子图书借阅机等新媒体服务以加大决策咨询服务力度。

表5　全国部分省级公共图书馆“两会”新媒体服务信息简表①

图书馆名称	新媒体服务	服务内容
吉林省图书馆	2013“两会”电子触摸屏服务②	会务信息、媒体报道、省情省况、电子报纸、代表履职、热点专题
南京图书馆	触摸屏电子阅览③	电子报纸阅览
浙江图书馆	二维码服务	通过扫描二维码登录移动图书馆或下载资源
福建省图书馆	1. 手机图书馆 2. 电子读报机④ 3. 二维码服务	1. 利用手机访问馆藏数据库（2013年首次推出服务，“两会”期间访问量为250余人次⑤） 2. 电子报纸阅览 3. 扫描二维码登录移动图书馆下载资源
江西省图书馆	1.“掌上赣图”微网站服务（移动数字图书馆⑥） 2.“数字阅报”电子触摸屏服务	1. 通过移动终端（如手机、平板）下载、使用省图数字资源⑦（3万余册电子图书、7800多万篇报纸文章） 2. 通过触摸式数字阅报器查阅国内报刊，实时阅读当天报纸和期刊⑧
湖南图书馆	电子触摸屏系统	电子报纸阅览

① 该表部分信息由北京九星时代有限公司提供。

② 吉林省图书馆网站[EB/OL].[2013-12-19]. http://www.jlplib.com.cn/gzdt/201302/t20130207_17161.htm

③ 南京图书馆网站[EB/OL].[2013-12-19]. http://www.jslib.org.cn/njlib_gqsb/201202/t20120218_105523.htm

④ 福建省图书馆网站[EB/OL].[2013-12-19]. http://www.fjlib.net/mtjx/201301/t20130127_165027.htm

⑤ 新华网网站[EB/OL].[2013-12-17]. http://news.xinhuanet.com/yzyd/local/20130130/c_114557780.htm

⑥ 江西电视台网站.移动图书馆成“两会”服务新亮点[EB/OL].[2013-12-17]. http://tv.people.com.cn/GB/150716/156854/157035/17006477.html

⑦ 章忠平，漆良藩.江西省图书馆连续十年为省“两会”提供信息咨询服务[J].江西图书馆学刊，2012(2)：封四

⑧ 黄瑚.江西省图书馆数字资源助力省“两会”[J].江西图书馆学刊，2011(2)：封三

续表

图书馆名称	新媒体服务	服务内容
广西壮族自治区图书馆	1."两会"信息服务平台电子触摸屏系统 2."掌上图书馆"微网站服务	数字图书、数字报刊、中国知网、读秀知识库、全国及广西等各省区市的社会发展统计数据①
重庆图书馆	"2013'两会'服务系统"电子触摸屏服务	"两会"专题资料、重庆市政府及人大公报、重庆文史资料、馆藏抗战史迹选萃、重图简介、实时报刊
贵州省图书馆	1."掌上贵图"移动数字图书馆② 2. 触摸屏电子阅览系统③	1. 手机、Kindle、PSP、Mp3、Mp4 以及基于 Android 的移动终端访问馆藏数据库 2. 电子报纸阅览
陕西省图书馆	1. 电子书借阅平台④ 2. 二维码服务	1. 利用手机等移动设备访问馆藏数据库 2. 通过扫描图书的二维码下载使用"电子书借阅平台"资源⑤
新疆维吾尔自治区图书馆	1."两会"信息服务平台电子触摸屏系统 2. 新疆图书馆数据库移动图书馆⑥	1. 数字图书、报刊、部分馆藏数字资源 2. 利用手机等移动设备访问超星移动图书馆

这些新媒体服务,一方面说明作为决策咨询服务对象的领导机关对于电子触摸屏、微网站、二维码这种新媒体服务有一定的需求,同时也对各馆借助新媒体技术拓展服务领域提出了更高的要求。这就需要在已有服务成果基础上进一步加大对其他领域技术的引用,并加强与其他行业的合作。如:与无线运营商合作,利用三(多)网合一,实现基于数字电视的决策咨询服务;通过无线网络服务终端,利用手机短信和 WAP 浏览的方式推送"决策咨询服务手机报"等。通过多维度的信息技术打造全方位的决策咨询服务,从而增强用户体验,提升服务水平。

(4)通过信息管理技术完善决策咨询服务体系架构

根据对国家图书馆历次调研结果的统计分析可以看到,省级公共图书馆在数字图书馆建设中所做的大量基础性工作已经为进一步开展决策咨询服务奠定了良好的基础。各馆在决策咨询工作的每个阶段都不同程度地利用信息管理技术管理和推进服务。综观各馆现有

---

① 雷小琴,林江碧.广西图书馆"两会"信息平台开通[N].当代生活报,2013-01-21(2)

② 中共贵州省委对外宣传工作办公室网站[EB/OL].[2013-12-17].http://www.gog.com.cn/zonghe/system/2012/01/09/011309803.shtml

③ 中共贵州省委对外宣传工作办公室网站[EB/OL].[2013-12-19].http://news.gog.com.cn/system/2012/01/09/011309842.shtml

④ 陕西省图书馆网站[EB/OL].[2013-12-17].http://www.sxlib.org.cn/stdt/xinwen/201401/t20140114_182156.htm

⑤ 陕西省图书馆网站[EB/OL].[2013-12-19].http://www.sxlib.org.cn/stdt/xinwen/201401/t20140114_182156.htm

⑥ 新疆日报网站[EB/OL].[2013-12-17].http://www.xjdaily.com.cn/xinjiang/002/1006740.shtml

服务模式,可以看到很多善于利用信息管理技术分析用户行为、注重知识库建设,并且在决策咨询工作中取得丰硕成果的事半功倍的案例。

笔者对这些图书馆的总体服务架构进行分析,梳理结果如下:

首先图书馆凭借丰富的文献信息作为资源保障,通过馆藏目录、全站检索、统一登录及访问控制等系统形成实用便捷的系统支持平台,与全天候、多途径的决策咨询服务,共同组成图书馆决策咨询服务的基础支撑平台。

各馆专业的决策咨询服务团队及技术支持服务团队,通过信息技术对资源与服务的进一步整合,构建成一套比较完整的决策咨询服务体系,为各级领导机关用户在服务体验的各个阶段提供具有针对性的配套支持与服务。

在服务推广阶段,强化图书馆自身服务宣传,提升用户对现代公共图书馆功能和服务的认知程度,特别是加深用户对图书馆开展决策咨询服务的认识和理解,是图书馆不可忽视的一项重要工作。很多图书馆,如南京图书馆、黑龙江省图书馆通过走进政府、宣讲培训等活动方式对现有信息产品及服务进行推广,进一步调研用户需求,从而使用户在了解图书馆服务的同时,也为根本上把握用户需求提供了良好渠道。

初级使用阶段,用户对于图书馆资源和信息服务特点和文献检索方法等内容都尚不能充分掌握。在调研的31家省级公共图书馆中无一例外的都采取通过不同形式和内容的系列培训及讲座对用户实行多层次培训,从而帮助和指导用户更好地获取各馆的服务和相关信息产品。

在用户使用信息服务产品进行文献检索时,各馆常用的服务模式多为资源整合、导航和统一检索等一站式功能模块,以及使用业务指南及时解决访问故障。部分图书馆,如广东省立中山图书馆还会在用户服务达到一定层级后,通过信息素养教育的培训,引导用户提出自己的业务需求。

以上是调研中了解到的部分公共图书馆开展决策咨询服务的业务周期。有些图书馆在开展决策咨询业务过程中,也十分注重业务的规范化管理和业务档案的建设,在完成一项决策咨询服务项目后,将咨询结果进行分析归类,并对有条件形成数据库产品的咨询成果进一步加工整理,以方便用户通过智能化的检索准确定位所需信息。同时也有图书馆能够对服务进行跟踪,分析用户行为,以期发现和把握新的业务需求,从而提升服务主动性,为用户提供更具针对性的决策咨询服务。

梳理而成的决策咨询服务架构是在对比31家公共图书馆日常工作流程后,通过归纳法和比较分析法系统整理而成,它描述了现阶段我国公共图书馆决策咨询工作的典型服务体系。在一些开展决策咨询服务时间较长、服务经验较为丰富的图书馆的决策咨询服务体系架构中,还为进一步收集用户信息、开展知识服务预留了一定的拓展空间。这些图书馆通过信息管理技术在服务用户过程中的不断渗入,将收集到的各阶段反馈信息形成决策咨询服务机构知识库,通过与用户共建共享信息资源的方式,更好地指导决策咨询服务基础支撑平台的建设。

三、对数字图书馆技术环境下的决策咨询服务的思考

1. 融入用户信息环境,打造数字决策咨询服务

数字图书馆技术与图书馆决策咨询服务的快速融合与发展,体现着现代图书馆信息服务的发展潮流,是网络环境下决策咨询服务的发展方向。决策咨询服务用户信息需求和信息行为的变化,与参考信息源和用户信息环境的变化密切相关。首先,基于决策咨询服务的咨询环境、咨询模式和咨询工具都发生了根本性变化。以往以纸质印刷方式提供的书籍、报刊以及目录、索引等工具书正在被内容和表现力都日益丰富的电子资源、联机目录、光盘数据库和网络资源等形式所取代,并成为用户和参考馆员的首选。其次,决策咨询服务对象对于如何在新媒体环境下准确、便捷、高效、安全获取资源及服务提出了更高的要求。这些都促使决策咨询服务工作发生了深刻的变化,参考信息来源更多,获取途径更便捷,用户期望更高,对技术的依赖性更强,这些特征都是前所未有的。

目前,越来越多的图书馆把开展决策咨询服务作为延伸图书馆服务职能新的业务增长点,将其视为网络环境下图书馆决策咨询服务的主流发展方向及未来核心工作内容之一。同时,丰富的电子资源及成熟的网络基础设施已为图书馆开展数字决策咨询服务提供了必要的条件。为此,图书馆必须尽快转变观念和角色,更加积极地适应参考信息源和用户需求的变化,强化数字图书馆技术在决策咨询服务中的应用,努力实现传统服务模式与数字服务模式的有机结合。通过将数字图书馆技术应用到决策咨询服务各环节,形成符合用户需求的信息服务产品,并借助网络新媒体等渠道将其推送到用户手中。

2. 拓展技术应用领域,提升决策咨询服务能力

数字图书馆技术对于决策咨询所带来的变革是深刻的,它使决策咨询“随时随地”为服务对象提供咨询服务的目标从理想变成了现实。应该说,决策咨询服务能力的提升在一定程度上将更加依赖数字图书馆技术领域的拓展,同时也对技术保障提出了更高要求。

虽然图书馆界在新技术的应用上已积累丰富的经验,但是随着全媒体时代的到来,不断出现的信息服务和管理的新技术也将越来越多的机遇与挑战呈现在我们面前。立足于如此的环境,要发展就必须加快信息化资源的数字建设及智能工具和平台的研发。如针对各地领导机关特有的网络环境,以及用户对于内网信息建设的迫切需求,可适时将图书馆资源以数据摆渡的方式加载到用户内网中,形成专供信息类的系列产品,扩大图书馆决策咨询服务的群体效应和品牌效应,形成为各地各级立法决策机构提供决策咨询服务的特色资源和服务内容。另外,我们还可以通过 Web2.0 技术在图书馆的普遍应用,打造维基平台,实现网志聚合;借用无线通讯和移动阅读技术,开展平板电脑等智能化移动平台服务,等等。通过将一系列的新技术应用到既有的服务体系中,实现用户需求与业务发展相结合①的同时,提升立法决策服务能力,拓展决策咨询服务新领域。

技术的先进性只有在合理的应用中才能够得到体现。在技术的引进、改造、开发和应用

---

① 王雅丽.试论三网融合背景下的数字图书馆发展[J].图书与情报,2011(4):112-115

的整个过程中，图书馆员对技术的理解和把握，以及通过技术手段改善服务的意愿和能力都是至关重要的因素，只有将技术与人有机地结合起来，充分重视和发挥图书馆员在数字决策咨询中的作用，通过技术来改善服务，才能真正发挥技术在决策咨询中的作用，才能具有无限的生命力。

3. 注重服务支撑保障，强化人力资源组织模式

图书馆决策咨询发展至今日，已形成了多种成熟的服务组织和人力资源调配模式。因此，在服务协作与联合的过程中，对如何整合和协调人力资源提出了更高的要求。在信息网络环境下，决策咨询馆员随着咨询环境及工作模式的变化，正在从一般性咨询人员向专业学科分工较为细化的专业咨询专家方向转变。咨询专家不仅要掌握信息源及其检索方法，具有某一学科领域的专业知识和技能，而且还要具有依据用户需求设计和组织制作信息产品（如专题数据库、网络服务平台）的能力；此外，还需要掌握各类相关参考信息源和用户服务的分析工具，能够引导用户更好地获取和使用图书馆的信息服务。这不仅对决策咨询馆员技能的要求越来越高，也对强化人力资源组织模式提出了更高的要求。

在网络环境下，从事决策咨询的馆员不仅要具备传统决策咨询的所有技能，还需具有计算机、网络、新媒体等相关领域的知识和技能，同时还应根据用户的需求分析、整理、规划出完整的项目实施方案，并对实施过程进行进度控制和质量评估。一方面通过加强决策咨询馆员的业务素养提高个人的综合服务水平，另一方面积极打造数字化的决策咨询服务团队以提升整体的业务服务能力。通过将各个领域的专家人才不同程度地引入到决策咨询服务中，使得人力资源组织模式向着多维度纵向发展，从而强化决策咨询服务支撑力度，更好地为用户提供服务。

4. 完善服务管理模式，构建数字决策咨询服务体系

数字图书馆技术环境下的决策咨询服务是一个复杂的过程，有很多问题需要考虑，如用户需求、技术保障、人员配备、推广培训、质量评估、版权许可等。不同图书馆面临的问题可能是不同的，但都需要建立一个完整、清晰的服务体系，根据本馆需要，把资源、技术、人员、用户等构成要素有效组织起来，以此建立服务并赋予实施。

国外有学者①总结实施数字参考咨询需要 6 个步骤：调研、规划、培训、试验、宣传推广、评价，这同样也适用于决策咨询服务今天的发展情景。通过对用户需求及参考信息源服务情况的调研，制定基于现有资源的用户服务策略，并对咨询馆员进行系统的培训，借助技术实现目标后予以项目测试，最终面向用户进行宣传推广，同时收集用户反馈对其进行行为分析及质量评估，以形成决策咨询服务机构知识库，从而更好地反向指导资源建设、优化服务策略。6 个步骤形成一个完整的业务过程，共同构成数字决策咨询服务体系，相互影响，相互促进。

在数字图书馆技术日益深入的全媒体时代，形成既符合本馆馆情，又能便捷高效服务于用户的管理模式，是提高决策咨询服务水平的关键所在。

---

① Wasik J M. Building and Maintaining Digital Reference Services[EB/OL].[2013-12-17]. http://www.ericdigests.org/1999-4/digital.htm

5. 建立行业合作联盟，推进业界服务全面发展

随着决策咨询服务的不断拓展与深化，资源的重复建设以及现有人力无法满足日益增长的用户需求之间的矛盾凸显。同时，越来越多的用户希望共享图书馆间的优秀数字资源，并能借助图书馆开展面向全国各级党政机构的服务。这就要求我们走联盟化发展的道路，成立全国公共图书馆决策咨询服务联盟，利用数字图书馆技术，共同打造一个可以让各成员馆共同参与，集资源建设、信息共享、分层提供三位一体的集中式决策咨询服务平台①。通过该平台，核心馆可以针对大的合作项目统一部署，引导各成员馆各司其职；各成员馆亦可根据所在区域独立完成或邀请其他成员馆合作建设，在实现分层建设、共建共享的同时，还可以实现个性化展示和统一展示的有机结合，为各地市领导机关提供更完善的决策咨询服务。

参考文献

1. 陈凤娟，卞海波，张浩. 副省级及以上城市公共图书馆立法决策服务研究[J]. 现代情报，2012(9)：33－36，40

2. 卢海燕. 服务与超越：全国省级公共图书馆"两会"服务析评[J]. 国家图书馆学刊，2013(2)：3－13

3. 卢敏. 公共图书馆为"两会"服务的保障机制研究[J]. 新世纪图书馆，2013(5)：14，45－47

4. 张雅芳，王磊，卢海燕. 履行国家图书馆职能，为国家立法与决策服务[J]. 国家图书馆学刊，2005(3)：2－6

5. 卢海燕. 拓展业务发展空间 强化立法决策服务职能——访问美国国会图书馆的启示与思考[J]. 国家图书馆学刊，2008(3)：65－68

6. 卢海燕，李嘉. 英国议会图书馆立法决策服务解析与思考[J]. 国家图书馆学刊，2011(1)：12－17

7. 上海市人大数字图书馆[EB/OL]. [2013－12－07]. http://renda. digilib. sh. cn/index. asp

8. 湖南省政协委员履职平台[EB/OL]. [2013－12－07]. http://220. 168. 54. 215/login. aspx

9. 湖南省人大代表文献信息查询平台[EB/OL]. [2013－12－07]. http://220. 168. 54. 215/rdlogin. aspx

10. 福建省"两会"服务平台[EB/OL]. [2014－01－16]. http://www. fjwh. net/whdt/zthd/2014lhfw/

11. 江苏立法决策服务平台[EB/OL]. [2013－12－09]. http://www. jslib. org. cn/pub/njlib/jslib_jslfjcxxfwpt/index. html

12. 南京图书馆[EB/OL]. [2013－12－16]. http://www. jslib. org. cn/njlib_gqsb/201202/t20120218_105523. htm

13. 新疆政协数字图书馆[EB/OL]. [2013－12－16]. http://www. xjlib. org/xjzx/xjzx. html

14. 河北省图书馆[EB/OL]. [2013－12－16]. http://www. helib. net/xwdt/2013-01/29/content_9560. htm

15. 江西电视台[EB/OL]. [2013－12－17]. http://tv. people. com. cn/GB/150716/156854/157035/17006477. html

16. 新华网[EB/OL]. [2013－12－17]. http://news. xinhuanet. com/yzyd/local/20130130/c_114557780. htm

17. 中共贵州省委对外宣传工作办公室[EB/OL]. [2013－12－17]. http://www. gog. com. cn/zonghe/

① 卢海燕. 拓展业务发展空间 强化立法决策服务职能——访问美国国会图书馆的启示示与思考[J]. 国家图书馆学刊，2008(3)：65－68

system/2012/01/09/011309803. shtml

18. 中国图书馆网[EB/OL]. [2013 - 12 - 21]. http://www. chnlib. com/News/yejie/2013-02-06/6354. html

19. Wasik J M. Building and Maintaining Digital Reference Services[EB/OL]. [2011 - 07 - 13]. http://ericit. org/digests/EDO-IR-1999-04. shtml

我国公共图书馆决策咨询服务的探索与实践

王 磊 张 洁

前言

公共图书馆决策咨询服务是以各级党政机关和立法机构为主要服务对象,以公共图书馆参考咨询馆员为核心服务团队,以相关机构行使立法与决策工作职能所需文献信息资源保障为主要服务内容的一项综合性图书馆服务。

公共图书馆的决策咨询服务,是伴随着图书馆参考咨询业务在我国公共图书馆的普遍开展和深化而逐渐形成和发展起来的。

新中国成立初期,我国部分公共图书馆就设立了参考资料室,通过编制专题简报、书目索引等方式对学术机构、政府机构开展工作提供文献支持。20 世纪七八十年代,《省(市、自治区)图书馆工作条例》草案颁布以后,大部分省市公共图书馆和高校图书馆都先后恢复或建立参考部,《省(自治区、市)图书馆工作条例》以及一系列面向高等院校的图书馆工作条例先后颁布并实施,"省馆应根据读者的需要,积极做好书目参考和情报服务工作①"等关于参考咨询业务的表述成为诸多条例中明文规定的图书馆工作内容之一。由此,图书馆参考咨询工作得到了政策性的支持,图书馆参考咨询业务发展也进入了循序渐进的发展阶段。随着我国改革开放的不断深入,特别是伴随着国家经济实力的不断增强和现代信息技术的快速发展,公共图书馆在发展政策、事业经费投入、人才队伍保障以及技术应用等多个层面都得到了前所未有的支持,图书馆在不断丰富和完善文献资源建设,确立和强化参考咨询服务机构与业务团队,面向社会公众开展各种形式参考咨询服务的同时,也针对如何利用公共图书馆全面、权威、专业、及时的信息资源和服务,更有效地在提升各级党政机构决策的科学化、民主化进程中发挥公共图书馆独特作用等方面的问题,开展了积极的思考和探索。20 世纪 90 年代是我国公共图书馆决策咨询服务由间或进行的零散服务,向面向党政机构开展连续稳定信息服务支持的转型时期,我国公共图书馆决策咨询服务也在这 10 年时间内呈现出了快速发展的良好局面。

不断增加的文化事业经费投入改善了公共图书馆的服务环境和条件,数字图书馆技术的应用与普及为社会公众带来了更为便捷的服务感受,公共图书馆服务理念日益开放也为图书馆在社会中带来了良好的声誉和公知度,与此同时,社会对公共图书馆给予了更高的关注和期望,政府也对公共图书馆提出了新的时代要求,公共图书馆的服务职能被赋予更为丰富的内涵。

2007 年,国务院颁布《中华人民共和国政府信息公开条例》,条例规定:各级人民政府应当在国家档案馆、公共图书馆设置政府信息查阅场所,并配备相应的设施、设备,为公民、法人或

① 《省(自治区、市)图书馆工作条例》第十一条。文化部 1982 年颁布。

者其他组织获取政府信息提供便利。这一条例的颁布，第一次将公共图书馆与政府运转相关的部分工作，以行政法规的形式加以规定，这一规定不仅为政府信息的公开和传播提供了渠道和平台，也为公共图书馆与政府进一步密切联系，进而开展业务协作带来新的契机。

2011 年 10 月 18 日，中共十七届六中全会审议通过了《中共中央关于深化文化体制改革、推动社会主义文化大发展大繁荣若干重大问题的决定》。这份纲领性文件中最为突出的一点就是提出建设“文化强国”的长远战略。建设“文化强国”，不单指文化产业，还包括公共文化服务体系建设、核心价值体系、全民族的文化文明素质、文化软实力等各个方面内容，是一个综合的文化建设体系。公共图书馆作为公共文化服务体系建设中的重要组成部分，在传承文明、服务社会的过程中，发挥着不可或缺的重要作用。在这样一个时代背景之下，对我国公共图书馆决策咨询服务的总体状况进行深入研究和分析，也较以往有了不同的意义。

一、国家图书馆关于我国公共图书馆决策咨询服务的调研

作为我国最早开展决策咨询服务的图书馆，国家图书馆在强化自身为中央国家机关立法与决策提供服务的同时，也对图书馆业界开展决策咨询服务的发展状况给予了高度的关注。

1. 公共图书馆决策咨询服务调研的基本情况

为了全面、准确地了解全国省级公共图书馆开展决策咨询服务的背景条件和服务现状，共同推进面向党政机构的决策咨询服务，国家图书馆在 2010 年至 2013 年期间，面向全国省级和副省级市公共图书馆，通过问卷调查、网上调查和实地调研等方式，先后开展了 3 个轮次的规模性调研活动，分别为：

(1)2010 年 10 月至 11 月，通过调查问卷方式对中国内地 31 家省、自治区和直辖市公共图书馆进行调研，回收问卷 30 份。调研内容主要包括我国公共图书馆资源建设与服务基本情况、开展决策咨询服务基本情况以及开展决策咨询服务协作的基本情况等；

(2)2011 年 7 月至 2012 年 4 月，通过走访方式，对部分省级和副省级市公共图书馆进行实地调研，共计 20 家图书馆。调研内容主要围绕各图书馆开展决策咨询服务情况以及为党政机关开展其他服务情况；

(3)2012 年 11 月至 2013 年 11 月，通过发放调查问卷，同时辅以电话、电子邮件、网上交谈及网络舆情追踪等方式，对开展决策咨询服务等相关情况进行调研，涉及各级公共图书馆共 31 家。

这 3 次面向公共图书馆的调研，一共历经 3 年时间，调研对象涵盖了 31 家省级公共图书馆和部分副省级市公共图书馆。通过调研，对我国省级公共图书馆系统开展决策咨询服务的指导思想、资源状况、服务举措等方面的情况有了总体上的把握，对公共图书馆未来进一步开展这项服务所面临的困难和问题，以及未来公共图书馆开展决策咨询服务的基本思路也有了一定程度的了解。

与此同时，国家图书馆自 2010 年起还先后完成了对 41 家中央国家机关的调研，就国家图书馆立法决策服务对象的信息服务需求、网络环境等方面情况进行深入了解和分析，以便

结合公共图书馆调研结果，规划和制定既能满足服务对象信息服务需求，同时也符合公共图书馆服务能力的公共图书馆决策咨询服务协作体系。

2. 公共图书馆决策咨询服务调研的总体结果

(1)公共图书馆文献资源建设概况

2010年调研结果显示，我国省级公共图书馆均收藏有相当规模的纸质文献，70%的图书馆文献收藏总量在100—500万册件的范围内。

对馆藏纸质文献的馆藏结构进行进一步分析，结果显示，中文文献占省级公共图书馆馆藏的比例最大，平均比例超过80%；外文文献收藏相对较少，占馆藏文献总量的平均比例低于6%，其中近1/3的省级公共图书馆目前尚无外文纸质文献收藏；调研的全部30家省级公共图书馆均收藏有古籍文献；绝大部分省级公共图书馆拥有地方文献收藏。

关于开展决策咨询服务中较常用到的法律文献，省级公共图书馆的收藏情况不容乐观，这类资源平均收藏比例仅占馆藏文献总量1%左右。

在数字资源方面，虽然各省级公共图书馆每年图书采访经费预算总额差异较大，但是各省级公共图书馆均十分重视数字资源的建设，特别是中文数字资源的建设，所有调研对象均采购有中国知网数据库，方正电子图书、万方数字化期刊、人大复印资料全文数据库、中国年鉴资源全文数据库等数字资源在省级公共图书馆中也都有较为普遍的入藏。与中文数字资源相比，外文数字资源在省级公共图书馆中较少配备，仅有少数省级公共图书馆购买了NSTL数据库、Springer Link电子期刊等少数种类的外文数字资源。

(2)省级公共图书馆文献信息服务概况

表1 全国省级公共图书馆服务对象调研结果

服务对象	图书馆数量	占被调研公共图书馆的比例
社会公众	29	96.67%
省人大、省政协、省委、省政府	26	86.67%
教育科研机构	24	80.00%
企事业单位	23	76.67%

注：根据2010年10月调研结果统计。

2010年调研结果显示，我国省级公共图书馆除了面向社会公众提供服务以外，在面向机构用户提供服务时，地方立法和决策机构已经成为地方公共图书馆首要的服务对象。

表2 全国省级公共图书馆服务形式调研结果

服务形式	图书馆数量(家)	占被调研公共图书馆的比例
文献借阅	30	100.00%
文献提供	29	96.67%
专题咨询	29	96.67%
文献复制	29	96.67%
数字图书馆服务	27	90.00%

注：根据2010年10月调研结果统计。

从省级公共图书馆开展服务的形式进行分析，除了传统的文献借阅、复制和文献提供服务外，专题咨询服务和以网上参考咨询服务、电子触摸屏等新媒体为代表的数字图书馆服务形式也得到了普遍的采用。

(3)省级公共图书馆开展决策咨询服务总体状况

根据3年来历次调研情况可以看出，决策咨询服务是省级公共图书馆普遍开展并给予高度重视的一项服务工作。在此，从机构设置、人员配备、专项经费、服务内容和信息产品几个方面，对调研结果进行分析，总体情况如下：

①机构设置

调研结果显示，从省级公共图书馆决策咨询服务机构设置情况来看，目前有陕西省图书馆、辽宁省图书馆、广东省立中山图书馆、广西壮族自治区图书馆和南京图书馆5家省级公共图书馆设立了开展决策咨询服务的专门机构，另有近20家省级公共图书馆将该项服务划入参考咨询部、信息咨询部等部门职责。

②人员配备

2010年调研结果显示，我国省级公共图书馆从事决策咨询服务人员总数为237人，其中80%以上人员拥有大学本科及以上学历，从业人员所学专业涉及各个学科，比较广泛，绝大部分从业人员在承担决策咨询服务的同时，还需要承担诸如社会读者服务、参考咨询服务等其他工作。

③专项经费

调研结果显示，在2010年我国省级公共图书馆中，除上海图书馆、广东省立中山图书馆、山西省图书馆和辽宁省图书馆等为数不多的图书馆外，大多数图书馆尚未在年度预算中单独立项列支决策咨询服务项目经费。但2013年度公共图书馆为“两会”服务经费情况调查也显示，在31家省级公共图书馆中有14家图书馆的经费来源于本馆专项经费，这表明已经有越来越多的省级公共图书馆开始采取通过年度预算或专项经费方式对决策咨询服务进行经费支撑。

④服务内容

省级公共图书馆决策咨询服务大多基于图书馆参考咨询服务发展起来。因此，在服务内容方面，专题咨询和信息专报等传统参考咨询服务内容成为省级公共图书馆决策服务中比例最高的服务项目；此外，还有近1/3的省级公共图书馆通过文献综述、战略情报分析等深层次服务形式开展决策咨询服务；尤其值得关注的是，讲座展览、业务培训和合作开展研究项目也成为省级公共图书馆开展决策咨询服务的重要方式。

除日常性决策咨询服务以外，在“两会”以及遇到重大活动或事件时，已有超过20家的省级公共图书馆提供相应的信息服务支持工作。

⑤信息产品

调研结果显示，目前我国已经有超过半数的省级公共图书馆在开展决策咨询服务的过程中，都围绕决策信息参考、文化动态汇编、舆情监测等主题制作有专门的信息产品，并定期发送到服务对象手中。

表 3　部分省级公共图书馆决策咨询服务产品一览

图书馆名称	部分决策咨询服务产品
黑龙江图书馆	决策参考、新浪微博文摘、舆情网络信息
吉林省图书馆	决策内参、信息汇要、吉林文化舆情参考
辽宁省图书馆	领导干部书架、领导决策参考
陕西省图书馆	决策参考、信息专报、专题资料汇编
山西省图书馆	晋图快递、晋图快览、文化新闻
河北省图书馆	文化新观点
山东省图书馆	立法动态、纪检信息
河南省图书馆	决策参考、省长专递
南京图书馆	信息传真、江苏新闻和国内外经济新闻、港澳台及境外媒体舆情跟踪、舆情信息
浙江图书馆	参阅精选
安徽省图书馆	信息参考、文化简报、安徽人大信息、舆情信息专报
福建省图书馆	决策信息参考
广东省立中山图书馆	决策内参、文化内参、警界参考
湖南省图书馆	聚焦 2012・湖南图书馆专题文献
湖北省图书馆	文化动态、领导参考
江西省图书馆	信息与咨询
新疆维吾尔自治区图书馆	东部看新疆
四川省图书馆	信息参考
云南省图书馆	决策参考、文化内参
海南省图书馆	信息资讯参考
首都图书馆	首图快递
天津图书馆	报刊动态
上海市图书馆	专题剪报(人大专题剪报)、上图专递
重庆图书馆	文化信息参考

二、我国公共图书馆开展决策咨询服务的基本特点

通过对近年来我国省级公共图书馆开展调研的结果进行对比分析,可以真切地感受到虽然目前我国公共图书馆事业发展水平与发达国家相比还存在比较大的差距。同时,由于法律政策的缺失、地区之间发展不平衡、馆藏图书和数字资源入藏量的相对不足、训练有素的高素质专业图书馆员比例偏低等一系列问题,都对公共图书馆事业的发展带来了一定的困扰。但是,随着国家对公共文化事业投入力度的不断加大,我国公共图书馆事业发展仍取

得了长足的进步，公共图书馆决策咨询服务正是在这样的背景下逐步发展并已经初具规模。

同我国公共图书馆事业发展的总体状况类似，决策咨询服务在各公共图书馆开展的时间、发展的速度和规模、服务的完善程度和影响力，甚至服务理念和服务策略等方面都存在着较大差异，但是综观近年来我国公共图书馆决策咨询服务发展的情况，我们仍可以发现这项服务在不同公共图书馆存在着很多共同的特点。

1. 高度的思想重视和积极的行动自觉

为党政机关提供文献信息服务是公共图书馆的职能之一，也是公共图书馆体现和拓展自身价值的一种重要方式。公共图书馆对此有着准确的认识，在思想上高度重视决策咨询服务工作，在开展工作方面也积极努力进行探索，具有高度的行动自觉。

立法与决策是各级党政机关和人大、政协机构的核心工作职能，而决策的科学化，一个至关重要的因素就是需要可用于决策参考的全面、准确、完整的信息。

信息以及信息传播对于社会文明和进步的意义，历来被社会高度重视。早在20世纪70年代，人们把信息、材料和能源并称为当代文明的三大支柱。80年代又把新材料、信息技术和生物技术并列为新技术革命的重要标志。公共图书馆作为传承人类文明，传播知识信息的有效载体，对自身的职能定位、公共图书馆在信息服务中的独特优势以及信息在党政机关履行工作职责中的重要作用等一系列问题都有着清醒的认识，也在积极探索将自身优势服务于党政机构决策过程的方法和途径。

早在1986年10月，辽宁省图书馆为了适应社会发展和改革开放的需要，对馆藏文献情报信息进行开发利用，创办了《信息与反馈》内部刊物，编发国内外有关政治与经济体制改革、对外开放的新动态、新观念、新理论、新措施、新经验，以及省外（包括港澳台地区）对辽宁省工作情况的评价等信息为省委、省人大、省政府、省政协、省顾问委员会等机构的科学决策提供信息服务支持，并取得良好的服务效果。在开展服务的同时，辽宁省图书馆还对图书馆为党政领导机构决策提供信息服务的必要性、服务的主要内容和特点、参考咨询馆员素质等方面内容进行了探讨和研究，这也成为我国公共图书馆开展决策信息咨询服务与研究的早期服务案例之一①。

近年来，随着对公共文化事业投入的加大，很多省级公共图书馆相继完成了馆舍改造工程，经费状况也有所好转，图书馆硬件设施的完善、馆藏资源的丰富以及自动化管理系统的配备，为图书馆改善服务创造了必备条件，决策咨询服务也借此成为图书馆着力强化和改善的一项重点工作内容。2010年度调研结果显示，在被调研的30家省级公共图书馆中已有29家开展了不同形式的决策咨询服务，决策咨询服务已成为公共图书馆普遍开展的一项工作内容。

2. 核心服务重点突出，延伸服务形式多样

绝大多数省级公共图书馆开展决策咨询服务业务都起步于本馆的参考咨询服务，在图书馆开展参考咨询服务的基础上，重点分析党政机关用户信息需求特点和信息行为习惯，设计并制作了一系列信息服务产品。这些产品虽然在形式、内容和名称上各有特色，但是总体

① 李德戈. 公共图书馆为领导决策提供信息服务探要[J]. 图书馆学刊，1989(5)：29－31，48

上讲,大多包括以专题咨询报告形式提供的决策参考服务、以专题文献导读性质提供的新书推荐服务、以文献借阅等方式进行的个性化文献提供服务,以及以媒体监测报告形式提供的媒体报道汇编和舆情监测报告服务等几种类型。图书馆将相关主题内容经过检索、甄别、加工、整理,汇编成册,定期发放至党政机关相关服务对象手中参阅。这种专题咨询结果形式的决策咨询服务产品,也是公共图书馆决策咨询服务中应用最多、权重最大的服务形式。

通过调研可以看到,除了参考咨询服务以外,公共图书馆还在开展面向社会公众举办普及性讲座的基础上,将目光转向本省党政机关领导干部,通过讲座方式开展服务。其合作方式主要有以下 3 种:

(1)面向本省党政机关干部,开设"高端讲座",如南京图书馆等面向省市级机关领导干部开设专场讲座;

(2)与政府相关部门合作,参与政府主办的讲座活动。如吉林省图书馆参与到省委组织部组织的面向省直机关部处以上干部"高端讲坛"的组织策划工作;广东省立中山图书馆参与广东省委宣传部、广东省社科联主办的"岭南大讲堂 · 文化论坛"的相关工作;

(3)邀请政府高层领导担任讲座主讲,面向社会公众开展讲座,如辽宁省图书馆邀请厅局级领导干部面向社会公众,就社会所关心的热点话题不定期开展厅局长讲座。

讲座是在图书馆传统服务基础上开展的一种延伸服务,这项服务在图书馆有着悠久的历史,也逐步形成了众多优秀的讲座品牌,同时公共图书馆通过讲座活动与媒体或出版机构开展合作,在扩大讲座品牌影响力的同时又使讲座的社会效益在最大程度上得到拓展。公共图书馆与政府合作开展讲座活动,无论采取怎样的合作方式和表现形式,都为图书馆与党政机关开展业务协作提供了重要的渠道和方式,借助这样的合作形式,不仅可以为党政机关干部提供权威、准确的信息平台,帮助其及时了解社会各学科和领域发展的前沿问题,对于强化党政机关人员对图书馆的了解和认知也是大有裨益的。

除了上述两种形式的决策咨询服务,公共图书馆还根据自身情况及用户需求特点开展证卡办理、业务培训等形式多样的服务。

3. 决策咨询服务长期化、产品化、数字化特征逐渐形成

公共图书馆开展决策咨询服务初期,所提供的大多是临时性或零散性服务,如每年省(市)级"两会"期间的大会服务、偶尔接受的咨询委托等,均属于这类性质服务。虽然这类临时性服务也能够满足委托机构的要求,取得令人满意的服务效果,但是由于其临时性、阶段性、偶发性的特点,很难实现长期、稳定、连续的服务,对服务的确立、巩固和拓展都带来了不利影响,服务也时常处于被动局面。

随着服务的进行,公共图书馆在开展决策咨询服务的过程中,逐步调整服务策略,致力于将一过式的临时性服务,向通过与服务对象建立长期稳定的服务关系的持续性服务转变,以此实现服务效益的最大化。

个性化的决策咨询服务支持可以满足党政机关的个性化需求,取得良好的服务成效,但是从另一个角度来看,个性化服务也由于人力和时间成本投入较高,服务对象群体多为个人或小众群体,存在服务效能低,难以大规模开展等问题。在开展决策咨询服务的过程中,如何解决图书馆人力、物力和时间投入与服务成效之间的矛盾、实现将图书馆员的工作效益最大化呢?几乎所有开展决策咨询服务的图书馆都将产品化服务作为解决这一问题的重要方

法。例如,广东省立中山图书馆在开展决策咨询服务中,根据政府用户需求而提供的专题文献咨询所占比例很低,最主要的服务方式则是制作《决策内参》这种决策咨询服务产品。《决策内参》首发于1991年11月,这是一份面向广东省领导决策机关,定位于开发国际信息、服务经济决策的内部刊物。1995年,该刊物即被广东省政府指定纳入"省、市长信息服务网络",面向全省100余个省市县党委政府提供服务。此后,在该刊物基础上,先后派生出《文化内参》和《警界参考》服务于相关政府部门,同样取得了良好收效。目前,《决策内参》周刊已经连续发行了20余年,每期发行量达到500份,已经成为广东省、市高层领导必备的案头读物①。

随着数字资源内容涵盖范围的日益广泛和数字图书馆技术的普遍应用,省级公共图书馆在开展决策咨询服务时都越来越多地采用数字化服务的方式。例如,湖南省图书馆在对本省人大、政协和党政机关进行深入调研的基础上,依托本馆数字资源和专业信息服务力量,建设了"人大代表文献信息咨询平台"和"为政协委员履职服务平台"。这两个平台自2011年9月开始服务至今,不仅在"两会"期间成为"两会"代表和委员提案、议案的重要文献来源,还可在全年为"两会"代表履行参政议政职责持续性地提供文献信息资源保障和信息咨询服务。此外,福建、江西等多个省级公共图书馆也都通过专题数据库制作、电子触摸屏、移动式终端等新媒体设备,设计并开展了形式多样的数字化服务。

不仅省级公共图书馆在开展决策咨询服务时采用数字化服务方式的趋势越来越明显,地市级公共图书馆也在利用数字化服务方式开展决策咨询服务的方面进行了积极的探索。长春市图书馆在2009年"4.23世界读书日"之际,与长春市委联合举办数字资源进机关,共同建设"书香长春学习网"的活动,根据政府机构的职能特点,为83个党政机关建立了机构图书馆。此外,还有针对性地对局级以上干部建立了2000个个人图书馆,集成了数字资源、数字化服务推送、数字参考咨询以及互动平台等各项功能,不仅为政府机构通过数字化平台方式提供决策咨询服务,在促进政府人员学习和交流方面也进行了积极的努力和尝试。

4. 注重建立服务体系,强化服务联合

决策咨询服务的重要意义随着这项工作不断的深入开展,在我国公共图书馆已经形成了高度的认知,以省级公共图书馆为代表,我国公共图书馆决策咨询服务已经积累了较为丰富的服务经验,并形成了一定的服务规模,调研和分析这项服务的发展状况可以看到,注重建立服务体系,强化服务联合已经成为近年来我国公共图书馆决策咨询服务发展中呈现出来的一个新特点。

以浙江图书馆为例,近年来,浙江图书馆依托全省公共图书馆信息服务联盟和网络技术联盟等"四个联盟",积极推动全省公共图书馆联动发展。在开展信息咨询方面,以参考咨询工作为着力点,依托全省公共图书馆信息服务联盟,建成全省公共图书馆信息联盟服务平台,以全省各地"两会"召开为契机,推动成员馆开展政府决策信息服务工作。

① 陈杏.《决策内参》二十春秋省思[J].图书馆论坛,2011(1):55-58

表 4 2012 年浙江省各级公共图书馆“两会”服务情况①

图书馆名称	服务时间	服务内容			
		驻地、会场	数字资源	专题信息	委托检索
浙江图书馆	2012－01－11—2012－01－16	有	有	有	有
杭州图书馆	2012－04－7—2012－04－08	有	有	有	有
杭州市余杭区图书馆	2012－03－12—2012－03－13	有	有	有	有
宁波市图书馆	2012－04－17—2012－04－24	有	有	有	有
宁波市海曙区图书馆	2012－02－12—2012－02－18	有	有	－	有
宁波市镇海区图书馆	2012－02－12—2012－02－16	有	有	－	有
宁波市江东区图书馆	2012－02－10—2012－02－17	有	有	－	－
温州市图书馆	2012－02－18—2012－02－25	－	有	有	有
嘉兴市图书馆	2012－03－24—2012－03－31	有	有	有	有
海宁市图书馆	2012－02－12—2012－02－18	有	有	有	有
平湖市图书馆	2012－02－06—2012－02－12	－	有	有	有
湖州市图书馆	2012－04－20—2012－04－26	有	有	有	有
德清县图书馆	2012－02－15—2012－02－17	有	有	有	有
绍兴图书馆	2012－04－24—2012－04－28	有	有	有	有
新昌县图书馆	2012－02－20—2012－02－26	－	－	有	有
金华市图书馆 金华市少儿图书馆	2012－03－12—2012－03－16	有	有	有	－
浦江县图书馆	2012－02－18—2012－02－26	－	有	有	有
舟山市图书馆	2012－02－21—2012－02－27	有	有	有	有
台州市图书馆	2012－03－18—2012－03－24	－	有	有	有
温岭市图书馆	2012－02－28—2012－03－06	－	有	有	有
玉环县图书馆	2012－02－22—2012－02－28	有	有	有	有
三门县图书馆	2012－02－26—2012－03－08	－	有	有	－
缙云县图书馆	2012－02－07—2012－02－13	有	－	有	－
云和县图书馆	2012－02－26—2012－02－28	有	有	有	有

2012 年“两会”期间，浙江省各级公共图书馆通过联盟服务平台中的“两会服务”栏目、工作简报、电话咨询等渠道开展活动，使信息服务水平得到大幅提升。与此同时，该联盟不断创新服务品牌，联合全省市级成员馆编辑“两会”服务专题信息，率先在全国图书馆界打造了一个全省公共图书馆上下联动服务“两会”的创新品牌，2012 年已有 10 家地市馆参与合作。这种通过强化服务体系建设，强化图书馆间服务联合的方式使得全省公共图书馆服务

① 卢海燕. 服务与超越：全国省级公共图书馆“两会”服务析评[J]. 国家图书馆学刊，2013(2)：3－13，90

政府决策的水平得到了进一步提高。

三、现阶段我国公共图书馆决策咨询服务中存在的主要问题

近年来,公共图书馆对决策咨询服务给予了高度重视并进行了积极的探索和尝试,决策咨询服务在我国公共图书馆已经得到广泛开展,呈现出前所未有的发展态势。但是,通过调研,我们也可以看到现阶段我国公共图书馆决策咨询服务开展过程中还存在着许多制约业务发展的问题。

1. 缺乏系统化的服务发展规划和服务内容设计

公共图书馆决策咨询服务在全国各地、各级公共图书馆虽然得到广泛开展,但是这项工作在各图书馆的开展情况存在较大差异,不仅服务内容和服务形式各异,服务的指导思想也各有侧重。

从调查结果可以看出,有的图书馆将决策咨询服务内容着眼于服务界面的延伸,将坐等党政机关用户上门转变为在党政机关及人大、政协机构办公或主要活动场所开设服务窗口,通过为党政机关提供便捷的服务拓展图书馆既有的各项服务;有的图书馆致力于服务产品的开发制作,将通过调研分析而选定的相关专题的文献内容进行编辑整理,并汇编成不同系列的刊物,作为党政机关以及人大、政协履行立法决策职能时的背景资料;有的图书馆利用自身在人力资源和服务经验方面的优势,通过开展专题信息服务等方式,努力满足服务对象个性化的信息文献服务需求;有的图书馆则充分借助数字图书馆技术,面向党政机关的全体工作人员,提供连续、稳定和较为全面的全天候文献信息支撑保障服务;也有的图书馆将自身的决策咨询服务内容直接嵌入到政府工作的具体流程当中。

上述种种服务形式,在决策咨询服务的业务发展逻辑上是具有一定的内在关联,但是通过调研我们发现,这些服务形式在很多图书馆并不完全是根据业务发展逻辑和用户需求进行设计和规划,而是在很大程度上取决于图书馆自身服务能力和条件限制,制定有完整、系统的图书馆决策咨询服务发展规划的公共图书馆所占比例并不多,虽然从业界的整体发展水平上看,决策咨询服务在我国公共图书馆的发展取得了长足的进步,但在总体上看,仍处于探索阶段。

2. 决策咨询服务管理与保障机制尚未完全确立

由于我国在公共图书馆相关法律和政策建设方面的缺失,决策咨询服务在关于公共图书馆的政策法规中并没有明确的职能定位和规定,各图书馆在开展决策咨询服务时,对这项服务的理解各异,在服务管理和保障机制等诸多方面也存在着很多的问题,乃至困惑。

在对公共图书馆决策咨询服务的调研中,我们发现,除了少数几家省级公共图书馆在开展决策咨询服务时设有专职业务部门和稳定的经费保障外,大部分公共图书馆并没有足够的条件来支持决策咨询服务的开展。很多图书馆都是在无专门机构、无人员编制、无日常运行经费的“三无”状态下开展决策咨询服务工作的。在这样一种情况下,公共图书馆只能以临时性、项目制等方式开展工作,不但图书馆决策咨询服务的服务能力和成效很难得到保

证，更难以有效地积累和总结决策咨询服务经验，建立长期、稳定的决策咨询服务机制，这无疑对决策咨询服务的未来发展是十分不利的。

3. 决策咨询服务特色资源建设尚需进一步丰富、完善和优化

随着我国综合国力的提升，公共图书馆近年来在获得经费支持方面较20世纪90年代有了很大改观，资源建设力度和资源载体丰富程度都更加适应当今时代图书馆用户的信息需求。但是开展决策咨询服务这样一项面向特殊用户群体的服务，对图书馆资源建设则有着不同于面向社会公众的服务的要求。调研结果显示，目前我国公共图书馆外文文献收藏比例普遍偏低，近1/3省级公共图书馆严重缺乏外文文献收藏；在文献内容学科划分方面，法律类文献入藏比例仅有1%。数字资源中，外购数字资源大多为通用性文献资源，仅有15%左右的省级公共图书馆选购了与决策咨询服务密切相关的专业性的数字资源；自建数字资源不仅总量相对较少，在内容上也很少有专门针对决策咨询服务的内容。公共图书馆资源建设，特别是决策咨询服务特色资源建设亟待丰富、完善和优化。

4. 参考咨询馆员队伍建设亟待进一步加大力度

调研结果显示，目前我国省级公共图书馆直接从事决策咨询服务的图书馆员仅有200余名，这一数字与我国各省级政府机构公务人员数量相比悬殊巨大，也不可能满足各省级政府潜在的海量文献信息需求。如果再考虑现有决策咨询服务人员的知识层次、年龄结构、专业结构和服务经验等诸多因素，参考咨询馆员提供决策咨询服务的能力更不容乐观。公共图书馆决策咨询服务团队人员数量、业务素质和服务能力等问题如不尽快解决，不仅会影响到决策咨询服务内容的深入和规模的扩展，也会成为未来这项工作发展的严重制约因素。

5. 与党政机关信息服务机构间的分工定位尚不明确

公共图书馆大规模开展决策咨询服务的历史只有20余年，而政府在长期运转过程中，无论是政策法规研究部门还是信息保障与服务机构都已经长期存在并且发挥着重要作用，公共图书馆的决策咨询服务与党政机关内设信息服务机构之间应该建立怎样的关系，是一个关乎公共图书馆的服务能否为党政机关认可并接受的重要问题。调研中发现，有些省份的公共图书馆由于在“两会”服务中的出色表现，直接导致了省政府终止了与某些信息机构在“两会”信息服务中的协作关系，而转为与省图书馆合作，这种变化也在一定程度上引发了相关信息机构的不满和担心。公共图书馆作为向党政机构提供信息服务的“新生力量”，如何发挥自身特色，处理好与既有服务机构之间的角色定位关系，妥善做到分工协作，努力补充和完善现有服务体系中的欠缺和不足，而不是以简单的服务取代方式进行业务拓展，这是目前公共图书馆决策咨询服务中暴露出来的重要问题。

6. 对决策咨询服务用户信息行为研究相对不足

决策咨询服务如何从不为用户所知，到能够为用户所用，再到成为用户日常开展工作所必需，这并不是一个被动发展的过程，而是公共图书馆在服务中通过把握服务对象工作流程和信息行为的特点及其变化规律，不断进行主动调适的渐进的过程。与面向社会公众的服务相比，公共图书馆在面向机构用户，特别是在面向党政机关开展决策咨询服务时，在服务

历史、服务规模和服务经验积累等诸多方面都是相对滞后的。

回顾公共图书馆开展决策咨询服务的工作实践，我们可以发现，近10年左右，关于公共图书馆决策咨询服务的研究成果越来越多地涌现，但与图书馆其他服务相比，决策咨询服务的研究成果在比例上明显偏低，在内容上也大多集中在宏观论证、工作总结和个案分析等少数领域，缺乏对公共图书馆决策咨询服务各相关领域较为精细化的深入研究和论证分析。特别是对决策咨询服务对象信息需求特点和信息行为分析方面缺乏实证研究。用户及其信息服务需求是决策咨询服务的起始点和归宿点，公共图书馆如何与决策咨询用户之间建立起服务反馈机制，通过传统的调研走访以及数字化服务中的技术手段来了解用户服务需求特点，把握用户信息行为规律，进而改进和调整公共图书馆决策咨询服务形式和内容，以期更好地履行公共图书馆决策咨询服务的职责，这是公共图书馆开展决策咨询服务中需要着力进行的研究课题。

四、对我国省级公共图书馆决策咨询服务未来发展的几点思考

1. 强化决策咨询服务顶层设计，完善决策咨询服务体系规划

决策咨询服务是一项面对党政机关用户，致力于长期、稳定、连续开展的公共图书馆服务，要想达到这一目的，首要的一点就是在充分调研服务对象信息需求以及公共图书馆自身资源和服务能力的基础上，从公共图书馆自身业务发展战略的角度，对决策咨询服务进行整体设计，制定完整的决策咨询服务体系规划，并参照这样的顶层设计方案，有步骤地完善保障条件、实施工作部署和开展决策咨询服务的各项工作。

目前，我国很多省级公共图书馆在开展决策咨询服务时，多着眼于服务项目和服务系统的设计，较少有关于决策咨询服务领域较为全面的中长期服务规划的设计。在对省级公共图书馆的调研中我们发现，尽管公共图书馆的领导和决策咨询业务组织管理者对于开展这项服务给予高度重视和极大的工作热情和精力，但是很多从事决策咨询服务具体工作的图书馆员，对本馆开展这项工作的目的、战略发展规划、目标任务、服务实施步骤以及服务成效等问题，都缺乏必要的了解、认识和思考。制定决策咨询服务体系规划，不仅有助于公共图书馆统一开展决策咨询服务工作的思想认识，激发员工的思考和参与热情，为这项业务工作沿着科学有序的轨道长期稳定开展创造有利的业务工作环境，在开展具体服务方面，也有助于咨询馆员和用户双方对开展的决策咨询服务进行深入的交流并形成共识。

2. 明确服务定位，探讨与决策机构有效的合作模式，强化合作深度

当前的社会是一个高度信息化的社会，图书馆作为传承文明、服务社会的载体，在文献资源、人才队伍、服务经验、服务手段等信息服务领域的诸多方面都有着得天独厚的有利条件，这是公共图书馆能够为党政机关提供决策咨询服务的重要基础。但是毋庸讳言，公共图书馆虽然凭借自身种种优势，具备为党政机关和立法机构开展决策咨询服务的基础和条件，却并不能满足服务对象全部信息服务和研究的完全需要，因此公共图书馆在开展决策咨询服务时，有必要认真了解和分析党政机关在信息需求和服务方面的规律、各个合作机构及其服务特点等背景信息，结合本馆自身特点，针对特定服务对象信息服务需求进行服务定位设

计，明确自身在为党政机关决策过程中提供信息服务的角色定位，在与党政机关已有信息服务合作伙伴有着明确分工合作的基础之上，积极探索将图书馆决策咨询服务有机地嵌入服务对象的工作流程，不断强化与决策机构合作深度，在为党政机关信息服务体系的完善提供有效补充的过程中，自身也成长为党政机关决策中不可或缺的重要角色。例如河南省图书馆与省政府合作，省馆提供图书和数字资源，省政府提供报纸和期刊文献，在省政府内设立图书馆分馆。这种图书馆与政府合作共建的模式，不仅将图书馆的服务界面拓展至决策咨询服务用户的最前端，同时也使省政府原有文献服务实现了服务的专业化和服务效能的最大化，对政府既有的服务模式也不会产生任何干扰作用，因此成为一种双方都乐于接受的服务模式。

3. 发挥文献整合开发优势，强化特色资源的设计和制作

在现代社会中，公共图书馆作为知识交流中心的作用越来越显著。人类对客观世界的认识过程是动态的，但是这些知识一旦汇集成为文献就处于静态的状态中。将生命力重新赋予这些静态的馆藏文献，正是图书馆文献整合开发工作的价值和意义所在。有统计资料表明，我国公共图书馆文献资源收藏总量已经超过 5 亿册（件），并且随着数字化资源建设的不断深入，虚拟馆藏数量更呈现迅速增长态势。公共图书馆文献信息资源的系统性、全面性和客观性，为公共图书馆发挥文献整合开发优势，深度揭示文献资源内容，结合用户需求特点，有针对性开展特色资源设计和制作奠定了重要的基础，也应当成为公共图书馆开展决策咨询服务的一种重要形式。

以 2010 年上海世博会筹办过程中上海市公共图书馆所发挥的作用为例，上海图书馆以此为契机，与政府机构开展合作，积极宣传推广世博会。自 2003 年 1 月开始在《上图专递》系列增设《世博情报》（后改名《世博信息》）对世博会的历史背景资料、世博动态、学术研究等各专题内容精心遴选资料，提供相关部门参阅。同时，还结合自身特点，建立关于世博会的信息中心，搜集和保存包括国际展览局官方在内的关于世博会的文献资料，设立阅览室，与上海世博局合作在全国的各个省市区图书馆举办世博主题的论坛和讲座，充分发挥自身在文献收藏和情报研究方面的优势，深入挖掘考证，并组织研究人员对世博的主题和历史等领域进行深入调研，编译和撰写了《世博读本》等一系列全面、系统介绍世博历史、世博文化和上海世博相关知识的普及型大众读本和学术专著。根据《上海市公共图书馆迎世博 600 天行动计划》，上海各市、区（县）和街道（乡镇）图书馆设立“世博书架”，配备有关世博的图书、刊物和宣传资料，使公共图书馆成为世博宣传的重要阵地。上海市公共图书馆对世博会的参与，不仅促进了上海世博会的宣传和研究，对上海市公共图书馆在社会进一步树立良好社会形象、提升社会地位也起到了重要作用，“每个人都是一座图书馆”等图书馆理念的总结和提出，对于上海市公共图书馆的未来发展无疑又起到了积极的推动作用。上海市公共图书馆在 2010 年上海世界博览会筹办中的出色表现，堪称公共图书馆充分发挥自身文献优势，服务政府重点工作的服务范例①。

① 上海图书馆馆长：世博研究源于多年经验[EB/OL]. [2014－04－10]. http://2010.qq.com/a/20100825/000227.htm

4. 提高服务团队信息素养，优化人力资源，提升服务实力

参考咨询馆员及其业务工作经验是公共图书馆开展决策咨询服务核心的要素之一。公共图书馆开展决策咨询服务的经验也表明，仅凭借图书馆馆藏文献资源开展服务是远远不够的，必须通过图书馆员能动地发挥自己的知识和专业技能，才能使馆藏文献资源得到更有效的揭示，图书馆员人力资源也成为图书馆开展决策咨询服务的重要依托。从事决策咨询服务的参考咨询馆员的团队规模、知识结构、信息素养、角色组成以及服务梯队等问题，不仅决定着公共图书馆开展决策咨询服务所能达到的水平和规模，更关系到这项业务工作在图书馆未来发展的空间和潜力。

从国外国会图书馆以及我国公共图书馆开展决策咨询服务的实践情况来看，具有法律专业背景的图书馆员在从事这项工作的服务团队成员学科背景组成中，无疑占据了最大的比例，这也是这项工作的特殊属性所决定的。此外，经济、政治、历史、外语、文献、信息管理等专业领域的学科知识在决策咨询服务需求中也有着相对较大的比例。对于公共图书馆而言，如果拥有一支具备良好职业道德素养、完备的学科知识体系、完成日常咨询工作所需的操作技能和一定的科学研究能力的图书馆员队伍，公共图书馆便初步具备了开展决策咨询服务所必需的人力资源基础。当这样的队伍成员达到一定规模后，便可根据不同服务对象的具体需求，在不同的咨询项目中遴选不同专业背景和服务能力的参考咨询馆员组成课题小组，有针对性地开展工作，以实现决策咨询工作人力资源的最优化组合。

5. 强化服务研究，改进服务方式，提升服务效能

随着决策咨询服务的开展，偏重于对文献信息资源内容进行研究的课题所占比例越来越高，因此，公共图书馆在开展决策咨询服务中，服务研究也成为影响决策咨询服务能否不断提升服务水平、满足党政机关用户深度文献咨询请求的重要因素。

一般而言，决策咨询服务的服务研究主要包括三个方面的问题。首先是关于文献信息内容的研究，公共图书馆的文献卷帙浩繁，不同形式、不同时期和种类的文献，无论是在内容侧重还是在信息组织形式等方面均存在着极大的差异，文献也会因编纂出版者的不同，造成编排体例各异、质量良莠不齐。从事决策咨询服务的图书馆员，应熟悉这些文献的基本属性，同时掌握文献挖掘方法和工具，以及知识组织和加工整理的必要技能，能够独立完成基于文献内容的挖掘和研究工作。其次是关于用户信息行为的研究，不同用户对信息需求的深度、广度以及对咨询结果资质和提供形式均有着不同的需求，同一用户在不同类型和用途的咨询课题中的要求也存在很大差异，如何通过现有服务准确收集和分析服务数据，掌握用户信息行为规律，准确判断服务成效，挖掘用户潜在的信息需求对开展个性化的决策咨询服务是十分重要的。再次是关于现代信息技术和传播手段的研究，随着信息技术的普及应用，越来越多的信息组织和传播形式被应用到图书馆服务当中，新技术的采用可为用户带来更好的服务感受，对于决策咨询服务的开展和推广也是十分有利的，但是用户对决策咨询结果提交形式等方面的要求也因此而越来越多样化。这要求图书馆员在完成决策咨询服务的同时，对现代信息技术发展的基本状况，不同的信息加工、服务和传播形式各自的优势和特点等情况都有基本的把握，以便在服务中可以根据用户的需要提出有针对性的解决方案。

6. 注重业务协作交流,促进整体服务能力的提升

决策咨询服务发展至今,已经从过去倚重参考咨询馆员丰富的个人经验为用户提供个别服务,向通过科学、精细化的团队分工合作,实现大规模、标准化服务的方向转变。从公共图书馆决策咨询服务的发展现状来看,面对内容要求各异的决策咨询服务需求,很难有一家公共图书馆可以凭借一馆之力能够完全满足全部的用户咨询内容和服务需求,这也是公共图书馆间结成各种形式服务联盟的动因。对省级公共图书馆决策咨询服务的调研结果也显示,省级公共图书馆不仅开展了决策咨询服务,而且无论从服务开展时间、服务人员数量、提供服务品牌,甚至是资金投入等方面来看,决策咨询服务在省级公共图书馆已经形成了一定的规模,积累了大量的服务经验,这也为图书馆间开展决策咨询服务协作准备了必要的条件。

2010 年 12 月,在"国家数字图书馆推广工程启动仪式暨全国图书馆创新服务工作座谈会"上,国家图书馆同与会各省级公共图书馆达成《全国公共图书馆立法决策服务合作共识》,决定建立立法决策服务协作机制,共同筹建全国省级公共图书馆决策咨询服务协作平台,并在此基础上加强全国省级公共图书馆决策咨询业务的交流与协作①。这一共识的达成和落实,不仅能实现公共图书馆之间开展决策咨询服务的服务协作与经验交流,更可以通过这种形式的交流,提升公共图书馆决策咨询服务的规范化程度,强化公共图书馆界开展决策咨询服务的总体服务能力,整体提升图书馆对各级政府的立法决策服务水平。

决策咨询服务在公共图书馆是一项年轻的业务。不同公共图书馆对该项业务的理解和开展步骤有所不同,不同地区经济发展水平差异也造成对这项服务的支撑程度有较大差异,因此,决策咨询服务在我国各公共图书馆发展情况也是各有千秋,不可一概而论。但是决策咨询服务在公共图书馆的发展却有着共同的特点,那就是公共图书馆对开展决策咨询服务的重要性具有高度的共识,决策咨询服务正沿着快速发展的轨道在公共图书馆迅速成长和壮大。随着中国社会文明程度的不断提升,政府决策的科学化、民主化、法制化进程也在不断深化。党的十八大报告对于我国法治政府建设提出了新的目标要求,即到 2020 年实现法治政府基本建成的新目标。在这样的社会环境大背景之下,可以预见,我国党政机关在立法与决策过程中,将更多地与社会机构开展合作,通过不同途径和来源,全面把握相关信息,以不断提升立法决策的科学化、民主化水平。对于公共图书馆而言,在现代信息环境下,在面向党政机关立法决策服务的信息选择、组织、服务和建设方面也势必扮演着越来越重要的角色,公共图书馆决策咨询服务的实践与发展,也将在法治政府基本建成的新目标中发挥其独特的作用。

---

① 全国公共图书馆立法决策服务合作共识[J]. 国家图书馆学刊,2011(1):93

国内法律图书馆调研报告

刘英赫 白云峰

2008年，根据国家图书馆总体业务规划，国家图书馆拟筹建法律文献专题阅览室，开展法律文献的入藏、阅览、研究与服务工作。为了能够客观、全面地了解国内法律图书馆的综合情况，汲取法律图书馆建设中的经验，从而为国家图书馆法律文献专题阅览室的建立提供良好的借鉴和参考依据，国家图书馆于2008年9—11月，对国内12家法律图书馆①进行了调研。调研方法以问卷调研和实地调研相结合，主要针对法律图书馆馆藏文献、资源建设、文献信息服务等内容开展调研。据此调研，并结合国家图书馆法律文献收藏与服务的实际情况，2009年9月9日百年馆庆之际，国家图书馆法律参考阅览室正式接待读者，开展阅览服务。

此后，我们一直对上述法律图书馆最新发展情况给予关注，并对相应数据进行了更新②，同时辅以对我国“法律图书馆”发展相关研究文献梳理工作，对原调研中未涉及内容进行补充，遂成本报告。

一、概念界定

1. 法律图书馆的要素

国内关于法律图书馆的相关研究性文章，尚没有对“法律图书馆”的概念给出一个明确的定义，虽然如此，不同的定义几乎都涵盖了法律图书馆的如下几重要素：

一是专业性。法律图书馆侧重于法律图书文献的收集，其服务对象具有针对性和稳定性，它能够成为该学科领域新资料的中心，从而始终处在该学科最新信息的领先地位。

二是资料性。法律图书馆中文献资料收集、整理和组织的对象既包括传统的印刷型文献也包括新型非印刷型文献（也称“电子文献”）。

三是服务性。法律图书馆是利用所藏法律文献来为读者服务的。从这个意义上讲，其属于服务性机构，作为子概念，其与上位概念“图书馆”一样，需满足服务性的要素。

2. 法律图书馆的类型

根据对我国法律图书馆发展实际调研和学者的论述分析，我国的法律图书馆大致可以分为如下几种类型：

---

① 北京大学法律图书馆、清华大学法学院图书馆/法律图书馆、中国人民大学法学院图书馆、中国政法大学图书馆、中南财经政法大学图书馆、华东政法大学图书馆、西南政法大学图书馆、西北政法大学图书馆、南开大学法学院资料中心、厦门大学图书馆法学分馆、吉林大学法学院资料室和中国社会科学院法学研究所图书馆。

② 截止时间为2013年1月31日。

一是法学院校（系）、研究院所图书馆。目前我国法律图书馆中，法学院校（系）、研究院所图书馆是发展较为迅速的一支。五所政法大学（中国政法大学、华东政法大学、西南政法大学、中南财经政法大学、西北政法大学）图书馆以及综合性大学如北京大学、清华大学、中国人民大学等的法律图书馆，都已经成为法律图书馆中较有特色的代表。法学学术团体、研究院所等的图书馆，如中国社会科学院法学研究所图书馆等，其受所属单位专业性质影响在专业资料收集上占有绝对优势。

二是政府机构、司法系统图书馆。其中主要包括我国各级立法、执法、司法系统中的文献资料部门，主要以法律信息中心、专业资料室、司法档案馆等方式存在。这些部门的法律文献工作在很大程度上依附于其部门的立法、执法、司法活动，并在其中发挥一定的作用，是我国整体法制建设过程中重要的法律渊源之一①。

三是公共图书馆系统法律文献信息服务机构。基于我国图书馆事业发展的实际情况，2009 年 9 月 9 日国家图书馆开放法律参考阅览室，该室是国家图书馆为履行职能，满足为中央国家领导机关立法与决策、重点教育和科研单位以及公众查询利用中外法律文献等需求而设立的一个集立法决策咨询、法律文献研究和阅览服务为一体的业务实体，在一定程度上具有法律馆的意义。除此之外，地方公共图书馆也对法律信息服务积极探索，其中以深圳图书馆最具特色。②

3. 本调研报告中的法律图书馆

法律图书馆的类型如前文所述，在三类法律图书馆中，第一种类型——法学院校（系）、研究院所图书馆数量较多，所占的比重较大，并且发展的较为全面和完善；第二种类型——政府部门、司法系统图书馆和第三种类型发展尚不完善。因此，本调研报告中下文所称“法律图书馆”仅指具有代表性和影响力的法学院校（系）、研究院所图书馆，其中主要涉及的法律图书馆包括：北京大学法律图书馆、清华大学法学院图书馆/法律图书馆、中国人民大学法学院图书馆、中国政法大学图书馆、中南财经政法大学图书馆、华东政法大学图书馆、西南政法大学图书馆、西北政法大学图书馆、南开大学法学院资料中心、厦门大学图书馆法学分馆和中国社会科学院法学研究所图书馆。

二、国内法律图书馆的发展现状及服务

1. 馆藏文献

（1）馆藏文献总量（不含电子文献）

在被调研的图书馆中，从整体上看，可以详细划分为三种类型：校级图书馆（包括中国政

---

① 笔者曾参加 2009 年 5 月于上海举行的全国部分法院图书馆（室）工作座谈会，期间参观上海市第一中级人民法院图书馆，该图书馆设立公众阅览室，对来院办理事宜的当事人进行开放服务。

② 关于公共法律图书馆，张晶晶于 2007 年第 4 期《法律文献信息与研究》发表有《我国公共法律图书馆实践——以深圳图书馆为例》一文，其承认我国尚未有一家严格意义上的公共法律图书馆，虽如此，但深圳图书馆的实践在法律图书馆的发展史上具有重要的实践意义。

法大学图书馆、中南财经政法大学图书馆、华东政法大学图书馆、西南政法大学图书馆、西北政法大学图书馆)、院系图书馆(包括北京大学法律图书馆、清华大学法学院图书馆/法律图书馆、中国人民大学法学院图书馆、南开大学法学院资料中心、厦门大学图书馆法学分馆)和科研院所图书馆(本调研报告中仅指中国社会科学院法学研究所图书馆),其中校馆的馆藏文献总量较为丰富,馆藏量总量可以达到100万册以上,院系图书馆和科研院所图书馆的馆藏文献总量与校级图书馆有一定的差距,几万册到几十万册不等。具体而言,馆藏总量在200万册件以上的图书馆有2家,占全部受访单位的18%;馆藏总量在100—200万册件之间的图书馆有3家,占全部受访单位的27%;馆藏总量在10—100万册件之间的图书馆有4家,占全部受访单位的37%;馆藏总量在10万册件以下的图书馆有2家,占全部受访单位的18%(参见图1)。

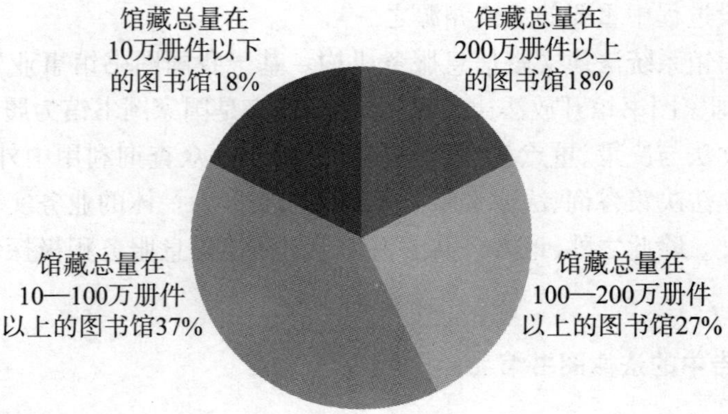

图1　法律图书馆馆藏总量情况

在馆藏文献的收藏政策方面,校级图书馆的收藏范围较院系图书馆和科研院所图书馆广泛,后者只需要满足法学专业的需要,用户群体主要为本院系师生或者本科研院所师生,而校级图书馆则多以收藏法学文献为主,辅之以其他学科的文献,形成较为完备的收藏体系。例如中南财经政法大学的文献收藏政策为"主要以财经、政法和管理类文献为主,覆盖人文、社科及部分工科专业",华东政法大学则"以法学文献为主,兼收社科、经贸、外语等各学科的文献资料,已形成多媒体的综合性馆藏体系"。

(2)特色馆藏

特色馆藏是图书馆经过长期建设积累所形成的具有一定规模、结构比较完整的文献资源优势。本次调研的法律图书馆中,有8家图书馆建设有特色馆藏,部分法律图书馆自身收藏的文献因具有较高的价值遂建为特色馆藏,部分法律图书馆是经过自身的努力将所藏文献进行开发建设而成,无论为何种形式,法律图书馆都在不同方面形成了各自在文献收藏方面的特色。各馆特色馆藏的内容,详见表1。

表1　法律图书馆特色馆藏建设情况

图书馆名称	特色馆藏
北京大学法律图书馆	台港澳法学文献(北京大学法律图书馆和香港、澳门、台湾地区以及国外多所大学法学院图书馆、组织和机构建立了图书期刊资料交换合作关系);作为联合国资料保存馆及联合国反对拐卖人口资料中心的联合国资料

续表

图书馆名称	特色馆藏
清华大学法学院图书馆/法律图书馆	设有“国际法资料中心”“基本法图书馆”等特藏，同时“赠书”收藏也是馆内特色之一，如美国哈佛大学、纽约大学、杜克大学、Franklin Pierce 法学院、香港大学法学院、香港城市大学图书馆已捐赠了大量的书刊资料
中国人民大学法学院图书馆	设有基础法学书库、刑事法学书库、法律论文期刊库、民商经济法学书库、国际法学书库、港澳台法律书库、英文法律书库、日文法律书库、外文法律期刊库。两个国家级重点学科研究基地的民商事法律资料中心和刑事法律资料中心也设在馆内
中国政法大学图书馆	“法大文库”是图书馆特藏资源建设的重点。目前法大文库阅览室收藏了自 1952 年建校以来曾经在学校工作过的教师和在校教师的学术著作、教育部重点研究基地（诉讼法学研究院、法律史研究院、人权研究院）、教育部重点实验室（证据科学研究院）、北京市重点研究基地（法治政府研究院）等研究机构的整体研究成果；学校终身教授的著作及手稿；博士研究生论文；学校教师参加国家立法活动的资料；“中国政法大学学术荣誉名录”集中展示中国政法大学教师荣获教育部高校科学研究优秀成果奖、北京市哲学社会科学优秀成果奖、司法部法学教材与法学优秀科研成果奖、钱端升法学研究优秀成果奖及国际学术荣誉的成就
中南财经政法大学图书馆	收藏有新中国成立前的重要中文期刊《新青年》《东方杂志》《国闻周报》等，参考保存价值较高。收藏的古籍线装书及新中国成立前的出版物数量较多，其中善本书有 110 种，较好的版本有明徐时泰东雅堂初刻《昌黎先生集》、明凌氏精刻朱墨套印《陶靖节集》等
华东政法大学图书馆	收藏民国法律出版物、中国珍稀法律典籍集成、中国珍稀法律典籍续编等
西南政法大学图书馆	珍藏部分善本法律古籍文献，特别是清代法律古籍文献，如：《钦定大清律例》《大清律条例编》《律例图说正编》等。最为珍贵的乾隆五年武英殿刊刻的《钦定大清律例》，是清代宫廷刊印的珍贵善本，乾隆年间手抄本《大清律续纂条例》，更属传世孤本。2010 年图书馆成功入选首批“重庆市古籍重点保护单位”
中国社会科学院法学研究所图书馆	收藏古代法律典籍、民国期刊、国民政府公报、满铁日文图书以及中文法学剪报资料等；中国近代著名法学家沈家本和民国著名法史学家杨鸿烈二位先生后人赠送的手稿和资料，法学研究所第一任所长张友渔先生个人藏书

2. 资源建设

(1)外购资源

①中文数字资源

法律图书馆都十分重视数字资源建设工作，尤其是中文电子资源，很多数据库十分普及，中国期刊网、万方数字化期刊、人大复印资料全文数据库等属于各馆购买较多的综合性数据库，本次被调研的法律图书馆中，有8家法律图书馆购买有上述资源，占被调研图书馆总量的73%；综合性数据库之外，北大法律信息网、北大法意、月旦法学知识库等属于各馆购买较多的专业性数据库，除此之外，也有少数馆购买了其他的专业数据库（参见表2内容）。

表2　法律图书馆购买中文数据库情况

中文数据库		购买图书馆数量
综合性	中国期刊网	8
	万方数字化期刊	8
	人大复印资料全文数据库	8
	中文社会科学引文索引（CSSCI）	3
	方正电子图书	3
	读秀学术搜索	2
	超星数字图书馆	1
专业性	北大法意	8
	北大法律信息网	7
	月旦法学知识库	2
	万律（Westlaw China）中文法律信息双语数据库	2
	中国法院网（含司法考试、法律文书、人民法院报等）	1
	LEXIS法律数据库（中文版）	1
	法律门	1

②外文数字资源

外文数字资源方面，各馆的外购政策较之中文数字资源有很大差别，各馆较少购买综合性的数据库，即使购买，也主要是学术期刊库；各馆的外文数字资源采购主要集中在专业性数据库的购买上，主要包括 LexisNexis 法律资料库、HeinOnline 法律数据库、Westlaw 法律资料库、Kluwer 期刊与仲裁数据库等。此外，由于外文数据库价格昂贵，各馆所购买的外文数据库数量较之中文数据库，数量明显减少（参见表3内容）。

表3　法律图书馆购买外文数据库情况

外文数据库		购买图书馆数量
综合性	SAGE 回溯期刊数据库	3
	JSTOR 西文过刊库	1
	EBSCO 数据库	1
专业性	LexisNexis 法律资料库	9
	HeinOnline 法律数据库	8
	Westlaw 法律资料库	6
	Kluwer 期刊与仲裁数据库	5
	World Trade Law Net 世界贸易法数据库	2

(2)自建资源

近年来互联网技术蓬勃兴起,法学类数据库与光盘的制作带来了本学科内快速、便捷、科学的检索方式。法律图书馆已经不局限于自身所具有的法律文献收藏功能,部分法律图书馆纷纷着手揭示、开发自身所藏的文献,自行建设数字资源。在本次调研的法律图书馆中,有8家法律图书馆有自行建设的数字资源,占被调研图书馆总量的73%。自建的资源中,部分由法律图书馆独自完成,部分由法律图书馆与其他单位合作完成。自建资源的类型涵盖文本型资源、图片型资源以及音视频资源等。各馆自建资源的详细信息见表4。

表4　法律图书馆自建资源情况

图书馆名称	自建资源	内容描述
北京大学法律图书馆	北京大学法学院教师科研成果数据库	汇集自1954年至今法学院教师在国内外各类公开出版物上发表的论文、专著和译著。该数据库每季度更新一次
	北京大学法学院毕业生学位论文数据库	汇集法学院自1979年来所有硕士生、博士生毕业论文,1997年开始全面收集学士学位论文
	北京大学法学讲座视频数据库	汇集了每学期在法学院举办的学术会议、专题讲座、国内外知名学者、法律实务界人士和高级官员的演讲等音视频资料。
中国人民大学法学院图书馆	民商法律法规数据库	依托国家级重点学科研究基地——民商事法律资料中心,法学院图书馆对民商事方面的法律法规进行汇集整理而成
	民商事案例数据库	依托国家级重点学科研究基地——民商事法律资料中心,法学院图书馆对民商事方面的案例进行汇集整理而成
中国政法大学图书馆	法学文献题录索引	根据中国政法大学图书馆搜集的全国近千种法学期刊上刊登的法学论文索引制作而成。包括法学基础理论、宪法、行政法、经济法、民法、劳动法、刑法、犯罪学、监狱学、诉讼法、司法制度、中国法律制度史、外国法律制度史、中国法律思想史、西方法律思想史、国际公法、国际私法、国际经济法、司法技术学、法学边缘科学等20多个专题领域文献题录索引
	政法博硕论文库	汇集中国政法大学博士、硕士毕业论文14 000篇
	中国法律法规大典	由中国政法大学与北京博利群电子信息有限责任公司联合开发制作,收录了我国自1949年至1999年颁布的法律法规,共42 500篇。数据库针对法律特点,划分为国家法、行政法、民法、刑法、经济法、国际法、诉讼法七大类、78个子类。每类按人大颁布的法律、国务院法规、各部委判定的产业法、法规和100个中等城市以上的地方法规又划分为四层结构,独具特色

续表

图书馆名称	自建资源	内容描述
	《法律评论》周刊	收藏《法律评论》周刊1923年至1937年(前14卷)抗日战争以前的珍贵资料(缺第十一卷第538—572期、第十三卷第642—676期),设有200多个细目和总目录,收录《法律评论》7555篇文章
中南财经政法大学图书馆	学校精品课程网络	对学校教师的精品课程进行整理,形成校级、省级、国家级三个层级的精品课程申报分类,提供服务
华东政法大学图书馆	华图法学文献数据库	自1983年起开始建设,现已拥有10余万篇各类情报资料。主要来源于全国700多种专业报刊杂志,很多是内部刊物和非正式出版物
西南政法大学图书馆	中国—东盟法律文献数据库	由中国—东盟法律研究中心和西南政法大学图书馆共同策划建设,数据库目前收录数据量约1970条,内容包括"东盟组织""中国与东盟""'东盟十国'的法律法规""其他区域组织""热点专题"和"研究文献"等专栏
	西南政法大学学位论文库	数据库计划收录1979年以来的硕士、博士论文全文(目前正在回溯建库中),该数据库现只能在校园网内使用
	西政民国与古籍图书数据库	主要对西南政法大学所藏的民国与古籍图书(共计452种,1713册)进行数字化加工,供师生使用
南开大学法学院资料中心	学位论文、科研成果数据库	包括《南开大学法学硕士学位论文题名目录》《南开大学法律硕士学位论文题名目录》《南开大学法学院老师科研成果题名目录》等内容
	法学论文库	《中国法学论文目录集1988—1993》《中国法学论文作者索引1988—1993》
中国社会科学院法学研究所图书馆	藏书书目数据库	馆藏中文图书的书目数据,光盘的形式提供

3. 文献信息服务

法律图书馆的服务对象主要是本校(院系、院所)学生和教职工,除了通常的借阅服务外,图书馆提供的服务主要包括以下内容:

(1)论文提交

论文提交是各图书馆收藏本校学生毕业学位论文的一种管理办法,提交一般需要纸质版本和电子版本两种形式,毕业生办理离校手续需要先行完成论文提交工作。

(2)馆际互借

馆际互借是图书馆为校内教师和学生提供的一种延伸服务,由校内教师和学生提出申请,或者亲自前往相关图书馆借阅(需持有借阅证),或者通过本校(院系、院所)图书馆进行借阅。

(3)文献传递

文献传递的情况分为两种,一是服务的对象为本校(院系、院所)师生,法律图书馆为弥补馆藏资源的不足,更好地为广大师生的教学科研服务,开展了文献传递业务,读者可以通过该项业务,获取自己需要的其他图书馆收藏的文献原文;另一种是服务的对象为外单位读者,提供的内容则为图书馆自身收藏的文献。

(4)读者培训

图书馆电子资源不断丰富,为了帮助读者充分地了解和利用图书馆的资源,图书馆开展了多种形式的读者培训,读者可根据自己的需求选择参加,读者培训的内容包括馆藏分布和规章制度、电子资源的检索与利用、图书馆的各项服务等内容。

(5)文献捐赠

图书馆的建设和馆藏资源是一个学校办学水平和教学评估的重要体现。图书馆为了丰富自身的馆藏,接受广大师生和其他人员的文献捐赠,部分法律图书馆将重要的捐赠文献建设成特色馆藏(前文已述),部分法律图书馆则制定了“书刊捐赠办法”等规章制度对文献捐赠予以规范。

(6)文献检索教学

文献检索教学是法律图书馆提供信息服务的又一内容。法律图书馆根据“法律文献检索”的相关教材,通过多媒体教学手段,以充分提供上机操作机会的形式,使学生了解文献检索在科研论文写作中的作用,掌握文献检索的基本理论和方法,熟悉联机检索方法的技术。同时,根据法学专业学生检索文献的特点,介绍不同类型的法律网络信息资源,通过专题法律文献检索实务操作,使学生掌握法律文献检索的一般方法和技能,并在科研论文写作中熟练运用。

(7)参考咨询

被调研的法律图书馆中,有部分法律图书馆开展了参考咨询业务,并且已经开展的参考咨询业务也可以分为两种不同的类型:

一种是业务内容相对单一的参考咨询,主要负责解答读者在利用图书馆过程中产生的各种问题,内容涉及馆藏资源及其利用、文献检索方法、图书馆的各项服务与规则等,目的在于帮助读者更好地利用图书馆。主要的服务形式是网上咨询台、留言本、图书馆论坛等,属于一对一的解答。另一种是业务内容相对综合立体的参考咨询,既包括上述简单的咨询,也包括课题服务、代查代检、查收查引等业务内容。除上述介绍的内容之外,部分图书馆还提供“借阅排行榜”“馆内刊物”“新书通告”等服务项目,满足到馆读者的需要。

4. 规章制度建设

法律图书馆十分重视本馆规章制度的建设工作,规范化的管理有利于服务的更优开展。被调研的法律图书馆中,校级图书馆因为其规模较大,所涉及的规章制度的范围较院系图书馆更为广泛,各种规章制度内容涉及广泛,包括数字资源的使用、纸质文献的借阅、图书馆的运营管理等,需要提及的是,北京大学法律图书馆、清华大学法学院图书馆/法律图书馆、西南政法大学图书馆这3家图书馆在其规章制度中,规定了“校外读者利用图书馆”的相关管理办法(详见表5)。

表5 法律图书馆规章制度建设情况

图书馆名称	规章制度
北京大学法律图书馆	1.《法律图书馆电子阅览室管理办法》 2.《法律图书馆自助复印机复印卡使用说明》 3.《法律图书馆读者借阅书刊逾期、损坏及遗失的处理规定》 4.《法律图书馆入馆注意事项》 5.《法律图书馆书刊借阅管理办法》 6.《法律图书馆图书证管理办法》 7.《法律图书馆校外读者阅览管理办法》
清华大学法学院图书馆/法律图书馆	1.《外单位读者接待办法》 2.《图书馆参观接待办法》 3.《闭架图书资料管理办法》 4.《违规使用借书证处理办法》 5.《法学院存包柜管理规定》 6.《图书借阅规则》 7.《入馆注意事项》
中国人民大学法学院图书馆	1.《法学院图书馆电子阅览室使用规则》 2.《法学院图书馆阅览室及书库使用规则》 3.《法学院图书馆管理工作守则》 4.《法学院图书馆期刊管理工作守则》 5.《法学院图书馆电子阅览室工作守则》 6.《法学院图书馆阅览室及书库管理规则》
中国政法大学图书馆	1.《入馆须知》 2.《校园卡借阅管理办法》 3.《北京市高校图书馆联合体馆际互借图书证管理办法》 4.《图书馆有关禁止恶意下载,保护知识产权的规定》 5.《借阅部管理规定》 6.《报刊阅览室管理规定》 7.《电子阅览室管理规定》 8.《图书馆存包柜使用须知》 9.《图书馆自习室管理规定》
中南财经政法大学图书馆	1.《外籍教师与留学生借阅图书规定(暂行)》 2.《图书馆服务公约》 3.《图书馆工作人员守则》 4.《读者入馆须知》 5.《读者入室(库)规则》 6.《图书借阅规则》 7.《阅览规则》 8.《电子阅览室管理规定》 9.《多媒体文献检索室管理规定》

续表

图书馆名称	规章制度
	10.《古籍线装书有偿利用办法》 11.《书刊赔偿和读者违章处罚规定》 12.《读者借阅书刊资料超期违约处罚规定》 13.《书刊资料自助复印管理办法》 14.《CASHL 文献传递服务工作流程》 15.《读者自助还书公约》 16.《学位论文提交规定与提交流程》 17.《图书馆关于保护电子资源知识产权的规定》 18.《读者使用校园卡利用图书馆的相关规定》
华东政法大学图书馆	1.《读者证》 2.《入馆须知》
西南政法大学图书馆	1.《西南政法大学图书馆图书借阅证管理办法》 2.《西南政法大学图书馆图书流通借阅制度》 3.《西南政法大学图书馆绿色通道服务规则》 4.《西南政法大学图书馆社会读者服务规则(征求意见稿)》

三、国内法律图书馆发展现状评析

1. 突出学科专业性质,发展特色馆藏

法律图书馆的馆藏以法学文献为主,辅之以其他相关学科文献。各馆因规模不同,文献量也有一定差异,具体的馆藏文献总量情况前文已有介绍。法律图书馆并不满足于只是文献的收藏机构,而是在文献收藏的基础上,突出学科专业性质,发展各自的特色馆藏。如清华大学法学院图书馆/法律图书馆的“国际法资料中心”,中国社会科学院法学研究所图书馆的古代法律典籍、民国期刊、国民政府公报、满铁日文图书以及中文法学剪报资料,中国人民大学法学院图书馆的“日文法律书库”等都属于法律图书馆各自建设的特色馆藏,相互区别、互为补充,不仅有效服务了本校(院系、院所)的师生,而且也利于在业界的沟通交流,互通有无,在推动法律图书馆事业发展的同时,也保存了自身独立的特色地位。

2. 拓展服务项目,建设数字资源

法律图书馆馆藏数字资源的建设包括外购资源和自建资源两个部分。外购资源多是基于法律图书馆本身预算以及经费的考量,在经费允许的范围内通过购买数字资源,丰富馆藏,提供更完备的服务。与数字资源的外购相比,自建资源更具特色。被调研的法律图书馆中,有 73% 建设有自身的自建资源,或是馆藏文献的单独开发,或是与其他单位合作进行资源建设,而且自建资源的涉及范围也较广泛,包括科研论文、授课讲义、法律法规、司法案例等方面的内容。自建数字资源的发展是法律图书馆顺应科技发展趋势、拓展深化自身业务

的尝试,未来各馆实现自建资源的共享或许是法律图书馆发展的一个努力方向。

3. 突破服务局限,扩大服务范围

法律图书馆的服务对象相对单一,法律图书馆的服务主要针对本校(院系、院所)师生开展,满足其对于法律文献的需求。有的法律图书馆在其提供的服务中拓展服务对象,例如课题服务、代查代检等服务已经不再局限于本校(院系、院所)师生,而是拓展到校外读者,并且在服务对象拓展的基础上,考虑如何进行外单位服务对象的规范管理,例如北京大学法律图书馆编制有《法律图书馆校外读者阅览管理办法》、清华大学法学院图书馆/法律图书馆的《外单位读者接待办法》都属于对拓展的服务对象规范管理的有益探索,西南政法大学图书馆的做法则更具特色,提出了《西南政法大学图书馆社会读者服务规则(征求意见稿)》,不再单方面制定规则,而是允许多方参与征求意见,从而完善管理。

4. 服务规范制度化,确保服务开展

制度化、规范化建设是各项事业顺利发展的保障,法律图书馆业务的发展也十分强调制度规范建设。不论是中南财经政法大学图书馆的18项规章制度还是其他各馆的或多或少的规章制度,恰恰是这些规章制度确保了图书馆各项服务的开展,使得法律图书馆的业务不断拓展。对于没有规章制度的法律图书馆而言,需要的不是急于建立规章制度,而是着手于自身业务的积累,规章制度的建设是法律图书馆业务发展到一定阶段的必然产物,同时,它们也在产生之后客观上促进着法律图书馆业务的发展。

四、对国内法律图书馆发展的思考

1. 集中力量揭示文献信息,建设特色馆藏

特色馆藏是一个图书馆收藏的具有独特风格的文献资源。它包含两个方面的含义,其一是指一个图书馆中独具特色的部分馆藏,其二是指一个图书馆总的馆藏体系具有与众不同的特点。国内法律图书馆在其馆藏的建设的发展过程中,在满足基础馆藏外,逐渐形成了特色馆藏,前文所述的清华大学法学院图书馆/法律图书馆的"国际法资料中心",中国社会科学院法学研究所图书馆的古代法律典籍、民国期刊、国民政府公报、满铁日文图书等,都属于法律图书馆各自建设的特色馆藏。我国法律图书馆众多,虽强调馆际间的合作,但各馆室唯有加强自身的特色才更有立足和发展的希望,各法律图书馆应凭借其丰富的法律文献资源,对所藏文献资源进行合理的揭示,对文献信息进行有效的整理,以为读者提供更好的服务。

2. 加强法律图书馆间的合作,实现资源共享

法律图书馆馆藏特色各不相同,各馆之间应在保有自身特色馆藏的基础上加强合作,优势互补,互通有无,继续发展已经建立的馆际互借业务,并以此为基础开展更深层次的合作。如此,每个法律图书馆既可以保持自身的特色,又不局限于自身的馆藏。法律图书馆在发展特色馆藏的同时,也在开展数字资源的自建业务。各法律图书馆从自身的实际出发,对馆藏进行揭示、开发,形成了各具特色的自建资源的内容,具体的建设情况前文已述。基于各馆自建资源的各异性,法律图书馆间应加强合作,实现资源的共享,如此可以扩大服务范围,提升服务水平,并且在资源共享的过程中切实充分地发挥出各馆自建资源的有效价值。

3. 建立行业协会,推动法律图书馆整体发展

现代社会网络技术飞速发展,信息演变各异,任何一个图书馆都无法孤立地存在和发展,都需要充分的合作,行业协会可以引导一个行业更加充分、完善的发展。目前我国法律图书馆发展的实际过程中,缺少一个完备的组织。成立于1906年的美国法律图书馆协会(American Association of Law Library,AALL)可资学习和借鉴,它是一个全国性、专业性的图书馆协会组织,具备完善的组织章程,会员广泛,截至2013年12月已经举行了百余次年会。其目标是增强和提高法律图书馆在法律领域和公众社区的价值,从而促进法律图书馆事业发展,在法律信息领域起领导作用①。我国法律图书馆发展历程虽然与美国法律图书馆不同,但成立一个行业协会,组织和引导行业的发展却势在必行。应在北京市法学会法律图书馆与法律信息研究会②这一北京地区性组织的基础上,尽快成立全国性以及地区性的法律图书馆协会,促进业界学术交流和同行评议,作为行业代言人,在维护法律图书馆员的利益、开展行业自律、获取社会资源、与国外同行建立全方位的交流与合作等方面发挥积极的作用。

通过对国内法律图书馆的调研可见,法律图书馆的服务对象虽然主要是教学科研人员及在校学生,但是也在尝试服务对象方面的突破,探索进行服务对象的拓展,其服务的宗旨是直接服务于国内的法学教学和科研工作,在"立法决策服务"的角度应是间接的。但需要看到的是,法律图书馆对于国内整体法学教育,提高法律从业人员素质,包括国家立法和政府机构人员素质,其作用是不可忽视的。

参考文献

1. 程芳. 论法律图书馆的功能定位——以法学学科建设为视角[J]. 中南财经政法大学研究生学报,2012(3):1-13

2. 曹明. 法律图书馆的竞争环境分析[J]. 法律文献信息与研究,2009(2):26-31

3. 于丽英. 中国高校法律图书馆现状与展望[J]. 法律文献信息与研究,2007(3):37-41

4. 吴志鸿. 关于我国法律图书馆核心竞争力问题的思考[J]. 图书情报工作,2010,增刊(2):38-42

5. 田建设. 我国法律图书馆及其法学文献资源建设[J]. 云南法学,2000(2):110-114

6. 蔡屏. 浅谈成立法律图书馆协会对高校法律图书馆的作用——中美法律信息与图书馆研讨会的重要成果[J]. 中国科技信息,2009(21):157-158

7. 谢礼姝,陈丽萍. 探寻电子资源建设与印本资源建设的平衡——以高校法律图书馆为例[J]. 图书馆理论与实践,2008(1):87-89

8. 北京大学法律图书馆[EB/OL]. [2013-01-24]. http://www.law.pku.edu.cn/tsg/

---

① 于丽英. 法律图书馆员的盛宴——记AALL第100届年会[J]. 法律文献信息与研究,2008(1):58-61

② 2010年4月2日,北京市法学会法律图书馆与法律信息研究会在清华大学法学院召开成立大会。该研究会是依法成立的开展协调在京高校法律图书馆、在京国家机关、立法司法单位、律师事务所及法律网站的学术性团体,该研究会隶属于北京市法学会。

9. 清华大学法学院图书馆/法律图书馆[EB/OL]. [2013－01－24]. http://www. tsinghua. edu. cn/publish/law/5568/index. html

10. 中国人民大学法学院图书馆[EB/OL]. [2013－01－24]. http://www. law. ruc. edu. cn/library/

11. 中国政法大学图书馆[EB/OL]. [2013－01－24]. http://www. cupl. edu. cn/library/

12. 中南财经政法大学图书馆[EB/OL]. [2013－01－24]. http://lib. znufe. edu. cn/

13. 华东政法大学图书馆[EB/OL]. [2013－01－24]. http://www. tsg. ecupl. edu. cn/Index. html

14. 西南政法大学图书馆[EB/OL]. [2013－01－24]. http://lib. swupl. edu. cn/open/index. htm

15. 西北政法大学图书馆[EB/OL]. [2013－01－24]. http://www. nwupl. edu. cn/

16. 南开大学法学院资料中心[EB/OL]. [2013－01－24]. http://law. nankai. edu. cn/fzxyzlzx/index. php

17. 厦门大学图书馆法学分馆[EB/OL]. [2013－01－24]. http://law. xmu. edu. cn/tsgxx. asp? p = 1

香港立法会文献信息保障体系及其服务

朱宇凡

1841 年 1 月,香港被英国以不平等条约强行霸占,实行殖民统治。1843 年 6 月,维多利亚女皇颁布《香港殖民地宪章》,批准成立了立法局,授权在任的总督在取得立法局的意见后,可制定及通过为维持香港和平、秩序及良好管治而需要的所有法律及条例。1888 年,宪法进行了重要的修订,其中,规定了法律条例的制定不仅需要听取立法会的意见,也需要征得立法会的同意。

1997 年,第一届香港特别行政区立法会成立,根据《中华人民共和国香港特别行政区基本法》(以下简称《基本法》),香港特别行政区享有立法权,而立法会是香港特别行政区的立法机关。立法会的主要职能是制定、修改和废除法律;审核及通过财政预算、税收和公共开支;以及对政府的工作提出质询。立法会有权同意终审法院法官和高等法院首席法官的任免,并有权弹劾行政长官。

香港立法会设有秘书处,为立法会提供高效率的行政管理、秘书及数据研究支持、提高公众对立法会事务的认识,并确保提供有效的申诉途径。其中,立法会秘书处的资讯服务部向议员提供有关立法会事务的研究及资讯服务。该部门由档案馆、图书馆和资料研究组组成。此外,秘书处的四个议会事务部也承担起了部分针对性的资料支持和研究工作,在全面的信息保障体系支持下,立法会各项工作得以顺利高效的进行。

一、专业的文献信息服务——立法会图书馆

香港特别行政区立法会图书馆成立于 1995 年 3 月,是一座参考图书馆,供议员、议员助理及秘书处职员使用。立法会图书馆同时也接待公众人士来访,查阅立法会及其辖下各委员会的纪录,以及图书馆藏书。

图书馆成立之初,印刷资料约有 10 000“套”,包括书籍、立法会及其辖下各委员会的纪录、政府刊物及杂志。目前,立法会图书馆已将其馆藏扩充,书籍藏量增至超过 40 000 册,而立法会纪录的藏量则增至 30 000“套”①。

2009 年 1 月,立法会行政管理委员会通过建议,把立法会图书馆转变为宪制图书馆。作为宪制图书馆,立法会图书馆将加强在《基本法》、宪法、行政法、公民自由和人权,以及议会常规和事务方面的馆藏,使有关馆藏占总馆藏大约 50%,让公众了解如何在《基本法》及议会常规和程序的框架下制定政策和做出决定。

---

① 香港特别行政区立法会图书馆[EB/OL].[2013 - 01 - 30]. http://www.legco.gov.hk/general/chinese/library/index.html

1. 立法会图书馆服务内容及对象①

服务内容：

香港立法会图书馆为议员及其职员提供全面的图书馆服务，包括参考咨询、借阅及馆际互借服务。馆内设有影音设施，以便举行研讨会、工作坊，此外还有图书馆“导赏团”，让议员及其职员熟悉馆内的印刷及电子资源。图书馆还为使用者提供平台，可以查看到议员申领、发还工作开支的记录，以及议员的会议出席率。

立法会图书馆同时开放给公众人士，供其阅览馆藏。馆内设有电脑，让公众查阅图书馆目录及特定的电子资源。除此之外，系统还提供电子剪报服务、个人查询记录、馆际互借登记和新书报道。

立法会图书馆同时负责立法会网站的内容管理工作，市民现在可以远程查阅约 210 000 项已经数码化的立法会记录，包括追溯至 1858 年的“立法局会议过程正式记录”，以及立法局/立法会辖下各委员会自 1995—1996 年度起的公开记录。

服务对象：

议员及职员：议员及职员可通过网络或亲临图书馆查阅所有馆藏及电子资源。图书馆馆藏只供议员及职员借阅，并提供参考资料查询和图书馆馆际互借服务。

公众人士：公众人士可以通过图书馆职员协助，阅览书架区的馆藏。也可向图书馆职员查询相关的立法会资料，馆内设有影印服务。

公众人士可在馆内查阅部分电子资料库。为确保能成功查阅资料库，图书馆鼓励公众人士通过电话或电邮进行预约。如果使用者希望在没有人预约使用的时段内使用电脑，或延长使用时间，只要情况许可，图书馆都会尽量配合。

研究人员：大学教学人员及研究生可使用图书馆书架区的馆藏及电子资源，对于感兴趣的部分，可通过电话或电邮方式联络图书馆以获取进一步资料。如果研究人员只是在公众阅览区内阅览馆藏，则无须申请。

2. 立法会图书馆馆藏资源②

立法会图书馆馆藏主要分为六类：立法会记录馆藏、宪制馆藏、《基本法》馆藏、公民教育馆藏、一般馆藏及立法会报告及刊物。

立法会记录馆藏：立法会记录馆藏是立法会图书馆的核心馆藏，存有立法会的会议过程记录及文件、立法会辖下委员会的公开会议纪要及文件、立法会参考资料摘要、法案、议事规则、内务守则、议员个人利益登记册、委员会报告及研究报告。所有文件均以数码方式保存，公众可网上查阅。

宪制馆藏：宪制馆藏存有关于中华人民共和国和其他司法管辖区宪制事务及议会常规的书籍、期刊、文件及电子资源。相关的书目包括中华人民共和国和其他司法管辖区的宪法及公共行政、《基本法》的施行情况、规管政府架构及个人权利的元素、法院的司法管辖权、当代历史、议会主权及民主，以及议会程序和常规。

---

①② 香港特别行政区立法会图书馆[EB/OL].[2013－01－30].http://www.legco.gov.hk/general/chinese/library/index.html

《基本法》馆藏:《基本法》馆藏存有书籍及刊物,例如关于香港特别行政区《基本法》发展的书籍、杂志、字典辞典、文章、演辞及剪报资料,亦存有由基本法起草委员会及其辖下各专题小组、基本法咨询委员会、香港政府、专业团体及学术机构发出的文件。《基本法》馆藏有助公众认识和了解香港政制的发展。

公民教育馆藏:公民教育馆藏存有关于公民自由和人权的书籍、期刊及电子资源。图书馆鼓励儿童和学生使用这些材料,以加深对公民身份的概念,以及各个司法管辖区的宪制和议会发展的认识。

一般馆藏:一般馆藏存有各类书籍及期刊,内容涵盖经济、交通运输和通讯、公共财政、公众卫生及教育。另有关于个别国家的人口统计、社会、经济及工业研究的统计数字及报告,还有各类参考资料,如年鉴、手册、字典辞典、政府指南、国际组织(如经济合作与发展组织、欧洲联盟、世界贸易组织及联合国)的刊物。

立法会报告及刊物:立法会报告及刊物包括汇报立法会及其辖下各委员会的运作及工作的文件。这些文件包括新闻公报、立法会年报、立法会辖下委员会报告及研究报告。

为补充立法会图书馆馆藏的印刷资料,图书馆同时订阅多项电子资源,例如 Political Handbook of the World、Routledge Politics and International Relations Online、中华法律网、全国人民代表大会的记录及文件,以及中国人民政治协商会议的记录及文件。立法会图书馆也有自行开发的立法会相关资料库,以加强市民对立法会及其议员工作的认识。这些电子资料库包括立法会议员资料库、法案立法历程,以及立法会会议议员的质询及发言。

3. 与立法会相关的数码化计划①

数码化计划的目的,是让使用者快速查阅关于立法会议员、法案立法历程及议员于立法会会议上所提出的关注事项的资料。

(1)立法局/立法会议员资料库

立法会议员资料库提供自 1843 年成立立法局(时称"定例局")以来,获委任/获选加入立法局/立法会的议员的资料。使用者可以从该资料库检索并取得议员姓名、性别、年龄、学历及专业资格、产生办法、在立法局/立法会服务年期等资料。立法会图书馆计划分两个阶段推行资料库。第一阶段于 2011 年 8 月完成,其中包含自 1858 年至今的议员资料。第二阶段于 2011 年 9 月展开,其中包含由 1843 年至 1858 年的议员资料。

使用者还可以下载自 1843 年以来的立法局/立法会主席名单,以及自 1998 年以来立法会的组成名单。

(2)法案立法历程资料库

法案立法历程资料库存有关于立法局/立法会自 1906 年以来所审议的大约 6000 项法案的主要日期及修订历史。该资料库记录通过法案的历程,以及在立法局/立法会会议上就法案进行的讨论。

---

① 香港特别行政区立法会图书馆[EB/OL].[2013-01-30].http://www.legco.gov.hk/general/chinese/library/index.html

数码化,即数字化,以下同。

(3)立法会会议议员质询及发言资料库

立法会会议议员质询及发言资料库为使用者提供一站式的检索服务,方便他们获取个别议员通过立法会会议的质询及辩论,就公众利益的事宜所表达的意见。目前,该资料库存有2008年以来的资料。

(4)与《基本法》相关的数码化计划

为方便公众认识和了解《基本法》,以及如何在《基本法》的框架下制订政策,立法会图书馆已推行数码化计划,将立法会图书馆所保存的《基本法》资料转换为电子格式,以便使用者通过网站检索并获取有关资料。经转换的《基本法》资料包括基本法起草委员会及其辖下各专题小组、基本法咨询委员会、香港政府、专业团体及学术机构审议及/或发出的文件。立法会图书馆按《基本法》的重要议题把立法会记录分类,以便公众了解在立法会内就《基本法》进行的讨论。同时,立法会图书馆编制了关于《基本法》的"资料套"(即专题系列资料)和书目清单,以供使用者参阅。

数码化计划中的"资料套计划"包括立法会数据套、《基本法》数据套,数据套的主要目的,是为使用者提供简便的方法,以寻找有关起草、解释及实施《基本法》的权威、切题和有用的资料。目前可以查询到立法会资料套列表中已有近十个专题,《基本法》数据套列表中已有三个专题。在目前的书目清单列表中有"香港历史专题",其中罗列的相关精选书目包括香港的历史通览、政治历史及图史等共计128种。

二、深入的资料研究服务——立法会秘书处资料研究服务部①

立法会秘书处资料研究部负责向立法会及其委员会提供客观中立的资料研究服务,并在事务委员会及其他委员会进行海外访问时提供资料研究服务支持。

应立法会及其委员会的要求,资料研究部进行研究项目,并参考海外经验,分析现行及拟议的政府政策,将研究成果刊载于研究文件,以协助议员就特定政策事宜进行审议及讨论。资料研究部密切留意时事,在有需要时就该等事宜拟备资料摘要或资料便览,供议员参阅。资料研究部拟备的文件主要有三类:研究报告、资料摘要、资料便览。

由于截至2010年3月,图书馆服务与资料研究部作为同一个部门存在,在历届立法会任期中,图书馆与资料研究部提供的服务是统一协调进行的,服务数据的统计均合并在一起,因此在本小节中,也将此两部分内容进行合并阐述。

1. 第一届立法会(1998—2000年)

第一届立法会期间,资料研究及图书馆服务部共进行38项资料研究,发表了21份报告,以及9份资料摘要。研究题材广泛,包括最低工资制度,英国及美国的食物安全管制措施,海外国家的子女扶养局,新加坡的医疗开支及融资安排,私人住宅的房屋标准,若干海外国家的高级公务员申报利益制度等。1998年8月起的5个多月期间,该部集中研究人员,向调查赤角新

---

① 香港特别行政区立法会管理委员会历年年报[EB/OL].[2013-01-30].http://www.legco.gov.hk/general/chinese/sec/reports/crpt.htm

香港国际机场自1998年7月6日开始运作时所出现问题的原委及有关事宜的专责委员会提供协助。完成了5份背景数据简报及28项数据研究工作。此外，鉴于公众对失业问题议论纷纭，该部采取主动，就“如何计算失业及就业不足数字”拟备了一份资料研究报告。

为协助图书馆使用者检索及查阅有关议会及辖下委员会的资料，“资料研究及图书馆信息系统”于1999年12月24日开始启用。该系统为议员及秘书处提供双语检索及查阅文件的功能支持。该系统储存了自1997年7月1日立法会及辖下委员会的所有公开文件，以及秘书处的部分内容文件。自启用以后，系统使用率很高，议会及委员会文件检索每周平均40次，大量节省了使用者以往需亲临图书馆的时间，同时也大大提高了图书馆运作的效率。

2. 第二届立法会(2000—2004年)

本届立法会期间，资料研究部共完成210项资料研究，发表了55份报告、109份资料摘要及46份资料便览。涉及领域非常广泛，包括英国、德国及法国行政机关的问责制度，有关房屋委员会发展公共房屋的资料，若干海外国家的政府体制，海外地区的水质管制措施，英国及美国的金融制度，向囚犯施用镇静剂的程序，中国、日本和新加坡对网吧的规管，新加坡创意工业的发展，香港的猪肉供应，基因改造食物的标签，选定地方的议会委员会主席制度，海外司法机构的财政预算安排等。

立法会图书馆于2001年12月成立资讯管理支持小组，以便更有效地管理立法会网站及双语检索及查阅系统，即资料研究及图书资讯系统。在新的工作程序下，图书馆在收到立法会及委员会文件后，均能在一个工作日内将大部分文件上传至网站。此外，上传至立法会网站及资料研究及图书馆资讯系统的资料，其准确程度及连贯性也有所改善。

本届立法会期间，立法会图书馆平均每年接受12 685.5项查询，2003—2004年间共接受156项须从多方面获取深入资料进行检索的检索要求。图书馆的到访人次为7890.75次，借阅次数为9308.25次。资料研究及图书馆信息系统提供了有效的检索工具，自1999年12月24日启用以来，一直维持很高的使用率。检索立法会及其辖下委员会文件每月平均达11 687次，检索图书馆书目平均每月797次。

3. 三届立法会(2005—2008年)

本届立法会期间，资料研究部共完成274项资料研究，发表了28份报告、142份资料摘要及104份资料便览。研究领域包括：政府投资收入的管理截取通讯的规管，公私营机构合作，香港的外来直接投资，禁止种族歧视的法例，香港的贫穷情况，功能团体代表制度，家事调解员的认可制度，灭贫策略，扶助贫穷长者的社会保障制度，退休社会保障制度，英国和美国对药物声称及广告的规管，都市固体废物的管理，香港的的士供应，爱尔兰的事业情况，香港退休计划的历史发展，芬兰的全面水质管理，东京的环境问题，版权注册制度，选定地方的最低工资制度，选定地方的文物保护，选定地方的邮轮码头，选定地方的城市规划等。

本届立法会期间，立法会图书馆平均每年接受18 752项查询，平均每年接受80项须从多方面获取深入资料进行检索的检索要求。图书馆的年平均到访人次为8490次，借阅次数为10 096次。

4. 四届立法会(2009—2012年)

本届立法会期间，资料研究部共完成500项资料研究，发表了15份报告、146份资料摘要、314 份资料便览、25 份参考资料摘要。研究领域包括:选定地方处理家庭暴力的策略和措施、选定地方的文物建筑保护政策、选定地方的集体谈判制度、跨境家庭、非物质文化遗产、德国最低工资制度、中欧及东欧的新兴民主国家、选定地方的集体诉讼、选定城市的海滨规划及管理、美国的证券仲裁机制、外汇基金及财政储备的管理、选定地方的精神健康服务、英国制定财政预算的程序、日本的医疗融资、选定地方的标准工时、千禧发展目标、香港有机食物概览、为渔民而设的贷款基金、处理内地孕妇来港分娩问题的措施等。

2009 年,图书馆开始转变为宪制图书馆之后,图书馆将工作重点放在收藏关于中华人民共和国和各普通法司法管辖区的宪法制度的资料上,并制作资料套,介绍立法会关于《基本法》的重要事项进行的商议工作,以及就有关问题比较各种宪法制度。截至 2012 年 3 月,馆内的宪制及议会馆藏达到 18 854 项,约占总藏书量的 47%。

2009—2011 年间,图书馆平均年接受 16 267 项查询,其中 100 项是须从多方面获取深入资料进行检索的检索要求。图书馆的年平均到访人次为 8693 次,借阅次数为 9355 次。此外,图书馆的计算机系统联接多个外界的数据库,并通过数码录音系统接至立法会及各委员会会议的录音记录。2011—2012 年度,图书馆的访客人次为 12 531 次,书籍查阅次数为 3490 次。图书馆共处理 1609 项查询及进行 29 项涉及从多种来源检索及整理深入资料的检索工作。查询及检索工作的数目较上一年度有所减少,主要原因如下:立法会网站已提供丰富的资料,包括图书馆开发的新资料库、与立法会事务及《基本法》有关的新资料套、有关选定主题的新资料案卷、数码化立法会纪录等;检索资料的搜寻器已经优化;图书馆已建立专用网站;举办更多工作坊,让使用者熟悉图书馆提供的资讯服务;以及因图书馆迁往新立法会综合大楼而于 2011 年 8 月至 9 月间闭馆一个月。

三、公开的档案查询服务——立法会档案馆

香港立法会档案馆成立于 2012 年 1 月,由总档案主任主管。档案馆负责立法会所有档案或立法会搜集所得的所有档案,无论档案的性质、内容、外在格式或保安机密等级。立法会档案馆负责鉴定和指明哪些档案属具有永久价值的历史档案,并负责它们的著录及保存,在符合机构政策及现行香港法例的原则下,供议员及其职员、秘书处职员及公众人士查阅和使用,以及促进公众对历史档案的认识和了解。

立法会档案馆通过挑选、搜集和保存具永久价值的档案,记录了立法会的历史、核心职能和活动,这些档案既是立法会的机构记忆,也是香港集体记忆的一部分。

1. 档案馆馆藏资源①

立法会档案馆现有 500 米的馆藏档案,其中历史档案藏品包括了立法会在履行其职能和活动时,以不同形体接收和拟备的文书、信札、报告、手稿、出版物、音像资料和其他文献资料的原稿。这些不同种类的档案反映了自 1858 年以来,立法会的业务、活动以及行政服务。

---

① 香港特别行政区立法会档案馆[EB/OL].[2013 - 09 - 30]. http://www.legco.gov.hk/general/chinese/library/index.html

档案馆也收集来自议员及其他私人挑选的档案和文件。

同时,新产生的立法会及其不同的委员会、小组委员会和事务委员会的会议议程、记录和文件,在拟就或接收后,随即上传至立法会网站。此外,立法会图书馆已将许多公开的历史档案数码化,供议员及公众浏览。

立法会的档案馆采用由国际档案理事会颁布的《档案著录国际通用标准》作为档案录入标准。为方便管理和搜寻资料,馆藏分为 4 个档案全宗:立法会议会全宗、立法会委员会及小组委员会全宗、立法会行政管理委员会全宗及立法会秘书处全宗,此外还有一个包含由立法会议员及其他私人捐赠的档案和资料的私人手稿特集。在全宗下再分成档案类别,类别内包含不同的案卷。

档案类别和案卷层次的著记资料可以通过档案馆内,按《档案著录国际通用标准》编制的"历史档案电子管理系统"的线上检索资料库查找。每个档案类别都有著录资料,按《档案著录国际通用标准》编制的检索工具,可以找到相关档案类别和案卷的资料。

2. 档案馆服务内容①

档案是重要的信息资产,为决策及行动提供凭证,利于事务持续运作,体现机构的透明度及问责性。立法会行政管理委员会编制了《立法会历史档案及档案管理政策》,确保在立法会执行公务期间,以妥善的方式编制、收录、管理、贮存档案资料,其中具永久价值的会保存为历史档案,让使用者可持续查阅。

立法会档案馆主要为来访者提供历史档案的参考、查阅和使用服务。

(1)参考

档案馆会协助档案使用者在馆藏内寻找有关主题的一手资料。档案馆人员会向第一次来访的使用者做出介绍,并指导如何检索、提取和使用历史档案资料。馆藏档案可为公共议题相关的政策、决定和审议提供背景资料,做深入研究的人士可能对这些资料较感兴趣。

(2)查阅和使用

使用者可在遵守《立法会档案馆服务使用守则》前提下,在档案馆的指定阅览区内免费查阅立法会的历史档案。档案馆为使用者提供了安静和舒适的研究和学习环境,并确保珍贵的历史档案得到妥善保护。

使用者在出版物或文件中引述立法会档案馆的历史档案或资料时,需标明该资料的出处,使有兴趣的人士可以找到相关资料。并应在鸣谢提供资料单位时注明"香港特别行政区立法会档案馆"。

3. 档案公开与立法会工作透明化

2013 年 7 月,立法会秘书处就有关公开由秘书处保管的资料及档案供公众查阅拟议的政策,以及与制订该政策相关的事宜,展开了为期两个月的公众咨询。该政策旨在把秘书处在公开资料方面的现行做法正规化,制定最长的档案封存期,就处理公众索取数据的要求订明规则及程序,并厘清可公开的资料和档案。

---

① 香港特别行政区立法会档案馆[EB/OL].[2013-09-30]. http://www.legco.gov.hk/general/chinese/library/index.html

在咨询文件中，立法会指出，在考虑了国际经验后，立法会建议由秘书处保管的非保密档案，在档案开立或有关的委员会公布最终报告后20年解封，除非法例禁止披露；对于保密档案，时限定为25年，须根据豁免类别进行解密复检，除非法例禁止披露，维持保密的档案每4年复检一次，所有保密档案最长只可封存50年，除非法例禁止披露。

目前，立法会的绝大部分资料和档案都已经公开，包括议员履历和通讯资料；议员个人利益登记册；议员的职务访问；立法会会议的议程、会议文件及会议纪要；立法会下属的事务委员会、法案委员会及其他委员会公开会议的议程、会议文件及会议纪要；立法会、内务委员会及财务委员会的表决结果等。这些资料和档案可通过立法会网站、立法会图书馆或立法会档案馆进行查询，公众或传媒可向秘书处要求索取其他资料及档案①。

对于立法会秘书处厘清公开与非公开的档案资料类别的做法，香港记者会指出：立法会资料和档案涉及立法会议员谈话内容、社会团体意见、政府与立法会书信往来、政府官员书面或口头回复等。这些都是历史第一手数据，是可靠的记录，也是追究权责的证据，立法会如能坦诚披露，公众和传媒就可以通过查阅有关资料，分析及厘清事实，有效监察立法会运作。如果立法会可以较其他国家和地区先行一步，缩短封存期的时间，则可充分体现香港享有高度的信息自由②。

咨询文件中还提及，如果申请人认为立法会秘书处没有适当运用政策条文处理其索取资料的要求，可以要求复检，或向行政管理委员会主席做出书面投诉③。此项措施让民众有途径反应不满，将对立法会工作起到监督作用。

四、针对性的资料研究服务——立法会秘书处议会事务部

立法会秘书处设有4个议会事务部以及1个法律事务部，议会事务部分别为多个委员会及小组委员会提供秘书支持服务，法律事务部负责向立法会及其辖下委员会就法案及附属法例的审议、公共政策研究及申诉处理以至其他法律事宜，提供法律意见及支持。

议会事务部及法律事务部在提供秘书及行政服务的同时，承担着针对具体问题进行资料收集、资料分析、协助研究，以及搜集和分析公众意见的工作，通常需要为委员会及小组委员会准备大量的背景资料简介以及讨论文件。法律事务部应及时、客观、公正，并在有需要时予以保密的方式，提供全面及可靠的法律意见、分析、研究及资料搜集服务。

1. 议会事务部的资料研究服务④

议会事务部及法律事务部在提供秘书及行政服务的同时，承担有针对具体问题进行资

① 王睦广. 港立法会将更加公开透明[EB/OL]. [2013-08-06]. http://news.sina.com.cn/c/2013-08-06/053027872391.shtml

②③ 王睦广. 香港记者协会：立法会应尽量公开所有资料档案[EB/OL]. [2013-08-28]. http://news.ifeng.com/hongkong/detail_2013_08/28/29077525_0.shtml

④ 香港特别行政区立法会管理委员会历年年报[EB/OL]. [2013-01-30]. http://www.legco.gov.hk/general/chinese/sec/reports/crpt.htm

料收集、资料分析、协助研究,以及搜集和分析公众意见的工作,为特定议题准备详尽的背景资料文件或者资料简介,以加强对委员会的服务支持,协助议员进行讨论。

2002—2003 年度,议会事务部 1 除为各委员会提供服务外,另一个重要的工作范畴是协助事务委员会监察政府在振兴经济、带领香港摆脱当前经济困境,以及挽回市民对香港长远发展的信心等各方面的措施。该部为事务委员会拟备共 21 份数据摘要,以助事务委员会与政府当局就财经事务、物流、旅游、环境持续发展,以及就与内地进行更紧密经济合作展开讨论。此后,议会事务部 1 和 2 为委员会提供的资料研究文件数目有所增加,功能愈趋完备,各委员会也普遍欢迎秘书处职员所提供的全方位服务。

2011 年 4 月 1 日至 2012 年 3 月 31 日期间,议会事务部 1 共为 407 次会议提供服务,同时协助研究和分析资料,以及搜集和分析公众意见,在该年内共拟就 174 份背景资料简介及 56 份讨论文件。其中一些资料简介是为了方便相关事务委员会或委员会详细研究这些议题而拟就的,例如有关发展香港国际机场第三条跑道、与两间电力公司进行周年电费检讨、《2011 年版权(修订)条例草案》及《一手住宅物业销售条例草案》的资料简介。议会事务部 2 拟就了 265 份背景资料简介,以便议员考虑特定议题及事宜。此外,该部还为相关委员会的会议拟就了 34 份讨论文件。这些背景资料简介及讨论文件涵盖的一些重要议题包括警方处理公众集会及公众游行的事宜、实施法定最低工资的进展、监察从日本进口食品的辐射污染情况、产科服务、选民登记制度的检讨,以及固定摊位小贩区的管理等。

2. 法律事务部的资料研究服务

法律事务部负责向立法会及其辖下委员会就法案及附属法例的审议、公共政策研究及申诉处理以及为其他法律事宜提供法律意见及支持。在关乎立法会事务方面,该部可向个别议员提供法律意见。此外,该部向立法会行政管理委员会及立法会秘书处提供内部法律服务,致力以及时、客观、公正地提供全面及可靠的法律意见、分析、研究及资料搜集服务,协助立法机关充分掌握有关情况。

法律顾问除掌管法律事务部外,也是立法机关的法律顾问。根据《议事规则》,立法机关法律顾问的一般职责,是在关于立法会的事务或行政的法律问题方面,向立法会主席及立法会秘书提供意见。

3. 个别政策事宜数据库①

为进一步加强资料研究工作以及秘书处数据储存的工作,议会事务部 1 负责建立资料库,记录政策事宜的发展经过,并提供相关文件的链接,以便检索查看。2005 年 3 月,"个别政策事宜数据库"开放,共有 128 项专题,供市民浏览,经过数年时间,数据库内的专题数目已增加了一倍。

个别政策事宜数据库分为两大板块,分别为"个别政策事宜一览表"和"具体政策范畴的事项"。以"个别政策事宜一览表"中的第一项内容"2009 东亚运动会"为例,整份发展摘要记录了 2003 年到 2011 年东亚运动会的建议、讨论、筹备、质询,以及会后的检查讨论等一

① 个别政策事宜资料库[EB/OL].[2013－09－30].http://www.legco.gov.hk/database/chinese/list.htm

系列过程,绝大多数都附有附件,可为公众完整呈现一次大型活动的筹备过程、资金状况,以及事后检查等各个环节。"具体政策范畴的事项"则按照工商、政制、司法、教育等方面进行划分,每一大项内又分为若干支项,以便公众按照自己感兴趣的领域进行查询。"个别政策事宜数据库"上线之后,获得普遍欢迎,2005 年 4 月的点击数只有 10 320 次。2010 年 4 月至 2011 年 3 月期间,数据库的点击次数达 777 551 次。

五、小结

由立法会图书馆、档案馆、资料研究服务部以及议会事务部共同组成的文献信息保障体系,为立法会的高效运行提供了保障。同时,大部分资料、档案对公众的开放提高了香港法律、政策的普及程度,在帮助公众了解立法程序,尊重公众知情权,保障公众监督权方面,起到了积极作用。

1. 香港特区法律、政策普及与研究的保障①

2009 年,立法会图书馆开始转变为宪制图书馆。宪制图书馆为立法会议员、议员助理、秘书处职员、市民提供了阅览资源的直接途径,帮助他们了解香港立法机关的角色、职能、工作、人物及历史,以及中华人民共和国和各普通法司法管辖区的宪制发展,此外还有助提高立法会的透明度,帮助市民了解立法会及其议员的事务和活动。

立法会图书馆的数码化计划在普及特区法律、方便使用者进行研究工作等方面起到重要作用。其中一项数码化计划将立法会及其辖下各委员会的记录转换为电子记录,包括将追溯至 1884 年的"立法局会议过程正式记录"的印刷记录转换为电子记录,并将立法局/立法会辖下各委员会自 1995—1996 年度起的公开记录上传至立法会网站,供公众查阅。使用者还可查阅由立法会图书馆开发的资料库,加深认识立法会议员、立法会所审议的立法建议,以及议员于立法会会议上提出的关注事项。立法会图书馆还为使用者提供一站式服务,方便他们查阅海外议会及图书馆的资料、重要统计数字及人口普查资料、法规及判例、其他司法管辖区的政治制度,以及研究报告及国际组织选定的刊物,以做参考之用。

2. 逐渐健全的机构设置

立法会秘书处自成立以来,资讯服务部门的结构经历了多次调整。

2010 年 3 月之前,立法会秘书处资料研究服务部门包含了图书馆与资料研究部,全称为"立法会资料研究及图书馆服务部",时设主管 1 名,副主管 1 名,研究主任 8 名,图书馆主任 3 名,辅助人员 14 名。

2010—2012 年,"立法会资料研究及图书馆服务部"被拆分,"资料研究部"成立,图书馆服务并入"特别职务小组",该小组负责进行检讨、监督立法会图书馆转变为宪制图书馆,以及督导人力资源组的工作。2012 年,立法会档案馆成立。

---

① 香港特别行政区立法会图书馆[EB/OL].[2013 - 01 - 30]. http://www.legco.gov.hk/general/chinese/library/index.html

2013 年 2 月 1 日起,“图书馆部”与“资料研究部”并列出现于立法会秘书处的组织结构中,其中图书馆设主管 1 名,研究主任 1 名,图书馆主任 5 名;资料研究部设主管 1 名,研究主任 2 名。

2013 年 9 月 2 日起,立法会秘书处再次调整资讯服务部门,图书馆、资料服务组、档案馆合并为“咨讯服务部”,设主管 1 名,总档案主任 1 名,总研究主任 2 名,研究主任 8 名,档案主任 3 名,议会秘书 2 名,图书馆主任 5 名。

通过上述变更可以看出,随着特别行政区立法会的机构及运作越来越稳定成熟,资料研究服务也相应调整、扩大,越来越深入地为立法会及议员提供资料查询与研究服务支撑。2010 年开始,立法会资讯研究服务工作进行了较大调整,逐步形成了目前集资料、档案的查询与研究于一体的服务部门,进行统一协调的工作。此外,议会事务部的资料研究服务功能也愈加深化,立法会文献信息保障体系得以进一步完善。

3. 资料研究服务与服务产品的多样化

为了支持立法会的工作,秘书处产生了多种资料服务渠道,生成了多种服务产品。其中较为突出的有“资料研究及图书馆服务部”编制的“研究报告”“资料摘要”“资料便览”、“参考资料摘要”,议会事务部为特定议题提供的“背景资料简介”“讨论文件”,以及议会事务部 1 设立的“个别政策事宜数据库”等。

1994—1995 年度,“资料研究及图书馆服务部”产生了研究报告 8 份;1996—1997 年度,增加了资料摘要;2001—2002 年度,开始制作资料便览。2010 年 10 月,开始推行参考资料摘要,后于 2011 年 3 月初起停止。研究报告通常就特定主要政策事宜在数个海外司法管辖区的实际情况,进行全面研究。报告提供多方面的详细资料,并分析与研究主题相关的主要关注事项。资料摘要主要是对当前相关的事宜进行聚焦研究。由于资料摘要集中处理选定关注事项,其涵盖范围通常不像研究报告般广泛。资料摘要或涵盖多于一个司法管辖区。资料便览是相对较简短的研究文件,通常就某一特定事宜提供基本事实资料及数据。参考资料摘要是一项试验计划发出的研究文件,就立法会会议上动议的不具立法效力的议案提供背景资料。①

议会事务部提供的资料研究材料以及“个别政策事宜数据库”在前文中已有叙述,通过比较,可以看到立法会资料研究服务产品虽形式不同,但涉及内容都非常广泛,几乎涵盖了立法及行政管理的各个方面,内容翔实,条理清晰,行文规范,对于快速全面地了解某一问题均可起到极大的帮助。

此外,由于服务产品分属于不同的服务部门,各有侧重,针对性强,可极大提高工作效率。

4. 促进立法会工作的公开透明

香港立法会非常注意提高立法会运作的透明度,尊重公众的知情权和监督权。立法会资料档案的公开以及开展的各种普法教育活动为此提供了保障。

首先,前文所提及的“研究报告”“资料摘要”“资料便览”“参考资料摘要”“个别政策事

---

① 香港特别行政区立法会管理委员会历年年报[EB/OL]. [2013 - 01 - 30]. http://www.legco.gov.hk/general/chinese/sec/reports/crpt.htm

宜数据库”等文件均在立法会秘书处网站上公布，这些文献按照类别、年份、内容所涉及的领域进行分类，公众可以非常方便地进行查询，以了解立法过程、政府工作状况，同时也可有助于学术领域的研究工作。

其次，通过公开立法会工作档案，向公众发布立法会工作的资讯，使立法会的各项决定和各种互动更加公开，对提升公众对有关决定和活动的信心，至为重要。

第三，立法会秘书处于2009年成立了教育服务组，通过负责策划及发展一系列教育服务，提高公众对立法会的工作、职能和历史的认识和了解，支持学生和教师对立法会的工作、职能和历史的学习和教学需要，推动青少年的公民意识，并鼓励他们参与社会和政治事务。2012年，立法会儿童学习室开放，为3至8岁的儿童提供各种教学资源，通过书籍、互动游戏、学习教材为儿童提供轻松活泼的环境，让他们体验立法机关的运作，并建立成为好公民的基本价值观。

参考资料

1. 香港特别行政区立法会[EB/OL].[2013-09-30]. http://www.legco.gov.hk

2. 香港特别行政区立法会秘书处[EB/OL].[2013-09-30]. http://www.legco.gov.hk/general/chinese/sec/corg_ser/corg_ser.htm

3. 就有关公开由立法会秘书处保管的资料及档案予公众查阅拟议的政策及相关事宜征询公众的意见[EB/OL].[2013-09-30]. http://www.legco.gov.hk/yr12-13/chinese/press/papers/pr20130712-1-c.pdf

4. 立法会历史档案及档案管理政策[EB/OL].[2013-09-30]. http://www.legco.gov.hk/general/chinese/sec/lc_archives/lc_archives_policy.pdf